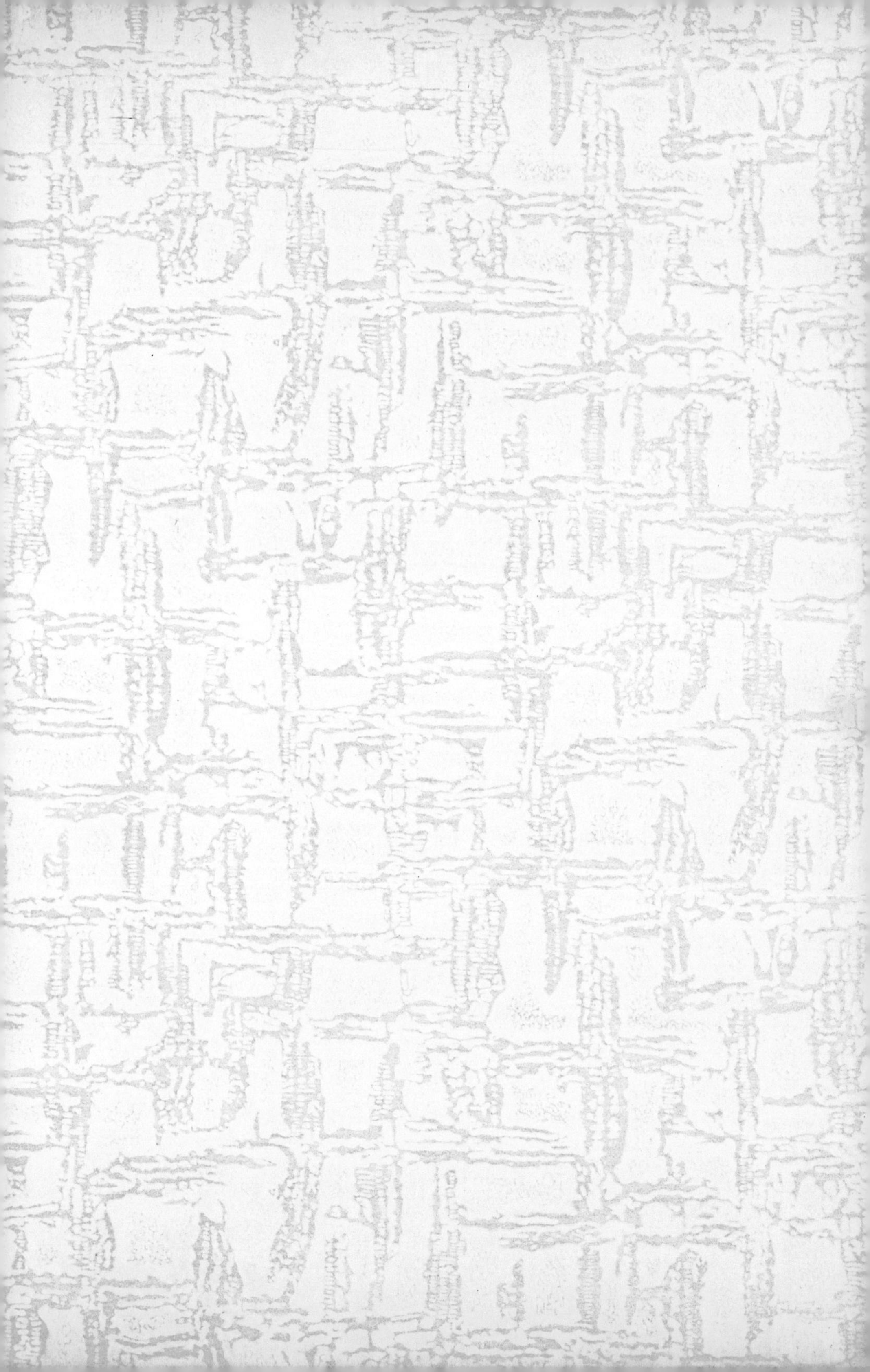

明文東洋思想

東洋名言集

監修 金星元

明文堂

東洋名言集 解說

명언(名言)이라는 것은 역사의 핵심에 놓인 인간의 입에서 나온 것이다. 또한 그것이 「명언」으로서 계속 전해지는 것은 우리들 후세의 인간이 그 배경으로 역사의 움직임을 볼 수 있기 때문일 것이다. 〈동양명언집(東洋名言集)〉이라고 일단 이름을 붙이기는 했어도, 이것은 따지고 보면 중국 고대사(古代史)를 측면으로 살펴본 이야기라고 하겠다.

수록의 순서는 은(殷)·주(周)에서 춘추·전국시대를 거쳐, 진의 시황제에 이르는 역사를 더듬어 보았다. 그리고 농민반란으로써 진나라가 멸망, 한(漢)의 고조(高祖)가 새로운 체제(體制)를 구축한 뒤로부터 전한(前漢)의 멸망까지를 차례 대로 담았다. 그 가운데에서도 한(漢)의 무제(武帝) 무렵은 아시아 二천년의 국제적 형세가 정해진 매우 중대한 시기였다. 또한 「공익」을 우선시키느냐, 그렇잖으면 「자유」라는 이름 아래 부자의 사적영리(私的營利)를 방치해 두느냐, 하는 문제가 처음으로 정치적 운명(運命)을 걸어 다투어진 시기이기도 하다. 뿐만 아니라 최근 一〇여년을 두고 장사(長沙)의 마왕퇴(馬王堆)를 비롯하여 중국 각지에서 수많은 발굴품들이 세상에 나와, 유물을 통해 당시의 생활을 현대에 드러내고 있는 시대이기도 하다.

그렇기 때문에 이 책에서는 매우 현대적인 내용——그것도 주로 「공(公)」과 「사(私)」라는 문제에 대해 언급하였다.

다음에 이 문제를 좀더 부연하여 알아보기로 하자.

은(殷)의 대추장(大酋長) 무덤은 지하(地下) 一〇 여미터의 깊이에 亞모양으로 파여져 있었다. 그 모양을 그린 상형문자(象形文字)가 「亞」라는 글자이다. 때문에 오늘날에도 표면에 서는 입장을 주류(主流)라고 일컫는데 대해, 뒤에 가리거나 옆으로 빠져나가 표면에 드러나지 않는 것을 아류(亞流)라고 부른다. 또한 건물의 바닥이나 터를 닦을 때 쓰는 점토(粘土)며 석회(石灰)를 아(堊)라고 부르기도 하는 것이다. 악(惡)이란 「心+

亞」로 이루어진 글자로서 바탕에 깔려 겉으로 드러나지 못하는 답답한 욕구불만을 가리키는 것이다. 옛날에 순자(荀子)가 「인성(人性)은 악(惡)」이라고 말한 것은 「욕구불만이 바로 인간의 참모습」이라고 간파(看破)했기 때문이다. 불만이므로 쟁탈(爭奪)이 일어난다. 쟁탈을 억제하여 공손하려면 예(禮)와 법(法)으로써 자기규제(自己規制)를 강화해야만 한다. 이것이 바로 순자의 「성악설(性惡說)」이었던 것이다.

순자의 문하생인 한비자(韓非子)는 성악(性惡=欲求不滿)의 근거를 명쾌하게 설파(說破)했다. 그는 말한다, 부부가 다섯 아이를 낳고 그 아이가 장가들어 또 다섯 아이를 낳는다고 하자. 三세대를 거치는 동안 인구는 급증하기 마련인데, 토지의 개간이나 농작물의 생산은 도저히 인구증가의 속도를 따르지 못한다. 손으로도 물고기를 잡을 수 있고 공지(空地)가 얼마든지 있어 자급자족이 가능했던 「태고(太古)」라면 또 「인덕(仁德)」을 말할 여유도 있었을 것이다. 그러나 먹기에도 바쁜 지금의 시대에 유가(儒家)의 「인의(仁義)」니 「도덕(道德)」이니 하는 것은 공론(空論)에 불과하다.

사람이 농작물(禾로 表示한다)을 가운데 두고(ㅿ으로 表示한다) 독점함을 「禾+ㅿ=私」라고 쓴다. 반대로 사적독점(私的獨占)을 못하게 하여 비좁게 에워싼 틀을 위로 벌리는 것(八으로 表示한다)을 「八+ㅿ=公」이라고 쓴다. 이처럼 「사(私)」와 「공(公)」은 바로 상반(相反)되는 것이다. 한정된 물자를 여럿이서 나누어 갖기 위해서는 사적인 점유(占有)는 용납되지 않는다. 그러나 공익을 위해 사적 독점을 못하게 하려 해도 개인은 그렇게 쉽사리 복종하지 않을 것이다. 그래서 「관(官)」이 공익을 대표하여 권력으로써 대지주나 부호들의 제멋대로인 영리(營利)를 단속하는 것이며, 그것이 곧 「법(法)」이라고 한비자(韓非子)는 주장하는 것이다.

한대(漢代)의 법가관료(法家官僚)는 「관(官)」이란 공(公)」이라는 입장에 서서 소금과 철의 공영(公營)을 강행, 호족(豪族)의 토지겸병(土地兼倂)과 대상인(大商人)의 사적 독점을 탄압했다. 이에 대해 유가(儒家)는 「관(官)이 영리 사업에 손을 대는 것은 호리다욕(好利多欲)의 무리(徒)로 타락하는 것이며, 군자(君子)의 길(道)에 어긋난다」고 하여 반대했다. 그러나 유가는, 스스로가 특권계층으로서 「자유롭고 풍요한 생활」을 누리고 싶다는 것이 그 속셈이므로 「백성을 위해서」라는 것도 사실은 차별을 바탕으로 한 엉터리 간판에 불과하다.

한대(韓代)는 「공익(公益)」을 대표하는 법가(法家)와 「특권적 자유」를 지키려는 유가(儒家)가 피나는 싸움을 벌였던 시대이기 때문이었던 것이다。

그 상황은 현대에 와서도 매우 흡사하다。 미국처럼 국토가 넓고 물자가 풍부하다면 별문제가 없다。 또한 광대한 식민지를 거느려 그 자원(資源)을 얼마든지 이용할 수 있었던 근대 서구(西歐)의 여러 나라에서도 개인영리(個人營利)의 자유는 대폭적으로 허용되었을 것이다。 그러나 서력 기원(西曆紀元) 무렵에 이미 五천만의 인구를 가졌고 오늘날에 와서는 그 인구가 八억이 넘는 중국이나、 외국으로부터 자원을 빼앗겨 곤궁을 면치 못했던 동남아 일대의 여러 나라에서는 적은 것을 여럿이서 아끼며 나누어 써야 된다。 우리 나라도 지금까지는 석유를 비롯하여 곡물·목재·철광 등 온갖 물자를 외국으로부터 수입하여 겨우겨우 살아왔으나 앞으로는 그렇게도 안 될 것 같다。

한비자도 말했듯이 토지나 물자의 절대량(絶對量)이 부족해지면 적은 것이나마 공평하게 분배되어야 한다。 따라서 공익(公益)이 선행되며 사리사욕을 억제하지 않으면 안 된다。 그리하여 공동이익이라는 것을 대전제(大前提)로 한 사회윤리가 확립되어야 할 것이다。

東洋名言集 目次

名言 1
文字가 나타나니 鬼神이 흐느껴 울다

(卷末圖版①參照)

지금부터 三천 三백년쯤 되는 옛날 이야기。 지금은 화북(華北)의 대평원이 누렇게 메말라 바람이 황진을 휘날리고 있지만、그 무렵의 황하(黃河) 델타에는 크고 작은 늪이며 호수가 연이어 있고 갈대가 무성하게 자라、새며 짐승들이 무리를 이루고 있었다。 황하의 본류는、그 옛날에는 훨씬 북으로 빗나가 있어 지금의 천진(天津) 남쪽 근방에서 바다로 흘렀었는데、그것과는 별도로 거의 똑바로 발해(渤海)에 흘러드는 제수(濟水)라는 지류(支流)가 있다。

그것은 이근천(利根川)이나 황천(荒川)의 수량(水量)을 조절하기 위하여 방수로(放水路)가 만들어진 것처럼、황하 본류의 물을 균제(均齊)로 유지하는 구실을 한 지류이기 때문에 제(齊)에 「삼수변」을 달아 제수(濟水)라고 불렀던 것이다。 오늘날의 지명으로 남아 있는 제남(濟南)이라든가 임제(臨濟)라는 것은 모두 이 제수에서 연유된 명칭인 것이다。 또한 지난날의 산동성(山東省)에는 「제(齊)」라는 나라가 있었는데、 그것 역시 제수의 「제(濟)」에서 나온 나라 이름일 것이다。

어느 봄날、화창한 햇빛을 받으며 어여쁜 아가씨 하나가 제수의 물가에서 목욕을 하고 있었다。 그때 제비 한 마리가 날아와、깜짝놀라 입을 벌린 채 쳐다보는 아가씨 입에 알 하나를 떨어뜨렸다。 아가씨는 부지중에 그 알을 꿀꺽 삼켰으며 얼마 뒤 아기를 잉태, 그렇게 해서 태어난 것이 은(殷)나라의 시조인 설(契)이라는 사람이었다는 것이다. 이 목가적인 이야기는 〈시경(詩經)〉 가운데의 「현조(玄鳥=제비)」라고 하는, 아주 오랜 시에 나오는 이야기이다. 그것은 아직 「권력」의 그림자나 「정치」의 구조도 없던 태고의 이야기였다.

그런 뒤로 몇십 대 후, 이 부족에는 천을(天乙)이라는 유능한 추장(酋長)이 나타나기에 이르렀다. 이 사람이 뒷날 은나라의 탕왕(湯王)으로 불린 영웅이다. 이 사람은 황하의 하류에 있던 여러 부족을 다스리더니 이윽고 화북 평원의 대추장이 되었다. 그 천을에서 다시 一九대째, 이 사람이 바로 반경(般庚)이라는 왕으로서 이 무렵부터 드디어 중국의 유사시대(有史時代)는 시작된다. 왜냐하면 〈서경(書經)〉이라는 가장 오랜 고전 가운데 이 왕이 백성들에게 천도(遷都)의 필요성을 주장하는 고시(告示)가 실려 있기 때문이다.

이 〈서경〉에 나오는 「반경편(般庚篇)」은 난해한 것으로도 유명한 문장인데, 따지고 보면 그것은——뒷날 사관(史官)에 의해 추기(追記)된 것이라 해도——상당히 오랜 말을 남기고 있는 증거라고도 할 수 있을 것이다. 거기에는 대강 다음과 같은 것이 적혀 있다. 「우리는 조종(祖宗) 이후, 황하의 홍수로 말미암아 자주 서울을 옮겼건만 이대로는 마음놓고 영주할 수 없다. 이번에 황하의 북쪽에 안주할 땅을 찾아내어 그곳으로 옮기도록 했다. 따르지 않는 자가 있으면 모두 몰살시킬 각오이므로 제각기 일족(一族)을 거느리고 따라오너라」

듣기에 따라서는 협박 같은 투인데 태고의 왕이란 모두 이런 것이었으리라.

그 은나라 후반기의 도읍 자취가 오늘날의 하남성 안양현(安陽縣)이다. 북경(北京)에서 철도로 四백 킬로쯤 남하한 곳에 있다. 一九세기말부터 오늘날까지의 약 八〇년 동안에 이 은나라의 유허(遺墟)에서는 수많은 발굴물이 나왔다. 그 가운데서도 중요한 것으로는 수골(獸骨)이나 거북이의 등(甲)에 새겨진 이루 헤아릴 수 없이 많은 점술(占術)의 기록이 발견되었다는 것이다. 그 「갑골문자(甲骨文字)」가 뒷날 한자(漢字)의 원형이 되고 있음은 우리도 잘 알고 있는 사실이다.

갑골문자의 해독이 진행됨에 따라 앞서 말한 천을이니 반경이니 하는 추장들의 계보도 판명되기 시작, 그들이 산서성(山西省)에 있던 강족(羌族), 즉 양을 방목(放牧)하고 있던 유목민이나 산동성·안휘성(安徽省)에 있던 이족(夷族)과 자주 격전을 되풀이해 왔다는 것도 알게 되었다. 그들이 누에(蠶)의 신을 받들고 명주실을 자아내어 많은 노예를 부려 농경과 수렵을 해왔다는 것도 알게 되었다。 또한 갑을병정(甲乙丙丁)……같은 십간(十干)과 자축인묘(子丑寅卯)……와 같은 십이지(十二支)를 짜맞추어 날짜 수(日數)를 계산하고 있었다는 것도 분명해졌다。 뿐만 아니라 안양(安陽)의 무관촌(武官村)에서는 웅장한 왕의 무덤이 발굴되고、 그 안에서 무게 一톤이 넘는 청동(青銅)의 정(鼎=세발솥)이며 훌륭한 마차까지 나왔다。 또한 수십 구의 목이 잘린 백골이 매장되어 있어、 순교자들이 많은 피를 흘려 왕묘(王墓)를 붉게 물들인 그 당시의 일을 쉽게 상상할 수 있겠다。

위의 그림은 은나라 말엽에 있었던 갑골점(甲骨占)의 하나이다。

(癸未王卜 貞旬 亡尤 王麥正人方)

「癸未(의 날에) 王卜하다。 貞(듣다、 貞은 聽의 有意字)하니、 旬(앞으로 열흘 동안)에 尤(뜻하지 않은 사고)하니 亡인가? 王이 麥(麥은 來의 古字)하여 人方(夷族을 뜻함)을 正(征)하도다」

라고 해독된다。 이것은 은나라 최후의 왕이었던 제신(帝辛=紂王을 말함)이 즉위한 뒤 一一년째、 六월 一九일에 점을 친 기록인 듯하다。 아마 기원전 一〇六九년의 일이었으리라。 화북을 지배하는 대부족(大部族) 연합、 은나라 왕조가 성립하여 수만의 군사를 동원하고 노예를 희생시키며 매일 같이 왕의 안부를 점쳐 그것을 기록해 둔다——라는 강대한 권력이 여기에 등장하고 있었던 것이다。

이 무렵이 되어 비로소 「문자」가 권력지배의 도구로서 왕조에서 이용되기 시작했던 것이다。 권력이라는 것은 인간이 문명사회를 만들 때에 생겨나는 「필요악」인 것이다。 문자 역시 문명의 산물이면서도 권력의 구조를 겉보기로는 아름답게 꾸며 권위를 강요하는 도구로서 사용된다。 중국의 옛말에 「문자가 만들어졌을 때 귀신이 흐느껴 우는 소리가 들렸다」(《列子》에서 볼 수 있다)라고 한다。 권력이라는 악의 근원과 문자와의 어쩔 수 없는 인연을 서민의 날카로운 눈이 예리하게 파헤친 옛말이라고 하겠다。

名言 2

倉頡, 처음으로 文字를 만들다

아시아의 유목민족 사이에는 근세에 이르기까지 문자를 갖지 못한 자들이 많았다。 그들에게는 고정된 유산도 없었으며 제도라고 불릴 만한 규정된 것도 없었다。 다만 힘 있는 자가 다른 힘 있는 자와 손을 잡아 약속과 우정으로써 두목의 자리에 오를 뿐이었다。 이를테면 저 징기스칸、 어려서 타타르 부족들에게 부친을 살해당하고 약간의 양을 몰며 방랑하는 동안에 케레이트 부족의 추장과 맹약을 맺어 이윽고 주변의 모든 부족을 비롯하여 중앙아시아 일대를 지배하기에 이르렀다。 거기서 으뜸가는 것은 자기 완력과 통찰력·직관(直觀)、 그리고 붕우(朋友)와의 계약의 힘으로서 제도나 문물(文物)도 필요하지가 않았다。

그런데 농경사회에서는 그렇게 되지 않는다。 조상 대대로 땀을 흘려 개간해 온 전답은 유산으로서 자손의 손에 남는다。 축적이 쌓이고 늘어나면 이윽고 특정의 유력자가 나타나 집락(集落)의 우두머리가 된다。 집락에는 질서의 유지와 자위(自衛)의 조직이 필요하기 때문에 이윽고 그 우두머리는 추대되어 촌장(村長) 또는 추장이 된다。 촌락에서의 토지분할·소임이 정해지면 마침내 각자의 신분까지 고정되어、 드디어 「제도」다운 것이 싹튼다。 처음은 그것도 구전(口傳)이나 기억으로써 전승(傳承)되었으리라。

그러나 촌락이 다른 촌락 부족을 지배하여 사회의 규

모가 커지면 많은 전승이 서로 뒤얽혀 기억만으로는 도저히 전할 수 없을 정도로 복잡해진다。 문자가 없다면 이처럼 복잡해지기만 하는 경위를 선별(選別)하여 정착시키고 자손에게 전하기가 어렵다。

지금까지의 경위란 「역사」를 말하는 것이며 지배 혹은 종속(從屬)의 구조란 「제도」를 말한다。 문자란 곧 지배하는 측의 대추장(王)이 그 권력체제를 정립시키고 영속시키기 위한 최대의 무기이며 거기서 생겨난 권력의 존엄성을 나타내기 위한 유력한 장식품이기도 했다。

「옛날 창힐(倉頡)이 처음으로 문자를 만들다」라고 후한(後漢)의 학자 허신(許愼)은 그럴듯하게 말하고 있다。 그러나 「倉」이란 창작(創作)의 「創」、즉 처음으로 만들다란 뜻이며 「頡」이란 글자의 우측은 「頭」·「顏」·「頸」 같은 글자의 우측과 같은 것으로 「머리」를 두고 한 말이다。 그리고 「頡」에서 좌측의 「吉」은 「詰」、즉 꽉 차 있다는 뜻의 원자(原字)이다。 때문에 「倉頡」이란 「머리가 꽉 차 있고 충실(充實)하고 현명한 창작자」란 뜻으로 문자의 개조(開祖)를 상징한 보통명사에 불과하다。 특정된 어느 인간이 단숨에 수천이라는 한자를 만들었을 리가 없다。

스페인의 동굴에서 태고의 사냥꾼이 그림을 그려 남겼듯이 중국에서도 이름 없는 노예나 사냥꾼이 새(鳥)·말(馬)·소(牛)·양(羊) 따위의 특색만을 포착하여 무심코 선화(線畫)를 그린 것이리라。

3300年前 甲骨文字	3000年前 青銅器文字	2400年前 篆書	楷書
			鳥
			馬
			牛
			羊
			象

위 그림에 나타나 있는 것은 갑골문자인데、 이러한 상형문자는 지금도 소박한 선화(線畫)에 가까운 생생한 모습을 보이고 있다。 대추장 아래 있던 「구전자(口傳者)」의 유식한 사람들이 지금부터 三천 三백 년 전에 이름도 없는 창작자들의 선화를 모았었다。 그러나 「물건」을 나타내는 글자만으로는 언어 가운데의 명사를 대표하는 표시는 되겠지만 동태(動態)、즉 동사나 형용사는 나타내지 못한다。 그래서 그들은 여자가 아이를 어르며 좋아하는 모양을 「女+子」로 나타내고 사람이 나무그늘에서 휴식하는 것을 「人+木」으로 나타내는 등의 지혜를 짜냈다。 이리하여 「好」라든가 「休」와 같은 동사나 형용사를 대표할 수 있는 기호를 생각해 냈던 것이다(다음 그림 참조)。 그리고 은나라의 제二七대 왕 무을(武乙)의 당대에 와서는 二、三천의 기호가 갖추어져 그런 대로 일련의 일들을 적을 수 있는 「문자(文字)」의

체계가 이루어졌던 것이다。

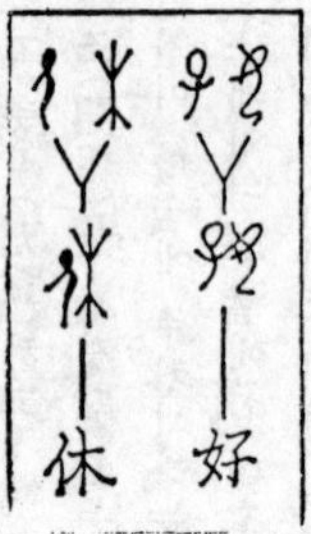

好

休

그것을 전문적으로 다루는 지식인이 상고(上告)의 무당(巫堂)과 사관(史官)이었다。이 무사(巫史)、즉 점장이와 기록 담당자가 왕 아래 시종하며 부족 지배의 경위를 기록한다。위엄을 갖추어 제신(諸神)의 의향을 점치고 마치 신의 계시이기라도 한 것처럼 왕의 의도를 분부하여 「저 부족을 멸망시켜라」 「궁전을 세워라」 하고 명령한다。전공을 세운 소추장에게는 청동기(靑銅器)를 주고、거기에 「왕으로부터 준(尊=酒器)을 하사하다。자손 대대로 오래도록 보용(寶用)할지어다」란 말을 새기도록 한다。다시 말해서 무(巫)와 사(史)는 노신(魯迅)의 〈문외문담(門外文談)〉에 의하면 「대추장의 아래、만민(萬民)의 위에 자리(位)한 자」라는 것이며 여기에 왕권(王權)을 하청받는 관료제의 꼭두각시가 등장했던 것이다。

유목민과 마찬가지로 소박한 완력으로써 권력을 쓰러뜨리려고 한 중국 후세의 영웅에게 있어서는 실은 문자가 필요하지 않았었다。기원전 三세기、진(秦)나라를 쓰러뜨리려고 군사를 일으킨 항우(項羽)는 「서(書=文字)는 명성(名姓)을 기록할 뿐 배우기에 족할 것이 못된다」라고 거침없이 양언(揚言)했었다。

그러나 간지(奸智)에 능한 한(漢)나라 고조(高祖)는 「마상(馬上)에서 천하를 잡을 수는 있어도 천하를 다스리지는 못한다。앞으로는 문자의 시대」라고 하여 학자들을 포섭、문무백관의 제도와 궁정의 의례를 갖추게 했다。

문자란 관료 지배(官僚支配)의 도구이며、그리고 이른바 「문명(文明)」이란 그 위에 구축된 위압의 누각(樓閣)이라고 하겠다。

「문자는 문명 진화의 산물이다」라며 단순히 고마와하는 것은 역사를 보는 눈이 잘못되어 있다고 생각할 수 있다。그것은 원래 매우 정치적인 도구였기 때문이다。

名言 3
酒池肉林

은나라의 주왕(紂王)——그는 은허(殷墟)에서 발굴된 갑골문자의 기록에 의하면 은나라 왕조 三〇대째의 대추장 제신(帝辛)이라는 이름으로 나타나는 인물이다.

한(漢)의 사마천(司馬遷)은 기원 전후에 〈사기(史記)〉를 저술했는데, 거기에서 「은본기(殷本紀)」라는 一편을 곁들여 마치 눈으로 보기라도 하듯 주왕의 난행(亂行)을 묘사하고 있다.

「주(紂)는 견문(見聞)이 매우 민(敏)하여 그 지(知)는 간(諫)을 거(拒)하기에 족하며, 그 언(言)은 비(非)를 식(飾)하기에 족하다……술(酒)을 즐기며 음악에 음(淫)하여 여성을 가까이 하고 달기(妲己)를 사랑하다. 사구(沙丘=離宮의 이름)의 원대(苑臺)를 넓혀 많은 짐승이며 새들을 그곳에 두다。 술로 못(池)을 이루며 육(肉)으로 숲을 이루다。 사람으로 하여금 나체가 되어 그 안에서 서로 쫓고 쫓기게 하여 긴 밤의 주흥을 돋구다。 이에 백성의 원성이 일고 배반하는 제후(諸侯)가 생겨나다」

그뿐만이 아니다。 구후(九侯)의 딸을 후궁으로 맞았는데 그녀가 불감증임을 알자 격노하여 살해했으며, 더구나 아버지 구후를 소금에 절여 죽이고 말았다。 또한 사로잡은 노예들에게 기름을 바른 동주(銅柱) 위를 걷게 하고, 그 밑에 불을 질러 발이 미끄러져 아래로 떨어져 새까맣게 타 죽는 것을 애비(愛妃)와 함께 구경하기도 했다。왕자인 비간(比干)이 보다 못해 간언하자、「성인인 체 하는 녀석의 심장을 좀 봐야겠다」면서 생체해부(生體解剖)를 했다는 것이다。

사마천은 한나라 왕조의 석실(石室)에 있던 오랜 기록을 섭렵(涉獵)했을 뿐만 아니라、낱낱이 각지 고로(古老)들의 전승(傳承)을 수집하였다고 하므로 이 이야기는 은허 근방에 전해온 민간의 전승이 다분히 포함되었으리라。공포라든가 천한 것에 대한 기묘한 과장은 백성들 넋의 저류(底流)에서 솟구쳐 나오는 저주 같은 법이다。설사 그렇다 해도 이것으로 즉물적(卽物的)인 징그러움이 감도는 이야기가 아니겠는가。

그러나 갑골문자의 기록을 더듬어보면、사실은 이 제신(帝辛)은 만년에 총력을 기울여 오늘날의 서주(徐州) 근방까지 남정(南征)、변방의 오랑캐와 반년 가까운 혈전(血戰)을 계속한 뒤 겨우 안양(安陽=天邑商이라고 불렸다)의 서울로 돌아왔음을 알 수 있다。은나라의 인력(人力)과 재력(財力)은 이 원정으로 크나큰 손실을 입었던 모양이다。이 원정은 현지 부족의 반공(反攻)과 방해에 시달려 도저히 「찬란한 철수」니 「명예로운 종결」이니 할 수 있는 것이 아니었던 모양이다。

그 상처가 미처 아물기도 전에 은밀히 황하 상류에서 동방(東方)의 동정을 엿보던 서국(西國)의 백(伯=西方諸侯의 우두머리)인 주(周)나라 무왕(武王)이 대군을 이끌고 동으로 동으로 진격 중에 있었다。기원전 一〇六六년 봄、二월 갑자(甲子)날 아침에 무왕의 대군은 홀연히 목야(牧野=河南省의 地名)에 나타나 허(虛)를 찌르며 도읍의 교외에 있던 녹대(鹿臺)의 이궁(離宮)에 불을 질렀다。주왕은 지닐 수 있는 한도의 온갖 재물을 몸에 지니고는 타오르는 불길 속으로 자취를 감추었다고 한다。권력욕의 권화(權化)가 되었던 아시아 최초의 대왕、그 인물이 바로 폭군으로서 이름 높았던 주왕인 것이다。

그렇다면 「주지육림」의 이야기는 상당히 과장되었거나 거짓말이라고 하겠다。사실은 화북에서 최초로 지상 최대의 권력을 세웠던 주왕이 다시 더 많은 노예와 재물을 얻으려고 남을 넘겨 보았던 것이다。그 원정에 실패한 허를 찔려 은나라는 멸망했던 것이다。그러므로 주왕은 세상에서 흔히 말하는 의미에서의 멍청한 왕은 아니다。오히려 「견문에 민(敏)하고」、탐욕스럽기 이루 말할 수 없는 야심가였다고 하겠다。그러나 멍청하건 영리하건 관계없이 권력의 막다른 데는 「주지육림」의 환락임을 백성은 철저히 꿰뚫어 보고 있었으며、그것이 고로(古老)

의 전승이 되고 마침내는 〈사기(史記)〉에 기록되기에 이르렀던 것이다。 권력→권력의 확장→황음(荒淫)→멸망이라는 패턴은 그 뒤에도 몇 번이고 아시아의 각 왕조에서 되풀이되었다。 그뿐만이 아니라 처음은 발랄했던 진말(秦末)의 진섭(陳涉)이나 청대(淸代)의 홍수전(洪秀全)과 같은 농민 반란의 수령에 이르기까지 마지막에는 이 함정에서 빠져나오지 못했던 것이다。

은왕은 문자를 만들게 하여 이용하고、 수많은 노예를 부려 정교하기 이루 말할 수 없는 동기(銅器)와 광대한 궁원(宮苑)을 만들어냈다。 역사학자는 그것을 은나라의 「고대문명」이라고 부르나 이 얼마나 덧없는 일인가。 이른바 문명이란 그 시초부터 권력의 장식품에 불과한 것이 아니겠는가。

그리고 문명의 부패를 분노하여 「정의의 깃발」을 내세워 거칠게 그 문명을 파괴한 자가 이윽고 다시 권력을 분식(粉飾)하기 위해 「문명」의 포로가 된다。 현대의 문명 또한 한 껍질을 벗겨보면 역시 권력을 분식하는 허구(虛構)에 지나지 않는 듯한 생각이 든다。 진짜 문명이란 땀을 흘려 물건을 만든 백성의 생활의 지혜를 가리키는 것으로 「무슨 무슨 왕조의 문명」 따위는 그 위에 안주(安住)하는 허구에 불과하다。

송(宋)나라 시인 소동파(蘇東坡)는 그렇기 때문에 이 문명(文明)이라는 글자에 환멸하여、

인생、 글자(字)를 알아(識) 우환(憂患)이 시작되다
성명을 대강(粗) 적고 나면 이로써 쉼(休)이 마땅하리

하고 따분한 듯이 노래하고 있다。 아마 선가(禪家)의 눈으로 보아도 똑같은 탄식이 나오리라。 그런데 노신(魯迅)은 이보다 더욱 통렬하게 비난하고 있다。

「인생、 글자(字)를 알면서부터(識) 호도(糊塗)가 시작되다」라고。 호도란 속임수·엉터리라는 뜻이 되겠다。 문필가는 명문(名文)으로써 표면을 얼버무려 속이고、 정치가는 그럴듯이 듣기 좋은 공약(公約)을 작문(作文)하여 표(票)를 긁어모은다。 권력의 자리에 앉으면 이번에는 조문(條文)을 확장하거나 축소하는 등으로 적당히 해석하여 겉치레만 꾸미려 한다。 관료란 따지고 보면 문자를 농락하는 천재이며、 그것이 체제의 도리를 분식하여 이른바 문명사회를 꾸미고 있는 것이다。

문명의 막다른 데는 결국 「주지육림」이 아니겠느냐고 통찰한 백성의 눈이 오히려 그 진실을 훤히 내다보고 있지 않은가。

名言 4

天帝, 우리에게 밀을 주다

(卷末圖版②參照)

이른봄, 북경에서는 때때로 강한 바람이 모래를 휘몰아쳐 온다. 하북(河北)의 평원은 건조한 황토모래로 뒤덮이고 마는 것이다.

그 평원을 서쪽으로 나아가 산서성(山西省)의 태행산맥(太行山脈)에 이르면 자연환경은 더욱 준엄해진다. 황하의 남쪽 기슭을 서쪽으로 향해 보아도 다시 광대한 황토의 대지(臺地)에 다다른다. 거기서는 두터운 대지가 오랜 풍우에 깎여 깊은 골짜기를 이루어 거무틱틱한 그림자를 새기고 있다. 그 옛날 유방(劉邦)이나 항우(項羽)가 진(秦)나라 군사와 싸웠을 때, 「용도(甬道)를 막아 적의 양식 보급을 끊다」라고 〈사기〉에 서술되어 있는데, 그 용도란 이와 같은 골짜기의 길을 손질한 통로를 말한다. 함곡관(函谷關)이라고 하는 역사상 이름 높은 관(關)도 이 골짜기 중의 하나에 설치되어 있었다. 이와 같은 골짜기의 길이 막히면 쉽사리 딴 데로 빠져나가지 못한다. 골짜기에서 빠져나가려면 직각이나 다름없는 벼랑을 기어올라야만 하며, 설사 벼랑 위로 올라섰다 해도 그 저편에는 다시 직각으로 내려 깎인 골짜기가 도사리고 있기 때문이다.

그리고 산서(山西)·하남(河南)의 두 성(省)에서 다시 서쪽으로 나아가면 섬서성(陝西省)이라는 커다란 성이 있다. 북반부에는 황하의 상류를 따라 ㄱ모양으로 둘려

싸여 있다。일찌기 항일(抗日) 전쟁이 한창일 때 중국 홍군(紅軍)의 본거지가 바로 이 섬북(陝北)의 고원인데 여기서도 하늘로부터 내려다 보면, 마치 거미줄처럼 깊은 골짜기가 잇따르고 그 골짜기는 거의가 메말라 있다。겨울은 영하 一五도로 내려가고 여름이면 뜨거운 태양이 내려쬐어 대지(大地)가 타들어 간다。여기서는 우물을 깊이 파 「물」을 입수하는 것이 농작(農作)을 가능케 하는 유일한 방법이다。

섬북과는 반대로 섬남(陝南)에는 이른바 관중(關中)의 대고원이 시원스럽게 펼쳐져 있다。옛날부터 「관중을 장악하는 자가 천하를 지배한다」라고 했던 곳이기도 하다。다행히 위수(渭水)나 경수(涇水)와 같은 황하의 지류가 동서로 흐르는데 아뭏든 이 고원은 넓다。그러나 여기서도 물을 획득하는 것이 생활의 근본이었다。기원전 三세기 이후로는 진나라나 한나라도 관중에 의거하여 천하를 호령했었는데, 그 무렵부터 이미 많은 도랑(溝渠)을 파 관개(灌漑)의 물을 획득하려고 힘썼다。천연의 물이 풍부한 우리 나라와는 비교도 안될 정도로 물을 얻기 위하여 백성들은 그 많은 땀을 대지 위에 흘렸던 것이다。흙(土)과 물(水)——그것에 도전하여 어떻게 인간의 생활을 개척했느냐, 그것이 바로 한민족(漢民族)의 역사인 것이다。

지금부터 三천 二백 년 전쯤 옛날에, 관중(關中)의 고원평야 한 모퉁이에 정착하여 농사를 짓기 시작한 주(周)라고 하는 부족이 있었다。다행하게도 그들은 밀의 씨를 얻을 수 있었다。그때까지는 조와 수수가 주요한 작물(作物)이었는데 밀은 그것들에 비하면 수확의 양도 많고 맛도 기막히게 좋다。오히려 밀을 구할 수 있음으로써 주나라 사람들은 본격적으로 정착하는 것이 가능해졌다고 말할 수 있겠다。

四월 초순을 맞이해 하북의 평야를 둘러보면 지난 가을에 씨를 뿌린 밀이 메마른 대지에 뿌리를 내려 겨우 五센티 정도의 초록빛 잎을 보이기 시작한 참이다。겨울의 눈이 뒤덮여 뿌리를 눌러주기만 하면 그 극심한 추위에서도 약간의 습기를 흡수하며 목숨을 부지하는 강한 식물이다。

관중의 평원에서는 봄이 되면 갑자기 기온이 높아지기 때문에 五월말이면 이미 「맥추(麥秋)」를 맞게 된다。관중의 맥추는 하북의 평원보다 빠르다。

그런데 「麥」과 「來」의 두 글자를 비교해 보면 매우 닮았다는 것을 알 수 있을 것이다。「來」의 글자는 이삭이 푹 고개 숙인 밀(원산지는 아프가니스탄)의 모습을 그린 상형문자이다。그 밑에 인간이 걷는 발의 모양을 나타낸 「夂」 표시를 곁들인 것이 「麥」이라는 글자이다。

문왕은 멀리 황하의 하류에 은(殷)이라는 강대한 선진국이 있음을 알고 있었다。「내 눈으로 직접 확인하겠다」면서 그는 부하에게 공물(貢物)을 들려 황하 기슭을 따라 동으로 동으로 七백 킬로가 넘는 머나먼 여행을 계속했던 것이다。

麥과 來의 比較

다시 말해서 태고의 나그네 걸음걸이에 실려 아프가니스탄 지방에서 온 작물을 표시하기 위해 「來」「麥」이라는 글자가 만들어진 것이다。주나라 사람들은 그것이 신의 은혜로 멀리서 온 고마운 농산물이라고 생각했다。뒷날 주나라 중엽의 시인들은 그것을 「천제(天帝) 우리에게 밀을 주시고 백성을 거느려 키우시다」(〈詩經〉)라고 노래하고 있다。때문에 來(밀)와 麥(딴 데에서 오다)은 글자 모양도 비슷할 뿐만 아니라 동계어(同系語)이기도 했다。뒷날 어느 사이에 이 두 글자는 거꾸로 來(오다)—麥(밀)이라는 뜻으로 쓰이게 되었다。

주나라는 밀의 도래(到來)로 서방(西方)의 유력한 부족으로 성장하게 되었다。그로부터 三백년、주나라의 문왕(文王)이 나타날 무렵에 주나라는 서북 각지의 소부족들을 지배하기에 이르렀다。

名言 5

암탉은 때를 알리지 않는다

주나라 문왕은 서방의 부족들로부터 「서백(西伯)」이라고 불렸었다。「백(伯)」이란 남자의 장노(長老)란 뜻이므로、따지고 보면 「서쪽 나라의 우두머리」라고 하겠다。마치 고구려·백제의 입장에서 신라가 동쪽의 우두머리로 보였던 것과 같은 것이리라。

농경(農耕)의 부족 사이에 생겨나는 분규라면 으례히 토지의 경계와 수리(水利)에 얽힌 문제가 태반이기 마련이다。그 다툼을 납득할 수 있는 형태로 다스린 호족(豪族)이 차츰 우두머리가 된다。〈맹자(孟子)〉에 기록된 전승(傳承)에 의하면 황하 중류의 우(虞)와 예(芮) 사이에 경계를 에워싼 싸움이 일어났을 때 서백 문왕(文王)이 이치(理致)로 설득하여 피를 흘리는 싸움을 말렸기 때문에 쌍방이 감격하여 문왕을 따랐다는 것이다。이와 같은 십복 부족들의 안내로 문왕은 지금의 하남성 안양에 있던 은나라 서울(天邑商이라고 불렸다)에 다다를 수가 있었다。기원전 一〇七五년경의 일이다。

안양의 은허(殷墟)에서는 三〇여 군데의 건물 토대가 발굴되고 있다。당시의 백성들은 땅을 一미터 가량 파내어 다진 뒤 지주(支柱)를 세우고 지붕을 씌운 반혈거식(半穴居式)의 집에 살고 있었는데、왕궁만은 당당하게 지상에 우뚝 솟아 기둥에는 채색(彩色)이 되어 있었을 것이리라。그곳에 자리한 은나라 주왕은 「서백 오다」라는 소식을 듣고 기꺼이 접견했었다。그러나 주왕은 중후한 서백의 모습을 보고 속으로 은근히 겁을 먹어、드디어는 양치는 움막에 유폐시키고 말았다。

주왕의 애비(愛妃)、그 이름은 달기(妲己)라고 한다。문왕은 갖고 온 공물 가운데서 최고의 보옥(寶玉)을 골라 그녀에게 보내어 연금을 풀어달라고 은밀히 청한다。이것이 아시아 역사에서 볼 수 있는 최초의 뇌물이다。더구나「증수회(贈收賄)」는 반드시 정치와 얽히게 마련임을 이 사건은 얄궂게도 실증하고 있다。

주왕은 애첩의 간청으로 마침내 문왕을 석방했다。그날 밤 안으로 문왕은 말을 몰아 서쪽으로 서쪽으로 달렸다。도중에 은왕의 사냥터인 넓다란 구릉이 있었는데 그곳을 교묘하게 빠져나가 서남(西南)으로 二백 킬로、겨우 지금의 낙양(洛陽) 근방까지 도망칠 수 있었다。그곳은 이미 서백이 안심해도 되는 우호관계의 부족 마을이었기 때문이다。

서백 문왕은 겨우 관중의 본거지로 돌아올 수 있었다。그는 동쪽의 평원에 청동기와 문자로 장식된「문명국」이 있음을 너무나 실감있게 보고 왔다。「다자(多子)」라고 불리는 근위군(近衛軍)이 도움에 있으며、수많은 노예들이 무기·견직(絹織)·도기(陶器)나 술을 만드는 일에 종사하고 있는 것도 보았다。그 문명은 소박한 서국의 사람으로는 눈이 부실만큼 화려한 것이었으나 어쩐지 단결과 신뢰가 결여되어 있는 듯했다。동과 서의 양대 세력은 언젠가는 충돌을 면하기 어렵다。문왕은 곧 대책을 강구하기 시작했는데、오랜 여행의 피로가 풀리지 않은 채 병사하고 말았다。

유목민과는 달리 농경사회에서는 개간된 땅은 자손 대대로 남으며、사람들은 일정한 토지에 정착한다。거기서는 자산(資産)과 조상의 전통을 누가 어떻게 이어받느냐는 약속이 필요해진다。또한 촌락의 질서를 지킬 약속이 되어 있어서 법(戒律)의 원형 같은 것이 등장한다。당시의 주나라 사회는 거의 그런 단계에 이르고 있었다。문왕은 서백의 가통(家統)과 권력을 장남인 무왕에게 계승시킨다는 규정을 만들고 죽었다。은나라 왕조에서는 막내아우가 부친의 뒤를 잇고、나중에 형들에게 추장의 자리가 돌아간다는 선례가 많았다。모친의 품에나 안겨 있을 막내아우가 뒤를 잇는다는 것은「모계(母系) 사회」의 유물이겠는데、주나라에서는 단연코 그렇게 따르기를 거부했던 것이다。

무왕(武王)은 부친의 유지(遺志)를 이어받아 은나라가

방심하고 있는 허를 찔러 먼저 선수를 쳐 공격할 결심을 굳혔다。주나라의 왕실은 대대로 산서성에서 양(羊)을 방목하고 있던 강족(羌族)에서 식부감을 데려오는 것이 하나의 규율이었는데 그 강과 은은 오랜 세월에 걸쳐 원수 사이였다。 해마다 수백 명의 강족이 은나라에 사로잡혀와 은의 제례(祭禮) 때 인신 희생(人身犧牲)이 되어 죽어갔던 것이다。무왕의 동정(東征)에는 이 원한에 피맺힌 원념(怨念)의 강족을 비롯하여 많은 서국의 부족이 뒤따랐으며、동방의 문명과 재보(財寶)를 노려 계속적으로 황하의 기슭을 따라 내려갔던 것이다。

기원전 一〇六六년 二월 초순、 초생달도 희미한 새벽녘에 은나라 서울 남쪽에 있는 목야(牧野)라는 벌판에서 기세를 올리는 동맹군을 앞에 두고 주나라의 무왕은 소리높이 선언했다。

「그대의 창을 들고 그대의 방패를 세워라。 나는 이 자리에 맹세하노라。 은왕은 제신(諸神)과 선조의 제사를 게을리하고 낭인(浪人)을 중용(重用)하며 장로(長老)의 말을 듣지 않도다。 이 또한 암탉이 때(晨)를 알림은 곧 멸망의 징조이니라……」(〈書經〉에서 「牧野의 맹세」)

암탉이란 물론 은왕의 애첩 달기를 가리킨다。 주왕과 그 애첩의 유락(遊樂)은 이미 서술한 바 있거니와、 무왕은 여성이 권력에 개입하는 것을 특별히 들추어 비난한 듯이 보인다。 남계(男系)의 장자(長子) 상속이 권력을 영속시킬 수 있음을 그는 꿰뚫어 보고 있었던 듯싶다。

달기는 일찍부터 「비상소집」을 걸어 위사(衛士)들이 허둥대는 모습을 보고는 즐거워했기 때문에、 이날 아침 대군이 움직이는 기척을 알아차린 감시병이 숨가쁘게 달려와 위급함을 알렸을 때、 근위병들은 「또 왕비님의 그 장난이 시작되었구나」 하고 아무도 일어나지 않았다는 것이다。 남교(南郊)의 이궁(離宮)에 불길이 솟구치고 얼마 뒤 은나라 도읍은 무왕의 대군에 에워싸여 이윽고 하늘을 불태울 듯한 화염 속에서 은나라는 五백년의 역사를 끝내고 말았다。

장남 상속을 축(軸)으로 하여 남자가 권력을 쥐고、 여성을 뒷전으로 밀어낸다는 중국의 가통(家統)은 이때부터 뚜렷이 등장했다。 은나라 시대에 여전히 그 흔적을 남겼던 모계(母系) 사회의 유풍(遺風)은 이에 종지부를 찍고 만 것이다。

名言 6

西伯, 老人을 厚待하다

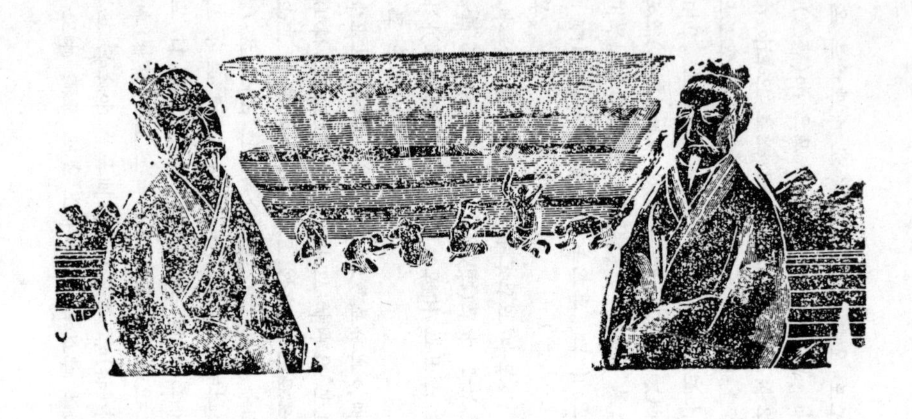

은나라가 강대한 세력을 황하 델타에 확립했을 무렵、그 나라를 따랐던 북변(北邊)의 한 부족에 고죽국(孤竹國)이라는 소부족이 있었다。지금의 산해관(山海關)、요서(遼西) 땅에 있었다는 것이다。

기원전 一一세기、은나라의 대들보가 흔들리기 시작할 무렵、이 소부족 가운데서도 약간의 분규가 있었다。원래가 소박한 촌락에서는 추장의 뒤를 어느 아들이 이어받느냐는 것은 그렇게 대단한 문제가 아니다。성장하여 청년이 된 아들들은 제각기 땅을 개척하여 독립한다。마지막까지 어머니 품에서 떠나지 못했던 막내가 매우 자연스럽게 어버이의 뒤를 잇게 된다。이것이 모계제(母系制)의 유물로서 남아온 풍습이었다。

그렇기 때문에 은나라 왕조에서조차 一八대 양갑(陽甲=막내아들)、一九대 반경(般庚=둘째)、二〇대 소신(小辛=둘째)、二一대 소을(小乙=큰아들)、이와 같이 막내로부터 차례로 상속한 예까지 있다。〈사기〉의 「은본기(殷本紀)」와 갑골복사(甲骨卜辭)의 기사를 맞추어 보면 이런 사실을 알 수 있다。

그러나 「권력」의 규모가 강대해지고 부모의 권력을 손에 넣는 자가 멋대로 호령할 수 있다——는 시대가 되면 후계자 상속은 서로 피를 흘리는 집안 싸움으로까지 발전하게 된다。

우리 나라에서는 이씨 왕가의 후계자 싸움이 그 대표적인 예라고 하겠다。

이렇게 되면 대국으로서의 권력지배에 금이 가기 시작하기 때문에 주나라 왕조는 건국 초기부터 장자(長子) 상속을 원칙으로 삼았다 함은 이미 말한 바 있다。

그런데 북벽의 토후국(土侯國)인 고죽국에서도 이「과도기」에 임하여 누가 뒤를 잇느냐는 것으로 약간의 분규가 있었다。 고죽군(孤竹君)의 장남을 백이(伯夷)、아우를 숙제(叔齊)라고 했다。 하기야 이것은 뒷날 그들이 주나라를 따른 후에 지은 이름이기도 하다——형제의 서열을 백(伯)·중(仲)·숙(叔)·계(季)의 차례로 나타내는 것은 주나라의 습속(習俗)이었다。 고죽국에서는 그때까지의 풍습에 따라 막내아우에게 상속을 시키려 했으나 그는 장남에게 양보하겠다면서 받아들이지 않는다。 장남 역시 군이 사양하며 맡지 않는다。 마침내 둘이서 나라를 버리고 도망치고 말았다。 이곳저곳을 방랑한 끝에 다다른 곳이 은나라 서울、오늘의 안양현(安陽縣)인데 거기서 과연 그들은 무엇을 보았던 것일까。

수백 명의 노예가 광석과 땔나무를 실어 날라 동(銅)을 녹이고 一·三톤이나 되는 정(鼎)을 주조하고 있었던 것이다(그 네모진 엄청나게 큰 정은 지금 북경의 역사박물관에 있다)。 지칠 대로 지쳐버린 노예들을 은나라 관리들이 채찍으로 몰아치고 있다。 그런 참에 동남이(東南夷)를 정벌하러 갔던 은나라의 대군이 돌아왔다。 전사하여 돌아오지 못한 아버지며 자식、그것을 애도하는 가족의 통곡소리가 저녁 하늘에 메아리친다。 두 사람은 망연자실하여 할 말이 없었다。

백이：동경하여 찾아온 서울이 이 꼴이구나。 어디 평화로운 고장은 없겠는가

숙제：서방(西方)의 문왕은 노인을 후대한다고 들었읍니다。 거기서는 약한 자도 고루 평화롭게 살고 있다고 들었읍니다만

뒷날、한나라의 사마천은

「서백(西伯)、노인을 후대하다。 어찌 한 번 가서 돌아오리」(〈史記〉「伯夷叔齊列傳」)

라며 둘이서 이야기를 주고받았다고 술회했다。 갈 데 없고 의지할 곳 없는 노인은 권력에도 가장 인연 먼 존재이겠는데、그「노자(老者)」가 안식을 얻고 있으니 그야말로 목가적인 평화향(平和鄕)의 상징이 아니고 무엇이겠는가。

두 사람은 밤이슬을 맞으며 황량한 황토의 언덕을 넘고 또 넘어 서쪽 주나라에 다다랐다。 그러나 문왕은 이

미죽고 아들인 무왕이 뒤를 이은 후이었다。 두 사람은 실망했다。 그러나 밀밭이 끝가는 줄 모르게 잇따른 관중(關中) 고원의 농촌은 과연 평화로운 별천지였다。 두 사람은 주나라에 정주、「동방에서 온 유식한 형제」라고 하여 무왕의 측근으로서 일하게 되었다。

그로부터 一년、처음에는 온건한 듯이 보였던 주나라 무왕은 이윽고 본심을 드러내기 시작했다。 서방의 우두머리로서 군림하는 것만으로는 부족하다。 동쪽 문명의 나라、은을 멸망시켜 북중국을 제패하고 싶다。 일단 「힘」의 효능(效能)을 알게 되자、권력욕(權力慾)은 자기증식(自己增殖)을 시작하는 법이다。 하물며 당사자에게 그 소질이 있고 보면 그칠 줄 모르는 정복욕에 스스로 취해 버리고 만다。

기원전 一〇六六년、무왕은 서부의 여러 부족을 모아 부친 문왕의 위패(位牌)를 앞세워 동정(東征)의 군사를 일으켰다。 백이와 숙제는 그것을 보자 악연(愕然)히 놀랐다。

뒷날 한나라의 사마천은、

「문왕 죽어서 아직 장례도 끝나지 않았건만、여기 간과(干戈=戰爭)에 이르니 이 어찌 효(孝)라고 할 수 있겠는가。 신(臣)으로서 군(君)을 시(弑)하니 이 어찌 충(忠)이라고 할 수 있겠는가」(〈史記〉)

하면서 무왕의 말고삐를 잡아끌며 간(諫)했다고 한다。

그러나 두 사람이 「충」이니 「효」니 하는 후세의 유교윤리를 주장했을 리는 없다。 요컨대

「전쟁 만은 제발 하지마십시요」

하고 필사적으로 말렸던 것이리라。

무왕의 근위병들이 그것을 보고、

「은나라가 그대들의 조국이라고 해서 편을 들려는 것이 아니냐」

「쓸데없는 방해를 놓지 말라」

하고 저마다 외치며 따졌다。 창을 높이 들어 죽이려고까지 했다。 그런데 무왕은、

「이들도 그나름으로 의사(義士)이니 살려 두어라」

하고는 근위병들을 달랬다。 위사(衛士)들이 그들 형제의 손과 발을 잡아끌고 데려갔다。 동정(東征)의 대군은 아무 일도 없었던 듯이 깃발을 나부끼며 황하 기슭을 따라 동으로 동으로 내려갔던 것이다。

名言 7

天道, 是냐 非냐

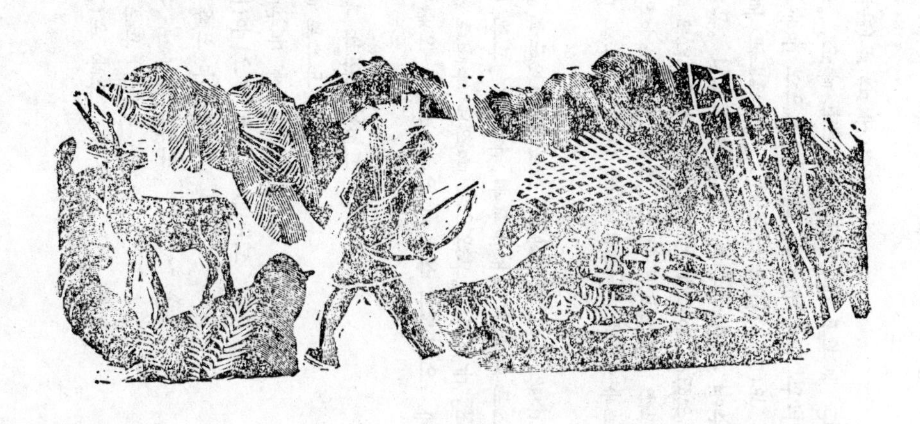

기원전 一〇六六년의 늦은 봄, 주나라 무왕의 대군이 은나라 서울을 불태웠다는 소식이 서방의 주나라로 전해졌다. 오늘날에 와서는 이미 없어지고 만 기록, 〈서경(書經)〉의 「〈태서편(太誓篇)〉」 일부가 〈맹자(孟子)〉에 약간만 채록(採錄)되고 있다.

그 단간(斷簡)에 의하면 은나라·주나라의 결전(決戰) 모양을 「유혈표저(流血漂杵)」라는 말로 표현하고 있다. 전몰한 병사의 피가 강물처럼 흐르고 그 속에 무기로서 사용했던 곤봉이 떠돌고 있다는 뜻이다. 피차간에 엄청난 인명이 상하였음을 쉽게 짐작할 수 있다.

그 소식을 듣고 백이·숙제 두 형제는 통곡을 하였다. 전쟁이란 이런 법이다. 「정의(正義)의 싸움」이라는 전쟁 역시 잔인하고 참담함에는 다를 바가 없다. 하물며 「정의」란 항상 자기를 정당화하는 이치에 불과하다. 사마천(司馬遷)의 〈사기(史記)〉는 그때의 모습을 다음과 같이 묘사하고 있다.

무왕, 이미 은을 평정하여 천하는 모두 주를 종주(宗主)로 삼다. 그렇건만 백이·숙제는 이를 수치로 여겨 주나라 조(粟)를 먹지 않다. 수양산(首陽山)에 은신하여 궐(蕨=고사리)을 캐어 이를 먹으니 굶주려 죽을 직전에 이르다. 이에 노래를 지으니,

저 서산(西山)에 올라
그 고사리를 캔다
폭(暴)으로써 폭을 대신하니
그 비(非)를 알지 못하는구나
옛 성왕(聖王)은 어느 사이에 죽으니
나 역시 언젠가는 돌아가리
아아, 산길을 헤치며 가리라
목숨이 이토록 쇠잔하였으니

뒷날 사슴을 좇아 수양산 깊이 들어간 사냥꾼이 숲속에서 二구의 흰 백골을 보았을 뿐이었다。 말로는 「정의의 전쟁」이라고 하나, 그것은 「폭력으로써 폭력을 대신한 것」에 불과함을 현대의 전쟁 역시 실증하고 있지 않은가。

공자(孔子)는 뒷날 이 말을 전해 듣고 「백이·숙제는 구악(舊惡)을 마음에 두지 않다。 이로 말미암아 원망도 적다。 인(仁)을 찾아 인을 얻으니 이제 무엇을 원망하리」라고 평하고 있다。 그러나 한나라의 사마천은 이 공자의 견해에 정면으로 반대했다。 이 형제는 천고(千古)의 원한을 품고 굶어죽은 것이다。 어찌 「원망도 적다」라고 말할 수 있겠는가。 「인을 찾아 인을 얻다」는 따위로 남의 일처럼 미화(美化)만 할 수 있겠는가。

사마천은 말한다。 백이·숙제는 「선인(善人)」인 것이다。 그런데 이 세상에서는 착한 사람이 반드시 행복하게 살 수 있다고만은 말할 수 없다。 이를테면 공자의 제자 가운데에서도 더할 수 없이 착한 사람이라는 안회(顔回)는 곡식의 겨조차 먹지 못하고 굶주리지 않았는가。 그것에 대해 도적의 두목은 날이면 날마다 죄없는 백성을 죽이고 인육(人肉)을 말려 먹는 따위의 극악한 짓을 거듭하면서도, 더구나 천 명의 도당(徒黨)을 모아 천하를 횡행(橫行)하지 않았던가。 옛날 이야기를 할 것도 없이 당면한 지금의 세상을 보아라。 조행(操行)이 문란하여 법을 어기면서도 평생토록 영화를 누리고 자손대대까지 재산 모은 자들이 얼마나 많은가。 그 반면에는 미세한 언동까지 신경을 쓰고 도리에 어긋난 짓은 않겠다, 남에게 폐는 끼치지 않겠다고 힘쓰는 선인이 때로는 천재지변을 만나 아까운 목숨을 잃는다。 그러한 예를 든다면 이루 헤아릴 수 없지 않은가——

이렇게 말하면서 사마천은 마침내 비통한 신음소리 같은 말을 남기고 있다。

「세상 사람은 말한다。 천도(天道)는 언제나 고루 착한 사람을 돕는다고, 저 백이·숙제 같은 사람을 착한 사람이라고 해야 하겠는가, 인(仁)을 쌓고 행실을 깨끗이

하였건만 굶어죽었으니、나는 어찌해야 할 바를 모르겠구나。이른바 천도(天道)란 과연 옳은 것(是)이냐 그른 것(非)이냐」

이 한탄은 아무리 둘러댄다 해도 가라앉지 않는다。설사 만세(萬世)에 「청고(淸高)」의 이름을 떨쳤다 해도 그것이 도대체 무엇이란 말인가。

그 시대에서 훨씬 내려와 한나라 때、문제(文帝)의 부름을 받아 박사(博士)가 되었으나 얼마 못되어 장사왕(長沙王)의 교사(敎師)로 좌천된 가의(賈誼)는 다음과 같이 말하고 있다。

탐욕스러운 사나이는 재물을 구하여 재물에 죽고
열사(烈士)는 이름을 구하여 이름에 죽는다。
오만한 자는 권력을 구하여 권력에 죽으며
서민은 삶에 의지하여
덧없는 목숨을 이어간다。

그러고 보니 사마천은 한나라 무제를 거슬려 남근(男根)을 잘린 폐잔(廢殘)의 몸이었으며、가의는 그 당시로서는 변방의 남쪽 땅、호남성(湖南省)의 장사(長沙)로 좌천된 실의(失意)의 사람이었다。재물과 명예와 권력을 구한 인간도 결국은 그 때문에 죽지 않는가。하루살이 같은 나날을 보내는 서민들과 얼마큼의 차이가 있겠느냐고 가의는 억지로 자신을 달래고 있는 것이다。

名言 8

殷의 頑民

(卷末圖版③參照)

산동반도(山東半島)는 동해에 튀어나온 커다란 반도이며, 「동해의 해변」이라고 한다。그곳엔 오랜 옛날부터 뽕나무가 야생(野生)하고 있었으며, 거기에 천잠(天蠶)이 누에고치를 쳤다。동해에 커다란 뽕나무가 있어서, 그 나무는 영원히 어린 싹을 내는 불로장생(不老長生)의 상징이다——라는 후세의 전설은 거기서 생겨나고 있다。그 천잠을 길러 「가잠(家蠶)」으로 한다는 지혜는 아마 은나라 초기에 이미 백성들 사이에 정착된 것으로 여겨진다。〈서경(書經)〉 가운데 「우공(禹貢)」이라는 一편이 있다。거기에 산동반도의 밑뿌리 부분, 다시 말해서 제수(濟水)의 기슭을 다음과 같이 묘사하고 있다。

「제하(濟河)의 기슭은 연주(兗州)。강물은 이미 흐르며 ……막혔던 물도 서로 만나다。상토(桑土) 이미 잠(蠶)하며 사람들은 구릉에서 내려와 흙(大地)에 살다……그 공물(貢物)은 옻칠로 가공한 실로 짠 피륙과 명주실」

삼각주(三角洲)의 홍수가 가라앉자 언덕으로 피난했던 사람들은 대지에 정착하여 곧 누에를 쳐서 명주실을 잣기 시작했다는 것이다。이 지방은 다름 아닌 바로 은나라 사람들의 본거지였다。그러므로 안양현의 은허(殷墟)에서는 「누에의 신(神)을 모시다」라고 해석되는 갑골복사(甲骨卜辭)가 발견되고 있으며, 비단의 단편(斷片)으로 여겨지는 유물도 나오고 있다。「양잠(養蠶)」이라고 하는 아시아 백성의 기술은 우선 동쪽의 산동성에서 생겨나 차츰 서쪽과 남쪽으로 전해진 것이리라.

단순히 양잠뿐만이 아니다. 청동기·도기(陶器)·칠기(漆器) 등도 동쪽의 은나라가 서쪽의 주나라보다 진보했었다. 때문에 은나라를 정복한 주나라측이 패배한 은나라 사람들보다 문화적으로 뒤져 있었음은 말할 나위도 없다. 그래서 주나라는 지혜가 뛰어난 은나라 사람들을 지배하기 위해 무척이나 애도 쓰고 머리도 짜냈다. 우선 은왕의 아들인 무경(武庚)을 중용하여 은나라 유민(遺民)을 달래며 왕족의 하나인 기자(箕子)를 고문으로 하여 정치에 관한 의견을 청했다. 그런데 주나라를 세운 지 二년, 즉 기원전 一〇六四년에 바로 당사자인 무왕이 병들어 마침내 죽고 말았다. 무왕의 아들인 성왕(成王)이 뒤를 이었으나 나이가 아직 어리다. 그래서 무왕의 아우인 주공(周公)이 「섭정(攝政)」으로서 정복한 지 얼마 되지도 않는 화북을 경영하기에 이르렀다.

여기서 결국 집안 싸움이 일어나고 더구나 은나라의 잔당(殘黨)까지 곁들어 천하의 대란(大亂)이 일어나고 만 것이다. 태고에는 형제끼리 차례로 상속하는 것이 오히려 상례이며, 장자 상속의 규율이 겨우 정해지기 시작한 그런 무렵이었다. 그래서 주나라 왕족들은 주공이 형의 뒤를 이어 실권을 쥐고 마는 것이 아니냐, 그렇다면 우리도 들고 일어나서 운이라도 좋다면 권력을 직접 쥘 수 있지 않겠느냐고 저마다 생각하기에 이르렀다. 이때를 노려 망국의 한을 달래며 틈을 엿보던 은나라 잔당들은 무경에게 이끌려 일제히 궐기했다. 은나라의 옛서울 산동의 곡부(曲阜)에 있던 은나라 사람들도 회수(淮水) 기슭의 원주민인 회이(淮夷)와 함께 반란을 일으켰다.

이런 때에는 권력욕이라는 것이 인간의 투쟁본능을 북돋아 평소와는 전혀 딴판으로 만드는 것인지도 모른다. 곁으로 보기에는 온화한 듯싶었던 주공은 우선 무경을 공략, 그를 죽인 뒤 이어 권력을 노리는 동족(同族)의 관숙(管叔)·채숙(蔡叔)들을 급습하여 이들을 사로잡았다.

그리고는 은나라 왕족의 한 사람이며 가장 얌전한 미자(微子)라는 사람에게 기대를 걸어 은나라 초기의 근거지였던 화중(華中)의 송나라에 영지를 주어 그곳에 은나라 유민들을 모으게 했다. 또한 송의 국내에서는 은나라 조상의 제사를 지내도록 허가했다. 즉 회유책을 강구한 것이다. 그리하여 지난날의 은나라 심장부에 해당되는 지역에 대해서는 그런 대로 일단 수습이 되는 듯했다.

그러나 안양의 은허에서 송나라로 강제 이동을 당한 은나라 사람들은 주의 처사에 분격했다. 그렇다고 이제와서 새삼스럽게 과거의 영광을 좇는다 해도 주나라의 무력

앞에서는 맥을 추지 못한다。여기서 지난날 은나라의 노예적 직인(職人)으로서 동기·도기·칠기·견직물 같은 것을 만들었던 기능공들은 생각했다。우리들이 만든 물건을 갖고 다니면서 물물교환을 하면 식료품이나 원료를 구할수 있지 않겠는가。송으로 옮길 것을 완고하게 거부한 은나라 사람들은 자기들 제품으로 행상하기를 작정했다。「은(殷)」이란 주나라 사람들이 지은 이름이며、그들 자신은 그 나라를 「상(商)」이라고 불렀었다。그 상나라 유민(遺民)이 생각해낸 새로운 생활의 방편이므로 그것을 「상인(商人)」의 「상업(商業)」이라고 부르는 것이다。

〈서경(書經)〉을 보면 주공이 섭정한 지 七년째、주공은 낙양에 새 도읍을 지었다。그리고 옛 은허의 땅을 다스리기로 된 아우인 강숙(康叔)을 보고는 「은나라 선철(先哲)의 왕、상(商)의 노성(老成)한 사람의 가르침을 구할 것이며 함부로 형벌을 가하지 말고 반드시 은의 옛 법을 따르라」고 타이르고 있다(「洛誥篇」)。또한 낙양으로 은나라 관리들을 데리고 와서 다음과 같이 훈계했다。

「그대 은나라의 다사(多士)여……우리의 소국(小國)이 감히 은나라를 대신하고자 함이 아니니라。천제(天帝)、은나라에 도움을 주시도다。완고하게 맞서지 말고 나를 도울지어다」(「多士篇」)

은나라의 협력을 얻지 못하면 주나라 사람들의 지혜만으로는 행정(行政)조차 하지 못했으리라。「은나라의 다사(多士)여」란 「은나라의 제군!」 정도로 정중하게 부른 말이며 주를 두고 「나의 소국」이라고 겸손하게 부른 것도 그 때문인 것이다。그런데 그 뒤、三대째의 강왕(康王) 시대에 이르자 三○년 전의 일을 회상하며、

「주공、지난날 선왕을 도와 국가를 수령(綏寧)하고、은나라의 완민(頑民)을 꾸짖어 낙읍(洛邑)으로 돌아가다」(「畢命篇」)

라고 술회하고 있다。완(頑)이란 「頁(머리)+元(丸、둥글다)」으로 된 글자다。때문에 완민이란 「머리를 훌랑 깎은 노예들」이란 뜻이 된다。지난날의 「은의 다사」는 「은의 완민」으로 바뀌어 경멸당하고 있다。그리고 또 은나라 사람(商人)이 일으킨 상업은 「사농공상(士農工商)」이라는 말이 가리키듯이 오랫동안 「사민(四民)」 가운데서 최하급을 감수해야 되었던 것이다。「농」은 소중한 일이나、「상」은 변변치 못한 서투른 재주라 하여 천대받아 왔던 것이다。결국 정복당한 자만이 가엾다고 하겠다。

그로부터 一천 년이나 지난 일이건만 당대(唐代)의 낙양 성북(城北)에 묘지가 있어 그 일대를 「은리(殷里)」라고 불렀다。「은나라 완민이 사는 곳으로서 일반 사람은 왕래를 않는다」라고 당시의 책에 기록되어 있다。이것이 아시아 역사에서의 사회적 「차별」의 시초일 것이다。

名言 9
殷鑑, 멀지 않고……

「酒」라고 하는 글자 우측의 酉라는 부분은 항아리에 두껑을 씌운 모습을 그린 글자이다. 항아리 속에서 발효시킨 전국을 삼(麻)의 부대에 담아 짜면 향그러운 액체가 흘러나올 것이다. 때문에 「酉(항아리)+삼수변(氵)」을 합쳐 술(酒)이라는 글자가 만들어졌으며, 그 짜낸 액체를 중국어로는 츄(酒)라고 부르는 것이다. 중국어로는 쥐어짜는 동작을 「揂·揪」등으로 적으며 역시 츄라고 발음한다. 요컨대 「酒」란 「쥐어짠 액체」란 뜻이 된다.

은나라 사람들은 술을 좋아하는 것으로 유명했다. 술뿐이라면 그저 얼큰한 취기를 즐기는 것에 불과하여 대단할 것이 없지만 술은 거의가 미식(美食) 또는 여색(女色)과 결부되기 마련이며 결국은 퇴폐적인 소비문화(消費文化)의 싹을 키우게 된다. 은나라 왕이 「주지육림(酒池肉林)」의 놀이에 탐닉했다는 것은 과장된 것이지만 소박한 주나라 사람들의 눈에는 술을 즐기는 은나라 사람들의 생活이 매우 퇴폐적인 것으로 비쳤을 것임에 틀림없다.

중국의 고전 〈서경(書經)〉을 보면 「주고(酒誥＝술의 계율)」라는 一편이 있다。

「은나라의 백성들(庶群)은 술에 탐닉(耽溺)하여 그 냄새(腥臭)가 하늘(上天)에 이르다。그러므로 천제(天帝)는 상(喪=滅亡)을 은나라에 내려 돌보는(愛) 일이 없었다」

이것은 은나라 서울을 뒷날 통치하게 된 주나라 강숙(康叔=武王의 아우)이 은의 유민(遺民)에게 음주를 삼가라고 한 훈시라는 것이다。술냄새가 하늘에 이르러 천제를 노엽게 했다——는 것은 매우 즉물적(即物的)인 데가 있어서 재미있다。그러나 갑작스레 은나라 사람들에게 금주를 강요해도 잘 안 될 것이다。그래서 강숙은 「분명히 설득하여 이를 가르쳐라」고 온건한 체하면서 한편으로는 주나라 관리가 그 습속(習俗)에 물들기를 몹시 우려하여 만약 그런 징후가 보이기만 하면 「모조리 잡아서 주나라로 돌려보내라。내가 이들을 죽이겠다」고 엄히 분부를 내리고 있다。문화에 뒤진 중국 변방의 사람들이 난숙(爛熟)한 중국의 중심부에 침입하여 이를 지배한다는 패턴은 그 뒤에도 몇 번이고 있었다。그때마다 새로 온 세력은 이와 비슷한 배려(配慮)를 되풀이했다。「근로야말로 민생의 근본이다。소비문명의 해독에 물들지 말라」고 그들은 소리높이 외치건만、이윽고 그 새로 나타난 지배자 자신이 먼저 술과 여색에 취하여 퇴폐의 바닥으로 빠지고 마는 것이었다。

주나라의 시초、성왕(成王)을 도와 섭정의 자리에 오른 주공은 무서운 「아저씨」였다。〈서경(書經)〉의 「무일편(無逸篇)」은 그 주공(周公)이 건국 시초에 성왕 이하의 여러 주나라 왕족들을 훈계한 훈시이다。

「부모는 가색(稼穡=農耕)에 근로하건만 그 아들은 가색의 간난(艱難)을 알지 못하도다。……옛날 은의 중종(中宗=太戊)은 소민(小民)을 다스림에 있어서 오로지 두려워하며 감히 게을리하지 않도다。그러므로 나라를 다스리기 七五년이도다。은나라 고종(高宗=武丁)은 오랫동안 밖으로 노(勞)하여 백성과 함께 있도다。……그러므로 나라 다스르기를 五九년이 되도다。……그 뒤로 왕이 되는 자 태어나면서부터 게을러(逸) 가색(稼穡)의 간난을 모르도다。그러므로 오래(壽) 가지 못하리라。一〇년 또는 七、八년、혹은 五、六년、아니면 三、四년에 멸망하도다」

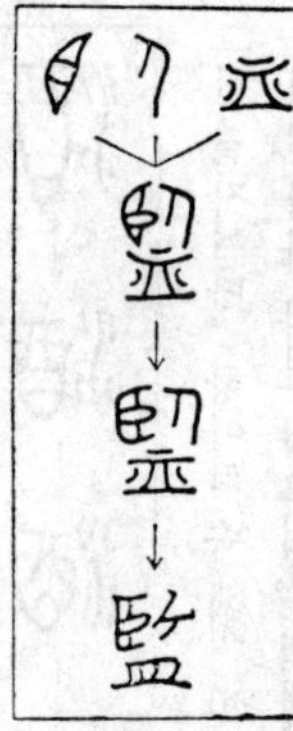

그무렵 은나라의 유민 가운데 지난날의 역사를 구전(口傳)으로 전하는 자가 있었던 것이리라。그 이야기에 의거하여 은나라 선왕(先王)을 예로 들면서 「게으름을 피우지 말라」「농사짓는 어려움을 잊지 말라」고 끈

질기게 되풀이하고 있는 것이다。 그리고 이 훈고(訓古)의 끝을 「오오、사자(嗣子=成王을 두고 한 말)、 이 역사에 감(監)할지어다」고 맺고 있다。

「監」이란 글자는 「臣(아래로 내려깔은 눈)+고개숙인 사람+큰 접시에 물을 가득히 담은 모양」을 짜맞춘 글자이다。 말하자면 사람이 세수대야 위에서 눈을 아래로 내려깔며 자기 얼굴을 유심히 들여다보고 있는 모양이다。 훗날 높은 데에서 인부의 움직임을 내려다 보는 것을 「감독(監督)한다」고 하게 되었는데、 원래 「監」이란 「물거울」에 비추어 관찰하는 일이었다。 거울에 비추어 보면 자기를 객관적으로 돌아보는 계기가 된다。 그와 마찬가지로 역사 속에 자신을 투영(投影)하여 거기에서 교훈을 얻어내자——라는 발상(發想)이 주나라의 시초에 등장했던 것이다。

뒷날 청동의 거울을 만들게 되었기 때문에 「쇠금변(金)」을 달아 「鑑(거울)」이라고 썼다。 一一세기에 사마온공(司馬溫公)이 一三六〇년 동안에 걸친 통사(通史)를 써서 〈자치통감(資治通鑑)〉이라고 이름지었으며 이후 역사를 두고 흔히 「鑑」이라든가 「鏡」이라고 부르는 것도 이 중국의 전통을 계승한 것이라고 하겠다。

주나라의 시인은 그 마음을 요약하여 「은감(殷鑑) 멀지 않으며 하후(夏后)의 세상에 있도다」(〈詩經〉「蕩의 詩」)라고 노래하고 있다。

하후의 세상이란 은나라보다 먼저 있었다는 전설(傳說)의 시대、 그 최후의 걸왕(桀王)은 일락(逸樂)에 탐닉하여 은나라에게 멸망당하고 말았다。 은나라는 하(夏)를 거울(鑑)삼으며 주나라는 은나라를 거울삼으라——는 것이다。

두려워할 줄 모르는 자는 반드시 멸망한다。

「대국(大國)의 교만(驕)함을 갖지 말라」

「안락(安樂)에 취하여 곤고(困苦)의 시절을 망각하지 말라」

아시아적(的)인 도의(道義)의 싹이 여기에 나타난 것이다。 그것은 또한 황하 유역의 한나라 사람이 이윽고 이치를 바탕으로 한 도의를 내세우게 되는 그 선구라고도 말할 수 있을 것이다。

名言10

太公望, 물고기를 낚다

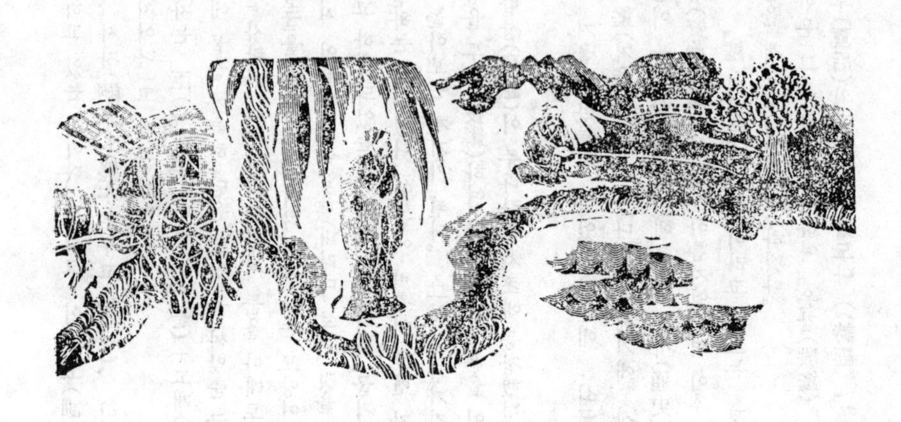

중국에서는 지금도 낚시터 같은 데에서 흔히 듣는 말이라는데, 「잘 잡히오, 따위의 말을 걸며 문왕(文王) 곁으로 다가가다」라는 말이 있다는 것이다. 이 말은 중국의 전설에서 나온 말이다. 태공망(太公望)이 한가롭게 낚시를 드리우고 있는데 마침 서백(西伯)으로 불리던 주나라의 문왕(文王)이 건너가다 곁에 앉아 이야기 나누기를 한참, 그의 인품과 식견에 반해 버려 수제로 맞아들여 스승으로 받들어 가르침을 청했다는 것이다. 뒷날 문왕이 은나라 형편을 알아보려고 은도(殷都)를 찾아갔는데 은왕의 의심을 사 연금되고 만다. 그때 태공망은 문왕의 뜻을 받아 은왕의 애첩에게 뇌물을 보내어 그녀의 도움으로 간신히 문왕을 탈출시킬 수 있었다.

「서백 문왕, 은나라로부터 피하여 주에 돌아와 태공망과 은밀히 앞날을 꾀(謀)하며 덕을 닦고 상(商=은나라를 말한다)의 정(政)을 기울이다. 태공망의 업적으로는 병권(兵權)과 기계(奇計)에 대한 것이 많았다. 그러므로 뒷날에 병(兵)과 모(謀)를 말하는 자는 모두 태공망을 시조로(始祖)로 삼다」(〈史記〉「齊世家」)
하고 사마천은 서술하고 있다. 후세에 병법의 서(書)로서 이름이 높은 〈육도(六韜)〉가 태공망의 저서니 하며 그가 병법과 모략의 원조처럼 되어버린 것은 모두 이 이야기 때문이리라.

태공망은 강(姜)이라는 성(姓)을 가진 사람. 그래서 흔히 강태공(姜太公)이라고도 불리며 그 본명은 여상(呂尙)이라고 한다. 주나라 태공(文王의 아버지)이 일찍부터 그 출현을 애타게 기다렸을 정도의 협력자라고 하여 태공망이라고 불렸다. 이렇게 〈사기〉에는 설명되고 있는데, 사실 이 사람은 동해 어민(漁民)의 장로(長老)였다. 낚시의 이야기가 만들어진 것도 그가 어부 출신이었기 때문이리라. 그런데 사마천은 「일설에 의하면」 하고 단서를 붙이고는 「여상은 원래 처사(處士=일반 서민)로서 해변에 살았다」라고 하는 또 하나의 전승(傳承)을 소개하고 있다. 오히려 이 편이 진상에 가까운 듯하다. 또한 〈맹자〉에 의하면,

「태공, 은나라의 주왕(紂王)을 피하여 동해의 해변에 살다. 문왕이 궐기했음을 듣고 일어서서 말하다. 서백(西伯)은 노인을 후대한다니 이 어찌 돌아가지 않으리」

그리하여 일족(一族)을 거느리고 주나라로 귀속했다는 것이다(〈孟子〉「離婁篇 上」). 「동해의 해변」이란 오늘날의 산동반도 동쪽 해안을 말한다. 바다와 인연이 먼 북중국(北中國)에서도 이곳만은 낭야산(琅琊山)의 정상에 오르면 망망한 바다 저편에서 해 솟는 것이 보인다. 화창한 봄날이면 신기루(蜃氣樓)를 볼 수 있다. 동해 저편에 낙토(樂土)가 있다는 환상이 생겨난 것도 그 때문이다. 원래는 이른바 「동이(東夷)」의 땅이었는데 그곳에 언제부터인지 강(姜)이라는 성을 가진 일족이 정착하여 고기잡이로 생계를 이어오게 되었던 것이다.

그런데 이 강족(羌族)이란 무엇인가. 〈시경〉을 보면 주나라의 조상 고공단보(古公亶父)의 개척 이야기를 소개하고 있다.

「고공단보, 아침에 말을 몰아
서수(西水) 기슭을 따라 기산(岐山) 아래에 이르다.
이곳에 강(姜)의 여인 오니,
함께 살도다」

그러고보니 주나라 조상은 강씨 성의 처녀와 결혼하여 살림을 차리고 관중(關中)의 고원을 개척한 것이 아니었는가. 그뿐만 아니라 문왕의 비(妃)는 태강(太姜), 무왕의 비는 성강(成姜)이라고 하여 모두 강씨 성의 여성이다. 그녀들은 황토고원에서 양을 치며 살던 부족의 여성이었기 때문에 「羊+女」를 합쳐 「姜」이라고 하고, 부족의 이름으로서는 「羊+人」을 합쳐 「羌」이라고 불렀던 것이다. 그것은 한대(漢代) 서강족(西羌族)의 조상이 되며 더욱 거슬러 올라가면 오늘날의 티베트족(族)의 원조에 해당된다. 이 일족은 수백 년에 걸쳐 은나라와 대항하고 은나라에게 상처 입어 은에 대해서는 풀 길없는 피맺힌 원한을 품고 있었던 것이었다.

산동반도의 서반(西半)에서 삼각주에 걸친 지방은 바로 은나라의 중심부이다。특히 태산(泰山)의 기슭에 있었던 엄(奄)은 지난날의 은나라 옛서울이기도 하다。강씨 일족은 이 은나라의 세력권을 피하여 은밀히 산동의 동해안에 정착、어느 사이에 목축을 버리고 어업으로 생계를 이어가게 되었다。그 추장 태공망이、오랜 친척(親戚)인 주나라가 들고 일어나 은나라를 친다고 듣자、멀리 동방에서 이에 호응、결기(決起)했던 것이다。

다시 〈맹자〉를 펼쳐보자。

「주공、무왕을 도와 주를 주(誅)하고 엄(奄)을 치다。三년만에 그 군을 토(討)하여 비렴(飛廉)을 바다 구석으로 몰아 죽이다。나라 멸망시키기를 五〇」(「滕文公篇 下」)

바람(風)은 태고에 pliam이라고 했다。그것을 두자로 나누어 「飛廉(pliam)」이라고 표기한 것이다。때문에 「飛廉」이란 바람(風)을 말한다。더구나 「風」과 「鳳」은 옛말에 같은 자로 쓰여졌다。여기에서 말하는 「飛廉」이란 곧 「鳳(봉황새)」을 깃발 그림으로 삼았던 은나라 동족을 가리킨다。지금의 산동성에 살고 있던 은나라 잔당(殘黨) 五〇족을 멸망시킴에 있어서 아마 동해의 해변에 살았던 강씨 성의 어민이 크게 분전한 것이리라。

주나라는 북중국을 평정한 뒤 그들 어부들의 공을 보상하기 위해 태공망에게 병권(兵權)을 주어 산동을 다스리게 했다。태공망은 지금의 임치(臨淄)에 도읍을 두고 황하의 대지류(大支流)인 제수(濟水)의 이름을 따 「제국(齊國)」이라고 불렀다。

「태공、상공(商工)의 업(業)을 통하여 어염(漁鹽)의 이(利)를 편(便)히 하다。백성이 많이 제나라로 귀속、제나라는 동방의 대국이 되다」(〈史記〉「齊世家」)

제나라는 물고기와 소금의 부(富)로 새 역사의 무대에 등장한、중국에서는 보기 드물게 바다와 인연이 있는 나라이다。지금도 산동성의 해안은 천일제염(天日製鹽)과 어업이 활발한 곳이다。「태공망、고기를 낚다」라는 이야기도 이렇게 생각하면 반드시 근거 없는 전설만은 아닌 듯 싶다。

名言 11
禹, 洪水를 다스리다

중국에서 가장 오랜 고전의 하나는 이 책에서도 자주 인용되는 〈서경(書經)〉인데, 지금 남아있는 〈서경〉 五八편 가운데 신용할 수 있는 것은 三三편뿐이며, 나머지는 삼국시대 무렵의 사람들이 꾸며낸 위작(僞作)이다——라는 것이 三백여 년 동안의 정설(定說)로 되어 있다.

그러나 그 신용할 수 있는 三三편 가운데에서도 정말로 은나라나 주나라 시대때 기록의 자취를 볼수 있는 것도 있는가 하면, 기원전 六、七세기경에 와서 누군가의 손으로 추가된 것도 있다. 이를테면 그 최초에 나오는 「요전(堯典)」과 「순전(舜典)」——이것은 태고의 성왕(聖王)으로 불리는 요(堯)와 순(舜)의 왕조 이야기인데 거기에서는 모든 부족의 조상신(祖上神)이 한자리에 모인 형태로 등장한다. 이와 같은 편(篇)은 「위작(僞作)」에는 들어가지 않지만, 그러나 그 문장을 보기만 해도 이것은 유서가 오랜 진짜가 아니다, 라는 것을 당장에 알 수 있는 신구(新舊)가 뒤범벅이 된 채의 문체로 씌어져 있다. 아마 유가(儒家)의 시조(始祖)쯤 되는 당시의 지식인들 사이에서 꾸며 지은 작품일 것이다. 무엇보다 우선 요·순이니 하는 연대조차 알 수 없는 태고에 「문자(文字)」가 존재하지는 않았으리라.

중국에도 「노아의 홍수」 같은 전설이 있다. 여기 「요전」「순전」 가운데에서 그것에 해당되는 부분을 인용해 보자.

「탕탕(湯湯)한 홍수、곧 대지를 가르며 막다。탕탕(蕩蕩)히 산을 품으며(懷) 능(陵)으로 파고 들어와(襄)、호호(浩浩)히 하늘(天)에 감돌도다」(「堯典」)

그래서 요임금이 일동과 상의한 끝에 곤(鯀)을 택하여 치수(治水)를 맡게 하는데 九년이 지나도 별무신통이다。그리하여 요임금 뒤를 이은 순임금은 곤을 나무에 못박아 처형하고、방해를 일삼는 공공씨(共工氏)와 묘족(苗族)을 변방으로 추방、다시 곤의 아들인 우(禹)를 지금의 건설부 장관 같은 사공(司空)의 관(官)으로 임명했다(「舜典」)。그래서 우는 「대지를 다지고(敷)、산을 따라 나무를 베며 고산(高山)·대천(大川)을 안정시켰다(奠)」(「禹貢篇」)。그 활약으로 황하의 본류(本流)를 비롯하여 화중(華中)의 회수(淮水)·한수(漢水)·장강(長江=揚子江)이 모두 동해로만 흐르게 되었다는 것이다。

맹자는 이 이야기를 더욱 분식하여 다음과 같이 말하고 있다。

「요의 시절에 물은 역행하여 중국에 범람、사룡(蛇龍) 이곳에 사니 백성은 안정되지 못하다。낮은 땅에 사는 자는 움막을 짓고 높은 땅에 사는 자는 굴을 파서 사니 우로 하여금 이를 다스리게 하다。우는 땅을 파물을 바다로 끌었으며 사룡을 몰아내어 골짜기로 보내다。……그런 뒤 사람들은 비로소 평지(平地)를 얻어 그곳에 살다」(〈孟子〉「滕文公篇下」)

이 대사업에 착수하는 동안 「우는 세 차례나 자기집 앞을 지나게 되었으나 안으로는 들어가지 않다」고 할 만큼 치수(治水)에 전념했다는 것이다。

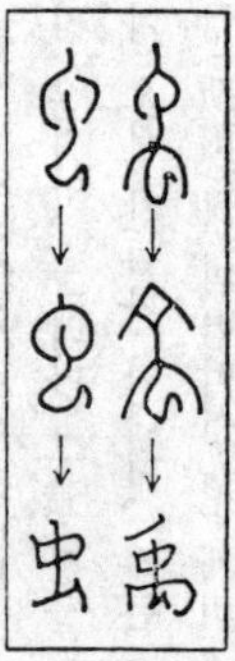

그러나 곤이 성공을 하지 못했다고 해서 못박아 죽이는 처형을 하고、하필이면 그의 아들 우로 하여금 대신 맡도록 했다는 것은 참으로 잔인한 이야기가 아닐 수 없다。어딘지 피비린내 나는 권력의 냄새가 풍기지 않는가。

↓ ↓ 禹

↓ 虫

그래서 우선 「禹」라는 글자를 한 번 살펴보자。그것은 전체적으로 「虫(벌레가 아니라 뱀의 모양)」이라는 글자와 흡사하다。「禹」란 머리가 뾰족하고 두 발을 힘주어 뻗치며 꼬리가 늘어진 도마뱀의 모습을 그린 상형문자이다。또한 「鯀」이란 글자는 「鯤(곤)」이라고도 쓴다。혼돈(混沌)의 「混」과 같은 계통의 말로 덩치가 크고 둥글며 막연하기만한 대어(大魚)를 말한다。다시 말해서 큼직한 메기라고 생각하면 될 것이다。그러고 보면 이 이야기는 「큰 메기와 소룡(小龍)과의 싸움」이라는 민화(民

話)를 바탕으로 하여 기원전 六、七세기의 학자며 지식인들이 「성인(聖人)이야기」로서 꾸며낸 것— 이라는 셈이 된다。

사실은 이 이야기의 바탕이 되는 설화(說話)가 서남(西南) 중국 민화에 남아 있다。

「먼 옛날、곤명호(昆明湖)에 큰 메기가 살았었다。 그것이 날뛰기 시작하면 물이 넘쳐 부근 일대가 물 속으로 가라앉아 버리는 것이다。 그것을 본 작은 용이 정성스럽게 파괴된 기슭의 둑을 막고 고치며 격투 끝에 드디어 큰 메기를 해치우고 말았는데、작은 용도 힘이 지쳐 죽어버렸다。 사람들은 애석히 여겨 호반에 사당을 지어 작은 용을 제사지냈다」

이것이 대강의 줄거리이다。 중국의 강이나 호수 기슭에는 반드시 용신(龍神)의 사당이 있기 마련이다。 그 중에서도 특히 물과 인연이 깊은 화중(華中)이나 화남(華南)에 많다。 더우기 중국의 연해지방(沿海地方)에서는 봄이나 여름에 「용신이 물을 건너가다(龍船競渡)」라는 취향의 축제를 지낸다。 그리고 그것은 베트남이나 타이까지 번져 있다。

저 무서워 보이는 용도 따지고 보면 기민한 도마뱀、다시 말하여 작기는 하나 용감한 용을 말하는 것이다。

많은 부족을 통합하여 국가가 이루어졌을 때、그 조상이나 수호신을 한자리에 모은 형태로 국교(國敎)、또는 국수주의적인 경향을 강조하는 것은 세계의 어디서나 볼 수 있는 전제주의적인 정치적 허구(虛構)이다。 주나라의 통일로써 화중과 화북의 많은 부족이 융합하여 「한민족(漢民族)」이라는 통일체가 생겨났다。 그것을 기념하기 위해 잡다한 부족의 조상신(祖上神)을 한자리에 모은 것이 바로 「요전(堯典)」 「순전(舜典)」이라고 하겠다。 그 무대의 주역으로서 요·순·우……등의 「성왕(聖王)」이 날조되었던 것이다。

「우、홍수를 다스리다」라는 이야기는 서민의 이야기로서는 진실이었다。 그러나 일단 학자·지식인들 손에 다루어지자 그것은 터무니없는 거짓으로 날조되었던 것이다。 이래서 인공적(人工的)으로 작위(作僞)된 것을 「人十爲」 곧 거짓(僞)이라고 하니 중국의 문자는 참으로 짓궂다고도 하겠다。

名言12

鳳鳥, 오지 않으니

「동풍(東風)이 불어오니 그윽이 풍겨오는 매화(梅花)여」하고 옛사람이 노래불렀듯이 동풍은 봄、남풍은 여름、서풍은 가을、그리고 북풍은 차가운 겨울이 왔음을 알린다。 바람이야말로 계절의 일력(日曆)을 알리는 표시일 것이다。 그리고 사철(四季)의 바람에 실려 오고는 가고、가고는 또 찾아와 자연의 숨결이 변하는 것을 알리는 사자(使者)──그것이 철새이다。 때문에 고대 동아시아의 사람들은 새가 풍신(風神)의 사자、일력(日曆)을 다스리는 임자(主)로 생각했었다。

그런데 주나라 무왕·주공(周公)은 산동반도의 한 구석에 있던 태공망 一족의 협력을 얻어 산동에 살고 있던 은나라 잔당(殘黨)을 평정했다。 맹자는、

「주공、무왕을 도와 주(紂)를 주(誅)하고 엄(奄)을 치다(討)。 三년이 지나자 그 군(君)을 치고 비렴(飛廉)을 바다 한 구석으로 몰아 죽이다。 나라 멸망시키기를 五〇」〈孟子〉「滕文公篇 下」

라고 서술했음은 앞서도 소개한 바 있지만、五백 년에 걸쳐 은의 지배하에 있던 각 부족이 그렇게 쉽사리 일소(一掃)되었을 리는 없다。 무왕이 죽은 뒤 주공은 이 땅의 제압에 특히 온 힘을 기울여 지혜를 짰던 것이다。 주공은 자기 장남을 지난날의 엄(奄)의 서울(뒷날의 曲阜)에 노공(魯公)으로서 진좌(鎭座)시켰다。 춘추시대의 노

(魯)나라가 이에 시작된다.

「상(商=殷)의 옛서울, 엄(奄)나라 백성에게 물려 주어(因), 주공의 장남 백금(伯禽)을 소호(少皞)의 옛땅에 봉(封)하다」〈春秋左氏傳〉「定公四年」)

라고 씌어 있듯이 우선 은나라 근거지의 안정(安定)에 힘썼던 것이다. 그런데, 소호(少皞)와 대호(大皞)의 두 사람은 은나라 시조로 불리는 인물인데, 이 호(皞)란 「햇빛이 찬란하게 빛나는 높은 언덕」이란 뜻이다. 때문에 이 이름은 황하 삼각주(三角洲) 가운데의 언덕에 촌락을 이룬 은나라 사람들이 자기들의 시조로서 「大」「小」또는 「少」의 둘로 나누어 설정한 인공적인 두 이름으로서 실명(實名)은 아니다. 은나라 시대의 점(占=甲骨卜辭) 가운데에서 「왕해(王亥)」「상갑(上甲)」이라는 실명으로 기록된 두 조상이 아마 이 대호·소호에 해당되는 인물이리라. 이제 그 점의 실제를 한 번 살펴보자.

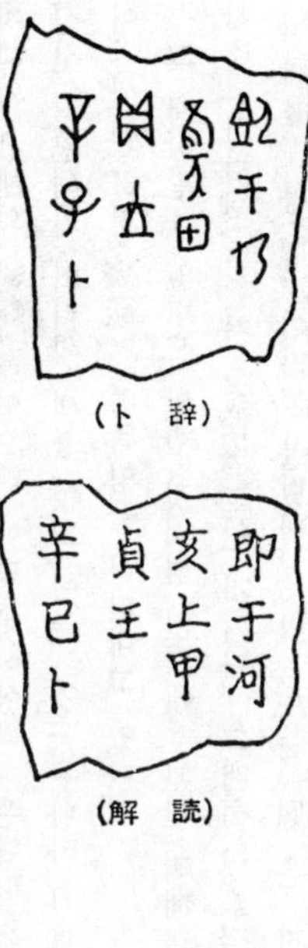

(卜辭) (解讀)

위의 그림은 좌측 행에서 우측 행으로 읽는데 전문(全文)은 「신사(辛巳)의 날에 점치다. 묻건대(貞) 왕해와 상갑을 하(河=黃河의 神)에 즉(即=陪食) 하겠는가?」

라고 해독된다. 하신(河神)을 제사 지낼 때 두 조상신(祖上神)을 함께 제사 지내어 그 제사 음식을 함께 먹어도 되겠느냐——고 물은 점술(占術)의 말이다. 여기서 상갑(上甲)에 대해서는 「甲」이라는 한 글자로 쓰여져 있는데 왕해(王亥)에 대해서는 「亥」라는 글자 위에 새(鳥)의 모양이 달려 있다. 즉 은나라 사람들은 이 조상이 새를 머리에 얹은 인물로 생각했음이 분명하다.

그 점에 대해서 전하는 재미난 기록이 있다. 은나라가 멸망하여 五백 년이나 지난 뒤, 기원전 五二五년에 산동에 남아 있던 은나라 부족의 추장 담(郯)나라의 우두머리가 노공(魯公)에게로 공물(貢物)을 갖고 찾아와 다음과 같이 말하고 있다.

「우리의 고조(高祖) 소호(少皞) 일어서자 때마침 봉조(鳳鳥=봉황새의 암컷) 날아오다. 그러므로 이 새를 기념하여 조(鳥)의 이름으로써 벼슬(官)의 이름을 짓다. 봉조씨(鳳鳥氏)는 일력(日曆)을 다스리고 현조씨(玄鳥氏=제비)는 춘분(春分)·추분(秋分)을 다스리다……」

(〈春秋左氏傳〉「昭公 十七年」)

이 이야기를 들은 공자(孔子)는 「천자(天子) 왕실(王

室)이 쇠하여 전승(傳承)을 잃고 말았으나 사방의 이인(夷人) 가운데에 그것이 남아 있었다니」하고 감동했다는 것이다. 지금의 말로 표현한다면 은나라 사람은 새를 토템(表徵記號)으로 하여 새를 부족의 이름에 붙임으로써 그 지혜와 은혜의 혜택을 입으려 했던 것이었다. 은나라 조상신의 왕해가 머리에 새를 얹고 있는 것은 은나라 사람이 「새의 표징(表徵)」 부족임을 나타내고 있다.

그 새야말로 앞서도 말한 것처럼 일력에 관한 지혜를 갖춘 「바람(風)의 사자(使者)」인 것이다. 그래서 대표적인 새를 「봉(鳳)」이라고 불렀다. 「風」 또는 「鳳」은 지금의 중국어나 고대의 한어(漢語)에서는 발음이 똑같으며 갑골문자(甲骨文字)에서는 구별하지 않고 있다. 그리고 이것은 후에 붕(鵬)이라고도 쓴다.

봉(鳳)을 신성한 상징으로 여기는 전승(傳承)은 은나라를 멸망시켜 대신 들어앉은 주나라 사람들 사이에는 비록 상당히 변형되기는 했으나 같이 남아 있었다. 〈시경(詩經)〉을 보면 성왕(成王)의 치세(治世)를 찬양하는 찬가(讚歌)에 다음과 같이 불려지고 있다.

봉황이 우는구나 저 높은 언덕에
오동(梧桐)은 자라는구나 저 아침 햇살이 쬐는 언덕에
(卷阿의 詩)

여기서는 봉황(鳳皇=새의 왕이라 하여 皇을 붙였다)이 태평성대의 상징이 되어 왕자(王者)의 권력을 칭송하는 수단으로 쓰이고 있다. 또한 뒷날에 봉은 용(龍)과 함께 왕실의 깃발 그림이나 장식에 사용되는 공작(孔雀)과 흡사한 화려한 모습으로 그려지게 되었다. 또한 황제의 얼굴을 「용안(龍顔)」이라 하며 제실(帝室)의 마차를 「봉련(鳳輦)」이라 부른다. 철새를 바람의 사자(使者)로 보고 존경과 경애감을 지녔던 소박한 신앙은 어느 사이에 그로테스크한 권력의 장식품이 되고 만 것이다.

공자는 그 말년에 실력 경쟁의 사회 풍조를 한탄하여 「봉황새(鳳鳥)는 오지 않으니 나는 어찌하리」(〈論語〉「子罕」)라고 한숨 짓고 있다. 그는 은밀히 자기를 은나라의 후예로 여겼던 모양이다. 대자연의 조화(調和)에 대한 기원(祈願)을 철새에 둔 은나라 사람의 정신을 그는 마음 한 구석에 깊이 간직하고 있었는지 모른다. 그는 또한 「나야말로 사명을 띤 인간이다」라는 기묘한 자존심을 지닌 사나이였다. 「멸망한 나라를 일으키고 끊긴 세상을 이어 받으며 일민(逸民=숨어 사는 백성)을 일으키겠다」(〈論語〉「堯曰篇」)는 식으로 대담한 야심을 깊이 간직했던 사나이였다. 그가 복고(復古=옛으로 돌아가라)라고 되풀이하며 말한 것은 어쩌면 은나라 시대에의 향수(鄕愁), 아니 은나라 시대의 재현을 꿈꾸며 노린 말일는지 모르겠다.

名言13
扁鵲, 病을 고치다

〈시경(詩經)〉이라는 책을 보면 맨마지막에 상송(商頌)이라는 이름의 시(詩) 다섯 편이 있다。은(殷)이 멸망한 후「은나라의 완고한 백성(頑民)」들의 반항에 골머리를 앓은 주공(周公)은 그들을 회유(懷柔)하기로 작정하였다。은나라 초기의 서울(지금의 河南省 商丘) 부근에 송(宋)이라는 나라를 만들고 은의 유민(遺民)을 모아 거기서는 종래의 습관을 지켜도 좋다、은(殷=商)나라 조상의 제사를 지내도 좋다——고 정한 것이다。이 송나라의 제사에서 은나라의 자손들이 옛날의 영광을 칭송하는 노래가「상송(商頌)」인 것이다。그 가운데「현조(玄鳥=제비)의 노래」는

「하늘은 현조에 명(命)하여
내려가 상(商)을 태어나게 하였노라。
은의 땅을 정하였으니、
망망(芒芒)한 풀이 우거진 곳」

라고 시작되고 있다。아주 오랜 옛날 아리따운 공주가 제수(濟水) 기슭에서 목욕을 하고 있었다。춘분(春分)과 더불어 찾아온 제비가 홀연히 알(卵)을 떨어뜨렸다。이것을 집어삼켜서 태어난 것이 상(商)의 선조이다——라는 전승(傳承)이 있었던 것같다。이 시(詩)에「현조를 내려보내 상(商)을 태어나게 하였다」라고 한 것은 그것을 말하는 것이리라。그렇다면 은나라 사람들은 단순히 새에

친근하고 새를 사랑했을 뿐만이 아니라 자기들의 핏속에는 새의 정기(精氣)가 흐르고 있다고 생각했던 모양이다.

새의 뛰어난 정기라고 하면, 우선 무엇보다도 자연의 변화를 찰지(察知)하는, 저 철새들의 지혜를 들 수 있다. 자연의 변화는 四계절의 「바람(風)」에 나타난다. 공기의 흐름, 기온(氣温)·기압(氣壓)의 변화 등 거의 모든 대기(大氣)의 움직임을 「風」이라고 하는 것이다. 그러므로 바람을 타고 오고가는 새를 「봉(鳳)」이라고 부르고, 그것은 四계절의 역(曆)을 전하는 「風」의 사자(使者)라고 생각하였다. 춘분에 왔다가 추분(秋分)에 돌아가는 현조(玄鳥) 또한 바람의 사자인 것이다. 은나라가 망한 후 五백년쯤 지났을 무렵 산동(山東)에 남아있던 은나라 부락의 추장(酋長)이,

「옛날 은나라 사람은 새를 표징(表徵=紀)으로 하고 새의 이름으로 관명(官名)을 삼았다. 봉조씨(鳳鳥氏)는 역(曆)을 관장(管掌)하고 현조씨(玄鳥氏)는 춘분·추분을 관장하였다」(「春秋左氏傳」)

이라고 한 것은 이 오랜 토템(totem) 신앙을 전한 것이었다.

그런데 한방의학(漢方醫學)의 고전(古典)에서는 역시 대기의 움직임을 「바람(風)」이라고 한다. 인간은 이 「바람(風)」속에서 생활하고 있는 것이지만, 기압이나 기온·습도(濕度) 등에 급격한 변화가 일어나면 사람의 몸은 거기에 대응(對應)하지 못하고 밸런스가 무너져서 틈이 생긴다. 그것을 바람의 비뚤어짐(風의 邪) 즉 「풍사(風邪)」라고 하며 이것은 우리말의 「감기」인 것이다. 재빨리 그것을 조정하면 괜찮으나 무심코 내버려두면 그 「(사)邪」가 몸속 깊이 들어간다. 「감기는 만병(萬病)의 근원」이라는 것은 그러한 뜻이다. 그러므로 한시 바삐 그 삐뚤어짐을 발견하며, 혹은 더웁게 하고 혹은 차게 하고 안마(按摩)에 의하여 주물러 풀고 침(鍼)과 뜸(灸)에 의하여 자율신경(自律神經)에 자극을 주어 몸의 자율 조절작용을 회복시키지 않으면 안 된다. 한방의학은 이러한 바탕 위에서 발달된 것이다. 그것은 말하자면 「풍(風)」의 예방의학이다. 그러고 보면 바람의 움직임을 재빨리 알아내어 거기에 대응하는 새의 지혜는 바로 의학의 원점(原點)이라고 하지 않으면 안 된다.

중국의 명의(名醫)라고 하면 우선 편작(扁鵲)이라는 이름이 떠오른다. 한(漢)의 고조(高祖)가 적의 화살을 맞고 쓰러졌을 때 「사람의 목숨은 곧 하늘에 있다(人命在天)」 편작이라 하더라도 어찌할 수 없다」라고 신음하며 죽었다고 한다. 편작은 전설 속에서 명의의 전형(典型)이었다.

한의 사마천(司馬遷)은 〈사기(史記)〉 가운데 「편작열전

(扁鵲列傳)」을 남겨두고 있다. 거기에 의하면 편작은 발해(渤海) 사람이고 이름은 진월인(秦越人)이라 하였다. 제(齊)나라에서 조(趙)나라로 왔을 때 조나라의 실권자(實權者)인 조간자(趙簡者)가 인사불성(人事不省)이 되었다. 당황하는 신하들을 향하여 「당신네 주인의 혼만이 하늘 위에서 놀고 있는 것이다. 닷새만 지나면 돌아온다」고 태연하게 편작이 예언하였다. 사실상 환자는 五일 후에 정신을 차렸다고 한다. 또 괵(虢)나라 태자(太子)가 급사(急死)하여 관에 넣기에 앞서 편작이 진찰을 하더니 「기다려라」고 제지하였다. 그리고 침구(針灸)의 비술(秘術)을 다하여 二개월만에 완쾌(完快)시켰다.

편작은 멀리 진(秦)나라까지 흘러갔으나, 거기서 진나라 태의(太醫=宮中의 醫官)의 질투를 받아 암살(暗殺) 당했다고 한다.

그러나 이러한 이야기는 어딘지 모르게 괴담(怪談) 같은 데가 있다. 우선 「진월인(秦越人)」이라고 하는 이름은 서북의 진나라와 동남의 월(越)나라의 이름을 합친 것으로 야릇하게 만든 이름이다. 사실 「편작(扁鵲)」이라는 것은 편편(扁扁=펄럭펄럭)하고 날개치는 작(鵲=까치)이라고 하는 뜻이다. 옛날 어떤 유명한 의사가 각지를 돌아다니며 병을 고쳤다고 하는 이야기 주인공에게 편작이라는 이름을 붙인 것에 지나지 않는 것이다.

최근 중국 산동성(山東省)의 미산현(微山縣)에서 네 개의, 화상석(畫像石)이 발견되었다. 이 장(章)의 첫머리에 실린 그림을 보아주기 바란다. 과연 새가 손에 침을 들고 병자를 치료하고 있지 아니한가, 이 새야말로 편작인 것이다. 이 그림이 그려진 기원 二세기경까지 산동 사람들 사이에는 의사의 원조(元祖)가 새이고 바람의 사자(使者)라고 하는 소박한 신앙이 남아 있었던 것으로 보인다. 그렇다고 하면 한방(漢方)에서는 돌바늘(石針=뒤에는 금속 바늘을 사용하였다. 지금은 실처럼 가늘지만 원래는 훨씬 굵었다)로 찔러 더러운 피를 뺐다고 하는데 그 바늘의 모양조차 새주둥이를 닮은 것처럼 보이는 것이 아닐까.

그로부터 二천년, 새가 병을 고친다고 하는 신앙은 벌써 사라져 버렸다. 그러나 아직도 중국 사람들은 까치가 울면 「좋은 일이 있다」고 즐거운 표정을 짓는다. 이 새를 「희작(喜鵲=기쁜 까치)」이라고 부르며 어려운 일을 해결해 주는 행복의 사자(使者)라고 생각하는 것이다. 애인을 기다리는 아가씨에게나 아들이 돌아오기를 기다리는 부모에게나 「희작(喜鵲)」은 기쁨을 예고하는 것이다. 전승(傳承)의 근원은 어쩌면 그렇게도 깊고 긴 것일까.

名言14

姮娥, 달로 치닫다

중국의 동쪽은 망망대해(茫茫大海)이고 서쪽은 유사(流砂=砂漠) 저 멀리에 땅의 끝이라고나 생각될 높은 산맥의 바위들이 솟아 있다. 三천 三백년 전, 황하(黃河) 하류에 살던 은나라 사람들은 이미 이 대륙의 지세(地勢)를 거의 알고 있었던 것 같다.

태양은 날마다 동쪽 바다의 수면(水面)을 뚫고 하늘로 올라가 서쪽으로 서쪽으로 나아가 바위산 저 너머로 사라져 간다. 사람의 손가락을 세어보면 열 개이기 때문에 「십진법(十進法)」의 셈법은 옛날부터 있었던 것인데, 그것을 날짜의 수를 세는 데 이용하면 지극히 자연스럽게 一○일이 한 묶음이 된다. 은나라 사람들은 그것을 순(旬=巡, 한 바퀴 도는 날짜)이라고 불렀다.

동(東)은 통(通)과 같은 계통의 말로서 「뚫고 지나간다」는 뜻이고, 서(西)는 천(遷)과 같은 계통의 말로서 「빠져서 사라져 간다」는 뜻이다. 태양은 저녁 때 서쪽의 곤륜산맥(崑崙山脈) 너머로 빠져서 사라지고 대지(大地)의 밑을 돌아 동쪽 양곡(陽谷=水源池)의 「부상(扶桑)」에 걸터앉아 차례를 기다리고 있다. 오늘은 갑(甲)의 태양, 다음에는 을(乙)의 태양이라는 식으로 차례가 돌아(巡)오면 수평선을 뚫고 하늘로 올라간다. 통(通)하는 쪽이므로 그것을 동(東)쪽이라 한다. 그리하여 갑을병정무기경신임계(甲乙丙丁戊己庚辛壬癸)라고 하는 一○일 동안에 한 바퀴 도는 것이다.

그런데 태양은 낮 동안 찬란한 빛을 내뿜기 때문에 저녁에는 볼품없이 쇠퇴하는 것이지만, 거기에 회생(回生)과 불노(不老)의 힘을 주어 영원한 회귀(回歸)를 보장하는 것이 곤륜산에 사는 「서왕모(西王母)」라는 신녀(神女)였다. 「산해경(山海經)」이라는 괴물기담(怪物奇談)에 의하면 학자들이 상상한 서왕모는 반인반수(半人半獸)의 기이한 모습을 하고 있었던 것 같다. 그러나 소박한 백성들은 아마 열 사람의 자녀를 거느린 자비로운 어머니라고 생각하였을 것이다.

그런데 어느 때, 서왕모가 자녀들의 감독을 잘못하여 一○개의 태양이 한꺼번에 하늘로 올라갔다. 큰 변고가 아닐 수 없다.

「요(堯=太古) 임금 때 열 해가 한꺼번에 떠서 화가(禾稼=作物)를 태우고 초목(草木)을 죽이니 백성들은 먹을 것이 없었다」(〈淮南子〉「本經訓」)

〈회남자(淮南子)〉는 기원전 一세기에 한나라 회남왕(淮南王) 유안(劉安)의 막하(幕下)에서 엮어진 책이다. 거기에 의하면 이 비상시에 예(羿)라고 하는 활의 명인(名人)이 나타나 차례로 아홉 개의 태양을 쏘아 떨어뜨리고 여러 가지 괴상한 짐승들을 퇴치(退治)하여 겨우 백성들이 안심하였다고 한다. 그런데 이 용감한 사나이는 기세가 등등하여 서왕모를 찾아가 「그 죽지 않는 약인가 하는 것을 주시오」라고 청하였다. 예는 이 신비한 약을 가슴에 품고 기쁨에 넘쳐 수천리 길을 달려 집으로 돌아왔다. 그의 부인은 세상에 드문 미인이었다. 날씬한 미인을 아(娥)라고 부른다.

「예(羿)、불사(不死)의 약을 서왕모에게 청하다. 아내인 항아(姮娥)는 이를 훔쳐 달로 치닫으니(奔) 예는 망연하여 그 뒤를 따르지 못하다。「(淮南子 覽冥訓)」

처에게 속은 영웅은 낙심하여 대책을 강구하지 않은 채 세상을 떠났다는 것이다. 강인한 사나이 마음 속에 도사린 뜻밖의 연약함은 이러한 것을 말하는 것일까.

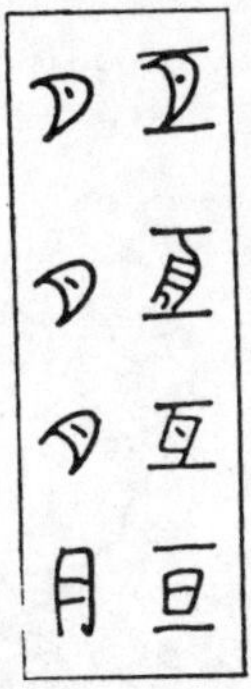

달님의 윗끝에서 아래끝까지를 나타낸 것이 「亘(亙)」이라는 글자이기 때문에 「亘娥」는 달 속의 미녀라는 뜻이다. 뒷날 한나라 황제의 이름(恒)을 피하여 「상아(常娥)」라 부르게 되었다.

항아는 홀로 달 속에 살면서 죽지 않는 약을 지어 마시고 달빛과 함께 영원히 삶을 누리게 되었다. 토끼가 그 약을 섞어 떡방아를 찧어 달 미인에게 주는 것이다.

그 뒷날 九세기에 당나라 시인 이백(李白)이,

「흰토끼는 약을 찧으니 가을 또는 봄,
상아(常娥)는 홀로 살아 누구와 이웃하나
…………
옛사람 지금 사람, 물처럼 흘러가도
언제나 밝은 달은 옛날과 같구나」(「把酒問月」)

라고 노래하였다。달 속에서 토끼가 떡방아를 찧는다는 이야기는 우리 나라뿐 아니라 이웃 나라까지 전해지고 있다。「月」이라는 글자는 초생달 속에 검은 그림자가 있는 것을 그린 것이지만 중국 사람들은 그 그림자를 「달미인(月美人)과 토끼」의 모습으로 보았던 것이다。

三천년을 지난 오늘날이 유서깊은 옛 여야기가 아직도 우리들 마음 속에 살아있는 것 같다。

名言 15

伏犧, 八卦를 만들다

점(占)의 근원은 사실상 〈주역(周易)〉이라는 고전(古典)인 것이다。거기에는 인간 문명의 발달과정을 다음과 같이 설명하고 있다。

「태고(太古)에 포희씨(包犧氏)가 임금이 되어 사람들에게 그물을 짜서 사냥과 고기잡이를 가르쳤다。다음에는 신농(神農)이 임금이 되어 나무를 깎고 다듬어 보습과 괭이를 만들고 농사짓기를 가르쳤다」(〈周易〉「繫辭傳」) 포희(包犧)를 포희(庖犧)·복희(伏犧·伏義) 등으로도 쓴다。〈주역(周易)〉에 의하면 천지만물(天地萬物)의 모양을 관찰하여 그것을 음성(陰性)과 양성(陽性)의 복잡한 얽힘이라 생각하고、음성을 --라는 표시로、양성은 —라는 표시로 나타낸 것도 복희(伏犧)라고 한다。가령 ☷은 음성뿐이어서 「여성·대지(大地)·유약(柔弱)·소극성(消極性)」 등을 상징하고、☰은 순양성(純陽性)이므로 「남성·하늘·강하고 굳음·적극성」 등을 상징한다。

이 세 개(三體)를 조(組)로 하면 여덟 가지 조합(組合)이 되므로 그것을 팔괘(八卦)라 하고、이것을 바탕으로 여러 가지 현상의 본질을 알아내려고 하는 것이다。마치 전자계산기 같은 무미건조한 해석의 방법이다。고대인(古代人)이 수렵에서 농경(農耕)으로 나아갔다고 하는 〈주역(周易)〉의 생각은 옳았다。그러나 소박한 생활 속에서 이처럼 이유를 꼬치꼬치 캐는 사고방식이 발생할

리는 없을 것이다。

그렇다면 복희는 도대체 어떠한 사람일까。 기원전 一세기에 씌어진 〈회남자(淮南子)〉라는 책에 그것을 풀 열쇠가 있다。

「황제(黃帝)의 다스림은 아직 복희의 도(道)에는 미치지 못하다。 옛날 사극(四極=천지를 받치는 네개의 큰 겸은 기둥)이 무너져 구주(九州=여러 지방)는 갈라지며(裂)、하늘은 고루 덮지 아니하고、땅은 골고루 싣지(載) 못하였더라。 불길은 치솟아 꺼지지 아니하고 물은 철철 넘쳐(浩洋) 줄지 아니하다。……

여기에서 여화(女媧=伏犧의 부인 또는 누이동생)、오색(五色)의 돌을 녹여 푸른 하늘의 찢어진 틈을 메우고 큰 거북발을 잘라 사극을 세우며、흑룡(黑龍)을 죽여 중국을 건지고(濟)、갈대 재(蘆灰)를 쌓아 물을 멈추게 하였더라」(「覽冥訓」)

어처구니없게 복희와 여화는 중국의 대지창시(大地創始)의 역할을 맡았던 오누이(男妹、또는 夫婦)였던 것이다。

그래서 아직까지 민간에서 전해지는 이야기를 찾아보면 확실히 그런 이야기의 원형(原型)이라고 생각되는 것이 지금도 남아 있다。

「옛날 복백(卜伯)이라는 영웅이 있었다。 그런데 뇌왕(雷王)과 용왕(龍王)이、사람들이 그들을 푸대접하기 때문에 화내어 오래도록 비를 안 오게 하였다。 그래서 복백은 뇌왕과 담판(談判)한 끝에 뇌왕을 잡아 혼내주기로 하였다。 그런데 복백이 집을 비운 사이에 뇌왕은 복의(伏依)라고 하는 복백의 누이동생을 불러 「제발 물 한 그릇만 주시요」라고 부탁하였다。 친절한 누이동생이 물을 주자 뇌왕은 원기를 회복하여 표주박 하나를 선물로 주고 하늘 위로 도망쳐 버렸다。 돌아가자마자 뇌왕은 큰 비를 내리게 하였다。 땅에는 물이 넘쳐 사람이나 동물이 모두 빠져 죽었다。 오누이만은 표주박을 타고 떠돌아 살아남을 수가 있었다。

오누이는 결혼하여 부부가 되었으나 눈도 입도 없는 괴상한 아기가 태어났으므로 여러 토막으로 잘라 내버렸다。 그런데 그 토막 하나하나가 드디어 무수한 사람으로 변하여 다시 인간 세상이 번창하게 되었다」(廣西省 튜안族의 民話)

튜안족은 타이계(系)의 말을 하는 농경민(農耕民)으로 인구는 七五○만、광서성(廣西省)의 대부분은 그들의 「자치구(自治區)」가 되어 있다。 진한(秦漢) 시절에 그들은 구라(甌駱)이라 불리었고、양자강 중류 초(楚)나라 사람들과 동류(同類)였었다。

〈초사(楚辭)〉라는 책에 실린 시(詩)에도 이와 비슷한 전설이 문답(問答) 형식으로 엮어져 있다.

「강회(康回=龍神의 이름)가 몹시 성냈을 때 땅은 왜 동남으로 기울었을까.

여와(女媧)、체(體=胎兒) 있을 때 누가 그것을 제장(制匠=잘게 자름)하였을까」(〈楚辭〉「天問篇」)

이 신화(神話)의 줄거리는 아마 다음과 같았을 것이다. 옛날 성질이 고약한 흑룡(黑龍)이 땅 위의 왕과 싸워 져서 화가 난 나머지 천지 사이를 받치는 네 기둥의 하나를 부숴버리고 말았다. 그 때문에 하늘과 땅은 균형을 잃고 서북(西北)이 높아지고 동남(東南)이 낮게 기울어 많은 비가 쏟아져 큰 홍수가 되었다. 그때 오누이가 표주박을 타고 살아남아 결혼하였다. 그러나 근친(近親) 결혼이었기 때문에 기형아가 태어났다. 그것을 잘라 버렸더니 그 살덩어리들이 각각 살아나서 많은 사람이 된 것이다.

복(伏)이나 포(包)는 고대어(古代語)로 남성을 뜻하는 pok・pog(포)를 나타내는 한자(漢字)이고 희(犧)는 보기 좋다는 뜻이므로 복희(伏犧)는 곧 「잘 생긴 사나이」의 뜻이다. 여와의 〈媧〉는 구멍(窩)을 말하므로 「여음(女陰의 구멍이 있는 여자」라고 하는 뜻일 것이다. 두 사람은 오누이이고 또한 부부이기도 하였던 것이다.

그런데 한대(漢代)의 화상석(畵像石)에는 상반신이 사람이고 하반신은 뱀의 형체를 한 남녀가 부둥켜 안고 있는 것이 새겨져 있다. 남자는 복희여서 손에 콤파스(compass)를 들고、여자는 여화여서 손에 삼각자를 들고 있다. 한나라 시대가 되자 소박한 민간 이야기 속에 천지를 측량하는 자와 콤파스가 끼어들게 된 것이다. 양자강 유역의 원주민(타이系였을 것이다)의 소박한 신화(神話)를 북쪽 한민족(漢民族)의 합리주의가 받아들여 아무런 꾸밈이 없던(天衣無縫) 오누이가 점점 천지음양(天地陰陽)을 측정하는 성인(聖人)으로 꾸며져 가는 상태가 이 화상(畵像) 속에 생생하게 드러나 있다.

주(周)라고 하는 부족(部族)은 은(殷)의 문명을 흡수한 뒤 사물(事物)을 이치(理致)로 설명하는 「도리(道理)」의 세계를 북쪽에 세웠다. 그리하여 양자강 유역으로、더욱 화남(華南)으로 한인(漢人)의 세계를 확대하고 여러가지 원주민의 전설을 그 「도리(道理)」에 맞도록 꾸며나간 것이다.

중국이란 많은 민족을 도가니에 집어넣어 통일문화(統一文化=漢人文化라고 불린다)를 이루어 나간 엄청나게 위(胃)가 큰 「천하(天下)」인 것이다.

名言 16

달도 차면 기운다

짐승 뼈에 구멍을 뚫고 거기에 불에 달군 화젓가락을 수셔 넣으면 「폭」하는 소리가 나며 「卜」모양의 금이 간다. 오래 사는 거북은 틀림없이 아는 것이 많을 것이라는 생각으로 중요한 일을 점칠 때에는 귀갑(龜甲=거북의 등)을 쓰는 수도 있었다. 그 금간 모양을 흉내내어 「卜」이라는 글자가 만들어지고 「폭」하는 소리를 흉내내어 복(卜)이라고 읽는다. 복(卜)이라는 말은 소리를 흉내낸 말(擬聲語)인 것이다. 은나라 사람들은 그 금간 모양을 보고 좋다 (吉)거나 좋지 않다(凶)」하고 판단하였다.

그러나 금간 모양을 보고 「좋고 나쁘다」고 하는 데에는 아무런 기준이 없고 모두 감각적인 판단에 의하는 것이다. 이치를 따지기 좋아하는 후세(後世)의 중국사람이 그런 것을 신용할 턱이 없다. 주나라 무왕(武王)이 은나라의 주왕(紂王)을 쳤을 때 「나의 꿈은 이루어지며(協) 나의 복(卜) 또한 좋다(休祥)고 나오다. 상(商=殷)을 치면 반드시 이기리(必克)」하고 병사들을 격려하였다고 하므로 〈書經〉「太誓篇」의 逸文) 주나라도 그 초기에는 꿈점(夢占)이나 귀복(龜卜=거북 점)을 이용하였던 것 같다. 그러나 얼마 안 되어 〈주역〉이 그 자리를 대신 차지한다.

서쪽의 황토대지(黃土臺地)에서 다시금 서쪽으로가면、하늘 아래 한없는 모래와 자갈의 대지(大地)가 펼쳐 있을 뿐이다。그곳에서 양(羊)을 교배(交配)시켜 생활하는 유목민의 마음 속에는 어느 사이엔지 「하늘과 땅」「숫놈과 암놈」이라고 하는 간단한 패턴이 정착하게 된다。하늘과 숫놈은 양성(陽性)、땅과 암컷은 음성(陰性)이라는 식이다。그리하여 하늘과 땅이 교류(交流)하면 뇌우(雷雨)가 되고 숫놈 암놈이 교배하면 새끼가 태어난다。〈주역〉은 간단하고 명백한 원점(原點)에서 생겨난 것이다。그것을 후세에서는 어렵게 표현하여、

「강유(剛柔)」서로 비비고(摩)、팔괘(八卦) 서로 마주치다。이를 뇌정(雷霆=벼락)으로써 두드리(鼓)며 우설(雨雪=눈비)로써 이를 적신다。이리하여 일월(日月)은 운행(運行)되며、추위(寒) 있는가하면 또한 더위(暑)도 있다。건도(乾道=陽性)는 남자가 되고 곤도(坤道=陰性)는 여자가 되다」(周易)「繫辭傳」라고 하는데、

그 원리는 간단한 것이다。그래서 양성을 一표로 음성을 --표로 나타내고 자연과 인생의 변화를 양과 음의 조합(組合)으로 상징하려고 하는 것이다。그것은 서쪽 주나라 사람들의 딱딱하고 이론적인 성격에 적합한 방법이었다。음양 세 가락(三本)이면 여덟 가지 조합(八卦)이 되고、여섯 가락을 합하면 육십네 가지의 조합(六四卦)이 된다。주나라 중기 이후의 사관(史官)이나 점장이들은 이 六四괘를 사용했던 것 같다。

예를 들면 기원전 六七二년 화중(華中)의 진(陳)나라에서 내란이 일어나 왕자인 진완(陳完)이 제(齊)나라로 도망쳐 왔다。유명한 정략가(政略家)、제나라의 환공(桓公) 때이었다。그 과정을 〈춘추좌씨전(春秋左氏傳)〉에는 다음과 같이 기록하고 있다。

「진완이 아직 어릴 적 주왕조(周王朝)의 점장이가 찾아와 괘(卦)를 점치다。우선 서죽(筮竹=점칠 때 쓰는 산가지)을 두 손에 나누어 헤아리고、홀수가 남으면 양의 표 한 가락을 놓고 짝수가 남으면 음의 표 한 가락을 놓는다。세 번 반복하여 다음과 같은 괘가 나왔다。

☴(음이 아래 있고 양이 위에 있다。이것은 낮은 땅 위로부터 가벼운 바람이 불어 오는 모양)

☷(음뿐이다。그것은 낮은 대지(大地)의 모양)

그런데 점장이는 이것을 어떻게 해석하였던 것일가。〈주역〉의 본문에는 위의 여섯 가락을 합하여 「이것을 관(觀)의 괘라고 한다。나라의 빛을 드러내는 표징(表徵=觀)이며 왕의 객분(客分)이 되기에 이(利)하다」라고 씌어 있다。점장이는 그것을 읽으면서 말하였다。「바람이 땅 위에서 불어 올라간다。출세할 전조(前兆)이옵니다。그러나 바람은 다른 곳으로 옮겨가는 것이므로 왕자는 다른 나라의 손님이 되어 모국(母國)을 빛나게 할 것으로 생각된다고 아뢰오」(左傳「莊公二十二年」)。그 예언 대로 진씨는 드디어 제나라 중신(重臣)이 되고 五대 이후에는 제나라를 빼앗아 전씨제국(田氏齊國=陳氏)을 세워 전국 말기의 동방웅(東方雄)이 되었다。그것은 후일담이지만 어쨌든 이와 같은 〈주역〉의 점이 당시의 지식인 사이에서 존중되었던 것이다。

그러한 습관이 서민(庶民) 사이에 내려와 한대(漢代)에는 널리 점(占)의 주류(主流)를 이루었다。무제(武帝)의 무렵 사마계주(司馬季主)라고 하는 시정(市井)의 점장이가 있었다고 한다。그는 〈주역〉의 심(心)을 서민에게 알맞게 풀이하여 「해는 가운데 이르면 반드시 옮겨 가고 달은 차면 반드시 기운다」고 가르쳤다。세상에 정지(靜止)하고 있는 것은 없다。음과 양의 경쟁으로 한쪽이 다른 쪽을 밀어치우고 변화하는 것이므로、차고(滿) 족(足)하다 하여 오만하지 말라。넘어지더라도 슬퍼하지 말라—고 가르친 것이다。그러나 이 선생은 단순한 보신술(保身術)만을 가르친 것은 아니었다。

그는 큰 길에 거적을 깔고 군중을 휘둘러 보며 말했다。

「지금의 이른바 현자(賢者)란 왕법(王法)을 굽혀(曲) 농민들의 품속(懷中)을 털고 관(官)으로써 위협하고 법(法)으로써 도구를 삼는다。이는 칼을 휘둘러 백성들을 겁주는 것과 다름없노라」(〈史記〉「日者列傳、司馬季主」)

사마계주는 다시 말을 이어 이렇게 말했다。

「거기에 비한다면 점장이는 서민의 만반(萬般)의 상담에 응하고、더구나 그 사례는 매우 값싼 것이니라。집에는 모아둔 것이 없고 이전(移轉)할에도 수레에 실을 정도의 재산이 없다。설사 역점(易占)이 맞지 않더라도 그날의 식량(食糧)을 빼앗길 지경에야 이를 것인가。그러나 높은 벼슬아치들은 기획(企劃)·진언(進言)하여 소홀함이 있었다면 마지막엔 목이 잘려질 것이니라」

군중 뒤에 서서 이 이야기를 듣던 두 사람의 고관(高官)이 있었다。가의(賈誼)와 송충(宋忠)이다。두 사람은 자기도 모르게 살그머니 목을 쓰다듬었다고 한다。그러나 끝까지 관직을 사임할 결심은 하지 못하였다。

뒤에 가의는 양(梁)의 회왕(懷王)의 호위역(護衛役)이 되었으나 왕이 말에서 떨어진 데 대한 책임을 지고 겨우 三三세의 젊은 나이로 자살하였고、송충은 흉노(匈奴)에 사신으로 가다가 중간에서 되돌아왔다는 죄로 처형당하였다。점의 본래 취지(趣旨)는 얼마나 준엄한 것인가。거기에 비하면 요즘 주간지(週刊誌)의 운명감정이나 관상학 등은 아이들 장난에 불과하다。어처구니 없도록 멍청한 짓인 것이다。

名言 17
말하는 者에게 罪는 없다

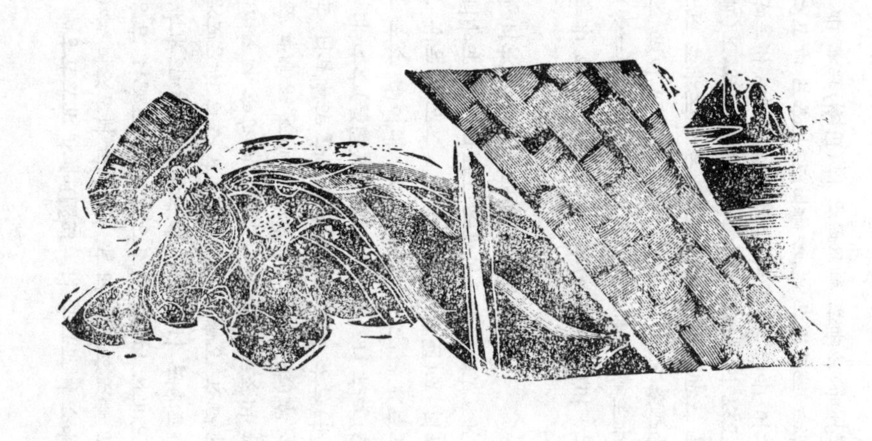

오늘날의 서안(西安)은 옛날의 장안(長安)이라는 서울로서 한대(漢代)에나 당대(唐代)에나 세계적인 대도시로서 번영하던 곳이다。성(城)의 동쪽을 패수(覇水)가 흐르고 성의 북쪽으로는 위수(渭水)가 띠 모양으로 뻗었으며 멀리 저쪽으로 섬북(陝北)의 산들이 아득히 보인다。당나라의 이백(李白)이、

「청산(靑山)、북곽(北郭)에 드러눕고
백수(白水=覇水) 동성(東城)을 따라 흐르다」(送友人)

라고 읊은 그대로이다。서안시의 서쪽 교외로 나와 북으로 돌아 위수를 건너면 드디어 함양(咸陽)의 거리、이곳은 진시황(秦始皇)이 도읍을 삼았던 곳으로 지금도 장락궁(長樂宮)의 터가 발굴되고 있다。

주나라의 서울 호경(鎬京)도 이 지역의 서남(西南)에 자리하고 있었다。

함양의 거리를 지나 더욱 서쪽으로 향하면 대고원(大高原)의 여기저기에 점점으로 흩어진 크고 작은 언덕들이 보이기 시작한다。모두 인공(人工)의 구릉(丘陵)이다。

주나라는 이 내고원에 농경(農耕)을 펼쳤는데、드디어 주위 산지에 사는 유목민의 공격을 받아 멀리 동쪽에 있는 낙양(洛陽)으로 서울을 옮겼다。 그리하여 기원전 八세기경을 고비로 하여 「동주(東周)」라고 불리게 된다。

주왕조(周王朝)에서는 「채시관(採詩官)」이라는 것을

두어 각국을 돌아다니며 국풍(國風=그 나라의 특성을 나타내는 노래)을 모았다고 하는데、과연 그러하였을 것인가。사실은 아마 그렇지 않을 것이다。지금도 각국이 친선을 위하여 각국의 특유한 문화를 소개하고 민속예술을 보여 준다。옛날에는 약한 자가 향연을 베풀어 강한 자에 대한 순종의 표시로 삼았을 것이다。 주왕조에서도 복속(服屬)한 여러 부족이 서울을 찾아와 가무(歌舞)를 보여주어 귀족이나 고관들의 환심을 샀을 것이다。사관(史官)이 한문으로 그 가사(歌詞)를 적어 놓았다。그 간책(簡冊=나뭇조각에 써서 끈으로 엮은 것)이 기원전 六세기경 공자(孔子)의 손에 들어가 공자학원(孔子學園)의 교과서가 되었다。그중의 三〇五편이 정리되어 오늘날까지 전해지고 있다。그것이 곧 〈시경(詩經)〉이다。

〈시경〉속에는 제례(祭禮)의 찬가(讚歌=頌)도 있고 사람의 노래(歌=雅)도 있다。지방 사람들의 말에는 거칠거칠한 티가 있으나 도시에는 각지에서 모인 사람들이 잡거(雜居)하기 때문에 귀에 거친 말투가 세련되어 매끈해진다。모(角)가 없어진 것을 「아(雅)」라고 한 것이다。그러나 오늘날에도 음악에 조예가 깊은 사람은 도시의 저속한 팝송보다는 지방의 민요를 훨씬 귀중하게 생각한다。도시에서는 창백(蒼白)한 인텔리들 때문에 숨소리가 들리는데 지나지 않으나 여러 지방의 국풍(國風)에는 힘찬 정열이 꽉차 있고 맞부딪치는 영혼의 고함소리가 들린다。

예를 들면 「제풍(齊風)、계명(鷄鳴)」의 시(詩)。

(남) 닭이 이미 울었네、아침 햇빛 가득하다。
(여) 닭 운 것이 아녜요。쇠파리(蒼蠅) 소리예요。
(남) 동녘이 밝았네、아침이 밝았고나。
(여) 동녘 밝은 것이 아니라 달이 떠서 밝아졌죠。
(여) 벌레 날아 홍홍(薨薨)、애기 데리고 단꿈 꿀래요。
(남) 만나자 돌아가려하네、사람(庶民)들이 우리를 미워할까 두렵고야。

어느 나라의 고대나 마찬가지로 옛날 중국에도 남자가 여자 잠자리에 몰래 들어가는 밀간(密姦)의 관습이 있었던 모양이다。그 애틋한 이별을 솔직히 나타낸 문답가(問答歌)인 것이다。홍홍이란 벌레가 떼지어 나는 소리이다。

다음은 「진풍(秦風)、황조(黃鳥=꾀꼬리)」의 시(詩)。

교교(交交)한 황조(黃鳥)는、
저 가시나무(棘)에 앉는구나。

누가 목공(穆公)을 따르겠는가、
자차엄식(子車奄息) 아니고서는。
아、저 엄식은 백 사람(百夫)의 우두머리、
그 구멍을 들어다보며 가슴을 두근거리며 떠는구나。
푸르른 저 편은 하늘인가、
나의 남편을 죽이려 하다。
만약 벌충할 수 있다면、
이 몸을 백으로라도 산산조각을 낼 것을。

진(秦)나라 목공이 죽었기 때문에 근위병(近衛兵) 대장(子車奄息)이 산 채로 묘에 묻히어 순사(殉死)하려고 한다。그 직전에 그의 처가 하늘을 우러러 통곡하며 울부짖는 노래이다。

듣는 사람을 감동시키는 백성의 소리를 「풍(風)」이라 한 것은 무엇 때문일까。대기(大氣)의 움직임(風)이 사람 몸에 충격을 주어 감기(風邪)를 일으킨다고 함은 이미 말한 바 있다。그러나 사람의 목소리도 바람을 타고 서서히 전해져서 듣는 사람에게 충격을 준다。「말씀 언(言)변」을 붙여 「諷」이라고 쓰는 경우도 있으나 「風―諷」은 물론 같은 계통의 말이다。

〈시경(詩經)〉의 서문(序文=쓴 사람은 공자의 門人子夏라고 함)에 「위(上)는 바람으로써 아래(下)를 화(化)하며 아래는 바람(風)으로써 위를 찌른다(刺)。……말하는 사람에게 죄는 없으며 이를 듣는 사람은、그것으로써 계율로 삼기에 족(足)하다。그러므로 바람(風)이라고 한다」라고 하였다。어떤 철인(哲人)은 이 말을 말하여 「말하는 사람에게 죄는 없다」는 원칙을 잘 지키지 못하면 모두 마음을 털어놓고 말하려고 하더라도 효과가 없을 것이라고 하여 겸허(謙虛)하게 남의 의견을 듣는 마음가짐을 역설(力說)하였다。민주적인 토론이라고 하더라도 서투르게 말하면 여러 사람의 비난을 받는다。말을 꺼낸 사람이 죄인시(罪人視)되어 손해 보는 세상이어서는 안 된다。또 바람(風=백성의 소리)을 귓전으로 흘려버리는 능청맞은 태도가 그대로 통(通)해도 되지 않을 것이다。

名言 18
他山之石

「첫째 고개……둘째 고개……」등으로 부르는 「헤아리기 노래」는 가장 서민적인 가요의 하나일 것이다。 중국의 농촌에도 「一월……二월……三월……」이라고 계속되는 헤아리기 노래가 참으로 많다。 남북의 지방 특색에 따라 나타나는 풍물(風物)은 다르겠지만 거기에는 농민의 인고(忍苦) 생활이 스며 있다。 그 헤아리기 노래 풍물시(風物詩)의 원조(元祖)라고 할 수 있는 노래가 〈시경(詩經)〉의 빈풍(豳風) 「七월」의 시이다。 빈(豳)이란 오늘날의 섬서성(陝西省) 서부의 빈현(邠縣)이든지 아니면 산서성(山西省) 서부를 흐르는 분수(汾水=分과 豳은 비슷한 발음)의 유역이든지 어느 쪽이거나 주(周)가 농경에 의하여 나라를 일으킨 그 원점(原點)의 땅인 것이다。

一(月)의 날(日)、얼음은 살에 따끔따끔、
二(月)의 날、싸늘한 바람이 살에 배긴다。
옷(衣)도 없고 갈(褐=나무껍질로 만든 옷)도 없는데、
어떻게 해(歲)를 끝(卒)낼 수 있을까。
三(月)의 날、어서 괭이랑 끄집어 내어、
四(月)의 날、다함께 터(趾)를 닦으세。
처자(妻子)랑 남쪽 이랑(畝)에서 밥먹으면、 밭신령(畑神)도 들으신단다。
봄날(春日) 화창하여 창경(倉庚=꾀꼬리) 울면은、

처녀들은 광주리(筐) 손에 들고,
오솔길을 따라가며(微行)
부드러운 뽕나무(桑) 잎을 딴단다.

그뒤로「七월, 화성(火星)은 서쪽으로 흐르고, 九월에는 가을의 탈바꿈……」으로 계속된다. 三천년 전의 농촌이나 지금의 농촌이나 생활의 보조는 자연의 리듬을 타고 있다. 합리화(合理化)다 기계화(機械化)다 하는 지나친 자연에 대한 간섭은 생각해 볼 일이다. 차라리 주식(主食)을 근본으로 삼고 전체적으로 발전하도록 노력해야 할 것이 아닐까.

그러나 농촌노래가 모두 이처럼 유장(悠長)한 것은 아니다. 굶주림과 착취에 쫓긴 농민들은 이농(離農)하여 새로운 생활방법을 찾지 않으면 안 된다. 의식(衣食)이 넉넉한 낙토(樂土)는 도대체 어디에 있단 말인가.

다음은 위풍(魏風=지금의 山西省)「석서(碩鼠)」의 시.

「석(碩)」은「頁(頭=머리)가 돌처럼 단단하다는」뜻이다. 석서(碩鼠)는 논밭을 망치는 큰 들쥐를 말하는 것인데, 이 시(詩)에서는 당시의 벼슬아치나 그들의 수하(手下)인 욕심장이들을 말한다.

(一) 석서야 석서야, 내 수수(黍)를 먹지 마,
三년 씩이나 그대에게 바쳤는데,
한번도 나를 돌봐 주지 않는구나.
이제 그대 밑을 떠나,
낙토(樂土)라고 하는 곳으로 가자, 자.
낙토여 낙토,
어디에 살 곳이 있을 것인지.

(二) 석서야 석서야, 내 모(苗)를 먹지 마,
三년 씩이나 그대에게 바쳤는데,
한 번도 나를 위로해 주지 않는구나.
이제 그대의 밑을 떠나,
낙교(樂郊)라는 곳이나 가자, 어서.
낙교여 낙교,
한탄(詠)하여도 누구를 불러야(號) 할지.

중국에는「도황(逃荒)」이라는 말이 있었다. 흉년을 만나기만 하면 그게 마지막, 공물(貢物)을 바치고 나면 손에 남는 식량이 없다. 옷을 팔고 이불도 팔고, 마지막에는 빈 깡통을 차고 처자의 손을 끌고 방랑의 길에 나설 수 밖에 없다. 거기에다 인재(人災)가 겹쳤다. 최대의 인재는 전쟁이다. 북경(北京) 남쪽의 황토강(黃土岡) 촌락은 원래 황토(黃土)의 모래 언덕이 드문드문 있는 황무지였다. 이 마을은 중일전쟁(中日戰爭) 때 주로 산동(山東)에서「도황(逃荒)」해 온 유망(流亡)의 무리들이 오두막을 짓고 조금씩 개간하기 시작하여 이루어졌다고 전한다.

이 시(詩)가 이루어진 위(魏=山西省)는 황토의 벌거숭이 산에 둘러싸인 대지(臺地)여서, 「물 한 되는 땀 한 되」라고 할 정도로 자연환경이 지독하게 냉혹하다. 「낙토(樂土)」를 꿈꾸고 「도황(逃荒)」하고 싶더라도 온 사방이 노르스름한 바위산이어서 낙토의 이미지조차 떠오르지 않았을 것이다.

같은 「낙토(樂土)」「낙원(樂園)」이라고 하더라도 도시인사(都市人士)들이 안고 있는 것은 엄청나게 호화로운 꿈이었다. 다음에 소개하는 것은 「소아(小雅)」의 「학명(鶴鳴)」의 시(詩)이다. 이것은 동주(東周)의 초기, 선왕(宣王)의 왕실에 한 자리를 얻으려고 노력하던 선비가 왕조를 이 세상의 낙원으로 동경하여 취직을 해보았으나, 권력 세계의 추악함을 보고 실망하여 부른 노래일 것이다.

학(鶴)은 구고(九皐=아홉 언덕)에서 울고,
그 소리 들(野)에 울리더라.
고기는 깊은 물에 숨거나,
혹은 물가에 있더라.
즐거울 거요, 그 뜰(園)은,
거기에 단(檀)나무 있다고 들었으나,
그 밑에 흩어진 것은 낙엽(落葉).
다른 산의 돌은 숫돌(錯)로나 할 것을.

단(檀)이란 자단(紫檀)이나 흑단(黑檀) 등의 진귀한 나무로서 왕궁의 낙원에는 영화(榮華)의 꽃이 핀다고 듣고 있었으나, 와서 보니 지저분한 낙엽이 있을 뿐이다. 나와 같은 타향 사람, 격에 맞지 않는 건달선비라도 쓰기에 따라서는 옥(玉)을 가는 「숫돌」이 될 수 있다——라고 자신을 추선(推選)한 셈일 것이다. 이 뒤의 제二장도 같은 말을 반복하여 「다른 산의 돌은 옥을 갈(磨) 수 있다」고 끝맺고 있는데, 그 뜻은 마찬가지이다.

뒤에 이 구절을 인용하여 다른 사람의 장점을 서로가 격려하는 것을 「다른 산의 돌(他山之石)」로 삼는다고 말하는 것이나, 그것은 원문(原文)의 뜻에서 상당한 거리가 있다. 원래는 멋대로 생각한 인텔리의 초조한 마음에서 나온 말이었다. 일반 백성들과 관리의 병아리(都市人士)와는 벌써 이때부터 두 가지 신분으로 나누어지고 있었던 것이다.

名言 19
宋襄之仁

세상에는 이상한 사람도 있는 법이다. 조상들의 영광이 가슴속 한구석에 웅크리고 있다가 갑자기 과대(過大)한 자신(自信)이 되어 솟아나온다. 그것이 사양족(斜陽族)의 자부심이라면 어이 없는 우스개 이야기로 끝날 것이지만 그런대로 한가닥의 이유를 가지고 등장한다면 곤란한 일이 되기도 한다.

주공(周公)은 은나라의 「완고한 백성(頑民)」의 저항을 달래기 위해, 은나라 왕족 중에서 미자(微子)라는 인물을 찾아내어 은나라 초기의 근거지에 작은 영지(領地)를 주었다. 그것은 지금의 개봉(開封) 동남에 있던 송(宋)나라이다. 흩어진 나뭇가지(木枝)를 작은 다발(束)로 묶어 집(家)에 챙겨놓는 것을 「宀(집) 十 木(나무)」라고 하는 글자로 나타낸 것이다. 흩어진 유민(遺民)을 줍고 작은 장소에다 모아놓은 나라의 이름으로서 그럴듯하다고 하겠다.

그로부터 四백 년의 세월이 흘렀다. 주는 쇠퇴하여 왕실(王室)이라고는 이름뿐인 것으로 되고 말았다. 「나라훔치기(國盜)」가 횡행하던 이 무렵의 이야기는 공자가 엮은 〈춘추(春秋)〉에 기록되어 있으므로 「춘추시대(春秋時代)」라고 한다. 맨처음 춘추의 패자(覇者)가 된 것은 제(齊)의 환공(桓公)이다. 제후(諸侯)를 모아 주나라의 왕실을 받들 것을 맹세케 하고, 한동안 안정된 세월이 지났다. 뒤에 공자가 「제의 환공은 제후를 구합(九合=糾合)함에 병혁(兵革=軍隊)을 쓰지 않고……백성이 지금까지 그 혜택을 받고 있다」(《論語》「憲問篇」)라고 말한 그대로이다. 그런데 기원전 六四三년, 그 환공이 세상을 떠났다. 환공의 정부인(正夫人)은 세 사람, 모두 아이가 없다. 첩이 여섯 사람인데 거기서 태어난 공자(公子) 다섯 사람이 제각기 후계자로 나섰기 때문에 큰 일이 아닐 수 없었다. 정(鄭)에서 시집온 정희(鄭姬)의 아들 (뒤의 孝公)을 편들어 보호역을 자청한 사람이 송의 양공(襄公)이었다.

송나라 사람은 오랫동안 망한 나라의 자손이라는 이유로 주나라 사람들의 멸시를 받고 있었다. 그러나 양공의 입장에서 보면 그의 조상들, 즉 옛날 은나라 사람은 북중국에 군림하여 한인문화(漢人文化)를 이룩한 원조(元祖)이다. 그는 「꿈이여 다시 한번」이라고 가슴을 두근거리고 있었음에 틀림없다. 국내의 군사를 일으켜 제나라를 동정(東征)하고 우선은 보기좋게 효공(孝公)을 제나라의 후계자로 앉혔다. 산동(山東)은 옛날 은나라에 복종하던 동이(東夷=동쪽 오랑캐)의 땅으로, 거기에는 오랑캐(夷人)의 말류(末流)가 몇 개의 작은 나라로서 남아 있었다. 송의 양공은 뻗어난 세력을 몰고 이들 소영주(小領主)들을 모아 충성을 맹세시키려고 하였으나, 증(曾)과 등(滕)의 영주 두 사람이 참가하지 않았다. 「옛날의 인연을 잊어버리다니, 도대체 무슨 일인가」라고 양공은 화를 냈다. 일찌기 은나라 사람은 포로를 잡아 조상의 묘(廟)나 사(社=土地의 守護神) 앞에서 처형하였었다. 은의 갑골복사(甲骨卜辭) 중에서 「用人(~사람을 쓴다)」이라고 기록된 것은 그 사실을 말한다. 양공은 등의 영주를 잡고, 증의 영주를 개천가의 사당(社堂) 마당으로 끌고 와서 五백년 전과 같은 「피의 제사(祭祀)」를 재현(再現)하였던 것이다. 「증자(曾子)를 수수(睢水)의 사(社)에 쓰다(用)」(《春秋左氏傳》「僖公十九年」)라고 기록된 것은 바로 그 일이다.

공자(公子) 가운데 한 사람이 보기 민망스러워,

「작은 일에는 대희(大犧=큰 犧牲)를 쓰지 않노라. 하물며 감히 사람을 씀(用)에 있어서랴. 제례(祭禮)는 사람을 위한 것, 백성이 바로 신주(神主)니라. 사람을 쓴다면 누가 그것을 받겠는가(饗)」

라고 말했으나 소 잃고 외양간 고치기였다.

그 二년 후, 송나라 양공은 자기의 영내에 제후를 모아 회맹(會盟)을 주최하고 그 지도자가 되려고 하였다. 양자강 중류에서 실력을 기르고 있던 초(楚)도 거기에 참가하였으나 양공의 의기양양(意氣揚揚)한 태도에 화를 내어, 양공을 잡아 엄하게 꾸짖은 뒤 일단 철수하였다.

기원전 六三八년 겨울, 초는 대군(大軍)을 일으켜 북상(北上)하여 송나라와의 국경인 홍수(泓水) 연안까지 처들어 갔다. 송에서는 진(陣)을 치고 기다리고 있었으며 그 앞(面前)에서 초나라 군대가 대열(隊列)을 흩뜨리고 강을 건너기 시작하였다. 사마(司馬=參謀)인 자어(子魚)가 「적은 많고 우리는 적으니 정면으로 싸울 수는 없오이다. 적이 다 건너기 전에 공격하십시다」고 권하였으나 양공은 못들은 척 하고 있다. 초나라 군대는 겨우 강을 건넜으나 쉽사리 전열(戰列)이 정리되지 않는다. 「자아, 이제야말로 공격해야할 때입니다」라고 또 부하들이 말하였으나 그래도 양공은 움직이지 아니하였다.

겨우 적군의 대열(隊列)이 정리되었다. 그것을 보자 양공은 서서히 「덤벼라!」하고 명령을 내렸다.

결과는 참담한 것이었다. 가까이 있던 무사(武士)들은 전멸하고 양공은 넓적다리에 깊은 상처를 입고 겨우 달아났다. 살아남은 부하들이 제각기 불평을 털어놓자, 양공은 말하였다.

「군자(君子)는 상처 입은 사람을 거듭 아프게 하지 않는 법. 머리 흰 사람(白頭者=白髮의 老兵)을 사로잡지 않는 법……내가 비록 망국(亡國)의 자손이라 할지라도 열(列)을 짓지 못한 적에 대해서는 북(鼓)을 울리지 않는다」〈春秋左氏傳〉「僖公二十二年」

라고 하였다. 그것을 들은 사마(司馬)인 자어(子魚)는 화를 내어,

「수치를 밝히고 싸움을 가르침은 적을 죽이기 위한 것이다. 만일 상처를 거듭하는 것으로 마음이 아프다면 처음부터 상처를 입히지 않으면 될 것이다. 노병(老兵)을 잡지 않겠다면 미리 항복하여야 한다」고 이를 갈고 분개하였다는 것이다. 그 이듬해 양공은 상처가 악화되어 세상을 떠났다.

이것은 「송양공(宋襄公)의 어짊(仁)」이라 하여 웃음거리가 된 일화(逸話)로서, 세상 물정을 모르는 바보의 비유로 인용된다. 그러나, 웬일인지 이 돈 키호테는 참마음으로 미워할 수가 없다. 오히려 약삭빠른 공자(公子들이나 세인(世人)의 상식이 어쩐지 모르게 천한 느낌이 들지 않겠는가.

名言 20

株를 지키다

망국의 백성、은나라 사람들 앞에는 두 가지 운명이 가다리고 있었다。그 한가지는 「얼간이」라 하여 주위 사람들에게 바보 취급을 받는 것、또 한 가지는 모든 퇴폐의 책임을 뒤집어 쓰는 것이다。은나라의 후손들은 화중(華中)에 작은 영토를 얻어 은의 제사를 계승(繼承)하였다。그 송나라의 영주(領主) 양공이 「우리는 망국의 자손이라 할지라도 열을 짓지 않은 적에게는 북을 울리지 않는다」고 묘한 인의(仁義)를 지켰다는 것은 이미 말하였다。냉엄한 힘의 논리가 지배하는 세상의 「상식(常識)」으로 생각한다면 그야말로 「얼간이」의 장본인(張本人)이었다。

이 이야기로부터 다시 二백년이 지나 「나라 훔치기」가 더욱 격화된 전국(戰國)시대가 되었다。전국시대 논객(論客)으로 이름 높은 맹자(孟子)가 이렇게 말하고 있다。

「송의 농사꾼이 모(苗)가 도무지 자라지 않는 것이 걱정이 되어 하나씩 잡아당기고 집으로 돌아왔다。〈오늘은 피곤하구나。나는 모를 도와(助) 자라나게(長) 해주었지〉그것을 들은 아들이 깜짝 놀라 논으로 달려가 보니 모는 이미 모조리 시들어 있었다。억지로 키워보았자(助長) 별도리도 없는 법」(〈公孫丑章句上〉)

맹자는 이 이야기를 본보기로 하여、당당한 인간의 정기(正氣)는 그 사람의 명랑한 생활 속에서 저절로 생기는 것이어서、무리하게 「조장(助長)」할 것이 아니다——고 말하고 있으나 그것은 그렇다 하고 이 이야기 속에서도 또한 송나라의 농사꾼이 「얼간이」의 표본으로서 인용되고 있는 것이다.

맹자로부터 다시 一백 년 뒤, 한비자(韓非子)가 그의 독특한 독설(毒舌)로써 법치독재(法治獨裁)를 주장하였다. 〈한비자〉 가운데는 「그루터기를 지킨다(株守)」라는 일화가 전해지고 있다.

「송나라 사람에 밭 가는 사람이 있었더라. 밭에 나무그루(株)가 있었는데 토끼가 달려와 그 그루에 부딪혀 목이 부러져 죽었다. 그래서 괭이를 놓고 나무그루를 지키며 다시 토끼 얻기를 바랐다. 그러나 토끼는 두번다시 얻지 못하고 그 몸은 송나라의 웃음거리가 되었더라」(〈五蠹篇〉)

한비자는 이 이야기를 인용(引用)하여, 「옛날의 꿈을 다시 한번」이라고 생각하는 보수파는 이 세상에서 통용(通用)되지 않는다고 말하려는 것이다. 그러나 여기서도 또한 송나라의 농부가 「얼간이」의 표본으로서 인용되고 있다.

은나라를 정복한 주나라 사람들은 모든 일을 냉정(冷靜)하게 계산하여 거기에 도리(道理)를 결부시켰다. 주나라의 지배하에 들어간 넓은 지역에서는 이러한 사고방식이 소위 세상의 상식이 되었다. 그러고 보면, 은나라의 유민 즉 송나라 사람들은 과거에 매달리고, 힘(力)의 계산을 하지 못하며 세상의 템포에 자신을 조화시키지 못하였다. 「망국의 백성은 바로 낙오자(落伍者)의 무리(群)이다」라는 통념(通念)이 이루어지게 된 것이다.

송나라에 모인 유민들은 비록 「얼간이」라고 비웃음을 사더라도 그들 나름으로 하나의 소천지(小天地)를 이루어 정착할 수가 있었다. 그러나 은말(殷末)의 서울 안양(安陽)과 그 이궁(離宮)이 있던 조가(朝歌) 부근의 은나라 유민은 주나라 왕족이 세운 위(衛)나라의 백성이 되었다. 은인(殷人=商人)이 일정한 토지를 필요로 하지 않는 「상업(商業)」의 시초를 이루었다 함은 이미 말하였다. 상업이 일어나면 소비문명(消費文明)의 싹이 튼다. 조금이라도 진귀(珍貴)한 물건을 만들어 이익을 얻으려고 한다. 이익이 축적되면 유흥비(遊興費)가 흘러나간다. 그러한 까닭으로 춘추시대의 위(衛)나라, 그리고 그 뒤에 일어난 조나라 및 (中山國) 등, 오늘날의 하북성(河北省) 남부 또는 하남성(河南省) 북부의 접경지대가 고대의 소비문화 중심이 되었다. 그것은 질실(質實)을 중요시하는 주나라 사람의 입장으로는 입맛이 쓴 일이었다. 더구나 소비문명은 전력(戰力)의 배양에 아무 도움도 되지 않는다. 오히려 전력을 좀먹기 때문에 주나라 사람으로서는 「상(商)」의 욕을 하지 않을 수 없었던 것이다.

그래서 소비문화는 「음(淫)」이라는 소리를 듣게 되고

음한 것은 모두 은나라 사람이 중국에 가져왔다고 간주(看做)되기에 이르렀다. 유가(儒家)의 잡문(雜文)을 모은 〈예기〉라는 고전이 있다. 그 속에서는、

「정(鄭)과 위(衛)의 소리는 난세(亂世)의 음(音＝音樂)이고、만(慢＝게으름)에 가깝다. 상간복상(桑間濮上)의 소리는 망국(亡國)의 소리이다. 그 정(政＝다스림)은 산(散)、그 민(民)은 유(流)、상(上＝윗사람)을 욕하고 사(私)를 행하며 그칠 바를 모르다」(〈樂記〉)

라 하고 있다. 옛날 은나라 서울의 남쪽을 동서로 흐르는 복수(濮水)라고 하는 황하 지류(支流)가 있었다. 이 강은 정(鄭)의 땅에서 본류(本流)와 나누어지고 위(衛)를 지나 지금의 복양(濮陽) 부근에서 대습원(大濕原)으로 흘러들어가고 있었다. 아마 거기에는 상림(桑林)이 우거져 있었던 모양이다. 「정위(鄭衛)의 음(音)」「상간복상(桑間濮上)의 음」이란 이 지방의 음악을 말한다. 유가(儒家)들은 그것이 은의 소비적·퇴폐적 음악이라고 비난하고 있다.

그러나 실례(實例)로서 〈시경(詩經)〉의 위 땅의 노래(衛地歌)를 보면 별로 「음(淫)」하다고 할 것은 못된다.

어디서 들풀(野草)을 뜯을까、매(沬)의 고장(鄉)이여.
누구를 사모하는가 어여쁜 맹강(孟姜)이여.
나를 뽕나무 속에서 기다리고、
나를 상궁(上宮)에서 찾으며(要)、
나를 기수(淇水)의 물가로 보낸다. (衛地의 中部、鄘風＝「桑中」의 詩)

「맹강(孟姜)」이란 강씨 집(姜姓家)의 처녀를 말한다. 이 노래는 별다른 뜻이 있는 것이 아니고、뽕밭의 밀회(密會)를 노래한 것뿐이다. 오늘날 같으면 손을 흔들면서 무대에 등장할 만한 노래이다. 그러나 이 시의 머리말을 쓴 유가(儒家)는 「남녀 모두 치닫고(奔)……정(政)은 산(散)、민(民)은 유(流)、그칠 줄은 모르다」고 주석을 달고 있다. 풍류이고 낭만적인 일이 모두 「음(淫)」이라고 규정되어서야 견딜 수 없다. 뒷날의 한나라 역사학자 사마천조차、그러한 편견에 사로잡혀 있었다.

「중산(中山)은 땅이 박하고 사람이 많으며、또한 은나라 주왕(紂王)의 여민(餘民)이 있다. 민속은 견급(狷急)하여 기리(機利)를 바라고 식(食)한다. …… 창우(倡優)·여자는 금(琴)을 울리고 시(屣＝샌들 같은 신발)를 신고、귀부(貴富)에 미(媚)하고 후궁(後宮)에 들어가 제후(諸侯)에게 아양 떤다」(〈史記〉「貨殖列傳」)

아마 가희(歌姬)나 예인(藝人)도 이 은나라 유민 속에서 나왔을 것이다. 시정(市井)의 유민대표(遊民代表)라고 일컬어진 도살업자도 은의 유민 출신인지 모른다. 망국의 역사가 사회의 「편견(偏見)」과 「차별(差別)」의 원인이 되고 있는 것이다.

名言 21

鼎의 輕重을 묻다

(卷末圖版④參照)

「남선북마(南船北馬)」라는 말이 있다。 중국의 남쪽에서는 배로 물건을 나르고、 북쪽에서는 말이 사람이나 짐을 싣고 다닌다。 북쪽에서는 누런 땅이 모래먼지를 일으키지만 남쪽에서는 크고 작은 하천이 논 사이를 누비고 흐른다。 북경(北京)에서 남쪽으로 내려가면 황하 부근까지 모두 보리밭이지만 서주(徐州)까지 내려가면 일변(一變)하여 논이 곳곳에 보이게 되고、 마을도 푸른 나무에 둘러싸인다。 서주—회하(淮河)—무한(武漢) 북쪽의 대별산(大別山)—진령산맥(秦嶺山脈)을 연결하는 선이 자연 환경의 면에서 남북을 나누는 대체적인 경계에 해당된다。

기원전 一〇세기、 주나라는 북중국을 통일하고、 황하 중류의 낙양에 새로운 서울을 마련하고 북쪽에 소위 「한인(漢人)의 문화권(文化圈)」을 정착시키게 되었다。 그러나 거기에는 식물의 종류가 풍부하지 않다。 그러므로 「점토(粘土)와 도자기」 「석재(石材)와 금속(金屬)」을 활용하고 가축의 고기(肉)를 먹는 생활은 점점 발달되었으나 식물의 열매·뿌리·꽃·향료 등을 충분히 이용하는 생활의 지혜는 북쪽 지방에서는 잘 자라지 못했다。

그러나 낙양에서 二백 킬로미터 남쪽으로 내려가면 풍토는 완전히 달리 전개된다。 거기에는 회하와 한수(漢水)가 동서로 흐르고、 특히 한수는 무한에서 양자강으로 흘러들어가는 큰 강이어서 물도 깨끗하다。「초(楚)」라고 자칭하는 원주민들이 옛날부터 그 넓고 큰 땅에 정착하였다。초(楚)는 「林+발음을 나타내는 疋(소·필)」를 합한 글자이고、楚疏(=疎、드물다는 뜻)와 같은 계통의 말이다。초(楚)라는 것은 소림(疎林=드문드문한 照葉樹林)이라는 뜻이다。그 숲속에 들어가 나무열매를 따고 토란을 캐며 드문드문 있는 나무들을 불지르고 화전(火田)을 일구어 밭농사를 짓던 것이 초나라 사람들이었다。그후 기원전 五세기에 초의 영왕(靈王)이 옛날을 돌이켜보고 다음과 같이 말하였다。

「주나라 초기 우리 선왕(先王) 웅역(熊繹)은 변벽(邊僻)한 형산(荊山) 부근에 정착하였다。나무(柴=땔감)를 하고、누더기를 걸치고 풀 깊은 들에 나가 산림(山林)을 발섭(跋涉)하여 천자(天子=周의 成王)를 받들었다。공물(貢物)이라 하더라도 도호(桃弧=복숭아 나무로 만든 활)、가시나무 화살(荊矢) 등의 소박한 물건들을 왕조에 바쳤다」(〈史記〉「楚世家」)

그들은 분명히 북쪽 사람들과는 다른 인종이었다。공자때 초나라의 영윤(令尹=宰相)이 된 자문(子文)이라는 사람이 있었다。어진 재상으로서의 명성이 공자에게까지 들어갈 정도의 인물인데、「자문(子文)」이라는 것은 북쪽 사람을 흉내내어 지은 이름으로 본명은 투곡어토(鬪穀於兎)라고 한다。그의 어머니가 어떤 사나이와 사통(私通)하여 낳은 아이라 하여 숲에 버렸더니 호랑이가 젖을 먹여 길렀다고 한다。〈춘추좌씨전(春秋左氏傳)〉중에 「초어(楚語)로는 젖(乳)을 곡(穀=kuk)이라 하고 호랑이(虎)를 어토(於兎=당시 발음으로는 ada)라고 하였으므로 곡어토(穀於兎)라고 부른 것이다」(「宣公四年」)고 기록되어 있다。또 상당히 뒤의 일이지만 한나라의 양웅(楊雄)이라는 학자가 「초(楚)의 남쪽 방언(方言)으로는 외할아버지를 부제(父姼=포타)、외할머니를 모제(母姼=모타)라고 한다」고 기록하였다。(楊雄의 「方言」) 그런데 오늘날의 화남(華南) 타이족 사이에서는 그것을 pota(父姼)·meta(母姼)라고 부르고 있는 것이다。이러한 것으로 보아 초의 사람들은 화남의 타이계(泰國系) 여러 부족의 조상이었다고 하는 가능성이 매우 큰 것이다。

그런데 주왕조(周王朝)를 수령으로 받드는 북쪽 여러 나라는 남쪽의 초나라를 「형만(荊蠻)」이라 불러 업신여기고 있었다。우리 나라 사람들이 산골 사람들을 「감자바위」 또는 「시골뜨기」라고 부르던 것과 비슷하다。그러나 소외된 사람들은 반항하는 법이다。초나라는 기원전 七~六세기경부터 점점 머리를 쳐들게 되었다。주왕조가 쇠약하여 북쪽 여러 나라가 서로 싸우게 될 무렵、초의 무왕(武王)이라는 호걸(豪傑)이 나타나서 이렇게 선언했다。

「우리는 만이(蠻夷)이다。 지금 제후(諸侯) 모두 반란을 일으켜 서로 죽인다。 우리에게 폐갑(敝甲=武器)이 있다。

이것으로 중국의 정(政)을 관(觀)하고자 한다」

우리들은 야만인이다、태도를 굳게 취하고、우리의 무력으로 한번 중앙으로 나가 볼까——라고 하는 것이다。

그리고 왕조(王朝)가 초에게 존호(尊號=爵位)를 주지 않으려는 것을 보자 주왕실(周王室)의 「왕(王)」이라는 명칭을 취하여 스스로 「무왕(武王)」이라 일컫고、낙양 주변의 수(隨)·등(鄧)·채(蔡)·진(陳) 등의 작은 나라를 차례로 공략하여 나갔다。 그후 초나라는 무왕—문왕(文王)——성왕(成王)—목왕(穆王)—장왕(莊王)……이라는 식으로 대대로 왕호(王號)를 붙이게 되었다。

초의 장왕은 낙수(洛水) 가까이까지 세력을 뻗쳐 주나라 서울의 교외(郊外)에 육박하고 거기에서 성대한 열병식(閱兵式)을 거행하여 주나라에 압력을 가하였다。 주의 왕실에서는 왕손만(王孫滿)을 사신으로 보내어 장왕을 접대하였다。 왕실에는 하(夏)의 우(禹) 무렵부터 전해 내려왔다고 하는 보정(寶鼎=솥)이 있다。 나라에 전해지는 보기(寶器)라 하여 귀중히 다루어 온 물건이다。 장왕은 사자(使者)를 접견하자 「정(鼎)의 경중(輕重)은 어느 정도냐」고 물었다고 한다。 왕실의 보정을 내보여 달라、웬만하면 물려받아 남쪽으로 가지고 돌아가겠오——라고 할 작정이었다。 그러자 왕손만이 대답하기를、

「옛날 하(夏)가 성하던 무렵、먼 지방에서 모두 와 구목(九牧)이 금(金銅)을 바쳤소。 정을 주(鑄)하여 백물(百物)을 형상(形象)하였소。……뒤에 정은 은(殷)으로 옮겨져 六백년을 내려왔소。 은의 주왕(紂王)이 포학(暴虐)하여 정은 주로 옮겨지고、덕(德)이 훌륭(休明)할 때에는 국소(國小)하더라도 정은 반드시 무겁고、잘못되고(姦回) 혼미(昏迷)할 때에는 국대(國大)하더라도 정은 반드시 가벼웠오。 주(周)의 성왕(成王)、정을 낙북(洛北)에 정한 지 七백년、三〇세대를 거치니 이는 하늘이 명(命)하는 바이요。 비록 주(周)의 덕(德)이 쇠(衰)하였다 하더라도 정의 경중(輕重)은 역시 물어서는 아니 되오」

그 대답을 듣고 그처럼 당당하던 장왕도 풀이 죽어 군대를 돌이켰다고 한다。

시골뜨기 초나라 사람은 「왕조(王朝)」의 권위와 「전통(傳統)」의 압력에 약하였다。 남쪽 사람들에게는 쇠와 돌의 문화로 단련된 강인(强引)함이 없다。 식물(植物) 문화에서 무르게 자란 이 약한 박력(迫力) 때문에 드디어 초나라는 멸망으로 이끌려 가게 된다。

名言 22

자식을 바꾸어 먹다

(卷末圖版⑤參照)

유목민 사이에서는 이따금 힘세고 용감한 사나이가 나타나면, 힘을 휘둘러 잠깐 사이에 무리의 우두머리로 올라앉는다。그 사나이가 모래 언덕 저 너머에서 양을 쫓는 두목(頭目) 몇 사람과 언약(言約)을 맺고 세력을 뻗어가면 수년 뒤에는 상당한 두령(頭領)이 되어 초원에 위력을 떨친다。그 사람의 실력이 모든 것의 원점(原點)이어서 집안이라든가 재산 등은 과히 문제가 되지 않는다。대체로 그들의 「재산」이란 것은 가축이어서 뜬구름(浮雲)처럼 생기고 없어져서 고정되지 않는다。오늘 三백 마리의 양을 가지고 있다 하더라도 하룻밤의 모래바람으로 三〇마리로 줄는지도 모르고, 반대로 약한 상대를 갑자기 습격하면 하루 아침에 一천 마리를 뺏을 수도 있기 때문이다。서양의 「개인주의(個人主義)」는 개개 인간의 실력과 상호간의 계약 위에 성립된다——는 점에서는 바로 이 유목민들 생활의 연장선상(延長線上)에 이루어진 것이다。

중국에서도 춘추전국(春秋戰國) 시대, 북쪽에서 서로 다투던 여러 나라는 다분히 유목민의 기질을 띠고 있어 노골적인 실력경쟁을 반복하고 있었다。그런데 남쪽의 초나라는 문자 그대로 화전민(火田民)이었다。소림(疏林)을 불지르고 개척한 사람들이 여기저기에 작은 촌락(村落)을 이루고, 그중에서 재주가 뛰어난 사람이 촌주(村

主) 또는 지주(地主)가 된다。 개척한 땅은「재산(財産)」으로서 자손에게 물려주고 점점 축적(蓄積)되기에 이른다。 그 축적을 발판으로 큰 집안의 가문(家門)이 고정되고 조상들의 분투한 업적이 전승(傳承)으로서 전해 내려간다。 이러한 사회에서는 개인은 여러모로 짜여진 그물속에 얽히게 되고、그 때문에 인습(因襲)이나 여러 가지 생각에 얽매이게 된다。 북쪽 사람들처럼 실력을 믿고 살벌(殺伐)한 행동을 할 수도 없고、또「도리(道理)」만 가지고 일률적으로 행동을 규제할 수도 없다。 즉 인정(人情)에 따르게 되는 것이다。

인정에 흘러 우유부단(優柔不斷)한 보기는〈사기(史記)〉의「초세가(楚世家)」에 자세히 기록되어 있고、마지막에는 크나큰 남쪽 나라가 멸망에 이른 것이다。

앞에서 말한 초나라 장왕은 주왕조에 위압을 가하고、「정(鼎)의 경중(輕重)」을 물은 것까지는 매우 용감한 것이었다。 그러나 주의 사자 왕손만(王孫滿)에게 설득된 후 신참자(新參者)의 열등감을 느꼈던 모양이다。 우물쭈물 군대를 되돌리고、세력을 펼칠 자리를 찾지 못하여 화중(華中)의 진(陳)·정(鄭)·송(宋) 등 작은 나라의 성(城)을 차례로 공략하였다。 그러나 단번에 쳐부셨는가 하면 그렇지도 않다。 우선 진나라의 경우는 어떠하였는가。

「소를 끌고 남의 밭을 가로 질렀더니、밭주인이 노하여 그 소를 빼앗아버렸다。 가로 지른 것은 나쁘다고 하지만 그 소까지 빼앗은 것은 너무도 비정(非情)히 이야기」

라고 설득하자、장왕은 과연 그렇다고 생각하고 진나라의 후계자를 옹립(擁立)하고 후퇴하였다。

다음은 정(鄭)나라의 경우。 정백(鄭伯=鄭의 領主는 伯爵)은 싸움에 패하여 찢어진 옷 사이로 살을 드러내고、양(羊)을 이끌고 장왕을 성문(城門)에서 맞아 말하기를、

「설사 나를 남해(南海)로 귀양보내고 나의 신첩(臣妾)을 빼앗아 제후들에게 준다 하더라도 그것은 그대의 뜻에 맡기겠오이다。 그러나 만일 그대가 우리 나라 선군(先君)의 사적(事跡)을 잊지 않고、새로이 내가 그대를 받들도록 허락해 주신다면 나의 소원은 그 이상 되는 것이 없겠오이다。 급해서 말하는 것이 아니오이다。 솔직하게 본심을 말씀드릴 뿐……」

이라고 교묘하게 빌었다。 그것을 듣자 장왕은 스스로 지휘하는 깃발을 손에 들고「군대를 후퇴시켜라。 三〇리 물러나서 사(舍=大休息)하라」고 명령하였다。 三〇리라면 약 一二킬로미터에 해당된다。 군신(群臣) 중에서 팔을 걷고 분개한 사람도 있었다고 하나 임금의 명령이니 어찌할 수가 없다。 이리하여 모처럼의 기회를 놓치고 말았다」

그 三년 후、이번에는 송나라를 공격하였다。 중국의 성

도 우리 나라와 마찬가지로 시가지(市街地) 전체를 둘러싸고 있으므로 무사들만이 농성(籠城)하는 것이 아니다。 그 안에 사는 백성들까지 한꺼번에 전화(戰禍)를 입게 되는 것이다。 원래 송나라는 은의 유민이 모인 곳이므로 외적(外敵)에 대해서는 본능적으로 단결하여 방위한다는 태세가 있었던 모양이다。 그렇다고 하더라도 남녀노소(男女老少)를 포함한 三천명이 五개월이나 버티었기 때문에、성안에서는 드디어 사람고기를 먹는 지경으로까지 처하게 되었다。

아무리 그렇다고 하더라도 자기 아이를 잡아먹을 수는 없는 것이다。 남의 아이라면 눈을 딱 감고、하는 식으로 「자식을 역(易=바꾸어)하여 먹고 그 뼈를 낱낱이 헤쳐서(析) 삶는다(炊)」(春秋左氏傳)라는 지경에 이르렀다。 잘라낸 뼈의 기름을 긁어 장작 대신 불을 지핀 것이다。 북중국의 들이나 밭에는 나무가 적다。 수수깡이나 짚이 떨어지면 땔감이 궁한 것이다。

그래서 송나라의 대부(大夫) 화원(華元)이 밤중에 몰래 초나라의 장왕을 찾아가 그러한 실정을 호소하였다。 그러자 장왕은 「그것은 몰랐다。 당신은 군자(君子)이다」라고 감동하여 포위를 풀고 돌아갔다고 한다。

그러나 장왕의 뒤、공왕(共王)—강왕(康王)으로 계속되는 약 五○년 사이에 진·정·송 등의 작은 나라는 때로는 동쪽의 제(齊)편을 들고、때로는 북쪽의 진(晉)에 붙어 몇 번이나 초에게 등을 돌렸는지 모른다。「시골뜨기 바보새끼들」이라고 마음속으로 초를 멸시하고 있으므로 초의 군대가 성 밑에 육박하면 항복하여 충성을 맹세하지만은 정말로 심복(心服)할 턱이 없다。

그럭저럭 하다가 기원전 五四○년경、초의 영왕(靈王)의 시대가 되자、양자강 하류의 오나라(吳國)가 점점 세력을 뻗쳐 초를 동쪽에서 압박하기 시작한다。 오나라는 양자강 남쪽에 이루어진 주나라 사람들의 신흥 식민지(新興植民地)이다。 세 방향으로 견제(牽制)된 초는 어느 틈엔지 빈털터리가 되어 기원전 二二三년、드디어 북쪽 유목민의 피를 받은 진(秦)의 대군(大軍)에게 짓밟히고 말았다。

격심한 실력 투쟁 가운데서는 역시 「식물문화(植物文化)」속에서 무르게 자란 인간은 본래의 약점을 감출 수가 없는 것이다。

名言 23
畵蛇添足

(卷末圖版⑥參照)

주나라 왕족의 한 사람이 낭당(郎黨)을 이끌고 一천리 길을 남하、장강(長江)을 건너서 오늘날의 소주(蘇州)와 단양(丹陽) 근방으로 와 정착하여 오(吳)라는 나라를 세웠다。기원전 六세기、이 오나라가 차츰 세력을 뻗쳐 지금의 무한(武漢) 상류에 본거지를 둔 초(楚)나라와 맞겨루게 되었다。초나라와 같은 원래부터가 농경인(農耕人) 사이에서는 수많은 지방 호족(地方豪族)이 자라기 때문에「왕」이라고는 해도 그 호족들의 향배(向背)에 따라서 자주 지위가 좌우된다。그중에서도 기원전 六세기、초나라의 영왕(靈王) 말년에는 정신을 못차릴 만큼 안으로 분규가 끊이지 않았다。영왕의 아우들이 공모하여 태자를 살해하고 영왕을 몰아냈던 것인데、이번에는 막내아우인 기질(棄疾)이「영왕、돌아오다」라는 헛소문을 퍼뜨려 당황하는 형들을 자살로 유도(誘導)했으며、그 소란을 틈타 자신이 왕위를 빼앗아 평왕(平王)이 되었다。

그런데 이 평왕은 아들을 위해서라면서 북쪽 신흥국인 진(秦)나라에서 며느리를 맞았는데、데리고 와 보니 어찌나 며느리가 아름다왔던지 그만 매혹되어 자기 첩으로 삼아버리고 말았다。그렇게 되고 보니、一五세의 태자가 여간 눈에 거슬리는 것이 아니다。그래서 초나라 북경의 수비라는 명분으로 태자를 서울에서 멀리해 버렸다。태자의 교육을 맡고 있던 자 가운데 오사(伍奢)라는 인물이 있었는데 그에게 현명한 두 아들이 있었다。 그런데 어떤 사람이 평왕에게 고자질 하기를「태자가 반란을 꾀하고 있읍니다。 오사와 그의 두 아들이 뒤를 밀고 있답니다」라고 중상했다。 일찍부터 태자와 오사가 눈에 가시였던 평왕은 그만 그 고자질에 속아 북방으로 군대를 파견했다。 태자는 억울한 눈물을 삼키며 국외로 망명한다。 오사는 서울에 연금되고 말았다。

평왕은 오사를 인질로 하여 오사의 두 아들을 서울로 끌어들이려 했다。 고지식한 장남은 위험을 익히 알면서도 아버지를 살리기 위해 출두했으나、 성격이 괄괄한 아우 오자서(伍子胥)는「우리에게 무슨 죄가 있오」라고 외치며 왕의 사자(使者)를 쫓아보내고、 그 길로 오나라로 피해 버렸다。

은근히 초나라의 동정을 살피고 있던 중인 동쪽 이웃인 오나라에서는 기꺼이 오자서를 맞아들였다。 그리하여 기원전 五〇六년、 대군을 보내어 잇따라 초나라의 도시들을 공략、 다섯 차례의 격전 끝에 마침내 초나라 서울 영도(郢都)에 침입했다。

「대체로 주나라 자손으로서 장강(長江)·한수(漢水) 사이에 봉(封)함을 받은 나라들을 초나라는 모조리 멸망시켰다。 지금이야말로 궐기하여 원수를 갚을 때다」

하고 오왕은 화중(華中)의 작은 나라들을 선동하여 자기편으로 끌어들였다。 오자서는 평왕의 무덤을 파서 주검에 매질을 가함으로써、 아버지와 형이 살해당한 원수를 갚았다고 한다。 초나라 사람에게는 때로 이처럼 원한을 노골적으로 드러내는 감정적인 격렬함이 있다。

이윽고 지금의 항주(杭州) 근방에 원주민이 세운 월(越)이란 나라가 힘을 얻어 오나라와 싸우게 된다。 그 덕택으로 초나라는 한동안 동쪽으로부터의 위협을 모면할 수 있었다。 얼마 뒤 월나라가 오나라를 멸망시켰는데、 그렇다고 해서 월나라로서는 중앙 무대에까지 진출할 정도의 야심은 없었다。

「이때 월나라는 이미 오나라를 멸망시켰어도 강회(江淮=長江과 淮水)의 북을 정복하지 못하다。 때문에 초나라는 땅을 넓혀 산동(山東)의 사수(泗水) 근방에 이르다」(〈史記〉「楚世家」)

라고 적혀 있는 대로이다。 공백지대가 되어버린 화중의 회수(淮水) 일대가 저절로 초나라에 굴러들어온 것이다。 초나라는 다시금 세력을 되찾았다。 북방에서는 마침 맹자(孟子)가 전국(戰國)의 여러 나라를 유세(遊說)하며 돌아다니고 있을 무렵、 초나라 위왕(威王)이 마침내 월나라를 멸망시켰던 것이다(紀元前 三三四年)。 아니、 멸망시켰다고 하기보다 실은 강남(江南)의 원주민인 월나라 사람이 한인(漢人)의 남하에 따라 지난날과 같은 통제력을 잃고 자멸했다는 것이 옳겠다。이리하여 초나라는 어느 사이에 장강의 중류・하류에 걸친 화중 최대의 나라가 되어버렸다。

그러나 그 결과、초나라는 뜻하지도 않게 산동반도의 강국인 제(齊)나라와 접경(接境)하게 되어버렸다。 초나라의 회왕(懷王)은 야심가이면서도 막상 중대한 시기에 와서는 우유부단하여 일을 결정짓지 못한다는 초나라 사람 특유의 호인이기도 했다。그는 영윤(令尹=宰相)인 소양(昭陽)을 동방으로 진격시켜 제나라를 치게 했다。제나라 왕은 정객(政客)인 진진(陳軫)에게 책략으로 초나라 병사들을 물러가게 할 수 없겠느냐고 부탁했다。「대수롭지 않소이다」하고 승낙하자、진진은 소양에게로 찾아갔다。

「초나라 규정으로는 적군을 물리치고 장수를 죽인 자에게는 어떠한 상을 내리시오」

「우선은 상주국(上柱國)의 관(官)、그 위로는 영윤(令尹)」

「소양(昭陽)께선 이미 영윤으로 계시옵니다。여기 재미난 이야기가 있소。어느 대가(大家)의 주인이 부하에게 술을 나누어 주었읍니다만、모두들에게 골고루 돌아가지 못하였소이다。그래서 부하들이 상의하여 땅에 뱀을 그리기로 하여 맨먼저 그린 자가 술을 받기로 하였다오。한 사나이가 재빨리 뱀을 그리더니 술병을 들고는〈기왕에 그린 김에 다리를 곁들여 주겠다〉하며 그 뱀에 다리를 그렸다 하오。그러자 딴 자가 트집잡기를〈뱀에는 다리가 없는 법、없는 다리가 달린 뱀은 뱀이 아니다〉하면서 그 술병을 빼앗았다 하더이다。소양 나리、소양께서는 설마 이번 싸움에 이긴다 해도 더 이상 받아 낼 관작(官爵)조차 없오이다。더구나 만약 패하기라도 하는 날이면 벼슬을 빼앗길 뿐만 아니라 목숨조차 위태합니다。이제 제나라를 공격함은 바로 이 뱀 다리、즉 사족(蛇足)을 곁들이는 것이 아니고 무엇이겠오、부디 그만두시는 것이 옳겠소이다」

진진의 정연하면서도 간곡한 설득에 소양은 옳거니 하고는 군사를 거두어 철수했다는 것이다。

초나라 사람들은 산전수전 다 겪은 북방인(北方人)들의 논리적인 이론에는 당해 내지 못했던 것이다。그 이론 뒤에 숨어 도사리고 있는 모략까지는 도저히 알아낼 재간이 없다。이윽고 회왕(懷王) 자신도 진나라의 정객 장의(張儀)의 변설(辯舌)에 현혹되어、마치 아이가 공 놀리듯 번롱(飜弄)당한 끝에、마침내는 이 대국(大國)까지 자취도 없이 사라지고 마는 것이다。

名言 24

風牛馬，吾不關也

(卷末圖版⑦參照)

기원전 五세기부터 약 三백년 동안, 중국에서는 「전국시대(戰國時代)」라고 불리는 거치른 변동의 시기가 계속되었다. 힘의 강약이 모든 것을 결정하는 경쟁 사회의 시작이라고 할 수 있을 것이다.

이 기간을 통해 일관하여 주위의 군벌(軍閥)들을 제압하고 견제하던 세 힘의 중심이 있었다. 동쪽의 제나라(지금의 山東省), 북쪽의 진나라(지금의 陝西省), 그리고 남쪽의 초나라(지금의 湖北·湖南省), 이 세 나라가 삼각형의 정점(頂點)이 되어 위태로운 균형을 유지하고 있었던 것이다.

그 제나라와 초나라 사이에 대해 이야기를 해보자. 화중(華中)의 대평원을 사이에 두고 그 양쪽에 제나라와 초나라가 있다. 제나라의 임치(臨淄)와 초나라 영도(郢都=지금의 江陵)는 직선 거리로 一천一백 킬로나 떨어져 있기 때문에 욕심을 부리지 않는 한, 양자 사이에 이해(利害)의 충돌은 없었다.

기원전 六五六년, 제나라의 환공(桓公)이 북방으로 세력을 뻗친 여세를 몰아 초나라 국경까지 진격한 바 있었다. 그러자 초나라에서는 사자(使者)를 보내어 다음과 같이 전해 왔다.

「그대는 북해(北海=渤海 기슭)에 거(據)하고 과인(寡

人)은 남해(南海=洞庭湖 기슭)에 거하도다。〈풍(風)하는 우마(牛馬)를 내가 어찌 상관하리(吾不關焉)〉란 바로 이를 두고 한 말。 그대가 내 땅에 오리란 어찌 생각이나 했으리」

동물은 대기(大氣)의 변화(즉 바람)를 따라 발정(發情)하기 때문에 그것을 일러 바람난다、즉「풍(風)」한다는 것이다。 바람이 나도(發情을 해도) 소와 말이고 보니 모르는 체하는 법、서로 간섭을 하지 말자는 뜻을 밝혀 보낸 것이었다。 그러나 제나라의 환공은 이 기회에 무위(武威)를 과시해 두려고 초나라 사신들 앞에서 관병식(觀兵式)을 거행、은근히 겁을 주려 했다。 그러자 초나라의 장군 굴완(屈完)이

「만약 군주께서 덕(德)으로써 제후(諸侯)를 편안케 하시면 누가 감히 승복하지 않으리。 그러나 군주께서 힘으로써 임하시면 초나라는 방성(方城=지금의 南陽)을 성(城)으로 하고、한수(漢水)를 못으로 하여 싸우리」(〈春秋左氏傳〉「僖公四年」)

하고 대답했다。 그래서 환공도 양보하여 수호동맹(修好同盟)을 맺은 뒤 철수했다는 것이다。

그래서 서로가 경계하는 한편、속으로는 상대방을 경멸하면서도 큰 충돌은 없었던 것이다。

그로부터 一넌쯤의 세월이 흘렀다。 안자(晏子=本名은 晏嬰)라는 사나이가 제나라의 장공(莊公)·경공(景公)의 二대에 걸쳐 참모로서 활약하는 시대가 되었다。 그때까지는 제나라와 초나라 사이가「풍(風)하는 우마(牛馬)」정도의 관계밖에 없었는데、안자는 북의 제후(諸侯)들을 견제하기 위해서도 일단 초나라와 우호관계를 맺어 두는 것이 상책이라고 생각했다。〈안자춘추(晏子春秋)〉 제六권에는 안자가 초나라에 사절(使節)로 갔을 때의 일화가 실려 있다。 아마 기원전 五四九년의 일이었으리라。

초나라는 장강(長江) 중류의 원주민이라고 하여、주왕조(周王朝)는 물론이려니와 북쪽 사람들로부터「만(蠻)」이라고 불려 차별당해 왔다。 그렇게 되면 차별을 당한 측에서는 오히려 반발하여 허세를 부리는 법이다。 그 반발하는 모양이 초나라의 경우는 아닌게 아니라 남국적(南國的)이며 유치했던 것이다。

안자가 몸집도 작고 풍채도 변변치 못한 사람이라는 말을 들은 초나라에서는 일부러 정문 옆에 조그만문 하나를 더 만들게 하여、「이쪽으로 들어오십시요」하고 그 작은 문으로 안내했다。 그러자 안자는、

「개(狗)의 나라에 사신으로 온 자는 개문(狗門)으로 들어간다는 말을 들었오이다만、나는 지금 개나라(狗國)에 온 것이 아니라 초나라에 온 것이오」

고하는 들어가려 하지 않는다。 이에 하는 수 없이 정문

을 열어 맞아들일 수밖에 없었다。

그런데 접견실(接見室)로 들어가자、초왕은 안자에게 들으란 듯이 중얼거리지를 않겠는가。

초왕：과연 제나라에는 인물이 없도다

풍채가 변변치 못한 안자를 경멸했던 것이다。

안자：제나라의 서울 임치(臨淄)는 정방(町坊)의 수 삼백、길 가는 사람이 소맷자락을 펼치면 해를 가리는 그늘이 되고、땀을 닦으면 비가 되어 내리퍼부을 만큼 사람들은 어깨를 나란히 하고 발꿈치 뒤를 이어 왕래가 잦소이다。제나라에 사람이 없다니、이 무슨 말씀이오。

초왕：그렇다면 묻거니와 그대 같은 자가 어찌하여 사신이 되어 왔는가

안자：제나라에서는 사신을 명할 때、상대방 나라를 보고 정하오。현명한 왕에게 사절을 보낼 때는 현자(賢者)를、불초(不肖)의 왕에게 사신을 보낼 때는 불초의 신하를 보내오。소신 같은 자는 유달리 어리석은 자이므로 초나라에 사신으로 온 것이외다

초왕은 입맛이 쓴 채 말문을 닫을 수밖에 없었다。

그러나 초왕으로서는 좀처럼 분이 풀리지 않는다。그래서 신통치도 못한 지혜를 짜내어 제나라를 모욕해 보려고 시도했다。안자를 환영하는 잔치가 베풀어졌는데、그때 초나라 관리 하나가 한 사나이를 포박하여 등장한다。

초왕：그자는 누구인가

관리：제나라 사나이입니다

초왕：무슨 죄를 범했는가

관리：도적질을 한 죄올시다

초왕：옳거니、제나라 사람은 도적질을 잘하는 모양이로다

그러자 안자는 자리에서 일어나며 말했다。

「귤(橘)은 초나라의 명산(名産)이외다。회수(淮水)의 남쪽에서 자라면 향그러운 열매를 맺소이다만、회수의 북쪽으로 옮겨 심으면 탱자나무(枳)가 된다고 하더이다。잎은 비슷하지만 열매 맛은 귤에 비할 바가 못되오이다。어째서냐 하면 풍토가 다르기 때문인 줄 아오이다。백성이 제나라에서 자라면 도적질 따위를 하지 않소이다만、그것이 초나라로 옮겨오면 도적질을 하는가 봅니다。초나라 풍토는 도적질에 적합한가 봅니다」

남쪽 사람은 도저히 북쪽 사람의 재간에 당해내지를 못했던 것이다。

名言 25
合從과 連衡

(卷末圖版⑧參照)

오늘날의 서안(西安=옛날의 長安) 시가(市街)에서 서북으로 빠져나가 위수(渭水) 다리를 건너 서면 이미 함양(咸陽) 땅이다。 옛날 진나라의 도읍이 있었던 곳으로 지금도 진말(秦末)의 겁화(刧火)에 불타버린 기왓장 조각들이 자주 발견된다고 한다。 이 근방이 이른바 관중(關中)의 대고원(大高原)、겨울엔 영하 一五도까지 내려가지만 四월부터는 갑자기 기온이 올라 화북의 낮은 평원지대보다 보름이나 빨리 「맥추(麥秋)」의 계절이 찾아온다。 주나라가 동쪽의 낙양(洛陽)으로 옮긴 뒤 이 대고원의 주인이 되었는데、원래는 기마인(騎馬人)의 피를 이어받은 진나라 사람들이었다。 진나라 혜왕(惠王)은 상앙(商鞅)이라는 사나이를 중용하여、뒷날 중국 관료제도가 되는 원형을 만들었다。 넓은 밭에는 가로세로의 밭두길(阡陌)을 통해 군대나 양식의 수송을 편하게 했다。 동방에서는 아직 지휘관이 마차를 타고 징용병이 도보(徒步)로 그 뒤를 따라 느릿느릿하게 행군하던 때에、진나라에서는 이미 기동력이 있는 기병대를 싸움의 주축으로 삼고 있었으니、과연 강국이라고 하지 않을 수 없다。

이쯤되고 보니 동방의 여러 나라들도 언제까지나 서로 으르렁대며 싸움을 일삼고 있을 수 없다。 서로 협력하여 진나라에 대항하지 않으면 위태롭다고 느끼기 시작하고 있었다。 낙양의 정객(政客)이던 소진(蘇秦)이란 사나이가 나타나 천하의 대세를 논(論)하며 다녔다。초(楚)·제(齊)·한(韓)·위(魏)·조(趙)·연(燕) 나라 사이에서는 그때서야 겨우 「육국합종(六國合從)」의 약속이 이루어졌다。「종(從)」이란 「종(縱=세로)」이란 뜻으로서、六국이 세로(南北)로 합동하여 진나라에 임하자는 것이다。그리고 남쪽의 대국 초나라의 회왕(懷王)을 끌어내어 동맹의 우두머리로 삼았다。그들은 기원전 三一八년에 병사를 합쳐 진나라를 공략했는데、잠복하고 있던 진나라 군사의 역습을 받아 산산이 흩어지는 등의 패배를 당하여 「종약(從約)」의 허약함을 드러내고 말았다。

남방의 「시골뜨기 영주」가 끌려나와 복잡한 허허실실(虛虛實實)의 국제무대에 등장한 꼴이었기 때문에 처음부터 회왕의 진나라에 대한 자세는 불안하기 짝이 없었다。그런 때에 진나라에서 장의(張儀)가 찾아와 「진나라와 사이좋게 지내는 것이 무엇보다 중요하다」고 능변으로 설득하니 이를 「연횡(連衡)」이라고 한다。「횡(衡)」이란 작대기뿐인 「횡봉(橫棒)」 즉 가로로 댄 막대、그래서 「가로」란 뜻이 된다。「세로」의 동맹을 그만두고 진나라와 「가로」의 연계(連係)를 맺으라는 정략(政略)을 말한다。장의는 이렇게 말한다。

「진나라 땅은 천하의 반을 차지하고、병사는 四국(國)에 필적(匹敵)하다。용맹한 무사(武士)가 一백여만、수레(車)는 一천승(乘)、기(騎)는 一만필、조(粟=軍糧)는 산더미와 같다……종약(從約)을 함은 양(羊)의 무리를 몰아 맹호(猛虎)를 치려 함과 다를 바 없다。이제 대왕、맹호의 편을 들지 않고 양의 무리에 편들다。은밀히 생각컨대 대왕의 계(計)는 잘못되도다。……진나라는 서쪽에 파촉(巴蜀=四川省)이 있어、배를 나란히 하여 조(粟)를 싣고 민산(岷山)에서 출발、장강(長江)을 따라 내려가면 초나라의 영도(郢都)까지 三만여리、뗏목에 각각 군사 五〇명과 三개월분의 식량을 싣고 장강에 띄워 내려가면 하루에 三백리를 가다。……一〇일이 채 못되어 한관(扞關=四川·湖北의 境界)에 이르지 않으리……」(〈戰國策〉卷五)

장의는 이처럼 회왕을 위협한 끝에 태자를 인질로 삼고 교환 조건으로 지금의 호북성 서북쪽에 있는 상어(商於)라는 땅 六백리를 초나라에 주겠다고 제의했다。회왕은 기뻐서 장의와 술자리를 여러 차례 가졌는데、곁에 있던 정객(政客) 진진(陳軫)은 씁쓰레한 얼굴로 회왕에게 간(諫)하는 것이었다。

「진나라가 초나라를 꺼려하는 것은 우리가 제나라와 동맹을 맺고 있기 때문입니다。상어 땅을 아직 얻지도 않았는데、지금 제나라와의 사이를 먼저 끊는다면 초나라는 고립하고 맙니다。그때 진나라가 고립된 나라를 무엇 때문에 꺼려하겠읍니까」

초나라를 고립시키면 위태롭다고 말한 것이다。 그러나 회왕은 듣지 않았다。 그런데 초나라의 사신이 막상 상어 땅을 얻으러 가자、 장의는 몸을 다쳤다는 구실로 만나주려 하지 않는다。 그래서 회왕은 제나라와의 인연을 끊음으로써 장의의 신용을 얻으려고 제나라에 사신을 보내어 욕지거리를 퍼붓게 했다。 제왕(齊王)은 화가 머리끝까지 치밀어 제나라·초나라 동맹의 표지로 삼았던 문서를 찢어 버리고는 재빨리 진나라와 화의해 버렸다。 이를 지켜보던 장의는 곧 초나라 사신을 불러들여 말했다。

「초나라에 주려고 한 六리의 땅은 아무개 마을에서 아무개 마을까지렷다。 알겠지?」 사신은 놀라며 외쳤다。

「六백리이옵니다。 六리란 말은 듣지도 못하였소이다」

그러나 장의는 아랑곳하지 않고 시치미를 뗀다。 초나라 회왕은 사신의 보고를 듣자 격노하여 기원전 三一二년에 대군을 파견、 진나라를 공격했건만 오히려 한중(漢中)의 땅(지금의 陝西省 남쪽)에서 크게 패하고 말았다。 적에게 목이 잘린 자 八만、 장군 굴개(屈丐) 이하 뛰어난 장수 등 七○명이 포로가 되었다。

분함을 참지 못하고 있는 회왕에게로 또다시 진나라로부터 장의가 찾아왔다。 놈의 사지를 찢어 죽이지 않고서는 직성이 풀리지 않는다」고 회왕은 장의를 감금하고 말았다。 그러자 장의는 은밀히 회왕이 신용하는 어떤 사나이와 애비(愛妃)인 정수(鄭袖)를 포섭、 손을 썼다。

「진나라에서는 장의를 구출하기 위하여 六현(縣)과 미녀를 초나라로 보낼 계획을 하고 있읍니다。 진나라 여자는 아름답기 때문에 회왕은 그것에 현혹되어 이윽고 당신을 멀리 할 것입니다。 어서 빨리 장의를 석방하여 그런 사태가 오지 않도록 해야 됩니다」

이런 여성은 옛부터 은총을 잃는다는 것이 가장 두려운 법이다。 정수의 진언으로 장의는 얼마 뒤 옥에서 나올 수 있었다。 그러자 장의는 많은 금품을 중신들에게 뿌리고는 재빨리 진나라로 돌아가 버렸다。

장의가 돌아간 직후에、 제나라에 사신으로 갔던 굴원(屈原)이 돌아왔다。 장의가 석방되기가 무섭게 돌아가 버렸다는 소식을 듣자 굴원은 사색(死色)이 되어 회왕에게 간했다。「두 번씩이나 장의의 함정에 빠지시다니……」 하는 설득에 회왕도 아차 싶어 곧 장의의 뒤를 좇게 했으나 이미 자취를 감춘 뒤였다。

기원전 二九九년、 회왕은 세번째로 진나라에 속아 국경인 무관(武關)까지 나아가자、 요소를 지키던 진나라의 복병(伏兵)에게 사로잡혀 三년 뒤 적국에서 객사하고 말았다。 그 경위는 다음 장(章)에서 말하겠거니와 이 얼마나 딱한 이야기인가。

名言 26

虎狼의 나라

시골 갓부처럼 느긋한 성격의 초나라 회왕이 장의(張儀)의 변설(辯舌)에 속아, 결국은 진나라 기마병단(騎馬兵團)의 습격을 받고 복병(伏兵)에게 사로잡히었다 함은 지난 장(章)에서 잠깐 언급한 바 있다.

제(齊)나라와의 맹약(盟約)을 소중히 여기던 굴원은 이를 갈며 분하게 여겼다. 한편, 조금 더 시간을 벌어야겠다고 생각한 진나라는 심기일전(心機一轉)한 듯 화해를 청해 왔으나, 초나라 회왕은,

「약간의 영지(領地) 따위는 바라지 않는다. 오직 장의만을 잡아 사지를 찢어 죽이기를 원할 뿐」

이라면서 받아들이지를 않는다. 그 말을 전해 들은 장의는 눈 하나 까딱 않고,

「나 하나로 해결된다면 무엇을 망설이랴」 하면서 사지(死地)나 다름없는 초나라를 세번째로 찾아갔다. 그리고는 다시금 회왕의 측근과 애비(愛妃)인 정수(鄭袖)에게 엄청난 선물을 보내었다. 이 왕비는 정(鄭)나라에서 출가해 온 부인인데, 이 역시 여자 특유의 못된 꾀만으로 살아가는 형편없는 여자였던 것이다.

일찌기 위(魏)나라에서 회왕께 젊은 미인을 보내온 바 있었다. 회왕은 어여쁜 첩에게 홀딱 반해 탐닉하고 만다. 그래서 정부인은 은밀히 그 첩을 불러 이렇게 속삭였다.

정: 그대는 정말 아름답구려. 왕이 그대만을 찾는 것

도 어쩔 수 없구려。하지만 그대의 코만은 약간 마음에 안 드신 모양이시라우

첩：그럼 어찌해야 좋으리까

정：왕 앞에서는 손으로 코를 가리는 것이 좋겠구려

어느날 밤 회왕은 정부인에게 물었다。

회왕：저 아이는 좋은 아이이긴 하나 내 앞에만 나오면 어째서 그처럼 코를 가릴까

정：말씀드리기 황공하오나 임금님의 숨결이 냄새가 난다 하더이다

이래서 회왕은 격노하여 첩의 코를 베어 추방해 버렸다는 것이다(「戰國策」楚一)。이러한 회왕과 정부인이 상대였기 때문에 장의는 일하기가 수월했던 것이다。

기원전 二九九년、초나라 회왕은 딸을 진나라의 소왕(昭王)에게로 시집보내기로 했다。굴원은、

「진나라는 호랑(虎狼)의 나라이옵니다」

라고 간곡히 회왕에게 간언했으나、이미 진나라에게 매수된 중신들은 굴원을 못마땅히 여길 뿐、혼례를 위하여 직접 진나라로 가도록 회왕을 부추기었다。

지금의 호북성(湖北省)에서 섬서성(陝西省)으로 들어가려면 무관(武關)의 관(關)을 거쳐 진령산맥(秦領山脈)을 넘어야만 한다。회왕의 행렬이 무관으로 들어서자 관(關) 밖에 매복하고 있던 진나라 군사가 퇴로(退路)를 막아、기겁을 하며 놀라는 회왕을 사로잡고는 그대로 진나라 서울까지 연행했다。그뒤 일단은 탈주에 성공하여 조(趙)나라의 국경까지 도망칠 수는 있었으나、조나라에서도 후환을 두려워하여 회왕의 입국을 허락하지 않았다。하는 수 없이 진나라로 되돌아가 울분을 달래지 못한 채 三년 뒤 병사하고 말았다。

그동안에 진나라는 한수(漢水)의 북쪽 기슭을 거의 병합(倂合)하고 말았다。회왕이 죽은 뒤、아들인 경양왕(頃襄王)이 뒤를 이었다。굴원은 추방당하여 동정호(洞庭湖) 근방을 헤매던 끝에、마침내 멱라수(汨羅水)에 몸을 던져 자살하고 말았다。기원전 二二三년、초나라는 마침내 멸망하고 말았다。

이 수십여년 동안의 경위는 무척이나 초나라 사람들로서는 원한이 맺혔던 듯하다。사람들은、

「비록 초(楚)가 삼호(三戶)밖에 남지 않는다 해도 진을 멸망시킬 자는 반드시 초이리라」(〈史記〉「項羽本紀」)

하고 서로들 맹세했다고、뒷날 사마천(司馬遷)은 말하고 있다。역사란 얄궂은 것으로서 과연 초나라 패장(敗將)의 아들 항우(項羽)가 나타나、후에 분기하여 진나라의 二세 황제를 멸망으로 몰아넣고 만 것이었다。

굴원의 유작(遺作)은 〈초사(楚辭)〉에 수록되어 있다。

그 가운데의 웅편(雄篇)은「이소(離騷)」라고 하는 기나긴 시이다。「소(騷=초조함)에 이(離=罹、걸리다)하다」라는 것、다시 말해서「초조에 사로잡혀」라는 시의 제목인 것이다。굴원(屈原)은 이 장편 시에서 우선 자신이 천지(天地)의 정기(正氣)를 누려받은 명문 출신임을 자랑하고、그것이 추악한 남녀들에 의해 추방당한 굴욕과 분노를 노래하고 있다。그는 천마(天馬)를 타고 풍신(風神)·뇌신(雷神)을 선도(先導)로 하여、고래의 현인이나 미녀가 있는 곳을 찾아 천상(天上)을 방랑하며、마지막에는 서천(西天) 끝에 이른다。그러나 문득 하계(下界)를 내려다보니 그곳은 어떠한가。

「팔룡(八龍)의 넘실넘실(婉婉)함에 올라타고(駕)、
운기(雲旗)의 나긋나긋(委蛇)함을 올려놓다(載)。……
황(皇=大空)의 휘황(赫戲)함에 올라서(陟升)
홀홀히 저 구향(舊鄕)을 굽어보니
복부(僕夫)는 슬퍼하며、나의 말(馬)은 생각한다(懷)
몸을 굽혀 돌아보며 가지를 않는구나」(〈楚辭〉「離騷」)

라는 것으로 기나긴 천상의 유력(遊歷)은 끝나고 있다。동정호와 운몽택(雲夢澤)의 깊은 물 속에 떠도는 옛고향의 전원(田園)이 보였을 때、굴원은 소스라치며 현실 세계로 되돌아온 것이다。방랑으로 모든 것을 잊으려 했건만 역시 조국의 위급함이 머리에서 떠나지 않는다—라는 것이리라。

여위고 지친 굴원이 시를 읊조리며 기슭에 이르렀을 때、한 어부가 굴원임을 알아보고、

「온 세상이 모두 혼탁하다면 어찌하여 그 흐름을 따라
그 물결을 거두지(揚) 않는가」

하고 나무란다。굴원이 대답했다。

「새로이 목(沐)하는 자는 반드시 관(冠)을 튀기고(彈)、
새로이 욕(浴)하는 자는 반드시 그 옷을 떨친다든가。
누가 감히 깨끗한(察察) 몸으로써 사물(事物)의 더러
움(汶汶)을 받을소냐」

하고。이것이「어부사(漁夫辭)」라고 불리는 유작(遺作)으로 아마 어부와의 문답을 빌어 그가 세상에 남긴 마지막 작품이리라。멱라는 지금의 악주(岳州)와 장사(長沙) 사이에 있다。후세의 〈속제해기(續齊諧記)〉란 책에는、

「굴원은 五월 五일에 멱라에 몸을 던져 죽다。초나라 사람이 이를 애통히 여겨 이날에는 대나무통(竹筒)에 쌀을 넣어 물가에 던져 제사를 지내게 되었다。후한(後漢) 무렵부터는 그 대신 떡(粽)을 바치게 되었다」

라고 서술되어 있다。단오 명절날에 대나무잎 등으로 싸서 찐 떡(粽子)을 먹는 습관은 이때부터 생겼으니、그 역사는 참으로 오래 된다고 하겠다。

名言 27

太伯, 세 차례 나라를 물리다

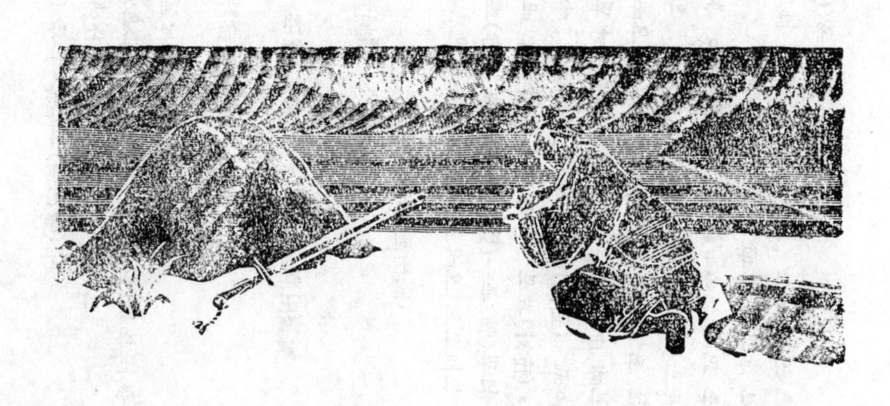

기원전 一〇세기경 황하를 중심으로 하는 북방에 주나라를 종주(宗主)로 받드는 나라들이 생겨나서 이른바 「한인(漢人)의 문화권(文化圈)」이 성립되었다. 그들은 몸에 의관(衣冠)을 걸치고 생식(生食)을 하지 않으며 동성(同姓)끼리는 결혼을 하지 않는다. 북방의 유목민족을 두고 「피발좌임(被髮左衽=머리를 풀어 헤치며 옷깃을 왼쪽으로 여민다)」「결혼 방법이나 부모형제 사이에 구별이 없다」고 하여 소외(疎外)시킨다. 남쪽 어민이나 저지(低地) 농경민을 「단발문신(斷髮文身=머리를 짧게 자르며 몸에 문신을 넣다)의 남만인(南蠻人)」이라고 하여 멸시하고 있었다.

남방은 북방과는 이질적인 세상이었는데 그 천연의 풍요함은 항상 북방인에게 매혹의 대상이었다. 한인(漢人)들의 선구가 되어 우선 강남 땅에 진출, 식민지를 만들어 기원전 六세기에 와서 역사에 등장한 나라가 오(吳)나라이다.

오늘날의 상해(上海)는 근세에 와서 발달한 도시이기 때문에 三천년 전에는 풀만이 무성한 해변에 불과했었으리라. 그러나 상해에서 서쪽으로 一백킬로 떨어진 소주(蘇州)는 오나라 무렵 이후의 고도(古都)로서 지난날에는 「고소(姑蘇)」라고 불렸다. 뒷날 당(唐)나라의 시인 장계(張繼)가,

고소성(姑蘇城) 밖의 한산사(寒山寺)
야반(夜半)의 종소리, 객선(客船)에 이르다

하고 노래부른 곳이다. 사마천의 〈사기〉에 의하면 주나라 초기의 왕실 계보(系譜)는,

周의 太王—太伯(吳太伯)
　　　　—仲雍(吳仲雍)…一九대 吳王壽夢
　　　　—季歷—文王—武王 (以下 周王室)

로 되어 있다. 주나라에서는 형제의 서열이 까다로와 위로부터 차례로 백(伯)—중(仲)—숙(叔)—계(季)라고 불렀다. 원래 같으면 왕실을 계승할 터인 태백(太伯)·중옹(仲雍)이 그것을 사양하여, 멀리 강남(江南) 땅으로 내려가 오(吳)나라를 세웠다는 것이다. 「吳」라는 글자는 원래 「입구와 사람이 고개를 갸우뚱한 모양이 더한 것」으로 이루어졌으며, 그것은 고개를 갸우뚱하며 웃어대는 것을 나타낸다. 즉 오락(娛樂)의 오(娛=즐기다)의 바탕이 되는 글자이다. 그러므로 「남쪽의 낙원」이라는 것으로, 오(吳=娛)라고 이름지은 것이리라. 사실은 이 이야기가 〈논어(論語)〉에도 나오고 있다.

「태백(泰伯=太伯)은 바로 지덕(至德)의 인물이라 하겠다. 세 차례나 천하를 물려도(讓), 백성들은 모두 탓하는 바가 없었다」(「泰伯篇」)

만약 이 이야기를 신용한다면 오나라의 개조(開祖)는 주나라 문왕의 아저씨(伯父)인 셈이 된다.

그러나 이 이야기는 아무래도 이상하다. 왜냐하면 이 이야기의 원형(原型) 같은 것이 사실은 또 하나 오나라에 전해져 있기 때문이다.

강남(江南)에 식민지를 개척한 오나라 사람들은 해외로 진출한 오늘날의 강대국과는 달라서 원주민의 언어와 습속(習俗)을 배워 현지와 융합(融合)하여 은밀히 별천지를 만들었던 모양이다. 그것이 차츰 나라의 형태를 갖추어 기원전 六세기에 이르러서는 우선 서쪽 이웃인 초나라와 국경을 두고 다투며 이어 북방의 여러 나라와 접촉을 갖게 되었다.

오왕(吳王) 수몽(壽夢)이 죽자, 그에게 四명의 아들이 있었는데, 그중 막내인 계찰(季札)이 현명하다는 소문이었다. 형들이 잇따라 왕위를 계승, 이윽고 계찰에게 뒤를 잇게 하려고 오나라의 장로(長老)들은 생각하였지만 계찰은 시골에 은거하여 나오지 않는다. 하는 수 없이 약간의 영지(領地)를 주어 분객(分客)으로서의 대우를 소홀히 하지 않았다는 것이다.

기원전 五四四년, 계찰은 북쪽 중국의 여러 나라를 두루 다니기 위해 여행길에 나섰다. 공자(孔子) 나이 七세 때이다. 그는 우선 노(魯)나라로 가서 〈시경(詩經)〉의 아악(雅樂)을 들으며 즐기고, 이어 지금의 산동성에 있던 제(齊)나라와 산서성에 있던 진(晋)나라를 방문하여, 멀지 않아 두 나라에서 정변(政變)이 일어날 것을 예언했다고 한다. 이향(異鄕)에서 자라면서 북방의 사정에도 밝은 이상한 인물이었다.

그는 가는 길에 지금의 서주(徐州)를 들른 바 있었다. 거기에는 서(徐)라는 조그만 나라가 있었는데, 그 영주가 계찰의 훌륭한 대검(帶劍)을 보고 마음이 끌렸다. 강남(江南)의 오나라와 월나라는 북방보다 먼저 철기(鐵器)를 만들었던 모양으로, 역사에 그 이름이 높은 명검(名劍)이 많다. 계찰은 서군(徐君)의 마음을 짐작은 했었으나, 여로(旅路)에 있는 만큼 그대로 일단 떠나, 돌아오는 길에 다시 한번 서나라에 들렀다. 그런데 그 사이에 그는 이미 불귀의 객이 되고 말았다. 그래서 서군의 무덤에 보검(寶劍)을 걸어 두고 묵도(默禱)를 올린 뒤 돌아왔다는 것이다. 오나라에서는 그 무렵 계찰의 조카가 되는 왕 요(僚)와 공자(公子) 광(光) 사이에 다툼이 일어나 마침내 공자 광이 왕을 암살하여 왕위를 빼앗았다. 돌아온 계찰은,

「내가 누구를 원망하리. 죽음을 애통히 여기고 삶으로써 천명(天命)을 기다리리라」

하고 조카인 왕에게 복명(復命)했다는 것이다.

계찰의 이야기가 북에도 전해져 남만(南蠻) 땅에도 현인이 있다——는 소문이 높아졌다. 그는 마치 겸양의 본보기와 같은 사나이였다. 계찰의 자자한 명성으로 비로소 북방 중국에 그 존재를 의식케 한 오나라에서는 바로 이때다 싶어, 오늘날의 피 아르(P.R.) 같은 것에 힘썼다. 「우리는 원래 근본이 바른 어엿한 주나라 사람이다」「계찰의 인품은 우리 개조(開祖) 이후의 전통이다」라는 것으로, 그들은 「태백(太伯)의 양국설(讓國說)」을 지어냈던 것이다.

후진국이 스스로의 자기비하(自己卑下)와 열등의식을 털어버리려고 조상의 품격을 높인다는 것은 오늘날에도 흔히 있는 일로 이해할 수도 있지만 그것이 너무 심하다 보니 「오태백(吳太伯)은 주나라 문왕의 아저씨, 양국(讓國)의 원조(元祖)다」 라고 되어버렸다. 그것이 또한 「온(溫)·양(良)·공(恭)·검(儉)·양(讓)」을 주장한 공자학파(孔子學派=儒家)의 취향과도 알맞게 맞아들어 당당한 사실(史實)로 꾸며져 버렸으니, 오나라 사람들도 짓궂다고 하겠다.

名言 28

斷髮文身

(卷末圖版⑨參照)

기원전 五세기경、 장강(長江＝揚子江) 하류에서 다투기 시작한 오(吳)나라와 월(越)나라는、 그 원주민 층(層)에 있어서는 전적으로 동족(同族)이었다。 〈오월춘추(吳越春秋)〉라는 책에는 이두 나라를 두고 「동풍공속(同風共俗)」이라는 말로 표현하고 있다。 그들은 옛부터 동아시아의 저습지역(低濕地域)에 정착했던 넓은 의미의 타이계(系) 사람들로、 〈사기(史記)〉의 「월세가(越世家)」를 보면、

「월왕(越王) 구천(句踐)、 그 조상은 우(禹)의 자손이라고 하여 회계(會稽)에 봉(封)함을 받아 우(禹)의 제사(祭祀)를 받들다。 단발문신(斷髮文身)하며、 잡초를 베어 읍(邑)을 만들다」

라고 씌어 있다。 「우」란 사실은 물의 신(神)、 다시 말해서 용신(龍神)의 변형임은 이미 말한 바 있다。 월나라 사람은 용신 신앙을 지녔던 물의 민족인 것이다。 오늘날의 상해시(上海市)는 평균적으로 해발 四미터로 약 一천 킬로 서쪽으로 간 동정호(洞庭湖) 기슭이나 장사(長沙) 근방이라도 해발 一二〇여 미터에 불과하다。 장강은 약 一천킬로의 거리를 불과 三〇미터의 낙차(落差)로 동쪽으로 흐르기 때문에、 중류와 하류에 크고 작은 호수나 습지(濕地)가 수없이 많은 것은 무리가 아니다。 그 물가의 주민은 물 속으로 들어가 고기며 조개를 잡는다。 그때 악어며 물 속의 악령(惡靈)으로부터 몸을 지키기 위해 용신의 환심을 사려고 몸에 먹으로 그림을 그려 넣었으니, 이를 「문신(文身)」이라고 한다. 그것이 한(漢)나라 사람들 눈에는 이상한 풍속으로서 비쳤을 것이다. 그래서 단발문신은 연해지구(沿海地區)의 이민족(異民族)을 형용할 때 으례히 쓰는 말이 되어버렸다.

시대는 훨씬 내려가 기원전 三세기경, 중국 위(魏)나라의 사신이 일본 규우슈(九州)의 왜(倭)를 방문, 당시의 일본인 생활을 다음과 같이 보고하고 있다.

「남자는 크고 작음을 막론하고 모두 경면(黥面=얼굴에 入墨)·문신(文身=몸에 入墨)하다. ……왜의 땅은 온난(温暖)하여 겨울이나 여름에도 생채(生菜)를 먹다. 주홍색을 몸에 칠하기를 중국의 분(粉=화장품)을 사용함과 같다」(〈魏志〉「倭人傳」)

옛날 월나라 사람과 왜인(倭人)의 생활은 참으로 비슷했던 모양이다.

기원전 四九六년, 오왕 합려(闔閭)는 대군을 이끌고 태호(太湖) 기슭을 남하하여 오늘날의 가흥(嘉興)에 진출했다. 월나라에서는 결사대를 조직, 三열로 진영을 갖추어 오나라 진영 앞으로 나아가자, 무엇인지 정체를 알 수 없는 음산하고도 괴이한 고함을 세번 치며 잇따라 스스로의 목을 쳐 자살하는 것이 아니겠는가. 「한어(漢語)」를 쓰는 오나라 사람 쪽에서 보면 알아들을 수 없는 월나라 말로 상대방을 저주한 것이리라. 이 이상하고도 어처구니 없는 사태에 얼이 빠져 멍청해진 오나라 군사를 향해 월나라의 결사대는 필사적인 역습을 감행했다. (허를 찔린 오나라의 진영이 무너져 주춤해진 그때 오왕(吳王)의 가운뎃손가락에 월나라 용사가 쏜 독화살이 맞았다. 오왕은 서울인 고소(姑蘇=蘇州)로 철수했으나 독이 온몸에 돌아 몸부림치며 숨졌다.

임종 직전에 오왕은 태자(太子)인 부차(夫差)를 불러 유언했다.

왕: 그대는 월왕 구천이 그대의 부왕을 죽였음을 잊겠는가

태자: 어찌 잊으리오. 맹세코 원수를……

이리하여 오나라 왕이 된 부차는 부왕의 복수를 굳게 마음으로 다짐하게 되었던 것이다(〈史記〉「吳世家」).

부차는 一○만 명을 동원하여 언덕을 쌓아올려 부왕을 장례지냈다. 지금의 소주성(蘇州城) 밖에 있는 호구산(虎丘山)이 그것이다. 거기에는 一○층의 오랜 탑이 있으며, 탑 밑에 암석으로 다진 못이 있다. 그 암벽에는 「허구검지(虛丘劍池)」라고 굵은 주자(朱字)가 새겨져 있다. 〈월절서(越絶書)〉라는 책에 의하면 「호구(虎丘) 밑의 연못은 四방 六○보(八一미터), 수심(水深) 一장(丈) 五척(尺), 오동나무의 관(棺)을 세 겹으로 하여 깊이 六척이

나 되는 수은지(水銀池) 바닥에 있다」라고 씌어 있다。그 밑에는「편제(扁諸)」「어장(魚腸)」등으로 불린 명검(名劍)이 묻혀 있다는 것이다。

그런데 오왕 부차는 초나라에서 망명해 온 오자서(伍子胥)와 백비(伯嚭) 두 사람에게 행정을 일임하고、자기는 오로지 군사 훈련에만 전념하였다。그리하여 기원전 四九四년、마침내 태호(太湖)를 건너 그 남쪽 기슭으로 진격하여 월왕 구천의 군사를 무찔렀다。이에 마침내 오왕 부차와 월왕 구천의 음산하고도 피비린내 나는 오랜 투쟁이 전개되기에 이르렀다。

그런데 〈순자(荀子)〉를 펼쳐보면、

「장군(莊君)의 홀(忽)、합려(闔閭)의 간장(干將)・막야(莫邪)・거결(巨缺)・벽려(辟閭)、이 모두 옛날의 양검(良劍)이다。그러나 지려(砥礪=갈고 닦는 것)하지 않으면 이(利)하지를 못하다」(「性惡篇」)

라고 씌어 있다。장군(莊君)이란 초나라의 장왕(莊王)을 말하며、합려란 말할 것도 없이 오왕 부차의 아버지이다。간장・막야、이 둘은 중국 명검(名劍)의 대표로서 오랜 세월을 두고 중국인에게 알려져 온 것인데、그밖에도 호구산의 수은지(水銀池) 밑에 잠들어 있다는 명검도 있는가 하면、〈순자〉에 이름이 실려 있는 명검도 있다。청동무기는 이미 은나라 시대부터 등장하고 있었는데、춘추(春秋)부터 전국(戰國)에 들어와서는 철기(鐵器)가 쓰이게 되며、그것에 대항하기 위해 동검(銅劍)도 합금(合金)의 성분을 연구하여 단단하고 날카롭게 만들어져 있다。초나라의 영지였던 대야(大冶)는 오늘날에도 제철(製鐵)의 본고장이며、오・월의 영내에도 철산(鐵山)이 많다。초・오・월、이 세 나라에서는 특히 동철(銅鐵) 무기의 제조가 왕성했던 모양이다。

오왕(吳王)의 무기는 아직 발견되지 않았으나、그 상대방인 월의 구천(句踐)이 찾던 명검은 二천 六백년의 성상(星霜)이 흐른 오늘에도 아직 보존되고 있다。호북성(湖北省) 망산(望山)의 초나라 왕묘에서 발견된 이 동검(銅劍)은 길이 五五・六센티、전면(全面)에 마름모꼴 무늬가 부조(浮彫)돼 있으며、날 밑에는 천연 유리와 터어키석(石)이 박혀 있다。「월왕 구천(越王鳩淺=勾踐) 자작용검(自作用劍)」이라는 여덟 글자가 멋진 전서(篆書=특히 鳥篆이라고 부르는 字體)로 새겨져 있다。그런데 구천이 애용했던 이 명검이 어찌하여 멀리 상류에 있는 초나라 왕에게로 흘러간 것일까。풀 길 없는 역사의 수수께끼를 한몸에 지닌 듯이 이 명검에는 신비로운 보랏빛 정기(精氣)가 감돌 뿐이다。

名言 29
臥薪嘗膽

오왕(吳王) 부차(夫差)는 부왕의 유언을 깊이 마음에 새겨 기원전 四九四년、대군을 이끌고 태호(太湖)의 납쪽으로 진격했다。 초나라에서 망명해 온 오자서(伍子胥)와 백비(伯嚭) 두 사람이 총참모로서 오왕 부차를 움직였음에 대해、월왕 구천에게는 범여(范蠡)와 대부(大夫)인 종(種)이 참모진으로서 도사리고 있었다。

월왕 구천은 오왕이 쳐들어왔음을 전해 듣자 「풋내기가 건방지게!」 하고 격분하여、준비도 제대로 갖추지 않은 채 출진했다。 범여가 「섣불리 나서지 말고 동정을 살펴야 합니다」라고 간언하는 것도 들은 체하지 않았다。 그리하여 순식간에 복수의 화신(化身)이 된 오나라 군사에 밀려 크게 패하고 말았다。

전당강(錢塘江) 남쪽에 회계산(會稽山)이라는 산이 있다。 그것은 노신(魯迅)의 고향인 소흥(紹興=老酒라는 술의 본고장으로도 유명하다) 배후에 도사린 산이다。

거기에는 월나라 사람의 부족신(部族神)인 우(禹=龍神)를 제사지낸 사당이 있었던 모양이다。 그 산 전체를 신체(神體)로 섬겼다는 말도 있다。 구천은 남은 군사 五천을 정리하여 이 산 속에서 농성했다。 그리고 대부 종(種)을 사절(使節)르 보내어 항복을 제의했다。

「구천은 삼가 군(君)의 신하가 되며、나의 처는 군의 첩이 되어 받들어 모시겠다」

이 제의를 듣고 오왕은 항복을 받아들이려 했으나, 군사(軍師) 격인 오자서가 안 된다고 하는 것이었다. 별수 없이 되돌아온 사자(使者)의 보고를 들은 구천은 「드디어 나도 마지막이로다. 이제는……」 하고 결심했다. 그러나 대부 종은 다시 한번 적과 협상을 꾀하여, 이번에는 오왕의 중신 백비를 포섭해 보려고 생각했다. 그래서 월나라 미녀 여덟 명을 보내어 백비의 환심을 산 뒤 다시금 항복을 제의했다.

「원컨대 대왕이시여, 월왕 구천의 죄를 용서하소서. 그러면 월나라 보기(寶器)를 모두 바치겠나이다. 불행히도 용서치 않으신다면, 구천은 처자를 모두 죽이고 그 보물을 태워 없앤 뒤, 五천의 잔병(殘兵)을 이끌어 오나라와 결전(決戰)을 하오리다」

그러나 오자서는 좀처럼 공격의 손을 늦추지 않는 고집스러운 사나이이다. 「이제 월나라의 숨통을 끊어놓지 아니하면 뒷날 후회하리다」 하고 버티는 것이었다. 그러나 뇌물로 자세가 누그러진 백비의 조언(助言)으로 오왕은 마침내 월나라의 항복을 수락하고 말았다.

위기일발의 한 순간에 월나라는 멸망을 모면한 셈이었다. 월왕 구천은 회계산 위에서 사슴의 담(膽)을 항상 좌우에 놓고, 아침저녁으로 그 쓰디쓴 담을 핥고 씹으며 이렇게 말하는 것이었다.

「그대, 회계(會稽)의 치욕을 잊겠는가」

식사할 때나 물을 마실 때도 잊지 않고 그 말을 되풀이 했다. 「장작 위에 거적대기를 깔고 누웠다」라는 것은 그 말에 꼬리를 단 이야기로 〈사기〉의 「월세가(越世家)」에는 그런 말이 없다. 그러나 세상에서는 흔히 그 두 말을 합쳐 「와신상담(臥薪嘗膽)」이라고 하게 되었다. 구천은 자신이 직접 괭이를 들고 밭을 갈았으며, 아내로 하여금 베를 짜게 하고, 식사 때는 고기를 먹지 않았으며, 빛깔 있는 옷조차 입지 않았다. 월나라의 중신 범여는 인질이 되어 二년 동안이나 오나라에 머물렀으며, 그동안은 대부 종이 월나라의 내정(內政)을 맡았었다.

한편, 월나라를 응징한 오나라에서는 언제부터인지 오만과 방심이 생겨나고 있었다. 때마침 북방은 혼란의 극에 이르고 있었다. 六五세가 된 공자(孔子)가 화중(華中)을 한창 유랑하고 있을 무렵이었다. 오나라는 북방의 제(齊)나라와 노(魯)나라에 압력을 가하여, 운이 좋으면 중앙 전국(戰局)의 주도권을 잡으려 생각하고 있었다.

월나라의 복수를 우려한 오자서는,

「구천은 일즙일채(一汁一菜)로 검약하여, 백성과 같이 고락을 나누고 있다고 하더이다. 오나라로서 무엇보다 우려되는 것은 이 월나라이며, 제나라나 노나라 따위는 작은 벌레에 지나지 않사옵니다」

하면서 오왕 부차에게 간언했다。그러나 오만해진 부차는 그 말을 듣지 않고 북으로 출병、제나라를 무찌르고 의기양양하게 돌아왔다。

「어떤가、나의 실력이」하고 으스댔으나 오자서는 싸늘하게 웃기만 할 뿐 동조하지 않는다。그러던 때에 월나라의 대부인 종이 은근히 눈치를 보며、「월나라는 흉년이 들어 백성들이 모두 곤경에 처했읍니다。바라건대 식량을 빌려주십시요」하고 요청해 왔다。오왕 부차는 이런 기회에 월나라에도 은혜를 베풀어 생색을 내두는 것이 좋겠다고 생각했다。이에 오자서는 참다 못해、

「나의 간언(諫言)을 듣지 않는다면、오나라는 三년 뒤에 폐허가 되리라」

하고 중얼거렸다。

백비가 이를 듣고 오왕에게 고자질을 했기 때문에、오자서의 입장은 더욱 난처해졌다。오왕은 오자서를 시험해보기 위해 일부러 제나라에 사절로 보내기로 하였다。자기 목숨이 위태로움을 눈치챈 오자서는 아들을 제나라의 친구에게 맡겨 뒷날을 부탁한 뒤 길을 떠났다。이것이 더욱 더 오왕의 분노를 사는 결과가 되었다。

기원전 四八〇년、오왕 부차는 제나라에서 돌아온 오자서에게 「촉루(屬鏤)의 명검(名劍)」을 보냈다。「이것으로 자살하라」고 권한 것이다。

오자서는 메마른 소리로 크게 웃으며 이렇게 말했다。

「나는 그대의 아버지로 하여금 천하의 패(覇)를 잡게 하고、그대 또한 왕이 되도록 했도다。그 시초에 오나라의 반을 내게 주겠다 했어도 나는 받지 아니했도다。이제 중상(中傷)하는 말을 듣고 나를 주(誅)하다니。아아……」

그런 뒤에 오왕(吳王)을 비꼬아 한 말은 더욱 극심한 것이었다。

「반드시 나의 눈을 파내어 오나라 동문(東門) 위에 두라。내 눈으로써 월병(越兵)의 침입을 똑똑히 보겠노라」(〈史記〉「吳世家」)

오자서가 자살하여 三년이 지난 뒤、오왕이 지난날을 생각지도 않고 북방 제후(諸侯)와의 회맹(會盟=合同會議)에 나아가 나라를 비운 사이에 월왕 구천이 이끄는 대군은 성난 파도처럼 오나라를 덮쳤다。일찌기 오자서가 예언한 대로 오나라는 월나라에 대패하여 마침내 기원전 四七三년에 멸망하고 말았다。죽은 오자서의 공허한 안와(眼窩)는 과연 오나라의 멸망을 역력히 지켜보았던 것이다。

名言 30

狡兎 죽으니 走狗 삶아 먹히다

기원전 四七三년、 월왕 구천은 오왕 부차를 고소산(姑蘇山)으로 몰아 열겹 스무겹으로 에워쌌다。 이에 오왕은 하는 수 없이 사자를 보내어 투항을 제의했다。 二三년 전、 회계산(會稽山)에 월왕을 몰아 궁지에 빠뜨렸을 때와는 완전히 정반대의 입장이 된 것이다。

사자는 채찍을 감수하겠다는 표시로서 웃옷을 벗고 월왕 앞에 꿇어 엎드려 머리를 조아리며 말했다。

「이제 군왕께서는 어족(御足)을 드시어 고신(孤臣=吳王을 말한다)을 주(誅)하고자 하십니다。 고신、 오로지 어명에 따르겠읍니다。 그러하오나 생각컨대 회계(會稽) 때처럼 고신의 죄를 용서해 주실 수도 있지 않으오리까」

그 말을 듣자 구천은 가엾은 생각이 들어 오왕을 용서할까 하는 생각도 했으나、 이번에는 월나라의 중신 범여가 완강하게 말리는 것이었다。 「회계 때에는 하늘도 이미 월나라를 버리셨건만、 오나라가 멋대로 월나라를 취하지 않았을 뿐。 우리는 복수를 맹세하여 이제 二三년、 하루 아침에 그 결심을 버리시려 하시다니。 하늘이 우리에게 오나라를 주셨는데 그것을 받지 않으신다면 오히려 하늘의 나무람을 받으오리다」

지난날 오나라 쪽에서 오자서가 한 말과 똑같은 뜻의 말을、 이번에는 월나라 쪽에서 범여가 주장했던 것이다。 월왕이 이 말을 듣고 망설이는 듯한 눈치를 보이자、범여는 재빨리 군고(軍鼓)를 치게 하여、공격 개시를 할 눈치를 보여 오나라 사자를 쫓아보내고 말았다。

그러자 월왕은 밀사(密使)를 보내어 「오왕에게는 동해의 섬을 주어 여생을 보낼 수 있도록 하겠다。一백 호의 식읍(食邑)을 곁들여 주겠다」고 전했다。 그러나 오왕 부차는 이미 각오하고 있었다。

「나는 늙었으니 이제 군주(君主)를 모시지 못하오리다。 저승에서 오자서(伍子胥)를 만날 면목도 없으니 이어찌 아니 부끄러우랴。 三치의 백포(白布)로 내 눈을 가리라」

하고 유언하고 자살했다。

오나라와 월나라 사이의 사투(死鬪)는 여기서 일단락지었다。 월왕은 여세(餘勢)를 몰아 화중(華中)으로 진격、북방의 제후(諸侯)를 서주(徐州)에 모아 맹주(盟主)로서의 힘을 과시했다。 모양뿐인 권위만을 지니던 주나라 왕조는 월왕에게 「백(伯)」이라는 작위(爵位)를 주었다。

「이때에 즈음하여 월나라 군사는 강회(江淮) 동쪽으로 횡행(橫行)하니 제후는 모두 와 축하인사를 올리며、일컬어 패왕(覇王)이라고 하다」(〈史記〉「越世家」)

라고 적혀 있듯이、잠시나마 월왕은 득의의 절정에 있었던 것이다。

그러나 그무렵 조그만 사건이 일어났다。「국가의 대사(大事)」보다 우리는 이 작은 사건에 더 관심이 끌린다。

월왕 곁에 있던 범여가

「나는 새(飛鳥)가 없어지면 훌륭한 활(良弓)은 간수(藏)되고、약삭빠른 토끼(狡兎)가 죽으면 뒤쫓던 개(走狗)는 삶아(烹) 먹힌다」

라고 중얼거리듯 한마디 하고는 바람과 함께 어딘가로 사라져 버린 것이다。「환난(患難)이 한창이었기 때문에 내가 중용(重用)되었지만、일단 목적이 이룩되면 이제 나 같은 자는 방해가 될 뿐」이라고 달관(達觀)한 것이다。 그는 고향으로는 돌아가지 않은 듯하다。 옛날 사람은 「동해(東海=東支那海)를 건너 북으로」와 같은 해상(海上) 코오스는 꿈에도 생각하지 못했겠지만、장강(長江) 북쪽 화중의 저지(低地)에는 홍택호(洪澤湖)라는 큰 호수가 있으며、회수(淮水)의 흐름을 받은 크고 작은 호수나 늪(沼)이 저절로 수로(水路)를 이루어 주고 있었다。 뒷날、기원전 七세기경、수(隋)나라 시대에 그것을 남북으로 뚫어 「대운하(大運河)」가 만들어졌던 것이다。 범여는 작은 배를 타고 이 수로를 따라 북상(北上)、마침내는 제나라(山東)에 이르렀다。 그리고 나그네에게 부탁하여 조국에 남아 있는 지난날의 협력자、대부(大夫) 종(種)에게 편지를 보냈다。

「월왕의 인품을 살피건대 목이 길며 그 입은 새의 주둥이와 같소이다。그와 같은 인상(人相)은 환난을 함께 하기에는 좋지만、안락을 함께 할 분은 못되는 법。깊이 생각하시기 바라오」

이 편지를 읽은 대부 종은 등골에 식은땀이 흐르는 듯한 느낌이 들어 월왕의 얼굴을 보는 것조차 두려워졌다。그런 뒤부터는 칭병(稱病)하여 조정에도 나아가지 않았다。과연 월왕 구천은 의심을 품기 시작、대부 종에게 보검(寶劍)을 보내어 자살케 했다。

그 일에 덧붙여 생각나는 것은 약 三백 년 후인 한(漢)나라 한신(韓信)에 관한 일이다。한신은 한고조(漢高祖)의 한 팔이 되어 활약한 사나이였는데、천하를 통일한 뒤 고조는 이 용장이 눈에 가시처럼 여겨지기 시작했다。마침내는 여후(呂后)의 간계(奸計)로 한신을 서울로 불러 자살을 강요했다。이때 한신의 말이、

「교토(狡兎) 죽으니 주구(走狗)는 삶아 먹히다」라는 말이었다。「범여의 선례(先例)를 배웠더라면 좋았을 것을」하고 최후의 자리에서 한신은 분함을 참지 못했던 것이리라。

그런데 범여는 이윽고 화북의 상업 중심지인 정도(定陶)에 자리를 잡아 「도주공(陶朱公)」이라고 불리는 부호가 되었다。그는 일찌기 월나라의 부(富)를 축적하기 위해 활발하게 교역(交易)을 한 적이 있었다。연공(年貢)을 전매(轉賣)하여 벌어들인다는 관영(官營)의 장사이다。그때에 흔히 쓰는 말은、

「물건이 귀할 때는 분토(糞土)처럼 팔아넘겨라。값이 쌀 때(賤)는 주옥(珠玉)처럼 사들여라」

「화폐는 유수(流水)처럼 흐르게 하라」는 것이었다(〈史記〉「貨殖列傳」)。그의 매매하는 비결은 지금의 증권거래소 사람들이 하는 요령과 다를 바가 조금도 없었다。그리하여 죽을 때까지、一九년 동안에 세 차례나 천금(千金)의 부(富)를 모아 그때마다 가난한 자에게 나누어 주어 모두 써 없앴다는 것이다。원한의 심연(深淵)으로 가라앉고만 오자서에 비해 얼마나 행복한 사나이였던가、중국인이 생각한 부상(富商)의 본보기란 바로 이런 것이리라。

그와 함께 또 한 가지 잊어서 안되는 것은、제후가 지닌 「무력」외에 「재력」이라고 하는 또 하나의 힘이 이 세상에 등장했다는 것이다。도주공、즉 범여는 아시아에서 최초의 「재계인(財界人)」이었던 것이다。

名言 31
五色은 사람의 눈을 멀게 하다

주나라 서울이었던 낙양(洛陽)에서 서쪽으로 향하면 이윽고 황량한 황토의 언덕에 다다른다。 오랜 풍설(風雪)에 깎여 날카롭기만 한 황토의 벼랑과 벼랑 사이로 꾸불꾸불하게 굴곡된 길이 계속된다。 옛날에는 이것을 용도(甬道)라고 불렀다。 이 용도가 일단 끊기기만 하면 오도가도 못한 채 꼼짝을 할 수가 없다。 양쪽의 벼랑은 거의 직각으로 깎여 있으며、 기어 오를수도 없고 넘어갈 수도 없기 때문이다。 이 용도의 하나를 가로막아 구축된 것이 함곡관(函谷關)、 그 동쪽을 관동(關東)이라고 부르며 그 서쪽으로 잇닿은 서북의 고원을 관서(關西=뒷날에 關中이라 함)라고 불렀다。

주나라 경왕(景王) 무렵、 즉 기원전 六세기의 후반 때 일이다。 그 함곡관의 관수(關守)인 윤희(尹喜)가 문득 눈을 드니、 골짜기 사이의 그늘에서 다가오는 一대의 우차(牛車)가 있었다。 나무는커녕 풀포기의 싹조차 찾아보기 힘든 이른봄의 오후였다。

「아니、 그대는 주나라 장서(藏書)를 맡고 계신 노자(老子)님이 아니시오。 주나라가 쇠퇴하여 춘추쟁란(春秋爭亂)의 난세(亂世)가 되어 그대로 유랑(流浪)의 신세가 되셨구려」

마포(麻布)로 된 남루한 옷을 걸친 노인은 꾸벅꾸벅 졸고 있다。

「여보시오。 그대는 바로 노자님、 진(陳)나라의 이이(李耳)님이 아니십니까」

노인은 가느다란 눈을 떠 나른한 듯이 관소(關所)를 바라본 뒤 윤희에게 고개를 들어 약간 끄덕이었다。

「그러시다면 잠시 이곳에 머물러 주십시오。 우리들 후학(後學)을 위해 고설(高說)을 적어 주시기 바랍니다」

「이야기할 것이란 아무것도 없소이다。 얼마 뒤면 몸이며 말이며 모두 지쳐 없어져 천지 자연 속으로 돌아갈 뿐」

「그렇다고는 하오나 이 청우(靑牛=검정 소)도 지쳐 있소이다。 여기서 손발이나 따뜻이 하십시요。 청우도 물과 여물을 먹이도록 하겠소이다」

이렇게 하여 노자는 쓸쓸한 관수(關守)의 방에서 며칠을 보내게 되었다。 그동안 그런 대로 이야기한 것이 五천가지(言)、 그것을 윤희가 기록해 둔 것이 바로 〈노자도덕경(老子道德經)〉이라고 한다。

노자가 태어난 진은 낙양의 남쪽에 있는 조그마한 나라로、 북쪽의 여러 강국(强國)과 남쪽의 초나라와의 사이에 끼어 몇 차례 전화(戰火)를 겪은 뒤、 마침내 초나라의 속령(屬領)이 되었다。 이 땅에서 동란의 난세를 지켜보았던 노자에게 있어서는 안하무인격으로 향토를 짓밟은 강자의 횡포가 무엇보다 참을 수 없었을 것이다。 다음으로는 살아 남기 위한 약자의 지혜와 끈질긴 저항정신을 길러야 하겠다고 생각하기 시작한다。 마지막으로는 서로가 힘과 이(利)를 빼앗는 「경쟁사회」 그 자체가 부질없는 것처럼 보이기 시작한다。 그리고 인간의 참다운 유토피아란 강권(强權)이 지배하지 않는 조그만 향촌자치(鄕村自治)의 세계일 것이라고 생각하기에 이른다。

「천도(天道)란 남아돌아 가는 것은 이를 덜(損)고、 부족된 것에는 이를 보충한다。 그런데 그저 인간 세상이란 그렇지를 아니하여 부족한 자에게 손(損)을 주며 여유있는 자에게 봉(奉)하도다」(〈老子〉)

하늘은 공평하게 균형을 유지하는 법인데、 인간사회는 반대로 가난한 자에게서 수탈하여 부자에게 바치고 있다。 이 불균형은 어디서 오는 것일까。

「백성이 굶주리는 까닭은 그 위에 있는 자가 세(稅)를 많이 탐하기 때문이도다。……백성의 죽음을 도(賭)하여 법을 범함은 그 위에 있는 자의 구생(求生)이 사치스럽기 때문이도다」

인간은 원래 갓난아기처럼 소박한 법이다。 그런데 권력을 취한 자가 온갖 법을 만들어 백성을 단속한다。 사치에 탐닉하기 위해 철저히 백성으로부터 수탈한다。 그 그물에서 빠져나가 살기 위해서는 백성측에서도 하는 수 없이 나쁜 지혜를 짜내야 한다. 이리하여 인간은 나날이 소박함을 상실하게 되는 것이다.

이와 같은 악순환으로 말미암아 법망을 교묘히 피하는 지혜로 대결해야 할 「경쟁사회」가 출현했다. 그러나 빨강이나 노랑의 광고며 네온사인이 二四시간을 두고, 또는 사시사철 번쩍이고 있는 세상이라면 인간의 시각은 마비될 것이다. 그 소란스러운 재즈곡만을 듣는다면 청각 역시 마비될 것이다. 이래도 안 사겠느냐는 식으로 눈앞에 보석이며 새 유행의 옷을 들이민다면 부지중에 훔치고 싶은 생각도 들 것이다.

「오색(五色)은 사람의 눈을 멀게 하고, 오음(五音)은 사람의 귀를 멀게 하며, 오미(五味)는 사람의 입맛을 없애 버린다. 말타기와 사냥(지금으로 말한다면 자동차와 레저어)은 사람의 마음을 미치게 한다. 얻기 어려운 보화는 사람으로 하여금 방(妨=금지된 行爲)을 하게 한다」

경쟁사회가 빚어내는 갖가지 유혹과 자극은 마침내 인간을 발광(發狂)케 할 것이다――라고 노자는 날카롭게 예언했던 것이다.

지금부터 二천 六백년 전, 고대문명이 한창 무르익은 그 무렵에 노자는 과감하게도 「반문명(反文明)」을 외쳤던 것이다. 그 상황은 참으로 오늘날의 현실과 흡사하다고 하겠다. 경쟁에 초조한 나머지 유치원부터 주입식(注入式) 교육이 행해지고, 이기기 위해서는 온갖 금권(金權)과 모략이 난무(亂舞)한다.

이야기를 끝낸 그날 밤, 노자는 도화(桃花)가 만발한 고장이 희미하게나마 나타나는 꿈을 꾸었다. 숲 사이로 드문드문 인가(人家)가 보이며 닭울음 소리나 개짖는 소리가 한가로이 흘러나온다. 맑은 시냇물, 산들산들 불어오는 산들바람……

이튿날 아침은 살을 에는 듯한 이른봄의 서풍(西風)이 관소의 창을 두들기고 있었다. 멀리 바라보이는 언덕과 언덕은 황진(黃塵)에 덮여 있다.

「신세를 졌소이다. 잘 계시오」

청우가 이끄는 수레는 덜커덕거리며 하늘과 땅의 구별조차 할 수 없는 황진 속 저편으로 사라져 갔다.

「그 종말(終末)을 아는 자 없다」(〈史記〉「老莊申韓列傳」)

하고 사마천(司馬遷)은 말하고 있다.

名言 32

꼬리를 泥中에 끌다

기원전 三三六년, 변설(辯舌)에 능한 맹자(孟子)가 제(齊)의 선왕(宣王)을 찾아가 전쟁하기 좋아하는 이 임금을, 구태의연한 이상(理想)을 들추면서 공박하고 있었다. 바로 이 무렵, 강국(强國) 사이에 끼인 화중(華中) 송(宋)나라 땅에서는 장자(莊子), 즉 장주(莊周)가 개천가에서 낚시를 드리우고 있었다.

송은 원래 은(殷)의 유민(遺民)을 모아서 이루어진 작은 나라이다. 그러나 이미 이 무렵은 한 나라로서의 면모를 이루지 못하고 남쪽의 대국(大國)인 초(楚)의 속령이 되어 있었다. 그러나 송나라 사람들의 마음 속에는 옛날의 영광을 그리워하는 단단한 자부심(自負心)이 도사리고 있었다. 확실히 칠세공(漆細工)이나 동기(銅器)라든가 음식이나 옷감(織物) 등에 있어서도 송나라 사람들의 지혜는 한층 뛰어나 있었던 것 같다. 더구나 송나라 땅에는 은나라 이후 제례(祭禮)나 예의범절(禮儀範節)도 남아 있고, 글도 쓸 줄 아는 사람이 많다. 정복자로서 찾아온 주(周)나라 사람들이나, 거친 주위 여러 나라에 못지않는 무엇인가가 있다. 「망국(亡國)의 백성」으로서 주위의 멸시를 받으면 받을수록 이쪽에서는 갑자기 일어난 사람들의 영화(榮華)를 업신여기고 싶어진다. 그 송나라 땅에서 옻나무 밭을 지키며 조용히 세상의 성쇠(盛衰)를 지켜보고 있던 반골(反骨)의 사나이, 그가 바로 장주였다.

그에게 초나라 위왕(威王)이 멀리에서 사신(使臣)을 보내 왔다.

사신：저의 나라 일로 귀하를 모시고 싶다는 임금님의 분부가 있었읍니다. 어떻읍니까, 장주님

장주는 낚시대 끝만 쳐다보고 움직이지 않는다.

장주：초나라에는 훌륭한 신귀(神龜)의 껍질이 있다던데 이미 죽은 지 三천년, 상자에 넣어 묘(廟)에 보존되어 있다고 하는데, 그대에게 묻노니 이 훌륭한 거북은 후세에 뼈를 보관시켜 귀히 여김을 받고 싶었을까, 아니면 진흙 속(泥中)에서 꼬리를 끌며 놀고 싶었을까」

사신：으음

장주：나도 진흙 속에서 꼬리를 끌고 있는 것이 좋겠군

(〈莊子〉「秋水篇」)

사자는 실망하여 물러가게끔 되었다.

장주에게 있어서는 세상의 영화는 한때의 허구(虛構)에 지나지 않는다. 자연이라고 하는 엄청나게 큰 도가니 속으로부터 모든 생물은 우연히 어떤 모양으로 세상에 나왔다가 다시 도가니 속으로 돌아가는 것이다. 그렇다면 인간이나 벌레나 잡초(雜草)도 다같이 일시적인 존재이고 임시적(臨時的)인 모양에 지나지 않을 것이다.

「대야(大冶=대장장이의 우두머리)가 쇠붙이를 녹일(鑄) 때 쇠붙이의 일부가 튀어나와 〈나는 명검(名劍)이 되련다〉고 소리지른다면 대야는 반드시 좋지 못한 쇠붙이라 하여 버릴 것이다. 자연이라는 도가니에서 〈나는 사람이 되련다. 만물의 영장(靈長)이 될 것이다〉고 소리치며 사람 모양을 한 덩어리가 튀어나온다면 조물자(造物者=자연의 주인)는 반드시 못된 놈이라 하여 뭉개버리고 말 것이다」(〈莊子〉「大宗師篇」)

「조물자(造物者)」라는 말도 장자(莊子)가 발안(發案)한 것이다. 의식적으로 만드는 것을 「작(作)」이라고 하는데, 되는대로 만들어 버리는 것을 「조(造)」라고 한다. 자연은 어떤 의도에서 사람들을 만든(作) 것이 아니다. 그러므로 인간만이 잘난 척 땅 위를 횡행(橫行)하는 태도는 좋을 까닭이 없다. 산을 깎고 숲을 뿌리째 뽑아 「이것이 인간의 문명이다」 하고 뽐낼 수는 없다. 하물며 특정의 인간이 자기 이외의 많은 사람을 지배하며 횡행할 권리가 어디에 있단 말인가. 거기에서 장주의 권력에 대한 공격은 열(熱)을 띠게 된다.

제(齊)의 호족(豪族)인 전씨(田氏)가 구왕실(舊王室)을 넘어뜨리고 정권을 빼앗았다(紀元前 四八一年). 장자는 그 이야기를 예를 들어 이렇게 말하고 있다.

「옛날 제나라는 이웃 고을(隣郡)이 서로 바라보고(望) 개와 닭 소리가 서로 들려 평화로왔다. 종묘(宗廟)와

사직(社稷)을 세우고、마을과 고을을 다스림에는 성인(聖人)이 정한 바에 따랐다。 그런데 전성자(田成子)가 제(齊國)의 임금을 죽이고 그 나라를 훔치자(盜)、그 나라뿐 아니라 소위 성지(聖知)의 법(法)도 함께 훔쳤다。 그렇기 때문에 작은 나라도 이것을 그르다(非) 하지 않고 큰 나라도 이것을 주(誅)하지 아니하고 十二세에 이르도록 제나라를 유지하고 있다。」

「나라를 훔친다」는 것은 알겠으나 「성지의 법을 훔친다」는 것은 무엇을 말하는 것일까。

「큰도적(大盜賊)의 졸개가 우두머리에게 물었다。 도적놈에게도 대의명분(大義名分)이 있읍니까 라고。 우두머리가 대답하였다。 아암 있구말구。 잘 들어라——방속(室)에 있는 것을 미루어 아는 것은 성(聖)、스스로 먼저 방으로 들어가는 것은 용(勇)、조용히 나오는 것은 의(義)、가부(可否)를 아는 것은 지(智)、훔친 것을 고루 나누는 것은 인(仁)。 이 다섯 가지를 갖추지 않고 큰 도적이 된 사람은 천하에 아직 없을 것이다」

도적이라도 이 정도의 대의명분을 내세우는 것이다。 하물며 나라를 뺏은 권력자는、반드시 인의예지(仁義禮智)의 가르침을 빌어 명분(名分)을 듣기 좋게 내세운다。 가령 남의 나라를 침략하더라도 「평화와 정의를 위하여」라는 명분을 붙이면 그런 대로 괜찮아 보이고、불량제품이라도 「완전 국산화」라고 선전하면 버젓한 핑계가 되는 것처럼 보인다。

「두석(斗石＝곡식을 되는 말)을 만들어 양(量＝되다)하려 하면、(權力者는) 두석도 함께 절(竊＝훔치다)하고、권형(權衡＝무게를 다는 저울)을 만들어 칭(稱＝달다)하려 하면 권형도 함께 훔친다。……인의(仁義)를 정(定)하여 바로잡고자(矯)하면 인의도 함께 훔친다」

「고리(鉤)를 훔치는 자는 죽이(誅)나 나라를 훔치는 자는 제후(諸侯)가 된다。 제후의 가문(家門)에만 인의(仁義)는 있는 것인가」(〈莊子〉胠篋篇)

「대의명분(大義名分)」 같은 것은 힘있는 사람이 제멋대로 만들어내는 「핑계」에 지나지 않는다。 그렇다면 그들을 도와주는 성인의 가르침이나 교양(敎養) 같은 것 등도、아니 「문화(文化)」 전체가 헛된 꾸밈에 봉사하는 도깨비처럼 생각된다。 장자를 지금 세상에 태어나게 하였더라면 아마 「반근대문명(反近代文明)」의 투사가 되었을 것이다。

名言 33

君은 君이고, 臣은 臣이다

(卷末圖版⑩參照)

춘추시대(春秋時代)의 돈 키호테、송(宋)의 양공(襄公)이 지나친 고집을 부리다가 스스로 멸망한 뒤 송나라는 북쪽의 진(晋)과 남쪽의 초(楚)라는 대국(大國) 사이에 끼어 고난(苦難)의 길을 걸었다。 북쪽에 아첨을 하면 남쪽의 공격을 받고 남쪽에 호의(好意)를 나타내면 북쪽에게 얻어맞는다。 송은 원래 은(殷)의 유민(遺民)이 모여 만든 화중(華中)의 작은 나라이지만 이렇게 되니 이미 편안히 살 수 없는 땅이 되었다。 그리하여 고향을 버리고 다른 나라로 유랑(流浪)하는 무리가 끊이지 아니했다。

기원전 五五二년의 어느날 저녁、송나라 왕족의 말손(末孫) 숙양흘(叔梁紇)이라는 비렁뱅이가 동쪽으로 동쪽으로 지친 다리를 끌며 가고 있었다。 겨우 산동성(山東省)의 노나라 서울이 보이기 시작하였다。 이곳은 오늘날의 곡부(曲阜)로서 옛날에는 엄(奄)이라 하였으며、은나라가 안양(安陽)으로 서울을 옮기기 전、약 一백 년 동안 이곳을 근성(根城)으로 삼은 적이 있다。 그러나 주(周)나라 무왕(武王)과 주공(周公)은 엄을 평정할 때 매우 어려운 격전을 거듭한 끝에 주공의 장남 백금(伯禽)을 이 땅에 봉(封)하여 동쪽의 요지로 삼았다。 그것이 노나라의 기원이다。 그러나 주나라 귀족이 영주가 되어 오랫동안 지배하고는 있었으나、토착민(土着民) 사이에는 아직 은나라의 유풍(遺風)이 그대로 남아 있었다。 뒤에 노나라의 배신(陪臣) 양호(陽虎)가 반란을 일으켰을 때(紀元前 五〇二年)、「주나라 사람과는 주의 사(社)에 맹세하고 백성들과는 은(殷)의 사에서 맹약(盟約)을 했다」(〈春秋左氏傳〉「定公八年」)고 기록되어 있는 바와 같이 토착민은 은이 멸망한 뒤 五백 년이 지나도 아직 단결을 유지하고、그들만의 사당(祠堂)을 가지고 있었던 것이다。숙량흘이 「저기에 가면」하고 발을 노나라 서울로 돌린 것도 약간의 동족의식(同族意識)에 끌렸기 때문일 것이다。

변두리 오막살이 앞에 걸터앉아 있으니까 「누구냐」하면서 문이 열렸다。천하박색(天下薄色) 안씨(顏氏) 성을 가진 여자이다。「길 가는 나그네요。밥 좀 주시오」라고 하여 사나이는 이 집의 손님이 되었다。

「안씨의 성을 가진 여자(顏氏女)와 야합(野合)하여 공자(孔子) 태어나다。이구(尼丘)에서 기도하여 공자를 얻었다……그래서 구(丘)라고 이름하고 아이 때 이름을 중니(仲尼)라고 하다」(〈史記〉「孔子世家」)

라고 사마천(司馬遷)은 간단히 처리하고 있다。 공자가 태어난 지 얼마 안되어 아버지는 죽고 겨우 소년이 되었을 무렵 어머니도 세상을 떠났다。 아마 그는 하층계급(底邊)의 동정으로 자라났을 것이다。 이처럼 고아에 가까운 공자가 어째서 공부를 하게 되었으며 어떻게 대사구(大司寇＝法務長官)까지 출세하였는지 매우 이상한 일이다。

생각컨대 그것은 춘추말기(春秋末期)라는 세상 형편 때문이었을 것이다。 노예제도가 있었던 옛날 그대로 추장(酋長)과 그 부하가 무리하게 노예를 혹사(酷使)하여 물건을 만들게 하면 되었다。그러나 이 시대에는 자기의 힘으로 논밭을 개간한 농민이나 스스로의 재능으로 물건을 만들어 파는 상공(商工)에 종사하는 사람이 증가해 있었다。 귀족이나 군벌(軍閥)의 저택에는 노예가 있었으나、그밖에는 일단 자기의 힘으로 생활해 나가는 백성들의 세계이다。 그러한 서민(庶民)에게 생산을 시키고 교묘히 세금을 받아내려면 아무래도 「정치와 그러한 제도」가 필요하게 된다。 관료지배(官僚支配)의 원초적(原初的) 형태가 등장해야 할 시대가 된 것이다。

아는 것이 많고 재치 있고 통치(統治)에 도움이 되는 사람이 필요하다。 힘으로 정권을 손에 넣은 군벌(軍閥)들은 정치에 어둡고 학자들에게 대해서는 어딘지 모르게 열등감(劣等感)을 가진다。「옛날 은의 탕왕(湯王)은」「주의 문왕(文王)은」하고 학자 선생들의 설교를 들으면 그만 감탄하게 되는 것이다。동시에 지식인을 부하로 만들어 자랑하고 싶은 욕심도 생긴다。 그러한 까닭으로 공자의 문하(門下)에는 어느틈에 비슷한 무리들이 모여 스스로를 「사(士＝선비)」라고 부르게 되었다。「유붕자원방래

(有朋自遠方來=친구 있어 멀리서 오다)」(〈論語〉「學而篇」)는 바로 그것을 말한다。그 선비(士)들이 여기저기에 재주를 내세워 관리에 앉으려고 한다。 오늘날의 인텔리 구직자(求職者)의 선배가 이미 二천 五백년 전의 중국에 나타난 것이다。「인텔리는 일반 대중의 편이 될 수도 있고 적(敵)이 될 수도 있는 위태로운 계층(階層)」인 것이다。그러면서도 때로는 대중의 지도자라도 되는 것처럼 기세를 부리기도 한다。

「선비는 이로써 홍의(弘毅)되지 않을 수 없으며 짐(任)은 무겁고 길은 멀도다。인(仁)으로써 나의 맡은 바를 하니 이 어찌 무겁지 않으랴。또한 죽으므로써 그치니 이 또한 어찌 멀지 않으리」(〈論語〉「泰伯篇」)

「뜻있는 선비와 어진 사람(志士仁人)은 생(生)을 구하여 인(仁)을 해(害)하지 말아야 한다。자기 몸을 죽이어(殺) 인을 이루어야 한다」(〈論語〉「衛靈公篇」)

「옳지 아니(不義)하고 부귀(富貴)함은 나에게 뜬 구름(浮雲)과 같다」(〈論語〉「述而篇」)

어느 것이나 모두 기세가 당당하나 어쩐지 모르게 자존심(自尊心)을 코에 건 인텔리의 헛기침 같은 느낌이 나지 않는가。선비(士)는 관리로 일하는 것이 본래의 목표이므로 노나라에 산다고 하여 노나라 관리가 되어야 한다는 이유는 없다。 말하자면 고등유민(高等遊民)이다。

공자는 四○세쯤 되었을 때 동쪽의 제(齊)로 가서 경공(景公)의 손님이 되었다。관리가 되거나 손님이 되거나 어쨌든 녹(祿)을 받아 먹으려면 그 나라의 체제(體制)가 안정되어 있지 않아서는 그 혜택을 받을 수 없다。그리하여 경공이 정치의 근본(根本)을 물었을 때 공자는、

「임금(君)은 임금이고 신하(臣)는 신하다。아버지(父)는 아버지고 자식(子)는 자식이다」(〈論語〉「顔淵篇」)

라고 대답하였다。어디까지나 종래의 질서를 유지하지 않으면 안된다。아랫사람이 웃사람을 이긴다(下克上)는 풍조는 곤란하다고 하는 것이다。그가 언제나「예(禮)」를 강조하는 것도 그것 때문이다。이 문답을 들은 제(齊)의 실무가로서 이름높은 안자(晏子)가 비웃었다。

「유자(儒者)는 능변(能辯)이기 때문에 법을 다스리지(軌法) 말아야 하며 오만하고 적당히 살아가려 하므로 아랫사람으로 삼지 말아야 하며……유세(遊說)로써 녹(祿)을 바랄 뿐이니 나라를 다스려서는 안 된다。」

날카로운 비판이다。공자의 일생의 반은 체제(體制)에 기식(寄食)하는 인텔리의 교활함과 자신을 비싸게 팔려고 하는 교만한 교기(驕氣)가 교차된 것이었다。

名言 34

喪家의 개와 같다

공자가 살아 있던 기원전 六세기 후반은 대단히 혼란한 시대였다。 은(殷)—주(周)로 계속된 고대 왕조는 노예제까지 두어 편히 지냈었으나 차츰 그 바탕이 흔들리기 시작했기 때문이다。 토지를 스스로의 힘으로 개척한 농민、자기 힘으로 옷감이나 그릇 등을 만들어 파는 상공민(商工民)이 많아져 그들을 힘과 법으로 다스리는 새로운 체제가 필요하였다。 이전에는 주의 왕실—제후—경대부(卿大夫=家臣)—선비—백성과 노예라는 제도가 유지되고 있었으나、귀족의 말단에 있던 「선비」는 이 무렵이 되자 식읍(食邑)을 가질 수가 없게 되었다。 가까이 있는 호족(豪族)의 가신(家臣)이 되거나 「떠돌아 다니는 선비(遊士)」가 되어 전전하며 직업을 구하려 돌아다녀야 한다。 그리하여 재치와 말재주가 뛰어나고 능력 있는 관리로 수완이 있는 사람이 출세의 실마리를 잡게 된다。 공자나 그의 문하(門下)에 모인 「공문(孔門) 七二인」의 저명한 문인(門人)이나 다시금 뒤에 계속되는 「제자백가(諸子百家)」들도 모두 이와 유사한 무리였다。

춘추말(春秋末)에서 전국시대(戰國時代)에 걸친 상황을 한마디로 말하면 「하극상(下剋上)」의 상태이다。 예를 들면 노(魯)나라에서도 삼환(三桓=仲孫氏·叔孫氏·季孫氏)이라고 불린 「경대부」의 유력한 사람이 실권을 차지하여 영주인 노공(魯公)은 빛좋은 개살구가 되고 만다。 다음에는 양호(陽虎)라고 하는 그 지방의 토호(土豪)가 삼환과 싸워 실권을 빼으려고 한다。 노의 소공(昭公)은 노하여 삼환을 치려고 하였으나 도리어 삼환에게 추방되어 타국에서 세상을 떠났다。 다음 정공(定公) 때에는 양호가 삼환을 이길 듯이 보였으나 드디어 패하여 이웃 제(齊)로 달아난다——고 하는 형편이었다。

인텔리(士)라고 하는 것은 어느 시대에나 환상(幻想)이나 착각을 일으키기 쉬운 것이다。 예를 들면 공자는 「널리 사람을 사랑한다」「내가 바라지 않는 것을 남에게 시키지 말라」고 하는 마음 가짐을 「인(仁)」이라는 슬로우건으로 높이 내세웠다。 그것만을 보면 매우 훌륭하다。 그러나 이 「하극상(下剋上)」의 난세(亂世)에 자기가 상(上)편이 될 것인가 하(下)편이 될 것인가——라고 하는 문제가 되면 공자의 태도는 심히 애매할 것이다。 그것은 사실상 보수(保守)와 혁신(革新)의 갈림길이지만、 결국 공자 자신은 「상(上)」에 붙었다。

「사람됨이 효제(孝悌)하고서 상(上)을 범(犯)하기를 좋아하는 사람은 적고、 상을 범하기 좋아하지 않고 난(亂)을 일으키기 좋아하는 사람은 아직 없었다。 (〈論語〉「學而篇」)

이라고 했듯이 그는 「상을 범하고」 「난을 일으키는」 것이 대단히 싫은 것이었다。 또 「온(溫)·양(良)·공(恭)·검(儉·)양(讓)하라」(〈論語〉「學而篇」)는 가르침은 곧 정직하고 온순(溫順)한 복종자가 되라는 것에 지나지 않는다。 거기다가 「극기복례(克己復禮=자기를 이기고 예절을 좇아라)」라고 강조한다。 그 「예(禮)」라는 것은 사실상 구체제(舊體制)의 예의라고 하는 뜻이다。 자세히 말하면 옛날의 귀족이 노예를 지배하던 고대 봉건지배(封建支配)의 사회로 돌아가라는 것이다。 동주(東周)의 시대로 되돌아가면 어떻게 해서 「천하(天下)、 인(仁)으로 돌아가다」라고 할 수 있는가、 노예를 혹사하던 상고(上古)에 평등한 인간 관계가 있을 턱이 없지 않은가、 그러고 보면 공자의 「인(仁)」이라는 슬로우건도 사실은 그들 인텔리끼리의 「동정(同情)」에 지나지 않고 노예와 백성들은 처음부터 제외되었던 것 같다。

그럼에도 불구하고 인텔리는 자기들의 권리만은 언제나 주장한다。 「군자(君子)는 예(禮)를 근(勤)하고 소인(小人)은 힘(力)을 다(務)한다」(〈春秋左氏傳〉「成公十三年」)라든가 「군자는 다스림(治)에 힘쓰고 소인은 힘(力)에 힘쓴다」(〈國語〉「魯語篇上」)라는 것이 유가(儒家)의 말이지만、 「군자」는 인텔리를 말하고 「소인」은 백성을 뜻하는 것이다。 지식인은 어디까지나 지배자 격이고 백성들은 「힘을 다하여 일하는」 것이 당연하다고 단정하고 있는 것이다。 그것이 후세에 이르기까지、 아니 오늘날의 인텔리 심리에까지 꼬리를 남기고 있기 때문에 무서운 것이다.

그런 공자를 하나의 전기(轉機)로 이끈 사건이 일어났다. 노나라 정공(定公) 一四년, 이웃의 제(齊)가 노의 정공과 삼환의 우두머리인 계환자(季桓子)를 잡기 위하여 무녀(舞女)와 악단(樂團)을 보내왔다. 그들의 교태(嬌態)를 맞아 추태를 부리는 정치인들의 모양을 본 공자는 크게 실망하여 위나라로 떠났다. 그때 그의 나이 五六세였다. 그로부터 四년간 위에 머물렀는데 이따금 위의 영공부인(靈公夫人)의 부름을 받고 있던 중 호색(好色)이라는 소문이 퍼지자 위를 떠났다. 그리하여 화중(華中)의 작은 나라들을 돌아다니며 보호자를 구하는 나날을 보내게 되었다. 정(鄭)의 촌사람에게 「초상집 개(喪家狗)와 같다」, 즉 들개(野犬) 같다는 소리를 듣고 스스로 고소(苦笑)했다는 것은 그 무렵일 것이다.

정(鄭)·진(陳)에서 다시 위(衞)로 돌아가는 도중, 위의 가신(家臣)이 일으킨 반란군과 부딪쳐 제자들이 분투한 덕택으로 겨우 위험을 피하였다. 그때 그의 나이 六○세, 〈사기(史記)〉에 의하면 공자는 이때,

「돌아가련다, 돌아가련다. 우리 당(黨)의 젊은이들은 광간(狂簡) 진취(進取)하여, 그 처음을 잊지 않는다」

라고 망향(望鄕)의 감정을 나타냈다고 한다. 원래 〈논어(論語)〉「公治長篇」에 나오는 말이지만 사마천(司馬遷)은 그것을 이 해(年)에 달아놓고 있다.

겨우 위에 이르기는 하였으나 공교롭게 영공(靈公) 후계자 싸움이 일어났으므로 또다시 유랑(流浪)의 길에 나섰다. 〈사기(史記)〉에 의하면 여기서도 그는,

「돌아가련다, 돌아가련다」

라고 탄식하였다 한다. 그리고 六七세가 되어 겨우 고향으로 돌아왔다. 「공자(孔子) 노(魯)를 떠나서 약 一四년만에 노에 돌아오다」(〈史記〉「孔子世家」)라고 있는 바와 같다.

그런데 이 一四년 사이에 보수반동(保守反動)인 공자가 자기의 입장을 바꾸었는지 어떤지, 오늘날의 인텔리 말류(末流)에게는 그것이 문제의 촛점이 될 것이다.

名言 35

鳳아 鳳아, 德이 衰하도다

「내가, 바로 내가」하고 남 앞에 나서려는 마음을 교기(驕氣=교만한 마음)라고 한다。 인텔리는 이 교만한 마음을 가지고 있기 때문에 남 앞에 나서지 않으면 마음이 편하지 못하다。 사소한 차이를 자못 중대한 일인 것처럼 드러내어 남을 비난하고 자기를 정당화(正當化)한다。 정당(政黨) 내에서 날카롭게 대립하는 파벌(派閥)도 그것이고 학생단체에서 주도권을 잡으려는 것도 그런 것이다。 그러나 이 「교기」라고 하는 것은 보통 백성들과는 인연이 먼 것이다。 그러므로 옛날부터 중국에서는 「교만하지 마라, 겸허(謙虛)하라」고 지식인과 관리들의 우쭐한 태도를 훈계하고 있는 것이다。

노자(老子)가 아직 주(周)의 장서계(藏書係)로서 낙양(洛陽)의 변두리에 살고 있던 시절이었다。 장년(壯年)의 공자가 「주(周)의 문물(文物)」을 배우기 위하여 낙양을 찾아갔다。 한동안 머무르고 있다가, 놀러온 공자를 보고 노자는 눈을 깜빡거리면서 이렇게 말하였다。

「당신 입에 오르내리는 말은 어려운 옛날 일뿐이오만, 사실은 그런 사람도 그들의 뼈가 죽고 삭아 지금은 말만 남아 있는 것이오。 허무한 일이외다。 때를 만나면 거마(車馬)에 걸터앉아 뽐내고 다니는 것도 좋겠지, 그러나 때를 못 만나면 누더기를 걸치고 자취를 감추는 것이 좋지。 〈훌륭한 장사꾼은 물건을 깊이 감추어

속이 빈(虛) 것처럼 꾸미고, 군자(君子)는 그 용모가 바보 같다〉고 하지 않소, 당신의 교기(驕氣)와 다욕(多欲), 그 태도와 끈질긴 야망을 걷어치우시라」(〈史記〉「老子列傳」)

이런 소리를 듣고도 의욕이 한창이던 공자로서는 아마도 늙은이의 헛소리로밖에 들리지 않았을 것이다.

그러나 五〇세가 되어도 「바로 내가 천하를 동주(東周)의 옛날로 되돌리겠다」고 하는 공자의 교만한 생각을 만족시킬 자리는 발견되지 않는다. 「하극상(下剋上)」 시대에 고대신분제도(古代身分制度)의 부활을 꿈꾸어 보았자 세상의 흐름을 거꾸로 할 수는 없다. 그렇게 되자 교만은 초조(焦燥)로 바꾸어졌다.

예를 들면 노(魯)의 지방관리가 비(費)라고 하는 지방에서 반란을 일으키고 공자를 불렀다. 제자인 자로(子路)가 불쾌한 얼굴을 하며 말리자 공자는,

「부를 때에는 무엇인가 바라는 바가 있을 것이다. 나를 기용(起用)한다면 비(費)와 같은 고장이라도 동주(東周)의 모습으로 만들어 보일 것이다」(〈論語〉「陽貨篇」)

라고 역설(力說)하였다고 한다. 또 진(晋)의 중모(中牟)의 지방관리가 독립을 꾀한 적이 있다. 중모에서 공자를 초청하자 곧 달려가려고 한다. 문인(門人)인 자로(子路)가 「반란자(反亂者) 편을 들다니……」라고 노하였으나 공자는,

「내 어찌 포과(匏瓜)일 건가. 어딘가 계(繫)하야 식(食)하지 않을 수 없다」(〈論語〉「陽貨篇」)

라고 가슴을 폈다 한다. 중국에서는 동과(冬瓜=박의 일종)를 매달아 말리고 속을 빼내어 쪽박으로 한다. 그것을 포과라고 한다. 「나는 먹지도 않고 매달아만 놓는 동과가 아니다」라고 화를 냈다고 하니 우습다.

관직을 찾아 화중(華中)을 방랑하던 끝에 공자는 형만(荊蠻)이라고 북쪽 사람들이 멸시하고 있던 초(楚)나라에까지 가려고 생각하였다. 그 도중 진(陳)과 채(蔡)의 대신(大臣)들이 「공자를 초로 보내면 초가 명사(名士)를 앞세워 커질 것이다」고 염려하여 쫓아가 공자가 가는 길을 막았다. 제자인 자로(子路)는 참다 못하여 「군자(君子)도 또한 궁(窮)할 수가 있는가」라고 대들었다. 동분서주(東奔西走)하며 고생만 계속되니, 그래도 「군자」인가라고 빈정댄 것이다. 그때 공자는 정색(正色)하고 이르기를,

「군자(君子)는 원래부터 궁한 법. 소인(小人)은 궁하면 곧 남(濫)한다」(〈論語〉「衛靈公篇」)

라고 하였다. 곤궁(困窮)은 군자인 사람의 본분(本分)이다. 그러나 군자는 한계를 넘어선 엉터리 짓은 하지 않는다. 너 같은 소인은 곤궁하면 무슨 짓을 할 것인지, 라고 훈계한 셈일 것이다.

그러나 며칠 후, 초에 가는 것을 단념하고 돌아가던 도중, 이상한 사나이가 노래를 읊조리면서 공자의 수레 옆을 지나갔다.

「봉(鳳)아 봉아, 어쩌면 덕(德)이 쇠(衰)하였느냐.

가는 사람은 말리지 말며,

오는 사람은 더욱 쫓아라.

그만두라 그만두라

지금의 다스림(政)에 따르는 사람은 위태롭구나」

공자는 깜짝 놀라 수레에서 내려 그 뒤를 쫓았으나 사나이는 바람처럼 사라져버렸다. 「저것은 누구인가」「초의 광인(狂人), 가마를 지는 접여(接輿)라고 아뢰오」라고 노변의 상인(商人)이 가르쳐 주었다. 자부심 강한 공자를 봉(鳳)에 비유하여 「아니, 공자라는 사람도 별 수 없구나. 이제 그만 정치에서는 손을 떼라」고 풍자한 것이 었다.

자칭 「초의 미치광이」가 남긴 말은 밉살스러우나 무언가 마음에 걸린다. 문득 공자 입에서 탄식이 새어 나왔다.

「새짐승(鳥獸)은 함께 무리(群)짓지 않는다. 나 이 사람들과 함께 살지 아니하고 누구와 더불어 살아가랴」(〈論語〉「微子篇」)

나는 녀석이 말하는 세상을 버리는 사람이 될 수 없다. 절대로. 그러나, 그러나……. 거기서 다시 초의 미치광이 말이 되살아나 뇌리에서 사라지지 않는다.

그것은 공자가 六七세가 되던 해, 겨우 가지고 있던 「교기(驕氣)」를 버릴 때가 이른 것 같았다.

名言 36

似하나 非아닌 者는 싫어하다

공자는 화중의 작은 여러 나라들을 전전(轉轉)하면서 一〇년의 풍설(風雪)을 겪어왔다. 제아무리 엘리트에게 있기 마련인 오기(傲氣)라도 거의 마멸되고 서서히 고향을 그리는 생각을 억누를 수 없게 되었다. 「우리 문하(門下)의 젊은이 들은 광간(狂簡)、진취(進取)하여 그 시초를 잊지 않는다。」(〈論語〉 「公治長篇」)하여 자꾸 노(魯)나라에 남겨두고 온 문인(門人)들의 생각을 하며、六七세가 되어 그리운 고향땅을 밟았다。 그렇기는 하나 그처럼 지식을 과시하고、진실한 인간의 모범(模範) 같았던 사나이가· 어찌하여 갑자기 「광(狂)하고 간(簡)한」 것에 마음을 돌리게 된 것일까。

「광(狂)」이란 정해진 길을 가지 않고 우왕좌왕(右往左往)」하는 개(犬)의 모습이다。 그러므로 개견 변(犭)이 붙어 있다。 현재의 중국말로는 마음내키는 대로 돌아다니는 것을 「逛」이라고 쓰는데 그 말에 「狂」의 본래의 뜻이 잘 보존되어 있다。 광(狂)은 또 방황(彷徨)의 황(徨=정처없이 돌아다님)과도 관계가 가까운 말이다。 즉 어떤 틀에 박히지 않는 저돌적인 행동을 광「(狂)」이라고 한다。 한편 간(簡)이라는 것은 간략(簡略)의 간(簡)、즉 알맹이가 빠져 조잡한 것을 말한다。 그러므로 「광간(狂簡)」이라는 것은 장발(長髮)에 청바지를 걸치고 길거리를 몰려다니는 퇴폐적인 젊은이 같은 것이다。

인간은 오기(傲氣)가 없어졌을 때 다른 세계를 발견하는 것이 아닐까。 엘리트의 자부심(自負心)을 받치고 있던 토대(土臺)가 무너져 버리는 것은 서운하기 그지없는 일이다。 그러나 체면이나 허영을 버리면 그런대로 한 백성의 마음으로 되돌아가는 모양이다。

공자로부터 二백년 후의 맹자(孟子)가 제자인 만장(萬章)과의 사이에 이 문제를 다루고 있다。

만장: 공자는 진(陳)나라에 있을 때、어찌하여 노(魯)에 남겨둔 광사(狂士)를 생각했으며 「어떠하면 광(狂)이라고 합니까」(〈孟子〉「盡心章句上」)

맹자는 여기에 대답하여 「그 행실을 있는 그대로 하여 감추지(掩) 않는 사람」을 광(狂)이라 하고、그 광자(狂者)를 얻지 못할 때는 하다못해 불결(不潔)한 일을 거부(拒否)하는 사람을 얻어 그와 더불어 살고 싶다고 바랐던 것이다——라고 대답하고 있다。 이미 이루어진 틀에 순응하는 체제파(體制派)는 소위 성실한 사람이다。 그러나 그것은 허식(虛飾)으로 본심(本心)을 감추고 있는 것이다。 혹은 그것이 허식이라는 사실조차 느끼지 않을 정도로 허위(虛僞)에 찬 인간이 되어버린 것이다。 설사 상식(常識)에 벗어난 것처럼 보이거나 얼빠진 것처럼 보이더라도 순진한 생각을 버리지 않는 진취적(進取的)인 사람의 편을 들겠다는 것이리라。

공자가 「우리 문하(門下)의 젊은이들은 광간(狂簡)、진취(進取)하여 그 처음(初)을 잊지 않는다」고 말한 바와 같이 험한 세상의 파도에 휩쓸리더라도 「무엇 때문에、누구를 위하여 일해야 하는가」라는 처음의 생각을 잊지 않는 것이 젊음의 증거가 아니겠는가。

「광간(狂簡)」의 반대를 「향원(鄕原)」이라고 한다。 향리(鄕里)이거나 하나의 직장이거나 공동체 가운데에는 반드시 원만한 상식파(常識派)가 가장 얌전한 듯한 표정으로 있는 법이다。 원(原)은 원(源)=샘이 솟는 동그란 구멍의 근원을 이루는 글자로서 사실은 환(丸=동글다)이나 원(元=동그란 머리)과 동등한 말이다。 원만거사(圓滿居士)는 동그란 머리를 살래살래 흔들면서 만사(萬事)를 온건하게 처리하고 있다。 그러나 이러한 사람들이 사실은 주어진 틀에서 한 발자국도 벗어나지 않으려는 완고(頑固)·완미(頑迷)한 체제파인 것이다。「頑」이란 바로 머리가 동그란 원만거사의 모습을 뜻하는 말이다。 그러므로 「향원(鄕原)」이란 바로 이 세상의 원만완고파(圓滿頑固派)를 말하는 것이다。

공자는 「광간(狂簡)」에 매혹됨과 동시에 그 반대인 「향원(鄕原)」에 대하여 새삼스럽게 화가 났던 모양이다。

아마 만년의 일이었으리라。

「향원(鄕原)」만은 나의 문하(門下)에 들어오지 말아 달라、향원은 인간의 솔직한 본성(德)을 손상시키는 것이다」(〈論語〉「陽貨篇」)

라고 잘라 말하고 있다。맹자는 이 한마디에 대단한 공감(共感)을 느꼈던 모양으로、제자인 만장과 긴 문답을 전개하였다。

만장：어떤 사람을 향원(鄕原)이라 합니까

맹자：언행(言行)이 일치하지 않는 것이다。입으로는 옛날 사람이 이러니저러니 철난 듯이 말하는 주제에 실제로는 우물쭈물、슬금슬금、사방의 눈치를 본다。이 세상에 살기 위해서는 세상에 맞추어 살아야 한다는 생각이지、그래서 본심을 감추고 아첨을 하는 자、그것이 향원(鄕原)일세

만장：한 고장의 사람 모두가、저 사람은 얌전한 사람이라고 말할 정도라면、그 사람은 어디에 가더라도 원만거사(圓滿居士)로 통하겠지요

맹자：그렇다。얌전하다는 사람은 대체로 나무랄 바가 없고、섣불리 건드릴 수도 없네。그러나 사실은 그들이야말로 유속(流俗)과 오세(汚世)에 장단을 맞추어 남에게도 잘 보이고 자신도 그것이 바르다고 생각하고 있네。그렇기 때문에 바로 덕(德=本性)을 손상시키는 사람일세

맹자는 한숨 돌리고 나서 이렇게 끝을 맺었다。

「공자는 〈사(似)하나 아닌(非)자를 싫어한다(惡)〉고 말하고 있다。밭에 자라는 풀을 미워함은 그것이 곡식과 엇비슷해지기 때문이고、보라색을 싫어함은 그것이 주홍색과 엇비슷하기 때문일세。향원(鄕原)을 미워함은 그것이 마치 덕(德) 있는 자로 보이기 때문일세。」

(〈孟子〉「盡心章句下」)

이 「광간(狂簡)」을 사랑하여 「인간의 첫마음으로 돌아가라」는 주장은 유가좌파(儒家左派)의 계보(系譜)로서 후세에 전해졌다。유가 우파(右派)는 주류(主流)를 차지하고、드디어는 국가의 가르침(教)이 되고、까다로운「예교(禮教)」로서 인간을 구속하게 되는데、그러나 유가좌파는 반주류파(反主流派)로서 체제(體制)를 타파(打破)하는 경향을 띠게 된다。명(明)의 왕양명(王陽明)이 이러한 흐름을 이어받았으며、그리고 양명학 좌파(陽明學左派)의 이탁오(李卓吾=명나라 말기의 사람)가 그런 경향을 철저히 밀고 나갔다。이러한 경향은 오늘날에 와서 이념적인 「유심론」임에는 틀림이 없으나 반체제 사상의 원조(元祖)로 볼 수도 있을 것이다。

名言 37
不耕而食

공자의 친구 유하계(柳下季)에게 악명 높은 동생이 있었다。천하의 대도적、세상 사람들은 그를 도척(盜跖)이라고 불렀다。공자가 「자네와 같은 재사(才士=재주 있는 선비)가 동생을 잘 설득시키지 못함은 부끄러운 일이 아닌가。어디 내가 가서 한 번 타일러 보겠네」라고 하였다。형인 유하계가 「그만두게、도저히 이빨이 들어갈 놈이 아닐세」라고 만류하였다。그것을 뿌리치고 공자는 고제(高弟)인 안회(顔回)를 앞세우고 자공(子貢)을 따르게 하여 도척의 산채(山寨=巢窟)를 찾아갔다。

공자：노의 공구(孔丘)라 하오。장군의 고의(高義)、소문으로 듣고 왔소。재배(再拜)하고 만나뵙기를 청하오

도척은 거만하게 앉아 조금 전에 잡아 죽인 부자(富者)의 간(肝)을 굽고 있었는데、공자가 찾아왔다는 소리를 전해 듣고 얼굴이 시뻘개지고 눈알을 왕방울처럼 툭 불기면서 소리질렀다。

도척：녀석은 교위(巧僞=교사와 거짓)로 이름 높은 노나라의、없는 것을 날조(捏造)하는 공구인 모양이로구나、이렇게 말해 주어라。그대는 엉터리를 날조하여 옛날 주(周)의 문왕(文王)이 어떠니 무왕(武王)이 어떠니 하고 지껄인다。나뭇가지 같은(허식투성이라는 뜻) 관을 쓰고 죽은 소의 가

죽떠를 두르며, 스스로 밭갈지 않고 먹으며, 스스로 배를 짜지(織) 않고 옷을 입으며, 혀를 날름거려 제멋대로인 시비 판단을 꾸며대고는 천하의 영주(領主)들을 현혹시키고, 문인(門人)들에게 효제(孝悌)인가 뭔가를 강요하며 인간의 본성을 잊게 하여 운이 좋으면 영지(領地)와 부귀를 자신의 손아귀에 넣으려 하다니. 그대는 극악(極惡) 대죄인(大罪人)일세. 썩 물러 가거라. 그렇지 않으면 그대의 간(肝)을 꺼내어 점심 반찬으로 하겠다」

그래도 공자는 돌아가려 하지 않는다. 끝내는 도척 앞에 나타나 유창하게 변명하기 시작했다.

우선 도척의 키는 八자 二치, 용모는 무리에서 뛰어난다고 매우 칭찬한 뒤 만약 군사를 거두고 일족 낭당(郞黨)과 더불어 조상의 제사를 지낼 마음의 준비가 된다고 하면 이제부터라도 오월(吳越)이나 진초(晋楚) 등의 제후를 역방(歷訪)하여 「수십만 호(戶)의 영지를 공출(供出)하도록 설득할 작정인데 생각이 어떠한가」라고 말하였다. 그것을 들은 도척은 코방귀를 뀌었다. 「면전(面前)에서 남을 칭찬하는 자란 으례히 그뒤에서 헐뜯는 법。 그대가 바로 그걸세」

도척은 그렇게 공자의 기를 꺾어놓고 나서 당당히 반론(反論)을 전개하였다.

태고(太古)적에는 백성은 그 어미을 알되 아비를 알지 못하고, 큰 사슴 작은 사슴과 함께 지내며, 밭갈아서 먹고, 베옷을 짜서는 입으며, 서로 해칠 생각은 가지고 있지 않았다고 한다. 그런데 황제(黃帝)인지 뭔지 하는 야심가(野心家)가 나타나 남방(南方)의 왕과 싸워 유혈백리(流血百里), 참으로 피비린내 나는 세상이 되고 말았다.

「요순(堯舜)이 비로소 군신(群臣)을 세우고 은(殷)의 탕왕(湯王)은 그의 주군(主君)을 방축(放逐)하다. 또 주(周)의 무왕(武王)은 주(紂)를 죽이다. 그로부터는 강(强)으로써 약(弱)을 능(凌)하고 중(衆)으로써 과(寡)를 폭(暴)하다. 은(殷)의 탕왕(湯王), 주(周)의 무왕(武王) 이후 소위 성왕(聖王)이란 모두 난인(亂人)의 무리(徒)이다. 그러하건만 이제 그대(子)는 문왕·무왕의 길(道)을 닦는다(修) 하고 천하의 변설(辯舌)을 한 손에 장(掌=握)하여, 후세(後世)에 가르치다. 언(言)을 교(矯=교만한 언행)하고 행(行=行實)을 위(僞=歪曲)하고 그로써 천하의 영주(領主)를 현혹(眩惑)시키고 스스로는 부귀(富貴)를 구하려 하다. 그대보다 큰 도적은 없도다. 천하의 사람들이 무엇 때문에 그대(子)를 〈도구(盜丘)〉라 부르지 않고 나를 〈도척(盜跖)〉

이라 하는고」(〈莊子〉「盜跖篇」)

공자를 가리켜 「그대야말로 대 도적인 공구(孔丘)」야라고 비웃으며, 문득 도척의 얼굴에는 체념(諦念) 비슷한 그림자가 비쳤다.

「자네에게 한번 인간의 정(情)이라는 것을 가르쳐 주겠네. 사람의 이목(耳目)은 색(色)이나 성(聲)을 구하며, 구(口)는 맛을 찾으며, 기분은 만족하기를 바라는 법. 그러나 인간은 장수(長壽)하는 사람이라도 백세(百歲), 중수(中壽)라면 八〇, 하수(下壽)라면 기껏해야 六〇세다. 병이나 우환(憂患)에 시달리는 때를 뺀다면 입을 벌리고 웃을 수 있는 날은 한달에 四, 五일이나 될까. 천지는 무궁(無窮)하나 인간은 때가 오면 죽는 법. 끝이 있기 마련인 사람의 몸을 무궁(無窮)의 사이에 내 맡기고 있기 때문일세. 인생의 덧없음은 벽틈으로 달리는 말의 모습을 내다보는 것과 같은 법. 그 뜻을 즐기지 못하고 그 목숨을 소중히 여기지 않는자는 바보일세. 그대가 하는 말은 모두 내게 아무런 값어치도 없는 잠꼬대 뿐. 썩 물러 가거라!」

공자는 얼굴도 못들고 수레에 올랐으나, 말고삐도 잡지 못하고 흙빛이 된 얼굴을 푹숙인 채 멍청하게 돌아왔다는 것이다.

이것은 장자학파(莊子學派)의 말류(末流)가 공자를 날카롭게 빈정댄 이야기이지만 같은 취지(趣旨)의 이야기는 〈논어(論語)〉에도 있다.

공자가 화중 지방을 유랑(流浪)하고 있을 무렵의 일이다. 제자인 자로(子路)가 일행에서 떨어져 길을 잃었다. 문득 보니 한 늙은 농부가 막대기에 광주리를 걸쳐 어깨에 메고 온다.

자 로: 그대는 부자(夫子=先生)를 보지 못하였는가

노인지: 사체(四體)도 움직이지 않고 오곡(五穀)도 분별 못하는 주제에 무슨 부자(夫子)이냐

라고 하면서 막대기를 땅에 꽂고 밭의 흙을 갈기 시작했다. 자로는 어처구니가 없어서 공손히 옆에 서 있기만 했다. 그러자 노인은 「오늘 저녁은 우리 집에 묵으시오」하고 닭을 잡고 좁쌀죽을 끓여 대접한 뒤 「이게 내 아들이오」하며 두 아들을 소개했다고 한다. (〈論語〉「微子篇」)

변설(辯舌)을 기화로 출세하고 부귀(富貴)를 조금이라도 누리려 하는, 손에 땀을 흘릴 줄 모르는 선비는 한낱 서민(庶民)에게는 「도적」으로밖에 보이지 않았던 것이다. 이것은 남의 일이 아니다. 우리 자신도 가끔 자신이 「도적」으로 생각되지 않는다고는 아무도 장담 못할 것이기 때문이다.

名言 38

백성은 알리지 말 것이다

어느 호텔 앞을 지나다 보니 잘 차려입은 귀부인들이 즐거운 모습으로 지껄이고 있었다. 자선시(慈善市)를 열어 「사랑의 선물」을 불우한 사람들에게 준다고 한다. 하지 않는 것보단 하는 편이 낫겠지만 아는 사이인 K선생 사모님 얼굴의 짙은 화장을 보니까 차라리 도깨비 같은 느낌이 든다. 비슷한 경우가 사회사업이나 선거 공약에 나타나면 일들이 생각난다. 「서로 화목하고」 「불우한 이웃을 돕는다」고 하는 것은 그 말만으로 본다면 매우 훌륭하다. 그러나 「내세우는 소리」와 「참마음」이 서로 다르다면 「슬로우건」은 협잡으로밖에 생각할 수 없다. 텔레비전을 보고 있으면 「소비자 본위」라든가 「사회에 봉사」 등의 P·R·이 얼마든지 튀어나온다. 이처럼 우스운 말은 거짓말 중에서도 최상급(最上級)일 것이다. 정말로 「소비자 본위」나 「사회에 대한 봉사」를 목표로 삼는다면 기업의 九〇% 이상은 파산할 것이기 때문이다.

그런데 이처럼 「내세우는」 데 최대의 편의를 제공한 것이 소위 유가(儒家)일 것이다. 군신(君臣) 사이의 충(忠)、부부 사이의 의(義)、부자 사이의 효(孝)를 합쳐서 「삼강(三綱)」이라고 하고(漢의 董仲舒〈春秋繁露〉의 말)、인의예지신(仁義禮智信)의 다섯 가지 덕목(德目)을 「오상(五常)」이라고 하는 것은 여러분도 알고 있을 것이다(漢의 王充〈論衡〉의 말)。 **거기에다** 맹자에는 「부자유친(父

子有親)·군신유의(君臣有義)·부부유별(夫婦有別)·장유유서(長幼有序)·붕우유신(朋友有信)(「滕文公章上」)이라고 되어 있기 때문에 이 다섯 가지를 「오상(五常)」이라 하기도 한다. 하여튼 이러한 어마어마한 「슬로우건」을 내걸고 중국의 사대부(士大夫)는 단단히 신분사회(身分社會)의 질서를 유지하면서, 이 「삼강오상(三綱五常)」을 체제유지의 이데올로기로 삼아왔다. 그것을 한 마디로 「예교(禮敎)」라고 부른다. 노신(魯迅)은 일찌기 그것을 「사람잡아 먹는 예교」라고 날카롭게 공격하였다. 그는 말하기를, 여태까지의 사회에서는 인간을 「상등인(上等人)」과 「하등인(下等人)」으로 나누었다. 그리고 상등인(엘리트)이 그 나머지 많은 「하등인(庶民)」을 뼈까지 갉아먹으면서 예교를 간판(看板)으로 내세워 속여왔다. 전한(前漢) 이래 유교가 「국교(國敎)」가 되고 「예교(禮敎)」가 권력지배의 이데올로기가 되었는데, 그 원조(元祖)인 공자에게 그러한 소인(素因)이 이미 있었던 것이 아닐까.

확실히 있었다. 공자는 추상적(抽象的)으로 「사람」을 나타낼 경우에는 「인(人)」이라는 말을 쓴다. 그러나 현실사회를 말할 경우에는 분명히 「민(民)」과 「사(士)」를 구별하여 쓰고 있다. 원래 民이란 眠(면=눈이 보이지 않음)의 원자(原字)로서 「장님」이라고 하는 뜻이었다. 그러한 의식(意識)이 공자에게도 있었던 모양이다.

「민(民)은 따르게 할 것이며, 알리지 말 것이다」(「論語」「泰伯篇」)라고 하여 도리(道理)를 알려줄 수도 없는 바보가 「민」이라고 했다. 그러므로 또한 「민」을 사(使=부린다)함에는 시(時=때)로써 하라」(「學而篇」), 「민을 사함에는 대제(大祭)를 승(承=잇는다)함과 같이 하라」(「顔淵篇」)라고 했듯이 「민」은 어디까지나 부려먹는 것이다. 거기에 대하여, 「사(士)」는 홍의(弘毅)하지 말 것이며 소임 중 길은 멀도다(「泰伯篇」)고 있듯이 선비는 원래부터 백성과는 격(格)이 다른 엘리트인 것이다.

「여자와 소인(小人)은 다루기 어렵다」(「陽貨篇」) 「군자로서 불인(不仁)한 사람은 있다. 그러나 소인(小人)으로서 인(仁)한 사람은 아직 없다」(「憲問篇」)고 했듯이 소인(民)은 도저히 선비(士)와 이야기 할 수도 없는 열등생(劣等生)인 것이다. 이러한 차별관(差別觀)이 굳게 뿌리를 뻗고 있는 이상 「친구가 있어 멀리에서 온다(有朋自遠方來)」의 「벗(朋)」은 물론 「선비의 동료」를 말하며 백성은 그 속에 포함되지 아니하는 것이다.

다음으로 공자는, 사람은 태어나면서부터 상하(上下)의 차별을 가지고 있고, 그것을 바꾸기는 어렵다고 하는 「운명론(運命論)」을 바탕으로 삼고 있다.

「다만 상지(上智=天才)와 하우(下愚=民)는 옮기지 못한다(不移)」(「陽貨篇」) 「중인(中人) 이하는 상(上)을 말하지 말아야 한다」(「雍也篇」) 그리고 공자 자신은 「하늘(天)이 덕(德)을 나(予)에게 주시다」(「述而篇」)라고 할 정도로 남달리 뛰어난 천재임을 자처하고 있었다. 이 공자의 「교기(驕氣)」가 소민(小民)을 무시하는 바탕이 되어 있었던 것이리라.

세번째로, 공자는 이 신분차별을 파괴하는 사람을 「난신적자(亂臣賊子)」(孟子의 말)라 하여 몹시 미워하였다.

「그 사람됨이 효제(孝悌)하여 위(上)를 범(犯)하기를 즐기는 자 적다」(「學而篇」)라고 했듯이 가정에서 예교(禮敎)를 지키는 것이 신분차별이 있는 사회체제를 유지하는 근원이라고 하는 것이다. 또 「군(君)은 군 아니고, 신(臣)은 신 아니며, 부(父)는 부 아니고, 자(子)는 자 아닌 것」이 사회가 변동하는 시대의 실정인데, 그것을 더욱 철저히 하여 구사회(舊社會)의 체제로 되돌리기 위해서 공자는 「반드시 명분(名)을 바로(正) 해야한다」(「子路篇」)라고 외치는 것이었다. 은·주(殷周) 이래의 귀족·노예 봉거제도를 이루고 있던 신분차별을 뚜렷이 여기에 나타내는 것을 그는 「명분(名分)을 바로(正) 한다」고 말했던 것이다. 그러고 보면,

「극기(克己=자기의 욕망을 이기고), 복례(復禮=옛질서로 되돌아감)를 인(仁)으로 한다」(「顏淵篇」)

이라고 하는 것은 공자의 복고운동(復古運動)의 자세를 나타낸 것이라고 말하지 않을 수 없다. 「멸망한 나라를 일으키고 끊어진 세(世=系譜)를 잇게 하며, 일민(逸民)을 궐기케 하리」(「堯曰篇」)라고 한 것도 더욱 뚜렷한 주대(周代)의 봉건귀족을 부활시키려는 역행(逆行) 사조를 나타낸 것이다. 이 역행 사조가 후세에도 전해져서, 무엇인가 새로운 일을 시작하려할 때 반드시 유가(儒家)가 「그것은 옛일에 반(反)한다」하여 반대하는 경향을 빚었던 것이다.

안에서 말한 가운데 특히 문제가 되는 것은 다음과 같은 것이다. 즉 지식인과 백성을 분명히 차별하면서 「자기가 원하지 않는 것을 남에게 시키지 말라」(「顏淵篇」)라든가 「널리 대중을 사랑하라」(「學而篇」) 등을 입에 담는 것은 보기좋은 간판을 내세우는 것에 불과하다. 부자집은 일찌기 「서향(書香)의 집」이라 하여 고상한 품위(品位)를 자랑하고, 「적선당(積善堂)」이라는 액(額)을 문에 걸어놓고 사실은 소작인이나 노예를 골수(骨髓)까지 갉아먹었던 것이다. 결코 겉간판에만 속을 일은 아니다.

名言 39

백성은 尊待하라고 하다

「民」이라는 글자는 눈(目)을 뾰족한 바늘로 찔러 장님으로 만든 모습을 그린 글자이다。 뒤에 「目+民」을 합하여 「眠(눈이 보이지 않는다↓잠자는 상태)」이라고 썼으나 이 眠(면=보이지 않는다)이라는 말 속에 「民」의 본래의 뜻이 잘 간직되어 있다。

공자는 일찌기 「민(民)은 믿지 말 것이며、알(知)리지 말아야 한다」(〈論語〉「泰伯篇」)고 하였다。 백성은 장님과 마찬가지로 어리석은 것이므로 선비(士=知識人)가 정한 일에 따르게 만드는 것이 고작이지、도저히 그 도리까지 이해시킬 수는 없다고 하는 것이다。 그러므로 공자가 一○여 년에 걸친 유랑 끝에 겨우 순진한 「광간(狂簡)의 사람을」 사랑할 수 있는 심경(心境)에 이르기는 했다고 하더라도、그가 진심으로 서민(庶民)의 마음을 알아차렸는지 아닌지는 확실하지가 않다。

한 사람의 늙은 농부로부터

「사체(四體)도 움직이지 아니하고 오곡(五穀)도 분간하지 못하면서 무엇이 부자(夫子=先生)인가」라고 욕을 먹었다는 말을 들었을 때에도、공자는 선비(士) 엘리트의 입장을 주장하고 양보하지 아니하였다。

「사(仕)함은 의(義)이다。 장유(長幼)의 절(節)은 폐할 수 없다。 군신(君臣)의 의(義)를 어찌 폐할손가……군자(君子=士)가 사(仕)하려함은 그 의(義)를 행하고자 함이니 도(道)가 행해지지 않음을 이미 알고 있느니라」(《論語》「微子篇」)

선비가 된 사람은 무슨 일이 있더라도 주군(主君)에게 봉사(奉仕)해야 한다는 것이다. 아무리 「탈사회(脫社會)」를 부르짖더라도, 대기업의 횡포가 지탄(指彈)되더라도, 엘리트 대학생만은 그런 것을 본체만체 출세 코스를 찾는 것과 같은 일이다. 「도(道)가 행(行)해지지 않음」을 이미 알고 있더라도 대기업의 녹(祿)을 받겠다는 지식인의 심정은 예나 지금이나 변함이 없다.

그런데 그 공자의 고향은 지금의 산동성(山東省) 곡부(曲阜)이다.

곡부는 조그만 시골의 현성으로 그 한쪽으로는 늙은 잣나무가 우거진 숲이 있고, 고색(古色)을 띤 공자묘(孔子廟)가 상당히 황폐한 모습을 하고 있었다. 그러나 그 부근에는 당당한 「공가(孔家)」의 저택(邸宅)이 있었다. 지금쯤은 「대지주로서 근처의 농민들을 착취했다」고 지탄받고 있는지 알 수 없으나, 아마 사실이 그러하였을 것이다.

거기서 남쪽으로 四〇킬로를 가면 태산(泰山)이란 검은 바위산이 보인다. 도중에서 사수(泗水)의 개천을 무릎까지 적시며 건너서면 그 뒤로는 단조로운 밀밭이 한없이 뻗어 있다. 한참을 가다보면 추현(鄒縣)에 이른다. 조그만 주막거리, 여기가 맹자의 고향이다. 오늘날 남은 것은 《맹자(孟子)》 一四권, 그 말미(末尾)에 맹자는 다음과 같이 말하였다.

「공자가 세상을 떠난지 一백여 년, 성인(聖人)이 세상을 떠난지 그리 오래지 않다. 성인의 거(居)에서 가깝기 이처럼인데 나는 하는 일 없이 그만둘 수 없다(《孟子》「盡心章下」).

한 가지 뚜렷한 일을 하지 않고서는 동향 선배(同鄕先輩)에게 면목이 없다는 이야기이다.

그 한 가지 뚜렷한 일이라는 것은, 공자가 마음속으로부터 인정하지 않던 「민(民)」이라는 것의 입장을 앞으로 약간 밀어냈다는 것이다. 기원전 四세기라고 하면 주(周)의 봉건체제가 붕괴되고, 각지의 군벌(軍閥)들이 한참 패권을 다투고 있던 전국시대(戰國時代) 중엽이었다. 옛날에는 영주(領主)가 농노(農奴) 위에 군림(君臨)하고 있었으나, 이제는 농노가 스스로 토지를 개척하여 사유(私有)하기 시작하고, 상공민(商工民)이 자립하여 재산을 저축하게 되어 있었다. 옛날의 봉건영주처럼 안일(安逸)하게 지낼 수도 없다. 군벌이나 토호(土豪)가 세력을 뻗으려면 연공(年貢)이나 세금을 잘 받아낼 방책(方策)을 세우고, 이웃나라보다 조금이라도 우위(優位)에 서지 않으면 안된다。「민」은 물자를 만들어 낼 수도 있고 중요한 병력자원(兵力資源)이기도 하다。그런데 실제로는 군벌끼리 전쟁을 반복하기 때문에 심한 수탈(收奪)이 계속되어 백성들은 생활고(生活苦)에 허덕이고 있었다。

「흉년기세(凶年飢歲)에는 군(君)의 민(民)、노약(老弱)은 구곡(溝谷)에 전(轉)하고 장(壯)한 자(者)는 산(散)하여 사방으로 가는 자 수천 명。그래도 군의 창름(倉廩)은 차고(實)、부고(府庫)는 충(充)하다」(〈孟子〉「梁惠王章下」)

이것은 추(鄒)의 작은 영주에게 고충을 말한 것이지만、큰 나라끼리의 싸움일 때에는 더욱 심하다。

「지(地)를 쟁(爭)함에 전(戰)으로 하고、인(人)을 살(殺)하여 야(野)에 만(滿)하다。성(城)을 쟁(爭)함에 전(戰)으로 하고 인(人)을 살(殺)하여 성(城)이 가득하다。이것은 토지(土地) 때문이라 하나 인육(人肉)을 먹는자、그 죄는 죽음을 면치 못한다」(〈孟子〉「離婁章上」)

그러한 비극을 샅샅이 보고서야 맹자가 아니더라도 한마디 하지 않을 수 있겠는가。

백성을 귀(貴)히 여기고 사직(社稷)은 그 다음이다。군(君)을 경(輕)히 여기다。고로 구민(丘民=山野의 백성)을 얻는 자는 천자(天子)가 되고、천자에게 얻는 자는 제후(諸侯)가 되며、제후에게 얻는 자는 대부(大夫)가 된다。만일 제후가 사직(社稷)을 위태롭게 하면 제후를 변치(變置)한다」(〈孟子〉「盡心章下」)

여기에서 「백성」은 겨우 반쯤 사람 같은 취급을 받기 시작한다。그러나 여기서 맹자가 「백성을 주인공으로 삼았다고 생각하여서는 안 된다。천자(天子)—제후(諸侯)—대부(大夫)—사(士)—민(民)이라고 하는 차별의 구체제(舊體制)는 엄연히 맹자의 마음속에 도사리고 있었던 것이다。그 차별의식에서도 가장 심한 것은 「선비와 백성」、즉 인텔리와 육체노동자를 구별한 것인데、거기에 대해서는 다음 항(項)에서 이야기하자。

더구나 군벌들이 한참 전쟁을 할 때 공자、맹자처럼 과거의 유물(遺物)이 된 구체제(舊體制)를 주장해 보아야 그것은 문자 그대로 「그림의 떡」일 것이다。

「그때……천하는 바로 합종연횡(合從連衡)에 힘쓰고 공벌(攻伐)을 현(賢)이라 하였다。그러나 맹자는 옛 성인(古聖人) 삼대(三代)의 덕(德)을 말하다。그러면 가는 곳의 사람과 맞지 않는다。……네모난 통을 둥근 구멍에 넣으려 하나 그것이 잘 들어갈까」(〈史記〉「孟子列傳」)

이라고 사마천(司馬遷)이 평한 그대로이다。

名言 40

마음 쓰는 자, 사람을 다스린다

맹자는 말 잘하기로 자신에 넘쳐 있던 사람이다。 제(齊)의 선왕(宣王)、 양(梁)의 혜왕(惠王) 등 당시 왕을 자처하고 있던 일급 군벌들을 찾아가 격렬한 어조(語調)로 「인의(仁義)」와 「왕도(王道)」를 설명하였다。 그러나 무력으로 패권을 쥐려고 하는 현실파(現實派)에게는 문왕(文王)이나 무왕(武王)의 이야기가 통하지 않는다。「과연 훌륭한 말씀이요」할 뿐이지 결코 그대로 따르려고는 하지 않는다。 그래서 자기 고향에 가까운 소국(小國) 등(滕)의 문공(文公)에게 의지하게 되었다。 약소하기 때문에 문공은 현실적인 야심이 없다。 오히려 맹자의 꿈과 같은 이야기에 솔깃하여 그의 동관(東館)에 한동안 머물게 하였다。 관(館)에 몸을 의지하던 식객(食客)、 그것이 뒷날 중국 관료(官僚)의 원조이며 館과 官은 두말할 것 없이 같은 계통의 말인 것이다。

어느날、 남쪽의 초(楚)나라로부터 볼품없는 모습을 한 허행(許行)이라는 사나이가 문공 앞에 나타나서 말했다、「농업의 원조 신농(神農)님을 받드는 사람입니다。 유망(流亡)의 백성으로서 영지의 황무지 한 구석에 살도록 해주십시요」

문공은 좋다고 승낙하였다。 허행과 그의 일행 십여명은 나무껍질로 엮은 누더기를 걸치고 짚신이나 가마니를 짜서 먹을 것과 바꾸며 황무지를 개척하기 시작하였다。

그 소문을 듣고 송(宋)나라에서 진상(陳相)이 아우와 함께 쟁기를 메고 찾아왔다. 진상은 원래 유학(儒學)을 배운 사람이나, 허행을 보자 곧 의기투합(意氣投合)하여 「어리석은 학문을 하고 있었지. 무릇 사람은 쟁기를 들고 자활(自活)하는 것이 당연하다」고 하며 허행의 동료와 더불어 일하기 시작하였다. 고대 귀족이 몰락하고, 옛날의 도덕이나 문화도 쇠퇴하고 있던 시절이다. 오늘날과 같이 「탈사회(脫社會)」의 풍조가 일어나던 변혁기(變革期)이었기 때문에 맹자의 문(門)에서도 허행에게로 흘러오는 사람이 있게 되었다.

그 진상이 어느날 맹자를 찾아와 이렇게 말하였다. 「참다운 현자(賢者)는 백성과 어깨를 나란히 하여 밭갈고 스스로 익혀 먹는 것이다. 그런데 등(滕)의 거리에는 식량이나 징수(徵收)한 물건을 쌓아 두는 창고가 줄지어 있다. 이것은 백성을 못살게 굴어 자기들의 급양(給養)을 삼고 있는 증거이다. 등의 문공도 어질다는 것은 말뿐이고 참다운 현자는 아니다」

참다 못한 맹자가 반문하였다.

맹자 : 그렇다면 물어 보겠는데 저 허행이라는 사나이는 반드시 스스로 곡식의 씨를 뿌려서 먹는가?

진상 : 물론

맹자 : 손수 짜서 입는가?

진상 : 그렇다. 나무껍질을 엮은 거친 옷을 걸치고 있다

맹자 : 관을 쓰고 있는가?

진상 : 그래, 흰 천의 관을 쓰고 있다

맹자 : 그것도 자기가 짰는가?

진상 : 아니다. 곡식과 바꾼다

맹자 : 왜 자기가 짜지 않는가?

진상 : 농사 짓는데 방해되기 때문이다

맹자 : 허행은 솥과 남비로 끓이고, 쇠로 만든 쟁기로 농사짓는가. 그것은 자기가 만드는 것인가?

진상 : 아니다, 곡식과 바꾼다. 대장깐 일까지 농사지으면서 할 수 없다

맹자 : 그것 봐라. 정치를 어찌 농사지으면서 할 수 있겠나. 세상에는 대인(大人)의 일과 소민(小民)의 일이 따로 있다. 더구나 한 사람의 몸으로 백공(百工)이 만드는 도구·옷까지 만들라고 하면 천하의 사람 모두가 지쳐서 길바닥에 쓰러질 것이다

이러한 문답을 한 후 맹자(孟子)는 다음과 같이 결론을 내렸다.

「마음(心)을 쓰는 자는 사람을 다스리고, 힘(力)을 쓰는 자는 사람의 다스림을 받는다. 남의 다스림을 받는 자는 위에 선 사람을 먹게 하고, 다스리는 사람은 받아

서 먹는다。 이것이 천하의 통의(通義)이다」(〈孟子〉「滕文公章上」)

정신(精神) 노동을 하는「대인(大人)」은 사람을 다스리고 육체노동을 하는「소민(小民)」은 다스림을 받는다 ――이것이 천하의 상식(常識)이라는 말이다。

이것은 문명의 본질에 관계되는 큰 문제일 것이다。 확실히 분업(分業)에 의하여 인간의 문명은 발달하였다。 그 분업의 가장 기본적인 것은 정신노동과 육체노동의 두 가지라 할 수 있다。 그러나 전자(前者)가 고상한「대인(大人)」의 일이고 후자가 열등(劣等)한「소민(小民)」의 해야 한 일이라고 단정할 수 있을까。 맹자가 제아무리「민(民)을 존(尊)하다」고 말했을지라도 그의 마음속에는 떨쳐 버릴 수 없는 편견(偏見)이 있었던 것이다。 즉「선비(士)」라고 하는 것은「마음을 쓰는 대인(大人)」이고「백성民」은「힘을 쓰는 소민(小民)」이다。 지배층의 손발인 선비가 소민(小民)을 다스리는 것이 「천하(天下)의 통의(通義)」라고 하는 것이다。

그러나 우리도 맹자의 편견을 비웃을 수는 없다。 아직도 우리나라에서는 누구나 화이트칼라를 동경(憧憬)하고 손을 더럽히지 않고 책상 앞에 앉고 싶어한다。 육체 노동을 싫어하고 기능공이나 농사꾼이 되기를 싫어한다。 민주주의가 도입되어 三〇여년이 지난 지금까지도「책을 읽고 한자리 한다」는 출세의 길이 젊은이의 마음을 사로잡고、대학교육은 엘리트 지식인이나 노동을 모르는 간부양성(幹部養成)의 경향이 강하다。 맹자의 「마음을 쓰는 자는 사람을 다스린다」는 말보다 「땀 흘려 일하는 가운데 보람이 있다」는 생각이 좀더 보급되어야 하겠다。

그러나 이 세상에서 분업은 사라지지 않는다。 분업이 있으면 하는 일의 성질이 달라진다。 분업은 차별을 낳기 마련이다。 이 문제는 우리들의 영원한 숙제로서 남을 것이다。

名言 41

女人은 愛人을 위해 꾸민다

맹자가 제(齊)의 선왕、宣王)을 회견(會見)하였다。 선왕은 지금의 산동성(山東省)을 근거로 하여 화북(華北)에 위세를 떨치고 있었으나、「하극상(下克上)」의 풍조가 회오리치는 속에서 길든 강아지에게 물리지 않을까 두려워하여 부하들의 동정(動靜)에 신경을 쓰고 있었다。 그래서 맹자를 만나자 마자 질문하였다。「어떻소。 군신(君臣)의 관계는 어떠해야 하오」 성인(聖人)이 어떻다、 인륜(人倫)이 어떻다고 항상 역설하는 맹자이기 때문에 틀림없이 「군신(君臣)의 의(義)는 절대적인 것」「군은 군이 아니더라도 신(臣)은 신(臣)이어야 한다」고 대답해 주기를 기대하였을 것이다。 측근자(側近者)들에게도 그러한 대답을 들려주고 싶었을 것이다。 그러나 맹자는 이렇게 대답했다。

「군(君)이 신(臣) 보기를 자기의 수족(手足)처럼 하면 신은 군을 자기의 마음처럼 생각할 것이요。 군이 신을 견마(犬馬)처럼 하면 신은 군을 단지 한 사람의 나라 사람(國人)으로 볼 것이며、 군이 신을 토개(土芥=흙이나 잡초)처럼 여긴다면 신은 군을 원수로 볼 것이요」

(〈孟子〉「離婁章下」)

선왕은 벌컥 화를 내어 맹자를 훑겨보았다고 한다。

분명히 맹자는、

「부자유친(父子有親)、 군신유의(君臣有義)、 부부유별(夫婦有別)、 장유유서(長幼有序)、 붕우유신(朋友有

信)」(「滕文公章上」)

이라고 말하였다。그러나 여기서 말하는 의「(義)」는 우리나라에서 말하는 「충성(忠誠)」의 뜻이 아니다。의「義)」와는 같은 계통의 말이어서 「儀는」 보기좋게 하는 일에 결말을 짓는다는 뜻이다。맹자가 말하는「義」도 또한 행동을 분명히 구별하라는 뜻을 가지고 있다。군주가 一〇의 대우를 하면 一〇만큼의 보답을 하면 된다。만일 군주가 신통치 않은 대우를 한다고 하면 신(臣)은 원수로서 보복을 하라는 것이다。이유를 따지지 않고 목숨까지 버리는 우리나라 사육신식의 충성과는 하늘과 땅의 차이가 있다。

맹자가 말하는 「군신(君臣)의 의(義)」를 훌륭히 실천한 예양(豫讓)이라고 하는 사람이 있었다。그는 진(晋)나라 사람인데 진은 원래 주(周)의 왕족을 봉(封)하여 북쪽을 방비한 큰 나라였으나、기원전 三七六년(맹자가 태어나기 수년 전) 중신들이 영토를 분할하여 한(韓)위・(魏)・조(趙)의 세 나라로 나뉘었다。그때 진의 호족(豪族)들 사이에서는 격렬한 내전(內戰)이 계속되어 패한 자가 차례로 먹히었다。예양은 처음에 진의 장군(將軍)자리에 있던 범중행(范中行) 밑에 있었으나 뒤에는 대관(代官)자리에 있던 지백(智伯)에게 기용(起用)되었다。지백은 수완이 좋고 세력이 강하여 한때 조(趙)의 진양성(晋陽城)을 포위한 적이 있었으나、드디어 조・한・위의 연합군에게 패하여 멸망하였다。조양자(趙襄子)는 몹시도 지백이 미웠던 모양이다。그 두개골(頭蓋骨)에 옻칠(漆)을 하여 변기(便器)로 사용했다고 한다。

예양은 추격을 피하여 산속에 들어가 숨었다。

「선비는 자기를 알아주는 사람을 위하여 죽고、여자는 자기를 사랑하는 사람을 위하여 꾸민다。나는 반드시 지백의 원수를 갚기 위하여 죽고 저 세상에 가서 지백에게 알리겠다」(〈史記〉「刺客列傳」)

이라고 맹세하였다。그는 이름을 바꾸어 옥중(獄中)의 죄인 사이에 숨어들어가 조양자 궁중(宮中)의 잡역(雜役)을 하였으며、어느날 칙간(厠間) 벽에 석회를 칠하고 있었다。조양자가 칙간에 들어가려다가 문득 발을 멈추었다。마당 한쪽에 엎드려 있는 죄인의 눈초리가 날카롭다。

「저 사나이를 잡아 오너라」

잡아서 보니 과연 품속에서 칼집에 꽂지 않은 단도(短刀)가 나타났다。「야 이놈、죽여야 하겠다」고 분개하는 무사들을 제지하고 조양자가 말하였다。

「망하여 흔적도 없는 지백을 위하여 구신(舊臣)이 원수를 갚으려는 것이다。이놈은 의사(義士)이다。내가 조심하여 피하면 되는 것이니까 풀어 주어라」

예양은 풀려 나오자 몸에 옻칠을 하여 몸을 고름(膿)투성이로 만들고 숯불(炭)을 삼켜 벙어리가 되어서 시장

여기서 거지노릇을 하고 있었다。 꿈에도 그리운 부인이 예양의 앞을 지나갔으나 이 거지가 원래의 남편인지 알 턱이 없다。 예양이 놀라서 부인의 뒷모습을 쫓고 있을 때 옛친구가 지나가다가 「야、자네는……자네 정도의 재주가 있다면 우선 조양자의 밑에서 일하다가 기회를 엿보아……」라고 권하였으나 예양은 고개를 흔들었다。

드디어 그는 거지 동료들로부터 조양자가 지나가는 길과 시간을 알아내고 조양자가 지나갈 길목 다리 밑에 숨어 있는데 조양자의 말이 그 위를 지나려다가 깜짝 놀라므로 주위를 수색하게 하니 암살 계획은 실패하고 예양은 붙잡혀 조양자 앞으로 끌려 갔다。

조양자：그대는 전에 범중행 밑에서 있은 일이 있다。 지백이 범가(范家)를 멸망시켰을 때에는 눈을 감았는데、어찌하여 지백을 위해서는 이처럼 끈기있게 복수를 하려는가

예 양：범중행은 나를 보통사람(凡人)과 같이 나를 대우 하였으므로 나도 보통사람과 같이 그를 받들었소。 그러나 지백님은 나를 국사(國士)로서 대우했기 때문에 나도 국사로서 보답하려는 것이요」

조양자：으음、참으로 훌륭한 태도이다。 그러나 나도 그대로 더 이상 사면(赦免)할 수는 없다。 각오하라。 자 어서 처형토록 하거라

예 양·잠깐 기다려 주시오。 예양의 마지막 소원이요。 당신의 옷을 잠시 빌려 주시요。 그것이라도 찢고 화풀이를 하게 해 주시요

조양자는 잠자코 겉옷(外衣)를 벗어 예양 앞으로 던졌다。 예양은 그 옷을 세번 찢자 칼날을 땅에 세우고 그 위에 쓰러져 피를 뿜고 죽어갔다。

「조국(趙國)의 지사(志士)、이 이야기를 전해 듣고 모두 울었다」고 사마천(司馬遷)은 말하고 있다。 이것이 바로 중국의 의사(義士)인 것이다。

名言 42

牛後가 되지 말라

인텔리란 혀끝으로 자기를 선전하기 마련이다。 그러나 그 가운데에도 휴머니즘을 내세워 상대방을 설득시키려는 자와、 천박한 도리(道理) 따위는 거들떠 보지도 않고 오직 당면한 세력의 책략 속에 파고들어 밸런스 위에 편승하려는 현실파(現實派)가 있다。 까다롭게 이치 따지기로 이름난 맹자(孟子)가 양(梁)나라 혜왕(惠王)에게 가서 「어찌 반드시 이(利)만을 내세울 수 있으랴。 오직 인의(仁義)가 있을 뿐」이라고 고자세를 취하고 있을 무렵、 소진(蘇秦)이라는 사나이가 북방의 연(燕)나라에서 전국 칠웅(戰國七雄)의 세력분석을 꾀하면서 「어떻게 하면 힘과 힘의 균형 위에 편히 지낼 수 있을까」 하고 비책(秘策)을 궁리하고 있었다。 기원전 三三〇년대 무렵의 일이다。

소진은 화중 낙양 사람。 대체로 교통로가 사방으로 통하여 여러 나라 사람이 모이는 고장에 사는 사람들은 이해타산(利害打算)에 약삭빠르다。 근세에서 말한다면 바로 무한(武漢) 사람이 그렇다。 장강(長江)과 철도가 동서남북으로 잇닿는 그 요충지가 무한인 것이다。 때문에 「그곳 사람은 묘두응(猫頭鷹=부엉이)이다、 조심하라」고 모든 사람들은 경계하기 마련이다。 옛날의 낙양이 바로 그러했다。 이곳은 동주(東周)의 서울。 서쪽으로 나아가면 신흥국인 진나라、 동쪽으로 나아가면 제나라、 남쪽에는 노

대국(老大國)인 초나라、그리고 가까운 이웃에는 한(韓)나라를 비롯하여 위(魏)나라와 조(趙)나라、이렇게 三국이 도사리고 있다。소진이 천하를 저울질하는 모략을 펴하게 된 것도 그가 자란 고장의 풍토 때문인지 모른다。젊은날의 소진이 유학(遊學)한 끝에 초라한 서생(書生)의 모습이 되어 고향으로 돌아오자、누이동생이나 형수가 킬킬거리며 말했다。「생업(生業)을 다스리고(治)、공상(工商)에 힘써 한푼의 벌이도 서로 경쟁하는 것이 낙양 사람의 기질、그 생업을 버리고 혀끝만으로 일을 해나가려 하니 그처럼 비렁뱅이가 되는 것도 마땅하리」。그 말을 듣자 소진은 덤덤하게 북방의 연나라로 가버렸다。지금의 북경을「연도(燕都)」、「연경(燕京)」이라고 부르는 것은 그곳이 옛날 연나라와 인연이 있던 고장이기 때문이다。그는 연나라의 문후(文侯)를 찾아가서 말했다。「연나라는 동쪽으로 조선(朝鮮)·요동(遼東)이 있소이다。남으로는 호지(呼池=黃河 舊道를 따라 있는 큰 沼澤、지금의 呼陀河는 그 당시의 흔적)·역수(易水)가 있소이다。땅은 사방 二천 리、대갑(帶甲=兵士) 수십만에 수레(兵)는 六백 승、말은 六천 기(騎)……」

이만한 실력이 있으면서 어찌하여 먼 서방의 진나라에 겁을 먹느냐。오히려 무서운 것은 바로 이웃인 조나라、그런만큼 조나라와 손을 잡고 서방의 진나라에 대항하라。남과 북은 세로의 선을 이루기 때문에 이를 종(縱)이라 하며、동과 서는 가로(橫)의 선을 이루기 때문에 이를 횡(衡)이라고 한다。연나라 문후는 옳거니 싶어 금은(金銀)에 마차를 마련、소진에게 친서를 맡겨 초나라 숙후(肅侯)에게 보냈다。이로써 처음으로 연나라와 조나라를 남북으로 맺는 유대、즉「합종(合從)」의 계획이 시작되었다。

그 선을 더욱 남쪽으로 뻗치면 황하 이북에 나란히 있는 한나라와 위나라에 맺어진다。소진은 한나라의 선혜왕(宣惠王)을 찾아가 그 능변을 마음껏 발휘했다。

「한(韓)의 강함(强)과 대왕의 현명함이 이토록 막중하건대、여전히 서쪽을 마주하여(西面) 진나라를 섬김은 천하의 웃음거리、속담에도 있지 않소이까。〈차라리 계구(鷄口)가 될지언정 우후(牛后=牛後)는 되지 말라〉라고。진나라에 복속(服屬)함은 바로 우후(牛后)를 잘 감수함이로소이다」(〈史記〉「蘇秦列傳」。그 原文은 「戰國策」에 있다)

여기서 말하는「우후(牛后)」란 소의 뒤란 뜻이 아니다。「后」란 글자를 자세히 보기 바란다。그것은「사람(人)」이 두 다리를 벌린 가랑이 밑에「口(구멍)」를 곁들인 글자이다。다시 말해서 엉덩이의 구멍(後穴、后穴이라고도 한다)을 말한다。그러니「우후(牛后)」란 소의 엉덩이에 달린 구멍이다。아무리 소가 크다 해도 소의 항문(肛門)을 좋다고 감수하는 바보는 없다――고 선동한 것이다。

이 극심한 풍자에 한왕(韓王)은 새파랗게 질리며、

「과연 그렇도다。 이제는 진나라를 섬기지 않으리。 나라가 힘을 합쳐 합종(合從)에 참여하리라」

하고 선언하기에 이르렀다。

그런데 거물(巨物)은 역시 산동(山東)의 대국인 제나라이다。맹자의 설교에 몹시 따분하던 참인 제나라의 선왕(宣王)에게 홀연히 소진이 나타났다。그 능변(能辯)도 한층 더 열을 띠고 있다。

「제나라 서울 임치(臨淄)는 七만 호、집집마다 남자가 셋이라면 먼 데에서 징발(徵發)해 오기를 기다리지 않아도 제나라 서울의 병사는 이미 二一만。……서울의 거리에는 거마(車馬)가 잇따르며、길가는 사람의 옷자락을 들추어 올리면 군막(軍幕)이 되고、땀을 털면 비가 되오。이 부(富)와 대왕의 현명으로도 여전히 진나라를 섬기다니……」

소진이 이렇듯 추켜올리자 선왕은 기분이 흐뭇해져 그만 소진의 선동에 넘어가 「합종」에 참가하고 말았다。마지막으로 남쪽 초나라의 위왕(威王)까지 포섭함으로써、겨우 六국의 남북동맹은 이루어졌다。

소진은 연나라에 복명(復命)하기 위해 북방으로 돌아가는 도중、의기양양하게 고향에를 들렀다。그러자 누이동생이며 형수들이 이번에는 땅바닥에 엎드려 절을 하고는 술잔치를 벌이는 등 소진을 칭송하는 것이었다。

소진: 지난날은 그토록 오만하였건만、지금은 이렇게 정중하니 이 어찌된 일이오

형수: 그대의 벼슬이 높아지고 부자이시기 때문이옵니다

소진: 같은 하나의 몸이건만 부귀하면 집안사람도 공손히 굴어 두려워할 줄 알고、비천하면 천대를 하다니。만약 내가 낙양의 성 밖에서 약간의 전지(田地)를 부칠뿐이었다면、六국 재상(宰相)의 인(印)을 패(佩)하는 일도 없었으련만

그것은 벼락출세를 하게 된 자신의 가슴에 문득 떠오른 감상(感傷)이었을 것이다。

현실주의자는 세상 만사가 금력과 무력(武力)으로 움직이는 법임을 잘 알면서도、동시에 「힘」의 덧없음도 익히 알고 있는 법이다。〈사기〉에는 「진나라 병사가 함곡관(函谷關)을 엿보지 못하기를 一五년」이라고 하여 「합종」의 효과가 있었음을 밝히고 있다。그러나 결국 권력 조종에 일생을 건 사나이의 목숨은 그렇게 오래 가지 못했다。

名言 43
術中에 있어 깨닫지 못하다

기원전 四세기의 중국은 동·서 두 진영이 만만치 않게 대결하고 있는 오늘의 세계와 똑같은 양상을 보이고 있었다。그 무렵, 서방(西方)의 신흥 세력으로서 두각을 나타내기 시작한 진나라는 지금으로 말하면 소련·중공에 해당된다。그리고 동방에 도사리며 서로 으르렁대는 역사가 오랜 나라 가운데, 특히 강대국으로서 사방을 견제하던 제나라는 말하자면 지금 미국에 해당될 것이다。제를 중핵(中核)으로 하여 「합종(合從)」의 동맹을 맺은 여섯 나라는 역시 지금으로 말한다면 서방측의 선진국들이라고 하겠다。그 「합종」의 힘이 一五년에 걸쳐 그러저럭 진나라를 함곡관의 저편에 봉쇄하여 그 진출을 막아왔다。그것은 바로 二〇여 년에 걸친 「냉전(冷戰) 봉쇄」의 전략과 흡사하다고 하겠다。그렇다면 「합종」에 정치적 생명을 걸고 동분서주(東奔西走)했던 소진(蘇秦)이야말로 덜레스나 키신저의 대선배라고 하겠다。그러나 대체로 힘의 균형 같은 것은 덧없는 부평초같다고 하겠다。일단 허물어지기 시작하면 어제할 수도 없고 수습할수도 없게 된다。소진의 라이벌은 위(魏)나라 사람인 장의(張儀)였다。장의는 진나라를 가운데에 앉혀 동쪽의 여러 나라를 하나씩 떼어내듯 서방측에 따르도록 했다。그것은 동과 서의 선을 가로로 일관시켜 맺게 하려는 전략이기 때문에 「연횡(連衡)」이라고 부른다。장의는 말했다。

「이제 합종하는 자는 천하를 합쳐 형제가 되겠다고 약속하여(約)、백마를 죽여(刑) 원수(洹水=黃河 支流)의 기슭에 맹세한다(盟)。그러나 같은 피를 나누고 한 부모 밑에서 자란 형제조차 전재(錢財)를 다투거늘、하물며 사위 반복(詐僞反覆)이 그치지 않는 소진의 여모(餘謀)에 의존함은 그 실패가 너무나 뻔하지 않겠는가」(《史記》「張儀列傳」)

이 상황도 역시 오늘날의 현실과 비슷하다。중동의 산유국(産油國)들이 석유값을 올리거나 통제를 하니、세계 각국들은 지금까지의 「연대(連帶)」니 어쩌니 하는 것을 아랑곳하지 않고 저마다 산유국의 비위를 맞추기에 정신이없다。장의는 「합종」의 약점을 찔러 우선 화중의 위나라와 조나라를 동맹에서 이탈시키고、잇따라 동방의 여러 나라들을 서방의 진나라에 따르도록 했다。

그러나 「합종」이 붕괴되려는 징조는、사실은 일찍부터 소진 본인에게서 움트고 있었다。소진은 합종을 이룩하자 연(燕)·조(趙)로 돌아가 득의에 찬 몇 해를 보냈는데、권력욕이 강한 사나이 치고 색욕(色慾)에 빠지지 않는 자가 없는 법。실수를 하려니까 그만 미모의 명성이 높던 연나라 문후(文侯)의 부인과 관계를 갖기에 이르렀다。그 허점을 틈타 진나라가 은밀히 조나라의 국경으로 출병한다。욕심에 관한 한、남에게 뒤떨어지지 않는 강대국 제나라가 역시 멀리 외정하여 연나라의 국경을 침범한다。에초에 타산만으로 맺어졌던 합종의 사이이었기 때문에 이쯤되자、벌집을 쑤셔놓은 것처럼 소진은 여기저기서 책임을 추궁당하여 남의 원망을 한몸에 사는 처지가 되었다。더구나 문후 부인과의 은밀한 정사(情事)까지 남의 입에 오르내리는 듯한 눈치가 보이니 더욱 거북살스럽다。

그는 술사(術士)답게 문후의 후계자인 연나라 역왕(易王)에게 눈치채이지 않도록 작별인사를 고했다。

소진：나의 가인(家人)이 먼 나라에 사절(使節)로 간 사이에 그의 아내가 외간 남자와 정을 통하였소이다。그러던 참에 때마침 남편이 돌아온다는 소식이 인편에 왔소이다

연왕：그래 어찌 되었나?

소진：아내는 첩에게 독주를 남편에게 권하라고 분부했소이다。첩으로선 독주라고 한마디만 하면 정실부인이 당하게 되고、잠자코 독주를 따르면 남편이 살해되므로 여간 난처한 일이 아니었소이다。그래서 일부러 발을 헛디뎌 넘어진 채 하여 술을 버리고 말았소이다。아무것도 모르는 주인은 격노하여 첩에게 채찍 五○을 가하였다 하더이다

연왕：가엾은 일이로다

소진：그러하오이다。오직 충신(忠信)으로 섬겨도 벌을

받는 수가 있는 법。 소인도 그런 자 가운데의
한 사람이가 봅니다

그리고 소진은 제나라로 망명해 빈객이 되어 그곳에 머물렀는데, 제왕에게 열심히 권하여 왕궁의 개축이니 외원(外苑)의 확장이니 하여 빈번한 공사를 벌이게 함으로써 수많은 금은(金銀)을 낭비케 했다。 조금이라도 제의 부(富)를 줄게 하여 연을 공격할 국력을 소모시키자는 것이다。 소진의 입장에서 보면 「합종」이라는 장대한 꿈을 실현케 해준 발기인은 연후(燕侯)이다。 약간의 보은(報恩)이나마 하겠다는 생각이긴 하나, 지난날의 그 장도(壯圖)한 뜻에 비해 이 얼마나 애잔스러운 잔꾀의 책략인가。

그러나 제나라 중신 가운데 소진을 의심하는 자가 자객(刺客)을 보내어 노상에서 암살토록 했다。 피로 물든 채 집으로 실려 온 소진은 제왕에게 이런 유서를 보냈다。

「소신의 시체를 수레에 끌려(車裂) 사지(四肢)를 찢어 거리에 버리시라。 이 사나이, 연나라를 위해 제나라에서 난(亂)을 일으킨 자라고 널리 알리시라。 그리하면 암살자가 나타날 것이외다」

그대로 포고(布告)를 하자 과연 상(賞)을 타려고 자객이 자수를 해왔다。 암살의 경위 및 그 배후의 흑막도 모조리 드러났다。 그는 죽는 마지막 순간까지 「책사(策士)」로서의 긍지로 일관했던 것이다。

그런데 진나라는 어찌하여 一五년 동안이나 움직이지 않았던 것인가。 사실은 소진과 장의, 이 두 사람은 모두 귀곡선생(鬼谷先生)이라고 하는 병략가(兵略家)의 제자인 것이다。 소진이 겨우 두각을 나타내기 시작했을 무렵, 멀리서 찾아온 장의를 일부러 집안에 들여놓지 않고 쫓아보내어 진나라로 가게 한 것은 바로 소진이었던 것이다。 더구나 그때에 소진은 은밀히 자기부하로 하여금 금은(金銀)을 들려 뒤따르게 함으로써 장의의 생활을 지켜보도록 했으며, 또한 선물을 보내어 진나라의 혜왕(惠王)과 면회를 할 수 있도록 주선까지 했다。 장의가 겨우 출세의 실마리를 잡자, 그때까지 장의를 지켜보던 소진의 부하는 그에게 비로소 자기의 사명을 털어놓고 작별인사를 했다。 처음으로 그동안의 경위를 들은 장의는 하늘을 우러러 이렇게 탄식했다。

「아아, 나는 소군(蘇君)의 술중(術中=計略)에 있어 깨닫지 못했도다。 내가 소군에게 미치지 못함은 이로서도 분명하도다。……나를 대신하여 소군에게 감사의 뜻을 전해다오。 소군이 있는 한 장의, 감히 무엇을 말하리오」

소진은 놀랍게도 적에게까지 손을 뻗쳐 장의에게 은혜를 베풀어, 당분간의 「합종」의 방해를 받지 않을 포석(布石)을 던져 놓았던 것이다。 참으로 권모술수에 목숨을 건 불가사의한 사나이었다고 하겠다。

名言 44

그를 알고 나를 알라

흔히「손자병법(孫子兵法)」이라고 하면 마치 침략전쟁의 기술을 논하고 있는 듯한 오해를 갖기 쉽다. 그러나 사실 손자는 전술보다는 오히려 전략(戰略), 아니 정략(政略)을 첫손가락에 꼽고 있었던 것이다.

「용병법(用兵法)은 나라를 안전하게 도모함을 으뜸으로 하며 나라를 무찌르는 것은 그 다음이다. 군(軍)을 안전하게 도모함을 으뜸으로 하며 군(軍)을 무찌르는 것은 그 다음이다. 그렇기 때문에 백전백승(百戰百勝)함은 선(善)의 선(善)이 아니며 싸우지 않고 상대방을 굴복시키는 것을 최선으로 한다. 그러므로 병법의 최상은 적의 모(謀)를 벌(伐)하는 것, 다음은 적과의 사귐(交)을 벌(伐)하는 것, 다음은 적의 병사를 벌(伐)하는 것, 적의 성(城)을 공략함은 그중의 최하이다」(〈孫子〉「謀攻篇」)

또한 그 밑바닥에는 중국인다운 철학이 있었다. 일찌기 노자(老子)가 말한 것과 마찬가지로 유연(柔軟)을 최선으로 하여 억지를 물리치는 것이다. 다시 말하여 물처럼 유연자재(柔軟自在)로와라——라는 것이었다.

「병(兵)은 수세(水勢)에 배워야 한다. 물은 높은 데를 피하여 아래로 내려 간다. 병은 실(實)을 피하여 허(虛)를 친다(擊). 물은 땅에 의해 흐름을 제(制)하고, 병은 적에 의해 승(勝)을 제(制)한다」(〈孫子〉虛實篇」)

그것은 유격전법(遊擊戰法)의 기본(基本)이라고도 할 수 있다.

옛날, 군국주의 일본의 육군 대학에서는 〈손자(孫子=孫武)〉를 강의했다고 하는데, 도대체 무엇을 가르친 것일까. 그 정신을 떠나 전술의 기교만을 가르쳤기 때문에,

「군(軍)을 파(破)하여 나라를 파(破)하다」

라는 식의 결과를 빚어냈던 것이다. 그와 같은 주장을 한 마디로 정리한 것이 다음의 말이었다.

「그를 알고 나를 알면 백전(百戰)하여 위태로움이 없다. 그를 알지 못하고 나를 알면 일승일패(一勝一敗). 그를 알지 못하고 나를 알지 못하면 싸움마다 패한다」

(〈孫子〉「謀攻篇」)

그는 또한 유가(儒家)들이 말하는 따위의 인의(仁義)나 충효(忠孝) 같은 것은 말하지 않는다. 오로지 부력(富力)과 병력(兵力)으로 승부하려는 현실주의자(現實主義者)이기도 했다.

그렇다면 손자야말로 소진이나 장의 등 정략가(政略家)의 원조(元祖)라고 할 수 있을 것이다. 이 두 사람은 귀곡선생(鬼谷先生)이라는 이상한 노인의 제자였다는 것인데, 사실 이 선생은 제나라에 은거(隱居)하고 있던 병법가(兵法家)인 듯했다. 그 제나라 병학(兵學)의 원조가 기원전 六세기말의 손무(孫武)였던 것이다.

손무는 당시 강남(江南) 땅에서 겨우 일어나기 시작했던 오왕(吳王) 합려(闔閭)에게 가서 군사(軍師)가 되고, 마침내는 초나라 서울까지 침입하여 여러 나라를 떨게 했다. 그 뒤 一백년쯤 지나 손무의 자손에 손빈(孫臏)이라는 사나이가 나타났다. 오늘날에 전해오는 〈손자〉라는 책은 이 두 사람의 생각을 적은 것으로 여겨지는데 이른바 손자 一三편은 바로 「손무병법(孫武兵法)」인 것이다. 열마 전에 산동성 임기현(臨沂縣)의 한대(漢代) 무덤에서 「손무병법」 외에 「손빈병법(孫臏兵法)」이 발견되었다. 기원전 一三四년경에 필사된 죽간(竹簡)인 것이다.

그런데 손빈은 원래 방연(龐涓)과 함께 병법을 배웠는데, 방이 먼저 위나라를 섬겨 장군이 되었다. 그는 자기가 아무래도 손보다 못함을 자각하고 있었다. 그래서 손에게 벼슬을 알선하겠다고 유인해 내어 손이 나타나자 다짜고짜로 사로잡아 무릎 밑을 베어내고 옥에 가두어 버렸다. 「빈(臏=다리를 자르는 것)형」에 처한 것이다. 때마침 제나라 사자가 위나라를 방문했을 때 숙사(宿舍)의 잡역을 하고 있던 손이 은밀히 실정을 호소, 사자의 수레에 몸을 숨겨 겨우 제나라로 돌아갈 수 있었다. 다리가 불구인 손빈이건만 그뒤 제나라의 군사(軍師)로서 치중거(輜重車) 위에서 총지휘를 하게 되었다.

기원전 三五三년의 일, 위나라는 북쪽 이웃인 조나라를

대거 공격했다。 조나라 서울 한단(邯鄲)은 인구 二○만으로 불리는 대도시인데, 이제 함락 직전의 위기를 맞게 되었다。 조나라에서 급사(急使)를 제나라로 파견, 제나라 장군 전기(田忌)는 한단으로 직행하려 했으나 손빈이 못가게 한다。「위나라 서울(지금의 開封)에 남는 자는 노인과 약한자뿐。 허를 찔러 위나라 서울을 점령하시요」。 서울이 위급함을 듣자 위나라 군대는 황망하게 되돌아오긴 했으나, 연일의 강행군에 지칠 대로 지쳐 싸울 기력조차 없었다。 계릉(桂陵)에서 제나라 군사에게 대패하고 말았다。「적으로 하여금 멀리 달려가게 하라(趨)、배도겸행(倍道兼行)、지쳐서 숨을 쉬지 못할 것이며、굶주려도 먹지를 못하리라」「일(逸)로써 노(勞)에 승(勝)하라」(孫臏兵法)란 바로 이것을 두고 하는 말이다。

그로부터 一五년、이번에는 위나라와 조나라가 연합하여 지금의 산서성 남부의 한(韓)나라를 공략했다。 예에 따라 한나라는 제나라에게 구원을 요청했다。 위나라 장군 방연은 지난날의 패전을 되풀이하지 않겠다고 거듭 마음으로 다짐하며 급히 서울로 돌아왔다。 그런데 이번에는、손빈이 질풍처럼 위나라 서울을 통과 서쪽으로 향했으며、더구나 행군 도중에 취사용으로 쓰는 아궁이를 一○만에서 五만、三만……으로 줄이면서 나아갔다。 그 뒤를 추적하는 방연은 기뻐했다。

「과연 제나라 병사는 비겁하구나。 내 땅에 들어와 사흘도 채 못되어 벌써 병졸의 과반수가 고향으로 도망쳐 버렸구나。 어서 서둘러라」

보병은 뒤에 남겨두고 경기병(輕騎兵)만을 이끈 채 방연은 밤낮으로 제나라 군대의 뒤를 좇았다。 이윽고 험준한 태행산맥(太行山脈)의 남단에 다다른다。 한편、손빈은 뒤따라 오는 위나라 군대의 속도를 계산하여 저녁 무렵에는 마릉치(馬陵峠)에 이른다고 보았다。 그는 병졸을 잠복시켜 강궁(强弓)을 양측 벼랑에 줄세웠다。 그리고는 길가의 버드나무 결을 깎아 대서특필(大書特筆)을 했다。

「방연、이 나무 아래서 죽다」

어둠스레한 저녁나절에 고개에 다다른 방연은 나무결에 무엇인가 씌어 있는 것을 보자、속주머니에서 부싯돌을 꺼내어 불을 붙여 읽으려고 했다。 그 순간、용수철 장치로 날아온 화살들이 일제히 방연의 가슴에 꽂혀 비명 한 마디만을 남긴 채 숨지고 말았다(〈史記〉「孫子列傳」)。

「그를 알고 나를 알라」란 바로 이러한 것이리라。 그리고 〈사기〉에는 방연이 죽은 것으로 되어 있는데、지난번에 발견된 「손빈병법」에는 「사로잡히다」라고 적혀 있다。

名言 45
天下, 公이 되다

옛날, 중국에서는 밭에서 짚을 태워 작물을 해치는 해충(害蟲)을 죽이거나 몰아내는 농촌의 연중행사 같은 것이 있었다。 그것을 사제(蜡祭)라 부르고 그 행사가 있는 달을 사월(蜡月=陰曆 一二월)이라 불렀으며, 또한 납제(臘祭)라고 부르기도 했다。 작물을 못쓰게 하는 해충、 고구마나 감자를 먹어치우는 두더쥐、 가축을 노리는 족제비 따위를 몰아내고、 반대로 논밭의 제신(諸神)이나 쥐와 두더지 따위를 먹어 없애 주는 고양이 등에 감사의 뜻을 표했다는 것이다。

〈예기(禮記)〉라는 유가(儒家)의 경전(經典)에 어느날 공자(孔子)가 향촌(鄕村)의 사제(蜡祭)에 참가한 일화가 실려 있다。 그 귀로에 어느 전망 좋은 데를 올라서 사방을 굽어보더니 공자는 한숨을 크게 몰아쉬며 바위에 걸터앉았다。「선생님、 왜 그러십니까」 하고 뒤따르던 제자 자유(子遊)가 물었다。 그러자 공자는、

「옛날 옛적 먼 옛날、 나는 물론이거니와 저 하(夏)·은(殷)·주(周)의 선현(先賢)들도 아직 태어나지 않은 그 무렵 일일세。 대도(大道)가 시행된 세상이었다더군。 이것 보게나、 오늘밤의 축제(祝祭)에는 부자나 가난한 자는 물론、 젊은이 늙은이 할것없이 모두 나오지 않았겠나。 거기서 나는 하나의 꿈을 엿본걸세。 설사 그 이상향(理想鄕)처럼은 되지 못한다 해도 내가 뜻하는 바는 바로 이것일세. 이 꿈일세」
이렇게 전제하고 나서 이야기하기 시작했다.

「옛날, 대도(大道)가 행해졌을 때 천하는 「공(公)」이 되다. 현자(賢者)와 능자(能者)를 가려 뽑아 신(信)을 강(講)하며 목(睦)을 수(修)하다. 사람은 자기 부모만을 부모로 여기지 않고 자기 자식만을 자식으로 여기지 않는다. 늙은이는 끝나는 데가 있고 장정(壯者)은 쓰이는 데가 있으며, 어린자(幼)는 자랄 수 있게 한다. 홀아비나 고독한 자나 폐질(廢疾)이 있는 자도 모두 편히 지낼 수 있게(養) 한다. 남자에게는 생업(生業)이 있으며 여자에게는 시집갈 곳을 있게 한다. 재물(貨)은 땅에 버려두면 아깝기 때문에 이를 활용토록 한다. 그러나 반드시 사사로이 간직하지는 않는다. 힘은 그 몸에서 나오지 않으면 이 또한 아깝기 때문에 일을 하도록 하나 반드시 사사로이 일을 하지는 않는다. 그러므로 음모(謀陰)·절도(盜窃)·난적(亂賊)도 일어나지 않으며, 밖에는 문이 있어도 이를 닫지 않는다. 그리하여 이 세상을 두고 〈대동(大同)〉이라고 이름 부른다」(〈禮記〉「禮運篇」)

이것은 바로 진보한 공적(公的) 사회의 이미지가 아니고 무엇이겠는가. 대체로 「私」란 「禾(農作物)+ㅿ표시(좌계 에워싸는 모양)」로 이루어진 글자로서, 거두어들인 농작물을 이것은 「내것이다」 하고 에워싸 버림을 나타내고 있다. 이에 반하여 「公」이란 ㅿ표시(에워싸는 모양)+)(표시(좌우로 열린 모양)」를 합친 글자로서, 「각자가 잘게 나누어 에워싸는 것이 아니라, 사유(私有)의 테두리를 벗겨 활짝 연다」라는 뜻을 나타내고 있다. 공자가 그려 본 「대동(大同)」의 세상은 바로 「公」의 사회 그 자체인 것이다. 거기에는 사유제(私有制)도 없고 세습제(世襲制)도 없다. 노인·어린이·신체 장애자에게는 모두 공적(公的)인 시설이 개방되어 있다. 무엇보다 우선 노동 의욕을 만족시키기 위해 일하는 것으로서, 자기 이익을 목표로 일을 하고 돈을 버는 것이 아니다—라고 한 것이다. 이 「대동」의 세상에 대비(對比)하여 다음에는 「소강(小康)」에 관해 논하고 있다.

「이제 대도(大道)는 이미 자취를 감추고, 천하는 「가(家)」 본위가 되었다. 사람은 제각기 그 부모만을 부모로 섬기고 자기 자식만을 자식으로 여긴다. 재물(貨)이나 힘도 모두 자기만을 위해 쓴다. 대가(大家)·호족(豪族)은 자손대대로 남기기를(遺產) 법으로(禮) 삼으며 성곽·구지(溝池)를 지어 공고히 한다. 예의를 기(紀)로 하여 군신(君臣)·부자(父子)·형제·부부의 사이를 갖추며 이로써 제도를 마련, 전리(田里)를 세우고 용자(勇者)·지자(知者)를 현(賢)으로 하고 공(功=勞

動)으로써 스스로를 위한다。그러므로 음모·병란이 이 때문에 일어나며……이를「소강(小康)이라고 일컫는다」

지금도「그의 병은 소강상태(小康狀態)다」따위로 말하는데「소강」이란 그런대로 조화가 유지되는 상태, 잠시의 균형이란 말이다。그런데 여기서 말하는「제도(制度)」란 무엇일까。「천자(天子)·제후(諸侯)·대부(大夫)마다 토지를 지녀 그 자손이 그것을 누리게 하니, 이를 제도라고 일컫는다」(〈禮記〉「禮運篇」)이라고 했듯이 신분차별이 고정된 사유(私有)·세습제를 말하는 것이다。

〈예기〉란 기원전 一세기경에 편집된 유가(儒家)의 잡록(雜錄)인 것이다。좌(左)에서 우(右)까지의 숱한 여러 파의 학설이 잡다하게 섞여 있다。때문에 공자의 일화도 정말로 있었던 사실인지 아닌지 확인할 수는 없다。아마 후세사람이 공자를 빙자하여 쓴 것이리라。그러나 전반(前半)의「대동」의 세상이란 분명히 유가좌파(儒家左派)가 묘사한 유토피아이며, 후반의「소강」의 세상이란 보다 더 현실적인 유가우파(儒家右派)의 주장인 것이다。좌파는 차별을 부정하여 서로 돕는 공동사회를 꿈꾸는 것이며 우파는 예법(禮法)과 제도(制度)로 차별사회의 질서를 유지하려고 한다。보다 더 뚜렷이 말한다면 전자는 미치광이의 실없는 헛소리, 후자는 정통상식파(正統常識派)의 고루한 이론인 것이다。일반적으로 유가는 구질서를 지키려 하는 보수파이다。그것을 유가우파라고 한다。그러나 그 한구석에서 마치 돌연변이(突然變異)처럼 극단적인 유토피아를 꿈꾸는 반체제파(反體制派)가 튀어나온다。그것이 유가좌파인 것이다。

사회 재건의 횃불을 높이 드는 자는 신중하고 진지한 인간이 아니라 언제나 거의 미치광이나 다름없는 사람들이기 마련이다。청조말(淸朝末), 강유위(康有爲)는〈예기예운주(禮記禮運注)〉를 써「대동」의 세상을 만들어 보려고 궐기했다。관료(官僚) 가운데서 자란 그는 사회 재건의 원동력이 백성에게 있음을 깨닫지 못하고 위로부터의 개혁, 즉 입헌군주제를 꾀하였기 때문에 오히려 서태후(西太后)의 역습을 받아 망명한다。그리고는 뒷날, 완고하고 고루한 보수파로 되돌아서고 말았다。이윽고 손문(孫文)은「천하(天下), 공(公)이 되다」를 구호 삼아 혁명을 꾀했으나, 그 역시「뜻은 아직 이룩되지 못한」채 쓰러지고 말았다。

지금 중공에서는 유가좌파를「유심론」이라고 하여 별로 평가하지 않는다。현실의 뒷받침이 없는 공상이라면 그뿐이겠지만 우리로서는 그렇게 쉽사리 외면해 버릴 수가 없다。후세에 남을 낮게 평가하기란 쉽지만 자기가 미치광이가 되기란 매우 어렵다。유토피아의 꿈은 항상 비참한 말로(末路)로 끝남을 예고하고 있기 때문이다。

名言 46

人性은 惡이다

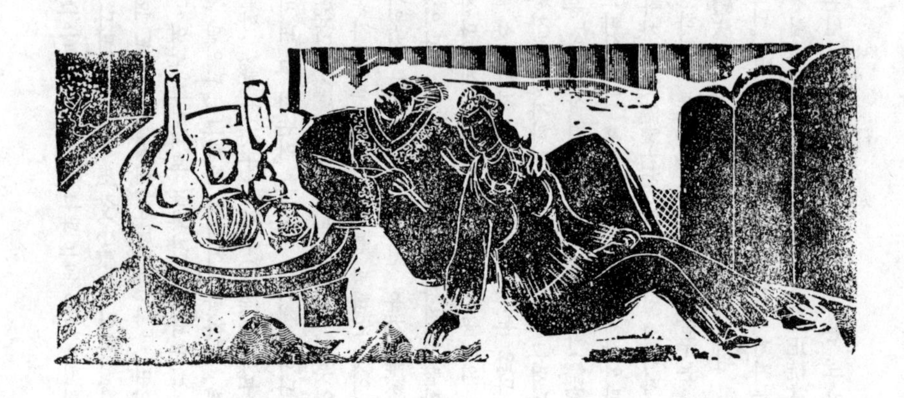

미치광이는 터무니없는 꿈을 구면서 줄곧 치달리기만 한다。그러나 진지한 인간은 꿈을 갖지 않는다。꿈이 있어도 공상이라고 하여 받아들이지 않으며 현실에 따라 생각하고 말한다。현존하는 질서에 도리를 개입시켜、기껏해야 온전한 개량(改良)을 생각할 정도일뿐、터무니없는 변혁을 꾀하는 일따위는 하지 않는다。때문에 광인(狂人)은 극좌(極左)가 아니면 허무주의자가 되어 트로츠키주의니 무정부주의자니 하는 비난을 받으며 진지한 인간은 그런대로 훌륭한 「학식 경험자」로서 안락한 일생을 보낸다。그러나 결국은 「진지한 인간」이 현존하는 것에 발목을 잡혀、권력의 한쪽을 장악하는 실권파의 고문정도로 되어버리는 수가 많다。이것이 먼 옛날부터의 패턴인 것이다。

이른바 「학식 경험자」의 원조라면 순자(荀子)일 것이다。그는 소비문명의 중심인 조나라 태생인데 동쪽 제나라로 옮겨와 살았다。기원전 三백년경、제왕(齊王)은 자기 궁정의 「장식품」쯤 정도의 생각으로 각지에서 열심히 학자들을 모아들였다。「중국」외에도 비슷한 규모의 대륙이 여덟 개 있어 대양(大洋) 가운데 산재(散在)하는 듯하다——는 오늘날의 지구설을 주장했던 추연(鄒衍＝〈史記〉에는 騶衍)을 비롯하여 능변가로 이름난 논객(論客)들이 떼를 지어 몰려들었다。제나라 서울의 성문(稷門이라는 門) 옆에 영빈관을 세워 그곳에 객인(客人)으로서 살

계 했기 때문에 그들을 일컬어 「직하(稷下)의 제선생(諸先生)」이라고 한다. 그 속에서 마지막까지 살아남아 세 차례나 제나라의 객인이 되어 좨주(祭酒=長老)의 이름을 떨친 사람이 순자(荀子=荀卿, 本明은 荀況)이었다.

유가에서 갈라져 나온 좌파는 농촌 공동체 속에서 울타리 같은 협동정신에 매달려 공공사회에의 이념을 추구하는데, 순자는 오히려 실제의 이권다툼을 확연한 현실로서 긍정한다. 앞서 소개한 〈예기〉의 「예운편」 후반에는,

「음식과 남녀(性慾), 사람의 대욕은 여기에 존재한다. ……예(禮)를 두고(舍), 무엇으로 이를 다스리랴(治)」

라고 말하고 있다. 지금 〈순자〉를 펼쳐 보아도 똑같은 뜻의 말이 되풀이되고 있다. 「사람은 태어나면서부터 듣고 보는데 욕심이 있으며 성색(聲色)을 즐긴다. 이에 따르기(順) 때문에 음란(淫亂)이 생긴다」. 그러므로 「예의(禮義)의 도(道)」로 인간을 구속하지 않으면 싸움과 빼고 빼앗기는 일은 그칠 날이 없다. 그것을 한마디로 표현한다면 「인성(人性)은 악(惡)이며, 그 선(善)한 것은 위(僞=人工·作爲)이다」(「性惡篇」)

라는 것이 된다. 이를테면 도공(陶工)을 보아라, 목수를 보아라. 흙을 이겨 손으로 다듬어 겨우 접시의 모양이 되고 나무를 깎고 때리고 하여 겨우 그릇이 된다. 인간이 이 지구에 태어나면서부터 방임해 두면 쟁탈(爭奪)이 그치지 않음을 깨달아, 오랜 세월을 두고 겨우 「이것은 해선 안된다」라는 계율(戒律)이 생겨났다. 그것을 「선성(先聖) 후왕(後王)의 법」이라고 한다. 지금의 말로 한다면 사회협약(社會協約)이다. 때문에 도공이나 목수가 애써 소재(素材)에 가공(加工)하듯이 인간도 「사법(師法)과 예의(禮義)」로써 그 본성(本性=利慾追求)을 억제해야만 된다. 〈순자〉의 「권학(勸學)」과 「수신(修身)」 편에서는 교육으로 본성을 뜯어고칠 필요가 있음을 자세하게 설명하고 있다. 수신(修身)이란 원래 「닦고 죄는 것」으로써 구부러진 본성을 교정(矯正)하는 것이다. 다시 말해서 은괄(隱括=활을 죄는 고리) 같은 것이라고 그는 간단하게 생각하고 있다. 그 죄임틀이 엄하면 엄할수록, 「청(青)은 남(藍)에서 나오나, 남(藍)보다 푸르다」(「勸學篇」) 라고 하는 것 같은 「출람(出藍)의 영예」, 높은 우등생이 태어난다는 것이다. 이 생각이 二천년을 두고 내려온 스파르타식의 이데올로기가 되었음은 말할 나위도 없으리라. 때문에 순자에 대해 체질적으로 혐오감을 느끼는 사람도 많은 것이다.

그러나 머리가 좋은 순자는 두 가지 유산을 남겼다. 그 하나는, 사회협약의 산물의 전형(典型)은 「말(言語)」임을 선언했다는 것이다. 그는 말한다. 「명칭에는 처음부터 고정된 실(實=物)이 대응(對應)하고 있었던 것이 아

나다。 이렇게 이름지어 부르자고 약속하며 그 약속(約束)이 고정(固定)되어 습속(習俗)이 되며 거기에서 비로소 명칭이 완성(完成)되는 것이다」(「正名篇」)。 이 「약정속성(約定俗成)」이라는 표현은 통념이나 풍속이 사회 속에서 살아가는 경위를 매우 간단명료하게 표현한 것이다。

둘째는 미신을 부정했다。 그는 말한다。 기우제를 지내니 비가 내린다、 왜냐。 기우제를 안 지내도 내리는 것은 마찬가지이다。 자연계에는 자연율이 있어서 자연현상은 모두 그것을 따라 움직이고 있을 뿐이다。 때문에 「하늘(天)은 위대하다고 하여 이를 생각하기보다 축(畜)하여 이를 제(制)함이 옳다。……때(時)를 바라며(望) 이를 기다리기보다 때에 응(應)하여 이를 이용함이 옳다」(「天論篇」)。

세상의 치란(治亂)은 인간의 정치가 좋고 나쁜 데에 따라 정해지는 것이며 「천명(天命)」에는 아무런 관계도 없는 것이다。 공자가 천명을 소중히 여겨 「사생(死生)에는 명(命)이 있고 부귀는 하늘에 있다」(《論語》)고 말한 것을 순자는 정면으로 부정하여、「인간은 자연과 싸워 운명을 개척하는 것이다」라고 주장한다。 과연 「학식 경험자」다운 합리성의 주장이 여기에 나타나고 있음을 알 수 있을 것이다。 그야말로 직하(稷下) 제선생 가운데의 장로(長老)다운 풍격(風格)이라고 하겠다。

제나라 양왕(襄王)에게 순자를 고자질하는 자가 있어、 순자는 어느 사이에 제나라에서 떠나 멀리 서방의 진나라를 시찰하러 갔다。 관중(關中)의 개간이나 진나라의 관료제도에 대한 시도를 보고 크게 흥미를 느꼈던 모양인데、 이윽고 남쪽 초나라로 발길을 돌렸다。 전국말(戰國末)、 마침 초나라가 북방의 진나라 침입에 겁을 먹고 있었을무렵의 일이다。 초나라의 귀공자 춘신군(春申君)의 객인(客人)이 되고 이윽고 난릉(蘭陵＝지금의 山東省 남쪽)의 영(令＝長官)이 되어 안락하게 일생을 마쳤다。 「학식 경험자」는 어느 진영에도 깊이 관여하지 않는다。 항상 안전지대에 몸을 두고 있는 것이다。

그런데 진나라 시황제(始皇帝)의 재상이 된 이사(李斯)나 법가(法家)로서 이름높은 한비자(韓非子)도 사실은 순자의 제자 출신인 귀재(鬼才)이다。 대체로 합리주의란 인간을 이욕추구(利慾追求)의 덩어리처럼 보는 냉혹한 「성악론(性惡論)」을 바탕으로 하고 있다。 욕망과 경쟁을 긍정하는 반면、 교육으로써 제멋대로 구는 것을 억제하고、 법으로써 단속하며 마지막에는 권력으로써 질서를 유지하는 것이 합리주의자 본연의 자세이다。 순자는 그 씨를 뿌렸다。 그러나 우리 가운데는 순자를 싫어하는 사람도 많다。 우등생이기 때문에 더욱 더 무서운 것이다。

名言 47

蒼은 天인가, 나의 남편 죽이다

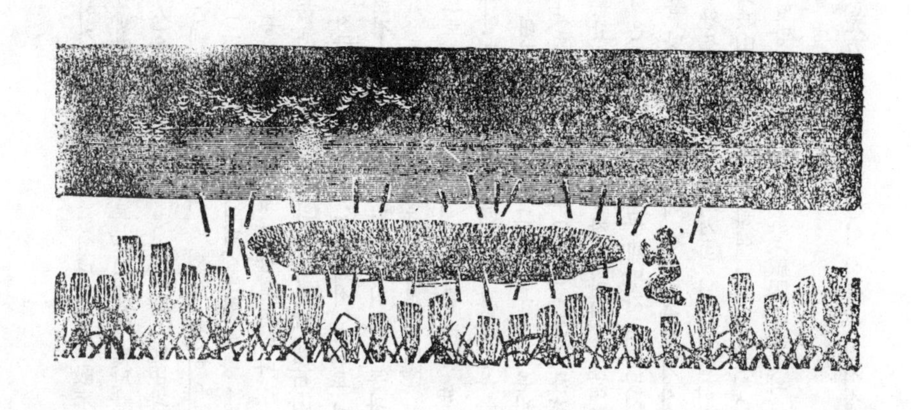

지금부터 서북(西北)의 신흥국인 진(秦)나라 이야기를 몇 가지 하고자 한다。 사물의 발달과정에는 일정한 단계가 있어서 그 一단 一단을 갖추어진 모양대로 거치지 않으면、진보할 수 없다——는 서양 학자의 편견이 우리 사이에 뿌리박고 있는데 내용은 반드시 그렇지도 않다。 진이라고 하는 나라는 후진국이면서도 동방의 선진국이 노예 봉건제도 속에서 꾸물대고 있는 동안에 한걸음 빨리 관료국가(官僚國家)를 구축한 이상야릇한 나라이다。

지금부터 三천년 전 은나라와 주나라가 화중(華中)에 왕조(王朝)를 세울무렵、그 남쪽에는 「이(夷)」「만(蠻)」 등으로 불리는 원주민이 있어서 저습(低濕)한 계절풍 지대(地帶)에서 농사를 짓고 있었다。 그런데 메마른 서북 초원에는 융(戎)、적(狄)이라고 불리는 유목민들이 살고 있었다。 은나라 시대의 복사(卜辭=占의 記錄)에는 「강방(羌方)」 「마방(馬方)」 「견방(犬方)」 등의 이름을 볼 수 있다。「방(方)」이란 영역을 말하며、「강(羌)」이란 「양(羊)」밑에 「사람(人)」이라 하여 양치는 사람을 나타낸 글자이다。 그러니 이것들은 양·말·개 등을 기르는 유목민의 세력권(勢力圈)을 말한다。

특히 강족(羌族)은 오늘날의 산서성에 있던 강력한 부족으로서、가을의 수확기가 되면 태행산맥(太行山脈)을 넘어 델타지역으로 나와 약탈하므로 자연히 은나라 사람들과는 원수 사이가 되지 않을 수 없었다。은말(殷末)에는 一만二천 五백명이라는、당시로는 최대의 병단을 편성하여 강인(羌人)을 정벌했다고 「복사(卜辭=龜甲과 獸骨에 새겨진 占)」에 기록되어 있다。이 강(羌)이야말로 훗날의 티베트계(系) 부족의 원조이며、또한 마방·견방은 아마 뒷날의 흉노(匈奴) 조상에 해당될 것이다。

그런데 황하(黃河)는 멀리 서쪽의 적석산맥(積石山脈)에 근원을 두고 지금의 난주(蘭州) 근방에서 북으로 빠져 ∩형으로 구부러져 남으로 내려온다。그리고는 동관(潼關)에서 날카롭게 동으로 꾸불꾸불하게 낙양(洛陽) 부근을 돌아 평원으로 나오는 것이다。황하를 따라 삼면이 ∩형으로 에워싸인 곳이 섬서성(陝西省)。그 북반부는 황량한 황토로 된 대지(台地)인데、그 남반부는 이른바 관중(關中)의 옥야(沃野)이다。위수(渭水)·경수(涇水)、이 두 강의 충분한 수분으로 밀이 잘 자란다。초여름에는 싱싱한 풀이 온 벌판에 가득차고 새빨간 석류꽃이 눈에 부시다。말을 방목(放牧)하기에 안성마춤인 경사면도 많다。 주나라 왕조는 옛부터 산서성의 남쪽에서 이곳으로 이주、기산(岐山)을 본거지로 하여 관중의 평원을 장악、은나라를 멸망시킨 뒤에는 함양(咸陽) 부근의 풍요한 땅에 도읍을 정했다。

그런데 강방(羌方)과 견방(犬方)이 이윽고 산서성에서 쫓겨와 섬서 북부의 대지(台地)로 이동해 왔다。주왕조의 시조는 강원(姜原)、문왕과 무왕의 비(妃)는 각각 태강(太姜)、성강(成姜)이라 하여 모두 강족(羌族) 출신의 여성이다。「羌」이란 글자의 밑부분「人」을「女」로 바꾸어 「강족(羌族)의 여성」을 나타낸 것이「姜」이란 글자인 것이다。다시말해서 주와 강은 오랜 세월동안 계속되는 혼인으로 맺어진 맹우(盟友)였는데、유목민이란 어느 경우에서나 마치 생각난 듯이 거치른 약탈의 피가 들끓는 모양이다。그들은 서융(西戎=西羌)이라고 불려、사사건건 주나라를 위협하는 무서운 적으로 변하기 시작했다。

진나라는 이 서융의 피를 이은 반목반농(半牧半農)의 토착민으로서 위수(渭水)의 상류、「진(秦)」의 땅(지금의 隴縣)에 말을 방목하는 한편 밀을 경작하고 있었다。조부(造父)라고 하는 기사(騎士)가 그 개조(開祖)라고 하는데 기원전 八세기까지는 그 역사도 명확히 밝혀져 있지 않다。기원전 七七一년、서융은 마침내 주나라의 유왕(幽王)을 공격하여 여산(驪山)에서 몰아 죽이고 말았다。그곳은 지금의 서안시(西安市)에서 동으로 六〇킬로、「화청지(華淸池)」온천 뒤에 있는 가파른 산인 것이다。一九三六년、「서안사변」때 장개석(蔣介石)은 이 산중턱에 있는 동굴에 숨어 있다가 잡힌 적이 있었다。역사는 야릇한 일을 되풀이하는 법이다。주나라 왕조는 그때 진나라 기병(騎兵)의 구원에 매달려 간신히 목숨을 부지하여 동으로 도망쳐 낙양에 제二의 도읍을 정한 뒤부터 「동주(東周)」라고 불리게 되었다。주의 평왕(平王)은 그 큰 은혜에 보답하기 위해、

「서융은 무도(無道)하여 나의 기(岐)·풍(豊)의 땅을 빼앗도다。진나라가 이를 쳐 융을 몰아내 그 땅을 가지니、이에 맹세코 진을 봉작(封爵)하겠노라」(〈史記〉「秦本紀」)

라고 말했다。여기에 비로소 진은 서방(西方)의 영주(領主)로서 공인받는 세력권을 확립하기에 이르렀다。

그뒤 一백년 동안 진나라와 서융 사이에 격렬한 혈전(血戰)이 계속되었는데、진나라는 착실히 관중(關中)의 평원을 제압하여 기원전 七세기에는 황하 서쪽으로 진출、산서성의 진(晉)나라와 맞겨루게 되었다。그러나 진나라는 동방의 「문명국」과는 격리된 세계이다。기마병의 무력은 강하나 어딘가에 피비린내 나는 기풍(氣風)이 가득차고 있었다。이를테면 은나라 시대에는 왕이 죽으면 수많은 종자(從者)가 순사(殉死)했던 것이다。그러나 동주(東周) 시대가 되자 용(俑=흙 따위를 빚어 만든 사람이나 동물 등의 像)을 만들어 그것을 대신함으로써、인형이 죽은 뒤의 왕을 시중들게 했다。

그런데 기원전 六七八년、진나라 무왕이 죽었을 때는 六〇명의 종자(從者)、그리고 기원전 六二一년에 목공(繆公=穆公)이 죽었을 때는 一七〇명이나 순사하고 있다。그 풍습은 기원전 三八四년인 맹자 때까지 계속되었다는 것이다(〈史記〉에 의함)。

그런데 목공의 종자 자차씨(子車氏)의 三용사가 순사한 것을 추도하여、〈시경(詩經)〉에 기록된 「황조(黃鳥=꾀꼬리)」라는 제목의 시를 보면 다음과 같다。

교교(交交)한 황조(黃鳥)는
저 가시나무에 앉는구나、
누가 목공(穆公)을 따르겠는가、
자차엄식(子車奄息)이 아니고서는、
아、저 엄식은 백 사람(百夫)의 우두머리、
그 구덩을 들어다보며 가슴을 두근거리며 떠는구나(慄)。
푸르른 저 편은 하늘인가、
나의 남편을 죽이려 하다。
만약 벌충(贖)할 수 있다면
내 몸을 백으로라도 산산조각을 낼 것을。

이 시는 한번 소개했는데、관중(關中)의 새파란 하늘、휑하니 패여진 검은 무덤 구덩이、생매장을 앞에 둔 사람들의 아비규환(阿鼻叫喚)이 지금도 들려오는 것만 같다。진나라는 동방에 비하면 피비린내 나는 풍습을 상당히 오랜 후까지 보존하고 있었던 모양이다。

名言 48

詩書禮樂으로써 다스리다

(卷末圖版⑪參照)

사마천(司馬遷)은 기원전四、五세기의 중국 형편을 개괄(概括)하여。「동에는 제·초·위·연·한·조의 六국、회수(淮水)와 사수(泗水) 사이에 나란히 있다。……진나라는 벽(僻)하여 옹주(雍州＝지금의 陝西省 中部)에 있어 회맹(會盟)에 참여하지 않아 이적(夷狄)으로 대우받다」(〈史記〉「秦本紀」)라고 서술하고 있다。 동쪽의 선진각국이야말로 「중국」이며 서북 변방에 있는 진나라 따위는 「새우」에 불과하다는 것이 당시의 통념이었던 것이다。그보다도 二백년 전、춘추시대(春秋時代)로 거슬러올라가 보면 더욱 그러하며、진나라 따위는 말이나 사육(飼育)시키는 야만스러운 부족 정도로밖에는 보지 않았었다。

「이(夷)」란 「大」라는 글자 모양에 선 보통인간의 곁에 특별히 키가 작은 사람을 곁들여 그려 「키가 낮은 부족」을 나타낸 글자이다。 또한 「狄(적)」이란 「犬(개)+火(불)」을 합쳐 들개나 들불이 낮게 땅을 기듯이 몸을 수그려 살짝 옆으로 기어서 달려가는 모습을 상징한 글자이다。 다시말해서 적(逖＝허리를 숙여 달리다)이나、적(荻＝바람에 낮게 나부끼는 갈대)의 바탕이 되는 글자이다。 몽고 계통의 유목민은 확실히 「중원(中原＝華中)」의 한인(漢人)에 비하면 키가 작다。 그러나 그러한 사실보다도 「이적(夷狄)」이란 오히려 「꼬마 오랑캐」라는 경멸의 뜻이 든 호칭이었을 것이다.

거의 「이적」으로 간주되었던 진나라에서는 기원전 六五九년 목공(繆公=穆公)이 왕위에 올랐다. 마침 동방에서는 제나라의 환공(桓公)이 두각을 나타내려던 무렵이다. 이 목공 시대에 진나라는 겨우 황하 중류로 진출해 와서 동방의 여러 나라에 대해 어딘지 불안한 그림자를 던지고 있었다. 때마침 그 무렵에 각국을 순방하며, 자신의 재능을 과시하던 정객이 등장하고 있었으니 이른바 「현자(賢者)」란 그런 사람들을 말한다. 백리해(百里奚)란 야릇한 이름의 소유자도 그런 사람 중의 하나였다.

그는 원래 영락(零落)한 지식인으로서 제나라 시골 읍에서 걸식을 하고 있었는데 건숙(蹇叔)이라는 친구의 도움으로 생활의 보살핌을 받았었다. 동주(東周)의 왕자가 소(牛)에 많은 흥미를 갖고 있다는 말을 듣자, 자신이 소 치는 사람으로 행세, 직접 소를 끌고 가서 배알했는데, 친구의 만류로 취직은 단념한다. 황하 기슭에 우(虞)라는 조그만 구귀족(舊貴族)의 나라가 있었다. 백리해는 취직에 초조한 끝에 겨우 그 소국(小國)의 대부(大夫)란 벼슬을 얻어 한숨돌릴 수 있었다. 그러나 얼마 뒤 진(晋=지금의 山西省)나라가 우나라를 속임수로 공략, 그 영주를 사로잡고 이어 백리해까지 연행해 갔다. 때마침 진(晋)에서는 서쪽의 진(秦)나라로부터 닥쳐오는 위협을 막으려고, 딸을 그 진(秦)으로 시집보낼 혼담이 진행 중이었다. 진(晋)에서는 기민해 보이는 백리해를 딸에게 동행시키도록 했다.

그런데 백리해의 입장으로서는 불안스러운 이적(夷狄)의 나라로 가야 한다는 것이 견딜 수 없는 노릇이었다. 은밀히 도중에서 탈주하여 남쪽으로 三백 킬로, 겨우 초나라에 이르러 몸을 숨겼으나 진(秦)나라의 추격대에게 들키고 말았다. 진(秦)나라의 목공 쪽에서 본다면 어떻게 해서든지 중원(中原)의 형편에 밝은 정객을 얻어 「중국화(中國化)」를 꾀하고 싶었던 것이리라. 사자(使者)편에 흑양(黑羊)가죽 五매를 보내어 초나라 사람으로부터 백리해의 신병을 사들여 진나라 서울로 데려왔다. 당시 그는 이미 七○세, 양가죽 다섯 장에 팔렸다 하여 「오고대부(五羖大夫)」라고 불리게 되었다(「秦本紀」).

이 인신매매의 이야기는 훗날 동방으로 전해져 여러가지로 과장되었다. 〈맹자〉를 보면,

제자: 백리해는 진(秦)나라의 소치기에게 몸을 팔아 양가죽 다섯장을 얻어 훌륭한 소를 키운 뒤, 그 소를 끌고 진(秦)나라 목공의 환심을 샀다고 하는데 사실이오니까

맹자：목공의 장래를 높이 사서 그를 도와 대업(大業)을 이룩했음은 과연 현자(賢者)、눈이 높도다。
그러나 설마하니 자신을 팔아서까지 군주(君主)의 대업을 완성시킨 것은 아니리라(「萬章章上」)

이라는 문답을 볼 수 있다。아뭏든 양가죽 五매로 인재를 산다는 것은 과연 반이적 (半夷狄)인 진나라다운 방법이라고 하겠다。

그런데 목공은 백리해와 그의 벗인 건숙(蹇叔)을 이로(二老)라 불러 브레인으로 참여시켜、그 지혜와 정보를 이용하면서 마침내는 황하 기슭(山西~陝西의 경계)까지를 확고하게 세력권(勢力圈)으로 장악했다。「나의 말에게 강물을 먹이겠다」고 한 야심을 이룬 셈이다。이것으로 진(秦)도 드디어 「중국」에 끼어들 수 있게 됐다고 기뻐했다。그러나 목공이 그처럼 동경했던 「중국의 문명」이란 과연 무엇이었을까。목공의 만년、섬서 북부의 산지에 남아있던 유목민 「서융(西戎)」에게서 유여(由余)라고 하는 한인이 사자로 찾아왔다。목공은 으스대며 물었다。

목공：중국은 시서(詩書)·예악(禮樂)·법도(法度)로써 정(政)을 한다고는 하나 때로는 혼란을 빚고 있소。우리 이적(夷狄)은 그러하지를 않소。과연 무엇으로써 다스리시오

곡여：이것이야말로 중국에 난(亂)이 일어나는 까닭이외다。상고성제(上古聖帝)의 세상은 모르거니와、후세에 이르러서는 귀족들이 날로 교음(驕淫)에만 흘러、법도의 위(威)를 저해하며 이로써 아래를 독책(督責)하는 줄 아오이다。……위아래가 모두 다투고 원망하며 서로 죽이나、이적들은 그렇지 않소이다。위는 순덕(淳德)으로써 그 아래를 대우하며、아래는 충신을 품고 그 위를 섬기오이다

진짜 이적의 입장에서 본다면 「시서·예악(禮樂)의 문명」이란 다시 말해서 봉건귀족의 퇴폐와 끝없는 소비(消費)경쟁에 불과했던 것이다。

이 말을 듣자 목공은 소스라치며 깨닫는 바가 있었다。「그렇구나、문명이란 무서운 해독을 품은 것이다」。개발도상에 있는 나라들이 이른바 선진국가의 사늉만 낸다면 머지않아 해독에 말려들 것이 너무나 뻔하다。「그렇다면 ——」하고 현명한 목공은 그것을 역이용하기로 하여、중국의 여악(女樂) 가희(歌姬)를 이적의 추장에게로 보내어 그들이 퇴폐하여 자멸하기를 기다려 잇따라 정복해 갔다는 것이다。

그리고 자기 국내의 정치에는 동방의 해독에 물들지 않을 다른 방책을 꾀해 보기로 했다。그것이 무엇인가는

名言 49

나무를 北門으로 옮기다

다음 장(章)에서 설명하겠다。

이적(夷狄)~진(秦)~중국이라는 삼단도식(三段圖式) 중간에 서 있던 것이 진나라。 화중(華中)의 여러 나라들로부터는 후진국이라 하여 소외당하나、 한편 서북의 유목민(진짜 夷狄)과 맞설 때는 자기야말로 중국의 대표라고 하며 위세를 떨친다。 요샛말로 한다면 진나라는 이른바 「개발도상국」이었던 것이다。 그런데 선진국들이 문명의 해독에 물들어 제자리걸음을 하고 있는 동안에、 개발도상국이 거침없이 새로운 시도(試圖)를 꾀하고 채택하는 것은、 오늘날의 세계 형편을 보아도 알 수 있는 바와 같다。 거기에는 청신한 희망이 소용돌이를 치고 있다。 전국시대(戰國時代)의 진나라가 바로 그러했었다。

그런데 진나라의 효공(孝公)은 기원전 三六一년에 왕위에 올랐었다。 앞서 말한 목공(繆公)의 시대가 발흥기(勃興期)라고 한다면 효공의 시대는 바로 그 발전기에 해당된다。 그 무렵、 화중의 위(衞)나라에서 사양귀족(斜陽貴族)의 후손(後孫)인 위앙(衞鞅)이 찾아왔다。 후에 상어(商於) 땅(지금의 河南省 弘農縣 근방)에 영지(領地)를 얻었기 때문에 흔히 상앙(商鞅)이라고 부른다。 〈상자(商子)=또는 商君書)〉 五권은 그의 언행록(言行錄)이며 〈사기〉 열전(列傳)에도 이름이 들어 있다。

진나라 땅에는 훗날의 이른바 「관중(關中)의 옥야(沃

野)」가 있었다。 상앙은 전란이 그칠 사이 없는 중원(中原=華中)땅을 포기하고 섬(陝)의 산지(山地=옛날의 函谷關 근방)를 답파(踏破)하여 왼편으로 화산(華山=一九九七미터)을 우러러보며 기슭의 고개를 넘었다。 눈앞에 끝없는 초원이 펼쳐지기 시작하자、 손을 들어 눈 위에 얹고 한숨을 크게 몰아쉬었을 것이다。

효공 밑에는 그때를 전후하여 유가(儒家)들이 브레인을 형성하고 있었다。 정통파의 유가는 「하늘(天)은 변함이 없으며 도(道=사람이 세상을 살아가는 방법) 역시 변함이 없다」라는 것을 지론(持論)으로 삼고 있다。 그들은 구태의연한 주나라의 귀족 및 노예 봉건제도・신분제도 등을 동경하는 완고한 보수파인 것이다。 그러나 상앙(商鞅)은 세상이 바뀌면 사람이 살아가는 방법도 달라져야 한다고 굳게 믿고 있었다。

상앙：만약 나라를 부강케 하는 일이 있다면 고(故=낡은 방법)에 사로잡히지 않을 것이며、 만약 백성을 이롭게 하는 일이 있다면 예(禮=因習)에 얽매이지 않는다

유자：그렇지 않소이다。 이(利)가 一백이라도 법(法)을 바꿀 수 없으며、 공(功)이 一〇이라도 그릇(器)을 바꾸지 않는 법。 옛법을 따르면 과(過=잘못)가 없으며 예(禮)를 따르면 사(邪)가 없소이다

끝없이 계속되는 논쟁을 듣고 효공은 「변법(變法)」의 생각을 택하려고 단안을 내렸다。 그렇다면 상앙이 생각한 변법이란 무엇이었을까。

우선 초원을 개간하는 일이다。 〈상자(商子)〉에서는 첫머리에 「변법(變法)」 「간초(墾草=草地開墾)」의 필요가 강조되고 있다。 개간이 잘 되면 자작농(自作農)이 늘어난다。 동쪽의 선진국에서도 「오구(五口)의 집(부부에 부양가족 셋)」이 농가의 전형이라던 무렵인데、 사실상은 부농이 토지를 병합하고 호족(豪族)이 그것을 수탈하며、 심지어는 전란(戰亂)이 농촌을 벌거벗겨 가기 때문에 자작농민은 자라지를 못한다。 이 신개지(新開地)에서 오로지 자작농가의 뒷받침을 하여 자립시키고、 집집마다 직접 징세(徵稅)를 하며 부역(賦役)을 시킨다면 국력은 날로 부강해질 것이다。

「부자형제(父子兄弟)、 한 방에서 생활함을 금한다」

「백성이 아들 둘 이상을 두어 분가(分家)시키지 않는 자는 그 부역을 배로 한다」

이것이 상앙 변법(變法)의 첫째 정책이었다。

이어서 상업을 「말리(末利)」를 좇아 생산하지 않는 자」라고 하여 최소한으로 억제하고 경(耕)과 직(織)을 본업으로서 권장한다。 즉 중농주의(重農主義)인 것이다。 매마침 철로 만든 괭이며 낫이 처음으로 실용화(實用化)되기

시작한 무렵으로서、 관중고원에 방목(放牧)하는 소와 말을 경작에 이용하면 농(農)의 생산력이 훨씬 뻗어날 수 있는 그런 때였다.

다음으로는 자립한 집들을 십오(什伍=一〇家組와 五家組)로 조직한다. 그리하여 나쁜 짓을 알고도 신고하지 않는 자는 연좌(連座)、 고발한 자에게는 적의 수급(首級)을 얻은 자와 똑같은 상을 준다. 조그만 집락(集落) 몇몇을 모아 「현(縣)」으로 하고、 현에는 정부 직할의 관리를 두기로 했다. 즉 관료에 의한 직접지배의 원형이 여기에서 싹트기 시작한 것이다. 그리고 한걸음 더 나아가 말한다면 후세의 당나라 「균전제(均田制)」가 목적으로 했던 율령체제(律令體制)의 원형이 등장했던 것이다.

특히 준엄한 것은 귀족들에 대한 처우였다. 몇해 전 서안(西安) 근교의 반파(半坡)·객성장(客省庄)에서 二백여의 진대(秦代) 상류계급의 무덤이 발굴된 바 있었다. 동방 각국의 귀족 무덤은 그 규모가 크며、 그 가운데에는 가문의 격식을 상징하는 예기(禮器=세발솥 등)가 매장되어 있는 법인데、 진나라의 무덤은 그 규모도 작을뿐더러 그릇도 일용(日用)의 도기(陶器) 정도밖에는 나오지 않았다는 것이다. 그렇게 겸소한 진나라 귀족에 대해서도 상앙은 거침없이 구속을 가했다.

「적의 머리 하나를 얻은 자에게는 작(爵) 一급(級)·토지 一경(頃=一〇畝)、 택지(宅地) 九묘(畝)를 준다.」

「종실(宗室=貴族)이라 해도 군공(軍功)이 없는 자는 속적(屬籍=名簿)에서 제외한다」

라는 것이다.

「변법」이 공포된 뒤에도 백성들은 반신반의(半信半疑)、 얼마나 실행되는가를 지켜보았었다. 그래서 상앙은 삼장(三丈=약 七미터)이나 되는 거목(巨木)을 서울의 남문(南門)에 세우고、 북문(北門)으로 옮긴 자에게는 一〇(金)을 준다」라고 선언했다. 그래도 모두가 아직 의심하고 있다. 이번에는 「五〇금을 준다」라는 포고(布告)를 내렸다. 어느 사나이가 눈치를 슬금슬금 살피며 나무를 옮겼더니、 상앙은 즉시 五〇금을 내렸다. 또한 태자(太子)가 범법(犯法)을 했다 하여 그 교육 담당자를 엄벌에 처했었다. 처음에는 의심했던 사람들도 그제서야 겨우 「법(法)」의 값어치를 믿기 시작했다. 확실히 답답하긴 하나、 그러나 법 앞에서는 「평등」이 보장되는 것이 지금까지는 없었던 청신(清新)함이라고 하겠다.

「행하기를 一〇년、 진나라 백성은 크게 기뻐하다. 길에 떨어진 물건을 줍지 않으며 산에는 도적이 없어지다」(《史記》「商君列傳」)라고 사마천은 그 전진(前進)을 높이 평가하고 있다.

各言 50

法의 弊, 이에 이르는가

(卷末圖版⑫參照)

서안(西安=옛날의 長安)의 서북쪽 교외로 나아가면 이윽고 위수(渭水)에 이른다。 위수교(渭水橋)를 건너면 건너편 기슭이 함양(咸陽)、 지금은 공업도시이지만 강남쪽 기슭에는 진(秦)나라의 시황제(始皇帝)가 지은 「아방궁(阿房宮)」의 옛 자취가 남아 있다。 후에 초나라의 항우(項羽)가 불태워 없애버릴 때 「불이 三개월 동안이나 꺼지지 않다」(〈史記〉)는 정도로 계속 탔기 때문에 건물의 자취는 없다。 새까맣게 탄 기왓장 조각이나 녹아버린 청동기(靑銅器)만이 흙 속에 묻혀 있을 뿐이다。 서쪽의 옹(雍)에서 이 함양으로 도읍을 옮긴 것도 저 상앙(商鞅)이 「법」의 지배를 강행했던 당시의 일이다。

「천백(阡陌=東西南北으로 통하는 道路)과 봉경(封境=흙을 쌓아서 標識 한 땅의 境界)을 두며 부세(賦稅)가 공평하다。 두용(斗桶=말)・권형(權衡=저울)・장척(丈尺=자)을 고루하다。…진나라의 공자(公子) 건(虔) 또한 약정(約定)을 범하다。 이를 코를 자르는 형에 처하다。 五년이 지나자 진인부강(秦人富强)하여 동주(東周)의 천자(天子)、 제례(祭禮)의 고기를 보내며、 제후(諸侯)는 모두 축하하다」(〈史記〉「商君列傳」)

상앙의 지배 一〇년만에、 진나라는 동방의 여러 나라를 능가하는 강국으로 두각을 나타내기 시작한 것이다。 규정대로 조세를 징수하려면、 도량형(度量衡)이 공정

(公定)되어야 한다。 상앙이 주조한 청동의 방승(方升=角型으로 된 一升)이 상해 박물관에 보존되어 있다고 한다。 기원전 三四四년에 주조된 것이다。 명문(銘文)에는 말의 칫수까지 새겨져 있기 때문에 당시의 한 되(一升)는 지금의 ○·二리터、 당시의 一척은 二三센티이었음을 알 수 있다。 一二○년 뒤에 시황제가 중국 전토에 공포한 도량형은 상앙이 정한 기준을 그대로 원용(援用)한 것이었다。

여러분은 그림과 같이 뼘으로 길이를 재본 적이 흔히 있을 것이다。 그 뼘의 모양을 그린 것이 「尺」이라는 글자로서、 사람의 한 뼘은 보통 二三센티가 된다。 그것은 또한 바로 열 손가락의 너비에 해당된다。 一촌(寸)이란 「손가락 하나의 너비」란 것이 된다。 또한 두 손을 나란히 합쳐 쌀이나 물을 손으로 떠서 분량을 잰 경험도 있을 것이다。 그 양은 약 ○·二리터인 것이다。 위(上)로 건져 올린다고 해서 승(升=昇)이라고 부르는 것이다。 상앙이 정한 도량형은 인간의 손을 사용하는 실용적인 측정법을 규준으로 한 것이다。 과연 실무가다운 「법가(法家)」의 방법이 아니겠는가。

그런데 진나라로부터 한(漢)나라에 걸친 약 三백년 동안 이 도량형은 거의 유지되어 왔었는데、 다음의 三국(國)·六조(朝)의 혼란기에 「尺」이나 「升」도 대폭적으로 늘어나게 되어 당나라 시대에 와서는 마침내 一척=三○여센티、 一승=○·六리터가 약간 못되는 정도로 불어났다。 그것은 어째서일까。 악덕관리(惡德官吏)나 지주들이 멋대로 말이나 자를 크게 하여 백성이 一년의 현물세(現物稅)를 바치러 오면 「한 말들이 말이다」 하고는 그 위조된 말을 사용해 「여덟되밖에 안 되니 더 갖고 오너라」 하고는 쫓아 보냈던 것이다。 관(官)의 단속이 소홀해지고 권위가 떨어지면서부터 악폐는 날로 번지기만 했었다。 진나라의 공자 건(虔)이 「약정을 어겨 코를 베였다」는 것은 그 초기의 일로서、 귀족의 신분을 빙자로 하여 규준보다 큰 말로 부세(賦稅)를 거두어들인 것이 탄로났던 것이다。 「법 앞에서는 신분의 차별이 있을 수 없다」고 하는 상앙의 방침이 준엄하게 시행되었다고 하겠다。

상앙이 「법의 화신(化身)」으로서의 방침을 일관한 전반기(前半期)는 그 나름대로 훌륭했다。 그러나 몰락귀족의 인텔리에게는 의외로 약점이 있어서、 그것이 묘한 형태로 폼기 마련인 것이다。 권좌(權座)의 자리에 오르자 그는 우선 재(才)에 치우쳐 사람을 속이고、 다음으로는 권세에 오만하여 스스로 봉지(封地)를 손에 넣었다。 이어 기원전 三四○년、 그는 군(軍)을 이끌고 동쪽의 위(魏)나라를 공략했다。 대진(對陣)한 상대는 지난날의 죽마고우(竹馬故友)인 위나라의 공자(公子) 앙(卬)이다。

「임자와 대전(對戰)하는 것은 마음이 내키지 않네。자리를 마련하여 한잔 하지 않겠나」

상앙은 적장(敵將)을 초대하여 잔치를 베풀고、주연이 한창일 때 위사(衛士)에게 명하여 공자(公子)를 포박해 버렸다。장군을 잃은 위나라의 본진(本陣)은 모두들 들떠 도망치기에 바쁘다。위는 마침내 안읍(安邑)의 서울(지금의 山西省 蒲州)을 버리고 멀리 동방의 대량(大梁=지금의 開封)으로 물러났다。위(魏)를 양(梁)이라고 바꾸어 부르기 시작한 것은 그 때문이다。양의 혜왕(惠王)이 맹자를 보고、「더할 수 없는 치욕」이라고 말한 것은 이 패전(敗戰)을 가리키는 것이다。

진나라의 효왕(孝王)은 그 전공(戰功)으로써 상앙에게 「상어(商於) 땅」을 주었다。그것은 진나라 국경 밖으로 삐져나와 있는 초나라 북경(北境)에 자리한 땅이라고는 하나 과대한 사령(私領)은 갖지 못한다는 상앙이 정한 원칙을 스스로가 짓밟은 것이라고 하겠다。

조양(趙良)이 상앙에게 이렇게 충고하였다。

「옛날、진나라의 오고대부(五羖大夫=百里奚)를가리킨다)는 힘들어도 수레를 타지 않고、더위에도 양산(蓋)을 받치지 않으며……그가 죽을 때 진나라의 남녀는 눈물을 흘리며、동자(童子)도 노래를 그쳤다고 하더이다。

그에 반해 주군께서는 어떠하시오니까、나아가실 때에는 후거(後車) 一〇량(輛)、역사(力士)가 수레곁을 지키나이다。어서 빨리 상어 땅을 되돌려 논밭에 관수(灌水)하실 일을 생각하심이 마땅하오리이다」

그런 참에 상앙을 신임하고 있던 효공(孝公)이 갑작스레 세상을 떠나고 말았다。그러자 상앙에게 원한을 품고 있던 진나라의 귀족들이 일제히 들고 일어나 「상앙、모반(謀反)하다!」고 떠들어댔다。상앙은 기급을 하여 동으로 도망쳐 함곡관(函谷關) 기슭의 민가에 이르러 문을 두들겼다。그러자 노옹(老翁)이 문을 닫아걸며 말했다。

「상군(商君)의 법에 따르면 험(驗=通行證)이 없는 객(客)을 집안에 들이면 연좌(連座)되어 처벌됨은 익히 아실 터。거절하오리이다」

상앙은 이를 악물며 탄식했다。

「법을 다스린(爲) 폐단이 이에 이르다니!」

그는 하는 수 없이 위나라로 도망치려 했으나、위나라에서는 지난날의 속임수에 대한 분노를 잊지 않아 상앙을 사로잡고 말았다。틈을 엿보아 다시 도망친 상앙은 약간의 부하를 이끌고 진나라의 추격병과 싸우나 피투성이가 된 채 황하 기슭에 쓰러지고 말았다。진나라 혜왕은 그 주검을 함양(咸陽)으로 옮겨오게 하여 「거열형(車裂刑)」에 처했다고 한다。기원전 三三八년의 일이다。

名言 51

今에 厚하며 古에 薄하다

상앙(商鞅)은 결국 자신의 시체를 함양(咸陽) 시장(市場)에 참혹히 드러내고 말았는데, 그 대신 진나라에서는 「법치(法治)」의 경험과 「순법(順法)」의 기풍이 남게 되었다. 그로부터 五〇년쯤 지나, 제나라의 순자(荀子)가 진나라를 방문했다. 진나라 재상이 「우리나라의 감상(感想)이 어떠하시오」하고 묻자, 순자는 얼굴에 미소를 띠며 대답했다고 한다.

「백성은 소박하며 옷차림에 꾸밈이 없으며, 백리(百吏)는 숙연하며 겸소하오. 또한 사대부(士大夫)는 가문(家門)에서 공문(公門)으로, 공문에서 가문으로 직행하여 도중에 사사(私事)를 꾀하지도 않는 것 같소이다. 조정은 담담하여 마치 치자(治者)가 없는 것만 같소이다. 옛날의 백성, 옛날의 조정도 이러했으리라 생각되오이다」(〈荀子〉「強國篇」)

퇴폐한 동방의 여러 나라들에 비해 이 얼마나 성실한 모습인가. 여기서 순자는 「옛날의 소박함」에 언급하고 있는데, 그것은 소박함의 비유로서 「옛(古)」을 꺼낸 예에 불과하다. 그는 유가(儒家)이면서도 함부로 「옛(古)으로 돌아가라」는 따위를 주장하지는 않았다. 오히려 「요순(堯舜)의 세상」 따위의 꿈 같은 이야기를 믿지 않는 현실주의자였다. 그는 인간의 본성을 악(惡=欲心덩어리)이라고 보았기 때문에, 예의(禮儀)·법제(法制)로서 엄하게 인간을 다스려야 한다고 주장했던 것이다. 「법치(法治)」의 실적을 진나라에서 보았다는 것은 더욱 더 그 자신(自信)을 깊게 했으리라. 그는 「옛날 성왕(聖王)의 세상으로 돌아가라」는 따위로 말하지 않고, 「후왕(後王)을 따라 법도(法度)를 하나로 하라」(《荀子》「儒效篇」)고 주장하는데, 그 「후왕」이란 이를테면 진의 시황제(始皇帝) 같은 사람의 이미지였음에 틀림없다.

그러한 순자 아래 이사(李斯)와 한비자(韓非子)가 머리를 나란히 하여 배우고 있었다. 이사는 이윽고 시황제의 재상이 되어 수완을 발휘, 복고 취미(復古趣味)의 학자들을 구덩이에 생매장해 버리는 단안까지 내렸었다. 그러나 한비자는 귀족의 후예이긴 했으나 말더듬이에다 풍채도 변변치 못했다. 한(韓)나라로 돌아와 저술에만 몰두하기 시작했다. 순자는 이사라고 하는 거친 실무가(實務家)를 남겼으나, 한편으로는 한비자라는 귀재(鬼才)를 낳았기 때문에 그 학설이 한층 더 날카로와져, 드디어는 그것이 군주관료제의 이데올로기로 화(化)하여 중국 二천년의 체제를 굳히는 결과가 되었다.

순자(荀子)가 막연히 생각하고 있던 사회의 발달사를 한비자는 다음과 같이 구상해 보인다.

「상고(上古)에는, 인간은 홍수와 맹수를 피하여 나무 위에 새둥지 같은 집을 지었었다. 이때를 유소씨(有巢氏)의 세상이라고 한다. 다음은 날것을 먹어 병에 걸리는 것을 피하기 위해 불을 일으켰다. 이때를 수인씨(燧人氏)의 세상이라고 한다. 중고(中古)에는 대홍수가 일어나 우(禹)가 여기저기에 괴어있던 탁수(濁水)를 방류(放流)했다. 근고(近古)에는 이욕(利慾)·권력의 싸움이 격렬해져, 걸(桀)·주(紂)와 같은 폭군이 나타나 탕왕(湯王)·무왕(武王)이 이를 정벌했다」. 「그 변화를 개괄(概括)하건대, 상고에는 도덕(本性의 善)을 겨루고, 중고에는 지모(知謀)를 좇으며, 그리고 지금에 와서는 기력(氣力=實力)을 다투게 되었다 ── 고 말할 수 있다.」 「시세(時勢)에 역행하여, 이를테면 우(禹)의 시대에 나무에 둥지를 짓거나 나무를 부벼 불을 일으키거나 하면 우의 웃음을 살 것이다. 마찬가지로 요순·탕무(湯武)의 방법을 지금 세상에서 찬양한다면 틀림없이 현대의 성인(聖人)들로부터 웃음을 살 것이다. 우리는 세상의 실정(實情)에 따라 대비(對備)를 정하는 것이다」(《韓非子》「五蠹篇」)

여기서 유명한 「주(株)를 지킨다」의 이야기가 비유로서 인용된다. 송나라 농부가 나무그루터기에서 잠깐 쉬고 있노라니까 산토끼 한 마리가 달려오더니 나무그루터기에 부딪쳐 넘어져 죽었다. 「옳거니! 밭일을 집어치우고 토끼를 잡아야겠다!」 그 뒤로 농부는 날이면 날마다 그

그루터기 곁에서 기다렸으나 토끼는 두번 다시 나타나지 않는다. 그러는 동안에 밭은 황폐해져 남의 웃음거리가 되었다는 것이다.

「선왕(先王)의 정(政)으로써 오늘날의 백성을 다스리고자 함은 모두 나무그루터기를 지키고 있는 따위와 비슷한 일」이라고 한비자는 풍자하는 것이다.

이를테면, 요순은 깨끗이 천하를 남에게 양보했다고 하니 이 얼마나 훌륭한 일인가, 하고 유가(儒家)는 칭송한다. 그러나 생각해 보아라, 상고(上古)의 천자(天子) 생활은 지금의 문지기 생활만도 못하다. 지금의 현령(縣令)은 자손까지 사치할 수 있을 만한 수입이 있다. 그렇게 간단히 직책을 양보할 수 없는 것도 당연하지 않겠는가. 옛날에는 인구가 적고 물고기도 손으로 잡을 수 있었다. 지금은 어떤가. 인구의 증가는 식량의 증가를 웃돌고 있다. 옛사람(古人)이 특히 도덕심이 있고, 오늘날의 사람들이 특히 악착스러운 것이 아니다. 시대의 형편이 다른 것이다. 한비자는 세상의 변천을 이렇게 설명하고 있는 것이다.

그렇기 때문에 현재의 중국에서는, 유가(儒家)는 일반적으로 「옛(古)에 후(厚)하며 오늘(今)에 박(薄)한」 이른바 반동파(反動派)이며, 상앙이나 한비자는 그 반대로 「오늘에 후하고 옛에 박한」 진보파라고 평하는 것이다.

동방의 여러 나라 가운데에서 한(韓)은 특히 약체국가로서 한비자(韓非子)라는 귀재(鬼才)의 존재도 알지 못할 정도로 그날그날을 살아가기에 바빴다. 그러나 한비자의 서(書)는 사람의 손을 통해 진나라로 전해졌었다. 시황제는 그것을 읽고 세번 탄(嘆)했다. 그리고는 한비자를 억지로라도 진나라로 데려오려고 갑자기 한나라를 치기 시작했다. 한나라에서는 지금까지 상대조차 하지 않았던 한비자의 존재를 깨닫고 황급히 그를 진나라로 보냈다. 따지고 보면 별것이 아니라 진나라는 군사력을 동원하여 사람 하나를 납치했을 뿐인 것이다.

시황제는 함양궁(咸陽宮)에서 한비자를 접견하며 기뻐했는데, 한비자의 옛친구인 이사(李斯)가 이렇게 고자질을 했다. 「그래도 역시 녀석은 한나라의 공자(公子), 섣불리 신용해서는 아니되십니다」이 중상은 효과가 있었던 모양이다.

「진왕, 과연 그렇다 하여 이(吏)로 하여금 한비(韓非)를 조사(治)케 하다. 이사(李斯), 사람을 시켜 한비에게 독약을 보내어 자살케 하다. 한비, 스스로 진왕에게 진정(陳情)하고자 했으나 만나지를 못하다. 진왕, 후에 이를 뉘우쳐 사람을 보내어 용서하려 했건만 한비는 이미 죽다」(〈史記〉「韓非列傳」)

귀재(鬼才)의 최후는 상앙(商鞅)보다 더욱 비참했다.

名言 52

奇貨가 있구나

진(秦)의 시황제(始皇帝)、그의 이름은 정(正=또는 子政)이라고 한다。세상에서도 드문 이 왕자는 그 출생의 시초부터 이상한 운명을 지니고 있었다。그것이 성인이 된 후 그의 신상에 어두운 그림자를 따르도록 만드는 것이다。그 복잡기괴(複雜奇怪)한 사연을 알기 위해서는 우선 다음과 같은 계보(系譜)를 알아 두기 바란다。

華陽夫人
　＋
秦의 昭王→孝文王 (養子)
　　　　　＋
　　　　　夏姬→莊襄王(異人、뒷날 子楚)
　　　　　　　　＋
　　　　　　　　趙의 美人(뒷날 太后)→始皇帝
　　　　　　　　＋
　　　　　　　　呂不韋

그런데 기원전 三백년경 서쪽의 진(秦)에게 가장 두려운 상대는 동쪽의 조(趙)나라였다。그러한 상대방에게는 인질(人質)을 보내어 인연을 맺어두는 것이 당시의 정략(政略)의 정상적인 방법이었다。진의 효문왕(孝文王)에게는 약 二○명의 자식이 있었으나、그중에서 「이인(異人)」이라는 이름을 가진 공자(公子)가 조(趙)에 인질로 가있었다。그의 어머니는 하희(夏姬)라고 하였는데、아버지인 효문왕이 화양부인(華陽夫人)을 초(楚)에서 맞이

한 뒤로부터는 효문왕이 이 남국미인(南國美人)에게 홀딱 빠져 하희는 총애(寵愛)를 잃어버렸다. 그에 따라 하희가 낳은 아들(異人)도 소외(疎外)되어 인질(人質)이라는 달갑지 않은 역할을 맡게 되었던 것이다. 조(趙)나라는 지금의 하북성(河北省)이어서 먼 진나라에서 보내는 생활비도 잘 가지 않아 공자 이인은 타국에서 불우한 귀양살이를 하는 신세가 되어 있었다.

이때에 나타난 것이 여불위(呂不韋)라고 하는 대상인(大商人)이다. 그는 한(韓)의 도시 양적(陽翟=지금의 河南省禹縣)을 본거지로 하여 소금이나 직물(織物)과 당시 겨우 보급되기 시작한 철제(鐵製)의 무기와 농기구 등을 팔고 다녔다. 이 사나이는 노예상인의 손을 거쳐 많은 노예를 사들이고 그들에게 짐을 지워 화중(華中)·화북(華北)을 돌아다니며 드디어 천금(千金)의 재산을 모으게 되었다. 그 여불위가 조나라의 서울 한단(邯鄲)으로 찾아왔다. 한단은 그 당시 인구 三십만이라는 대소비도시였다. 그는 사람들을 통하여 진나라 공자 이인(異人)의 이야기를 듣고 무릎을 탁 쳤다.

「기화(奇貨)가 있구나(居)」

「居」는 踞(뒤꿈치 위에 엉덩이를 올려 놓다)·据(위에 물건을 올려 놓다) 등의 원자(原字)로서 그 위에 타고 앉는다는 뜻이다. 「이것은 진귀(珍貴)한 물건이다. 여기에 편승(便乘)하면 큰 벌이가 되겠다」고 판단한 것이다. 그 후 중국에서는 관리(官吏)가 상업을 하고, 상인이 관리를 이용한다고 하는 「관리와 상인의 결탁(結托)」이 유행하여 큰 문제가 되는데, 그 선례(先例)를 만든 것이 이 여불위(呂不韋)인 것이다. 그는 투기(投機)에 뛰어난 정상배(政商輩)의 제一호라고 할 수 있을 것이다.

그것은 또한 그때까지 세상을 지배하고 있던 가문(家門)과 무력(武力) 이외에 「재력(財力)」이라고 하는 제三의 힘이 등장했다는 것을 말해 주는 사건이기도 하였다.

여불위는 곧 공자(公子) 이인(異人)을 찾아갔다.

여:화양부인에게는 아직 어자(御子)가 없소이다. 장래의 태자(太子)를 선택하는 열쇠는 화양부인이 쥐고 있다고 소생은 생각하오. 하온대 공자께서는 타국에서 가난하게 살고 있으며 본국에서 운동을 하려고 해도 방법이 없소. 이 여불위에게 맡겨 주시오. 천금(千金)을 던져 서유(西遊)하며 진나라 서울에서 한번 바쁘게 뛰어보겠소. 그런데 화양부인은 초나라 사람인 까닭에 공자도 어명을 자초(子楚)로 갈고, 드디어는 초나라 옷을 입고 그 비위를 맞추어야……

공자:고맙소. 성공하는 날에는 내 그대와 진나라를 둘로 나누겠소

이리하여 여불위는 화려한 행렬(行列)을 갖추고 서쪽

으로 서쪽으로 七백로를 가서 진나라 서울 함양(咸陽)에 당도하였다。그리고 곧 진귀한 선물을 화양부인과 그 언니에게 바치고、열심히 설득하기 시작했다。

여：공자자초는 어질고 똑똑하기로 이름 높고 교제하는 제후(諸侯)와 빈객(賓客)은 천하에 널리 있다고 아뢰오。부인을 천(天)이라고 숭배하여 밤낮으로 부군(父君)과 부인의 안부를 걱정하며 눈물을 흘리고 있사옵니다。그런데 색(色)으로써 받자옵는 분은 그 색이 쇠(衰)하면 은총(恩寵)도 멀어지는 법、일찌기 공자 중에서 현효(賢孝)한 분을 양자로 뽑고、그 분을 태자(太子)로 세우소서。그러면 부군(夫君)의 몰후(沒後)에도 부인께서 권세를 놓칠 염려가 없아옵니다。

화양부인은 깊이 감동하였다。그리고 기회를 보아 효문왕 앞에서 훌쩍훌쩍 울었다。

화：신첩(臣妾)은 부덕(不德)하여 아이가 없아옵니다。공자 자초는 세상에서도 드물게 어질다는 소문이오니 바라옵건대 그로 하여금 후사(後嗣)를 맡게 하고 이 몸을 의탁(依託)하게 하시옵소서

효문왕도 여자의 눈물에는 약하다。드디어 자초에게는 본국으로부터 넉넉한 금품(金品)이 보내지기 시작하고、여불위는 공자의 후견인(後見人)으로 임명되었다。

이리하여 행운의 첫걸음을 내딛게 되었다。우선 그것을 축하한다는 뜻에서 자초는 여불위의 저택으로 초대받았다。이 자리에는 많은 여자들도 술자리를 함께 하였는데 그 중에서도 인물이 뛰어난 것이 한단(邯鄲) 부호의 딸이며 가무(歌舞)에도 뛰어난 여불위의 애첩(愛妾)이었다。그 여자의 자태를 지켜보고 있던 자초가 「저 여자를 나의 처로 삼게 해주시오」라고 여불위에게 속삭였다。이 말에 교활한 여불위도 화가 치밀었으나 「대어(大魚)를 낚기 위해서는 이 정도의 희생쯤……」이라 생각하고 그 말을 들어 주었다。그런데 그녀의 뱃속에는 이미 여불위의 씨가 들어 있었다。

「희(姬)、신(身＝胎兒) 있음을 익(匿＝감추다)하다。대기(大期＝만 一二個月)에 이르러 자정(子政)을 생(生)하다。자초、드디어 희를 부인으로 삼다」(〈史記〉「呂不韋列傳」)

그것은 기원전 二五九년의 일이었다。뒤에 진나라가 한단(邯鄲)을 공격했을 때 조(趙)에서는 인질인 자초를 죽이려 하였으나、여불위가 파수병을 돈으로 매수하여 자초를 탈출시키고、부인과 아들도 진나라로 불러들였다。그 젖먹이가 뒷날의 시황제이다。보통사람은 一〇개월만에 출산한다。임신 「一二개월」이라는 비정상이 그 출생에 얽힌 비밀을 감추었던 것인데 따지고 보면 시황제는 진나라와 아무 혈연관계도 없었던 것이다。

名言 53

家를 破하여도 奇를 낚겠다

진나라의 공자(公子) 자초(子楚)는 기구한 반생(半生)을 넘기고 무사히 모국으로 돌아와 드디어 왕위(王位)에 올랐다。 많은 공자들을 물리치고 왕좌(王座)에 앉을 수 있었던 것은 두말할 것도 없이 여불위가 돈을 써가며 동분서주(東奔西走)한 덕택이다。 이 사람이 바로 진의 장양왕(莊襄王)인데 그의 운명도 그것이 전부였던지 부왕(父王)의 상(喪)을 치르고 난 후 대수롭지 않은 병이 들어 그대로 세상을 뜨고 말았다。 그 뒤로는 겨우 一三세의 아들, 뒤의 시황제(始皇帝)에게 왕위(王位)가 돌아왔다。 만사는 정상배(政商輩) 여불위의 계획대로 진행되었다。

진나라 관습으로 남자는 二二세가 되어야 성인이 된다。 그때까지 九년 동안 신왕(新王)은 여불위를 「중부(仲父=작은아버지)」라 부르고 상국(相國=宰相)에 임명하여 모든 일을 맡겼다。 여불위는 동주(東周)의 옛서울 낙양(洛陽)을 중심으로 一〇만호(戶)의 영지(領地)를 차지하고 「문신후(文信侯)」라는 칭호를 가졌다。 상업도 더욱 번창하여 마지막에는 가동(家僮=私有奴隷) 一만명을 거느리는 위세를 자랑하였다。

고대(古代)의 귀족 노예제도는 이제 지난날의 유물(遺物)이 되고 있었으나 노예를 혹사한다는 습관은「상(商=商業)」이라는 신흥생업(新興生業) 속에 완고한 형태로 살아남아 있었다。 그런데 바닥으로부터 올라선 사람은 「문

文=글)」에 대하여 열등감을 가지는 것이다. 「문신후(文信侯)라는 칭호가 그러한 열등감을 해소하려는 한 가지 방법이었다. 그 당시 초(楚)의 춘신군(春申君)、제(齊)의 맹상군(孟嘗君)…… 등 밑바닥으로부터 올라선 호걸(豪傑)들은 하나같이 모두 식객(食客)을 문하(門下)에 모아 그 수를 자랑하였다. 여불위도 질세라 하고 식객 三천명을 모아 유가(儒家)·노장(老莊)·음양오행가(陰陽五行家) 등 여러가지 학설을 긁어모아 〈여씨춘추(呂氏春秋)〉 二○만 언(言)을 편집하게 하였다. 그것을 함양(咸陽) 시장의 문에 공시(公示)하여 「능히 한자(一字)라도 증감(增減)하는 사람이 있다면 천금(千金)을 주겠다」고 선언하였다고 한다.

그러나 〈여씨춘추(呂氏春秋)〉의 주지(主旨)는 어디에 있었던 것일까. 그것은 노장(老莊) 사상을 바닥에 깔고 「무위(無爲)로서 치(治=다스림)한다」는 것이 정치의 이상(理想)이라 하고 「임금(君)은 할 일(事) 없고 아는 것(識)도 없고、단지 인재(人材)를 얻어 그들에게 맡기도록 하라」고 하였다. 즉 여불위 일당(一黨)에게 정치의 전권(全權)을 맡기고 양(羊)처럼 순한 군주(君主)로 만들겠다고 하는 엉큼한 생각을 나타낸 것이다. 또 상앙(商鞅) 이래의 진나라 방침은 「농업을 근본으로 하고 말리(末利)를 좇는 상업을 억압한다」는 것이었으나 그래서는 상인에게 불편하다.」 또 여불위 자신의 상업도 속박을 받는다. 그래서 이 「農本(농본)」의 생각을 왜곡(歪曲)하여 현효(賢孝)한 인재를 모으는 것이 정치의 「본(本)」이라고 강조하였다. 일찌기、

「家(집)을 파(破=깨다)하여도 진기한 재화(奇)를 낚으(釣)련다」(〈史記〉「呂不韋列傳」)

고 단언하고 파산해도 좋다는 각오로 기화(奇貨=진귀한 상품)를 낚으려던 여불위였으나、이번에는 낡은 권세(權勢)의 자리를 어떻게 해서라도 지키려고 고육지책(苦肉之策)을 짜낸 것이다. 과연 이욕(利慾)에 눈이 먼 식객 수천이 여(呂)의 문하에 모여들어 법가(法家)들의 비판을 봉쇄한 것처럼 보였다. 그러나 거기에는 꺼림칙한 기운이 감돌기 시작하였다.

시황제의 어머니는 원래 조나라의 미희(美姬)이었다. 三○세가 겨우 넘어 미망인(未亡人)이 되고、「태후(太后)」로 받들어지기는 하였으나 노래와 춤으로 지새우던 한단(邯鄲)의 꿈을 잊을 수가 없다. 그리하여 드디어는 아직도 젊은 육체가 요동을 치기 시작하였다. 더구나 옛날에 그의 씨를 받았던 사나이、늙었으나 아직 기름진 여불위가 이제는 「상국(相國)」이 되어 눈 가까이 모습을 나타낸다. 결국 두 사람 사이에는 옛정이 되살아나서 남의 눈을 피하여 잠자리를 함께 하기에 이르렀다. 그러나 여붙위의 체력도 한계가 있었다. 그래서 노애(嫪毐)라는 미남을 끌어들여 수염을 뽑고 환관(宦官)처럼 만들어 태후의 잠자리 시중을 들도록 하였다.

「태후、몰래 노애(嫪毐)와 통하여 그를 절애(絕愛)하여 잉태하다. 사람들이 이것을 알까 두려워하여 물기(物忌=꺼리는 것이 있다)라 하여 옹(雍)으로 옮기다. 노애 언제나 따르고 상사(賞賜)는 언제나 후(厚)하며 매사(每事) 노애가 결(決)하다」(〈史記〉「呂不韋列傳」)

드디어 이 사나이는 하인 一천명을 거느리고 여붙위에 대항하는 제二의 세력으로 성장하였다. 어느날 그는 귀족들과 노름을 하다 다투다가 술취한 김에 눈을 부릅뜨고 「나는 임금의 의부(義父)야. 너희 놈들이 무슨 잔소리야」라고 소리질렀다. 그 소리를 듣고 풀이 꺾인 사나이가 헐레벌떡 시황제에게 달려갔다.

「노애(嫪毐)는 환신(宦臣)이 아닙니다. 언제나 태후와 노닥거리고 두 아이를 낳았으나 감추고 있읍니다. 왕이 돌아가신 뒤에는 그 아이에게 뒤를 잇게 하려고……」

이미 二二세가 된 시황제는 그 소리를 듣고 격노(激怒)하였으나 어쨌든 상대는 두렵다. 그래서 곧 결심을 할 수가 없다. 더구나 일단 태후를 의심하기 시작하니 여붙위의 언동(言動)도 수상하다. 그렇다면 자신은 도대체 누구의……

다음해 四월、시황제는 드디어 성년식(成年式)을 올리게 되어 조묘(祖廟)가 있는 옹(雍=지금의 鳳翔景)으로 향하였다. 그때 노애는 몰래 황제의 인새(印璽)를 훔치고、황제의 숙소에 야습(夜襲)을 가하려고 하였다. 그것을 알아차린 시황제는 선수(先手)를 쳐서 역습하였다. 노애와 그 일당 및 거기에서 난 두 아이는 차례로 붙들리어 본인은 거열형(車裂刑)을 받고 주요 동료들은 목을 잘려 길거리에 매달렸다.

이제 의심은 여붙위에게 미치게까지 되었다. 시황제는 여붙위에게서 「상국(相國)」 직위를 빼앗고 낙양으로 가게 하였다. 또 뒤쫓아 사신을 보내어、

「그대는 진(秦)에 어떤 공(功)있어 하남십만호(河南拾萬戶)를 식(食)하는가. 그대는 진에 무슨 친(親) 있어 중부(仲父)라 칭하는가. 일족과 더불어 촉(蜀=四川省)으로 옮기도록(移) 하라」

고 통고하였다. 여붙위는 그 친서(親書)를 받고 음독 자살하였다고 한다.

시황제는 자기가 여붙위의 자식이란 것을 알아차렸던 것일까. 그렇다면 자기도 진의 왕실과는 아무런 혈연도 없는 「타인」인 셈이 된다. 「그대는 진나라에 무슨 친(親)이 있어……」 하는 말이 가슴을 짓누르듯 그를 괴롭혔으리라.

名言 54

焚書坑儒

여불위(呂不韋)와 노애(嫪毒)는 시황제가 나이 어린 것을 이용하여 권력을 쥐려고 책동(策動)하였던 두 개의 사당적(私黨的) 세력이었다。 겨우 성인이 된 시황제는 결단을 내려 이 곪은 자리를 잘라 버리고 드디어 기원전 二三八년부터 직접 정권을 쥐게 되었다。

여(呂)의 잔당(殘黨)에 대한 조치는 가혹하였다。「여」의 사인(舍人=家臣)으로서 상의식(喪儀)에 열(列)을 이룬 자 중 진나라 사람이면 국외(國外)로 추방(追放)。六백석(石) 이상의 녹(祿)을 먹는 자는 작위를 박탈하여 변경(邊境)으로 보낸다」는 것이다。 시황제의 눈에는 대부분의 식객(食客)들이 「밥을 축내며 놀고 먹는 백성(遊民)」으로밖에 보이지 않는다。 이 기회에 「축객령(逐客令)」을 내려 타국에서 진나라로 모여든 인텔리 유민을 일소(一掃)하려고 하였으나、 이사(李斯=荀子의 門人)의 진언을 받아들여 일단 보류하였다。

이 무렵、 위(魏)의 서울에서 「상앙(商鞅)의 법(法)」을 배운 위료자(尉繚子)가 찾아왔다。 그의 생각은 진나라 건국에 이바지한 법가(法家)의 전통을 부활시키려는 것이었다。 그는 「육국(六國)을 각개 격파(各個擊破)하는 것이 좋겠다。 三〇만금(萬金)만 쓴다면 각국의 대신들을 매수(買收)하여 내부로부터 붕괴시키는 것은 어렵지 않은 일」이라고 진언하였다。 이사(李斯)를 추천한 것도 이 사나이다。그 뒤로 이 두 사람은 시황제의 브레인이 되어 전국통일에 나서게 되었다。

시황제는 동쪽의 六개국 중 특히 약한 한(韓)을 멸망시키고、드디어 강적(强敵)인 조(趙)를 공략하기 시작하였다。조나라는 시황제의 어머니가 태어난 나라이다。하북성(河北省)의 델타를 중심으로 하여 험한 태행산맥(太行山脈)으로 서쪽을 막고、지금의 태원(太原) 북쪽에서는 흉노(匈奴)의 남하(南下)를 막기 위하여 장성(長城)을 쌓고 있었다。용장(勇將) 이목(李牧)이 북쪽을 지키고、장군 방난(龐煖)이 북쪽 이웃 연(燕=지금의 北京地區)을 공격하고 있다。이 틈을 타서 진군(秦軍)은 차례로 조나라의 도시들을 공략하여 나갔다。급히 돌아온 이목의 반격으로 한때 물러서기는 하였으나、기원전 二三三년부터 진나라 군대는 다시 조나라 서울 한단(邯鄲)으로 육박하였다。이때 마침 메뚜기와 한재(旱災)로 인하여 조에는 식량이 부족하였다。그런 참에 조의 중신(重臣)이 진에게 매수되어 이목을 중상(中傷)하였다。이로 인하여 용감한 장수가 처형되고 드디어 서울이 함락되었다。

시황제는 스스로 한단에 말을 몰고 들어가 일찌기 어머니 생가(生家)와 원수진 사람들을 잡아 갱(坑)에다 묻고 돌아갔다。그에게는 원망스러운 어머니였을 것이나 그래도 은애(恩愛)의 정은 강하였던 것 같다。그렇지 않으면 자기 출생의 비밀을 아는 사람을 모조리 없애 세상의 입을 막으려고 하였던 것일까。조의 멸망에 의하여 남쪽의 방패를 잃은 연(燕)은 三년 후에 망하였다。또 위(魏)의 서울 대량(大梁=지금의 開封)은 진나라 군대가 황하(黃河)의 탁류(濁流)를 쏟아 넣어 괴멸(壞滅)되었다。남은 남쪽의 초(楚)는 기원전 二二三년에 멸망하고 산동(山東)의 제(齊)도 그 다음해 진나라 군대에게 항복하였다。

三六세를 맞은 시황제는 공자(公子)나 공신(功臣)을 지방에 봉(封)하지 않고 전국을 군현(群縣)으로 나누어 직접 지배하에 두고 군신을 모아 평의(評議)하게 하였다。

「나는 연약한(眇眇) 몸으로 병(兵)을 일으켜 폭난(暴亂)을 주(誅)하다。종묘(宗廟)의 영(靈)에 의하여 六국의 왕 모두 그 죄(罪)에 복(伏)하고 천하(天下)가 크게 안정되었다。이제 명호(名號) 새로이 하지 않으면 성공(成功)을 칭(稱)하여 후세(後世)에 전(傳)할 수 없다。이제 제호(帝號)를 의(議)하라」〈史記〉「始皇本紀」

그래서 평의한 결과、

「호(號)하여 황제(皇帝)라 하고、자칭하여 짐(朕)이라 하다。……짐은 시황제(始皇帝)가 되고 후세、자기를 원(元)으로 계수(計數)하여 二세(世)~三세로 이어 만세에 이르르게(至) 하여 무궁하게 전하련다」(同前)

고 하게 되었다。「황제(皇帝)」「짐(朕)」이라는 호칭이 이때에 탄생한 것이다。 그리고 천하의 병기(兵器)를 모아 녹이고 그것으로 동상(銅像) 열 둘을 만들어 궁중에 두었다。 또 상앙(商鞅)의 옛법에 따라 도량형(度量衡)을 통일하고 전국의 가도(街道)를 넓히고、 수레바퀴의 폭(軌幅)을 통일하고 소전(小篆)이라는 자체(字體)를 정하여 각국에서 사용하던 이체(異體)의 문자를 폐지했다。 그로부터 약 一○년、 시황제는 동쪽의 발해에서 북쪽은 지금의 산해관까지 돌아다니며 六국의 잔당들을 진압하였다。

시황제 三四년、 함양(咸陽)에서 주연(酒宴)을 베풀었을 때 七○인의 박사(博士)가 축하하러 참석하였다。 그때 제(齊)나라 사람인 박사가 앞으로 나아가 「이제 폐하(陛下)는 바다 안의 모든 땅(海內)를 차지하였으나 그 자제(子弟)는 필부(匹夫=庶民)에 지나지 않사옵니다。 옛날을 배우(師)지 않고 오래 계속된 일은 없아오니 픗나기들을 측근(側近)에 두지 말고 자제와 공신을 봉하여 왕실(王室)의 지주(支柱)로 삼으소서」라고 말하였다。 여기서 픗나기란 이사(李斯)를 가리킨 것이다。 그것을 들은 이사가 발끈하여 말하였다。

「만세(萬世)의 공을 세우는 것은 어리석은 학자(愚儒)의 알바 아니다。 지금 모든 유생들은 금(今)을 배우지 않고 고(古)를 학(學)하고 당세(當世)를 비난하고 백성(黔首)을 혹난(惑亂)한다…… 영(令)이 내린다고 들으면 각각 자기의 학(學)으로 그것을 의(議)하고 들어가서는 마음에 비(非)라 하고 나와서는 항간(巷間)에서 의(議)하는구나。……청(請)컨대 사관(史官) 밑에 있는 기록(秦紀) 이외에는 모두 태우게 하소서。 박사직(博士職)에 있지 않고 시서백가(詩書百家)의 서(書)를 가진 것이 있다면 모조리 수위(守尉=文武의 地方官)가 있는 곳에서 태우소서。 시서(詩書)를 함께 말하는 자는 시체를 거리에 버리시고 고(古)로써 금(今)을 비난하는 자는 일족동죄(一族同罪)。 버리지 않는 것은 의약・복서・종수(種樹=農業)의 책뿐。 법령을 배우고자 하면 이(吏)로써 사(師)로 삼을 것」(〈史記〉「始皇本紀」)

그것을 들은 시황제는 「좋다」고 결정을 내렸다。 이것이 유명한 「분서(焚書)」의 진상(眞相)이다。 상앙 이래 「관료지배(官僚支配)」라는 새로운 체제를 목표로 해온 진나라의 이데올로기가 이사의 입을 통해 튀어나온 것이다。 역사의 톱니바퀴를 돌리기 위해서는 보수적인 부유(腐儒)들을 자른다는 것이 당연하지 않은가——라고 一六세기의 이탁오(李卓吾)가 말하고 있는데、

문제의 핵심은 「분서(焚書)」가 아니다。 또 최근 시끄러운 「언론탄압(言論彈壓)」 등과 같은 것은 물론 아니다。 사실은 정치에 있어서의 우파(右派)와 좌파(左派)、 보수파와 혁신파와의 대립이었던 것이다。

名言 55

東海에 神山 있다

현대의 지식인들은「언론(言論)의 자유」를 호신부(護身符)처럼 생각하고 있다。그러므로 진시황(秦始皇)의「분서(焚書)」가 마치「극악무도(極惡無道)」한 전형(典型)으로 생각된다。그러나 관점을 약간 달리해 보면 꼭 그런 것도 아니다。도대체 우리의「자유사회(自由社會)」에도 정말로 살아갈 자유가 있는 것일까。돈이 있는 사람은 과연 제마음대로 살 자유가 허용되어 있는 것 같다。그러나 돈 없는 사람은 어떠한가。돈이 없어 진학(進學)을 할 수 없고, 하고 싶은 일을 할 수 없으며, 자금조달(資金調達)에 궁색한 나머지 파산한다。어떤 기업체에 다니면서 거기에서 발생되는 공해(公害)를 고발하면 눈총을 받거나 쫓겨나기가 일쑤이다。……그러고 보면 우리가 말하는 소위「자유(自由)」라는 것도 대단히 허전한 간판(看板)에 지나지 않음을 알 수 있다。또 진시황 때 글을 읽을 줄 아는 사람은 천에 하나, 아니 만명에 한사람 꼴이었다。즉 글을 미끼로 녹(祿)을 먹으려던 극소수의 엘리트에 지나지 않았다。고대의 봉건귀족을 부활시키려던 완고파(頑固派)의 바이블이었던「시서(詩書)」가 불질러지더라도 대중(大衆)들에게는 아무런 상관도 없는 일이었다。

사마천은 시황제에게 호의(好意)를 갖고 있지는 않았으나 그래도 그의 공적(功績)을 높이 평가하고 있다。

「근고(近古)에 왕(王) 없는 지 오래다。 고로 제후(諸

侯)는 강(强)이 약(弱)을 침(侵)하고 중(衆)으로 과(寡)를 폭(暴)하여 병혁(兵革)이 그치지 않아 사민(士民)이 피폐(疲弊)하였다。 이제 진(秦)이 남면(南面)하여 천하의 왕이 되었다。 이것은 상(上)에 천자(天子) 있음이라。 원원(元元=수 많은 庶民)、원하건대 성명(性命)의 안(安)을 득(得)코자 허심(虛心)으로 상(上)을 앙(仰=우러러 보다)하지 않는 자(者) 없도다」
(〈史記〉「始皇本紀」)

대중의 희망을 짊어지고 일어섰는데 애석하게 되었다。 천하를 차지한 후 시황제의 방법이 좋지 못하였다고 사마천은 말하고 싶은 것이다。

당시의 중국 중심부 인구는 약 二천만、전국 말기 一백년 동안에 그중의 약 三백만 이상이 죽었다고 한다。 이제 이야기를 황하 하류에 국한해 보자。황하의 홍수를 막기 위하여 하류(下流)의 제(齊)나라는 二五리(里、一里는 약 四〇〇미터)의 제방(堤防)을 쌓았다。 그런데 이웃한 조(趙)와 위(魏)는 물이 거슬러 흐르면 안 되므로 그 북쪽에 또 二五리의 제방을 쌓았다。 탁수(濁水)는 출구(出口)를 잃고 동서로 넘쳐 논밭을 집어삼킨다。 거기다가 각국이 제방을 터뜨려 상대를 수공(水攻)한다。 이러한 전재(戰災)와 인재(人災)가 얼마나 백성들을 괴롭혔는지 헤아리기 어렵다。 따라서 시황제의 통일이 백성들에게는 무엇보다도 다행스럽다고 생각되었을 것이다。

시황제 二八(紀元前 二一九)년、시황제는 산동(山東)에 나아가 태산(泰山)에 오르고、현재의 청도(青島) 북쪽 낭야산(琅玡山)에 발을 뻗쳤다。 다음 二九년에는 지부(芝罘)에、二년 후에는 지금의 산해관(山海關)으로 향하였다。이것은 단순한 유람이 아니었다。「호족(豪族)을 살(殺)하고 천하의 병(兵)을 수(收)하고」「성(城)을 괴(壞)하고 제방(堤防)을 결통(決通)하여」(〈史記〉) 구봉건(舊封建) 시대의 유풍을 타파(打破)한 것이었다。

그 다음해에는 장군 몽염(蒙恬)을 파견하여 흉노를 치고、三三년에는 원래 연(燕)·조(趙)·위(魏) 등이 부분적으로 축조(築造)하고 있던 성새(城塞)를 연결하는 「만리장성(萬里長城)」의 건설에 착수하였다。 동시에 죄인·상인·유민(遊民) 등을 모아 화남(華南)으로 원정군을 보내고 계림(桂林)·상군(象郡)·남해(南海) 등 세 군(郡)을 두었다。

그러나 이 무렵부터 독재자에게 흔히 있는 겁 없는 야심 때문에 그 자신의 영혼이 좀먹히기 시작하였다。 낭야산에 올라가 망망한 동해(東海)를 바라보았을 때、시황제는 어떻게 해서든지 자기의 권력을 영속시키고 싶은 생각을 하게 되었다。 옛날부터 산동의 연해(沿海)에는 어민(漁民)이 많다。 봄날에는 바다 저멀리 신기루(蜃氣樓)

가 보인다。 어민 중에는 유구(琉球)、 일본의 구주(九州)、 한반도 등으로 표류했다가 돌아온 사람들도 있어서 그들의 전언(傳言)과 신기루가 결부되어 「동해(東海)에 선도(仙島)가 있다」는 전승(傳承)이 생겨나 있었다。 서불(徐市)이라는 사나이가 시황제 앞에 나타나 말하였다。

「해중(海中)에 봉래(蓬來)·방장(方丈)·영주(瀛州)라 하는 세 개의 신산(神山)이 있고 선인(仙人)이 살고 있사옵니다。 재계(齋戒)하고 동남동녀(童男童女)와 바다로 나아가 선인(仙人)을 찾아오겠나이다」

시황제는 「그리하라」 하고 선비(船備)를 갖추어 주었으나 그 결과를 보지 못하고 귀로(歸路)에 올랐다。

그 다음다음 해 산해관에서 발해를 바라보았을 때、 또 노생·(盧生)·후생(侯生)이라는 사람이 바다에 나가 「불사약(不死藥)」을 구하여 오겠다고 자칭하였다。 선인(仙人)에게 잘 보이기 위하여 연금술(練金術)에 몰두하고 선초(仙草)를 찾아 불로장생(不老長生)의 약을 얻은려는 패거리를 「방사(方士)」라고 한다。 시황은 또다시 방사들의 말에 속아 금품을 주었으나 그런 약을 구하지 못하는 것은 당연하다。 초조해진 노생(盧生) 등이 이번에는 「인주(人主)는 거처(居處)를 남에게 감추어 악귀(惡鬼)를 피하소서。 방해하는 사람이 없으면 진인(眞人=仙人)이 황제 앞에 나타날 줄로 아뢰오」라고 진언하였다。 마지못하여 한 핑계였으나 시황제는 그것을 정말로 받아들였다。

당시 아방궁(阿房宮)의 건설이 진행되고 있었다。 시황제는 함양 근교(近郊) 二백리(八○킬로)에 걸쳐 이곳 저곳의 궁전과 아방궁 사이에 장벽(障壁)이 있는 통로를 만들어、 바깥 사람들 모르게 왕래할 수 있도록 만들었다。 그리고 「황제의 거처(居處)를 고(告)하는 자(者)는 사형(死刑)」이라고 정하였다。

더 이상 거짓말을 할 수 없게 된 노생 등은、

「황제의 탐욕에는 손을 들었다。 매일 수백근(數百斤)의 서책(書册)을 손수 재결(裁決)하지 않으면 마음이 안놓이다니。 그래서야 선술(仙術)도 얻을 수 없다

고 묘한 핑계를 달고 자취를 감추었다。 시황제는 격노(激怒)하였다。

「먼저는 서불(徐市) 등에게 거만(巨萬)의 재(財)를 쏟아넣고、 이번에는 노생(盧生) 등에게 지나친 대우를 하였는데 이것이 도대체 무엇인가」

그는 어사(御史)를 풀어 서울에 묻혀 있는 자칭 학자들을 조사하게 하였다。 이렇게 되면 학자들은 치사해진다。 서로 고발하는 사람이 생겨 드디어 四六○명에 이르렀다。 시황제는 그들을 함양성 밖의 땅굴에다 묻었다고 한다。

이것이 「갱유(坑儒)」라고 하는 사건이다。 「언론탄압」 등과 같은 사건이 아님을 여러 분은 알 수 있을 것이다。

名言 56

東門을 나서 狡兎를 쫓으려다

이사(李斯)는 전국시대 말기(戰國時代末期), 지금의 하남성(河南省) 상채(上蔡)에서 태어난 일개의 서생(書生)에 불과했으나, 뒤에 진신황(秦始皇)의 한쪽 팔(腕)이 되었다. 이런 형(型)의 재사(才士)는 배짱이 든든한 수령(首領)을 받들고 있는 동안은 힘껏 수완(手腕)을 발휘한다. 그러나 자기가 전 책임을 지는 입장에 선다면 약해진다. 그는 한비자(韓非子)와 더불어 순자(荀子)의 문하(門下)에서 배웠는데, 한비자가 순수한 이론가(理論家)였던 데 대하여 이사는 처음부터 대단한 야심가였다. 그는,

「치(恥=부끄러움)는 〈비천(卑賤)〉보다 대단할 수 없고, 비(悲=슬픔)는 〈궁곤(窮困)〉보다 심(甚)할 수 없다. 비천곤궁하여 세(世)를 비(非=비난)하고 이(利)를 오(惡=미워함)함은 사(士)의 진정(眞情)이 아니다」(〈史記〉「李斯列傳」)

라고 말하여 순자의 밑을 떠나 멀리 진(秦)의 여불위(呂不韋)를 찾아가 그의 식객(食客)이 되었다. 그러다가 여불위의 추천으로 시황제의 브레인이 되고 여불위가 죽은 후에는 드디어 승상(丞相)이 되었다. 사마천은 말한다.

「이사(李斯)를 승상(丞相)으로 하고 군현(郡縣)의 성(城)을 제거(除去)하고 그 병인(兵刃=무기)을 녹여 다시 쓰지 않도록 하다. ……시서백가(詩書百家)의 서(書)를 수거(收去)하여 백성을 우(愚=어리석다)하게 하

고、법도(法度)를 명(明)하고 율령(律令)을 정(定)하고 문서(文書)를 동(同=한가지)하다。이궁(離宮)·별관(別館)을 치(治=만들다)하여 천하를 다스리고 외(外)로는 사이(四夷)를 양(攘=물리침)하다。 이사 모두 말아 힘이 있었다」(〈史記〉「李斯列傳」)

즉 시황제가 전국을 평정하여 관료제(官僚制)를 시행한 것은 실무가(實務家)인 이사의 노력에 의한 것이다。

이사의 장남 이유(李由)는 삼천(三川)의 태수(太守—長官)가 되어 낙양에 자리잡고、아들이나 딸은 모두 진(秦)의 왕족과 혼인을 하여 그 일족은 의기양양하였다。어느날 이사는 사저(私邸)에서 주연(酒宴)을 베풀었는데、문득 불길한 예감(豫感)에 사로잡히었다。

「스승인 순경(荀卿=荀子)이 말하였다。도(度)를 지나침을 금(禁)하라。나는 원래 상채(上蔡)의 포의(布衣=庶民)에 지나지 않는다。그것이 지금은 인신(人臣)의 위(位—자리)를 극(極)하게 되었다。 일이 극(極)하면 쇠(衰)한다고 하는데、글쎄 어떠할지」

이것을 보면 이사는 뜻밖에도 소심하고 우직한 사람이었던 것 같다。「분서갱유(焚書坑儒)」라고 하는 비상수단도 사실은 든든한 군주를 위에 모시고 형제자(兄弟子) 한비자의 이론을 충실히 실행한 데 지나지 않았다。

시황제의 장남 부소(扶蘇)는 학자들을 구덩이에 묻는다는 소리를 듣고 「그들 학자는 공자(孔子)를 배우는 사람들이므로 처형하면 천상(天上)에 불안(不安)을 초래(招來)할 것입니다」고 간(諫)하였다。 시황제가 제일 싫어하는 공자를 불쑥 끄집어 낸 것이 그의 비위를 건드렸다。시황제는 짜증이 난 나머지 부소를 북쪽 국경으로 쫓고、만리장성을 쌓고 있던 몽념(蒙恬)장군에게 그 신병(身柄)을 맡겼다。

그러한 시황제도 막내아들 호해(胡亥)의 하는 말에는 무엇이나 「좋아、좋아」라고 귀여워하였다。 기원전 二一一년、다섯번째 천하순시(天下巡視)를 나섰을 때에도 호해의 소원을 받아들여 데리고 갔다。

그 여행은 대단한 것이었다。지금의 호북성(湖北省)의 창(宜昌)에서 양자강을 따라 내려가 절강성(浙江省) 회계산(會稽山)에 오른 뒤 해안을 따라 북상(北上)하고 산동반도에 이르러 다음해 봄을 맞았다。 시황제는 몸의 쇠약을 느끼는 나이가 되고 불사(不死)의 약(藥)을 얻고 싶다는 욕망을 더욱 가지게 되었다。「동해(東海)의 신산(神山)으로 간다고 하여 금품을 뜯으면서 요리조리 핑계를 대고 있는 「방사(方士)」들 때문에 애를 태우면서 지금의 천진(天津) 남쪽 평원진(平原津)에 이르렀을 때、시황제는 갑자기 병에 걸리고 하북성(河北省)의 사구(沙丘)에 이르러 숨을 거두었다。 위독(危篤)한 병상(病床)

에서 그는 장남인 부소 앞으로 「급히 함양으로 돌아와 회상(會喪)하고 후사(後事)를 도모하라」는 내용의 유서(遺書)를 남겨 놓았다。

승상인 이사는 파랗게 질렸다。 서울에서 七백 킬로나 떨어진 땅에서 황제가 급서(急逝)한 것이다。 지체없이 냉방차(冷房車)에 시체를 싣고 아침저녁의 식사를 보통 때처럼 가져오게 하여 상(喪)을 감추면서 서쪽으로 서쪽으로 행차를 서둘렀다。 사실을 알고 있는 것은 이사와 환관인 조고(趙高) 및 왕자인 호해 등의 몇 사람뿐이었다。 조고는 살그머니 호해를 꾀었다。 「결단(決斷)코 감행(敢行)하면 귀신도 피한다고 합니다。 우리는 그대를 二세 황제로 받들 작정이오。 황제의 유서는 수중(手中)에 있으므로 어떻게라도 처분할 수 있읍니다」 다음으로 조고는 이사에게 다가갔다。

조고：장자 부소(扶蘇)는 무용(武勇)을 가진 분이므로 반드시 그대를 물리치고 장군 몽념(蒙恬)을 승상으로 삼을 것이요。 우물우물 할 수는 없소。 전화위복(轉禍爲福)이란 이러한 때이요

이사：「우리는 선군(先君)의 유소(遺詔)를 받들어 모든 것을 천명(天命)에 맡길 뿐 두번 다시 그런 소리를 하지 마오

이사는 조고의 유혹에는 응하지 않았으나 원래는 뿌리가 약한 사람이다。 그 반대로 조고는 대담하다。 드디어 여러 차례의 설득에 손을 든 그는 하늘을 우러러 탄식하였다。「아아 혼자서 난세를 만나 죽을 수도 없고 어디에다 목숨을 맡길 건가」

서울에 돌아오자 조고는 곧 시황제의 유서를 고쳐서 부소에게 검(劍)을 내려 자살시키고、 몽념장군을 옥에다 가두었다。 그리고는 교묘히 二세 황제를 조정하여 이사가 접근하지 못하도록 만들었다。 그러다가 아들인 이유(李由)가 반란군과 내통하고 있다——는 소문을 퍼뜨려 이사를 감금하여 버렸다。

이사는 옥중에서 상서(上書)하였으나 그것도 조고가 쥐고 앉아 도리어 고문을 당하였다。 그때 옥중으로 어사(御史=法官)가 나타났기 때문에 이사는 눈물을 흘리며 고충을 호소하였으나、 그것도 조고가 보낸 가짜 어사여서 또 지독한 매를 맞아 피까지 토하였다。 수일 후 진짜 어사가 나타났으나 이사는 전례(前例)에 질린 나머지 입을 열지 못하였다고 한다。 처형이 결정되어 옥에서 끌려 나왔을 때 이사는 아들 손을 잡고 눈물을 흘렸다。

「너와 더불어 다시 황견(黃犬)을 데리고 상채(上蔡)의 동문(東門)을 나가 교토(狡兎)를 좇으려했건마는 이제 그러지도 못한겠도다」(〈史記〉「李斯列傳」)

그 三년 뒤、 기원전 二〇六년에 진은 멸망하였다。

名言 57
馬를 일컬어 鹿이라 하다

三五년 쯤 전에는 청조(清朝)의 「환관(宦官=內侍)」의 생존자가 호동(胡同) 뒷골목의 한쪽에서 쓸쓸하게 살고 있었다。 나이 七〇세가 되었어도 피부는 매끈매끈하고 뺨에는 불그스럼한 봉숭아 빛이 감돌고 마치 五〇전후의 아주머니 같은 얼굴을 하고 있었다。 옛날에는 환관을 시인(寺人=잔심부름 하는 사람)이라 불렀다。 〈춘추좌씨전(春秋左氏傳)〉에는 「시인맹장(寺人孟張)」「시인혜장(寺人惠牆)」 등의 이름이 나타난다。 이들은 모두 제후의 왕궁에서 몸종·말꾼·심부름 등의 일을 맡고 있었다。 몸이 불구인 노예를 추장(酋長)이나 여주인(女主人) 가까이에 두고 부리는 것은 태고(太古)의 노예시대부터의 유풍(遺風)이었으나 그러한 습관이 귀족왕궁에 남아 「시인(寺人)」이라는 역할이 된 것이다。 원래는 귀족 신변의 잡용(雜用)으로 부림을 받았으나 드디어는 내전(內殿)과 바깥과의 전달인(傳達人)이 되고、 점점 무게를 가지게 되었다。 내전과 외정(外廷) 사이를 연결하는 통로(通路)가 막히면 신하의 상주(上奏)가 군주의 귀에 들리지 않는다。 그러한 통로가 시인(寺人)의 역할이므로 신분은 낮으나 그 자리에서 얻는 것은 많다。 부인들이 많은 내궁(內宮)에서는 문제를 일으키지 않도록 시인(寺人)은 거세된 남자、 즉 고자에 한하였다。 이러한 자리에서 생기는 것을 노리고 스스로 남자의 상징을 제거하여 사인

이 되는 자도 생겨난다。 그것이 새로운 진나라의 관료체제에서「환관(宦官)」이라 불리게 되었다。

그런데 진의 환관 조고(趙高)는 시황제의 어린 아들 호해(胡亥)의 시중을 들고 글을 가르쳐 일찍부터 그의 신임을 얻었다。 여행 중인 시황제가 사구(沙丘)에서 갑자기 세상을 떠나자、 그는 승상 이사(李斯)를 끌어들여 호해를 二세 황제로 받들려고 음모를 꾸몄다。 그런데 방해가 되는 것은 부소(扶蘇=始皇帝의 長男)이다。 조고는 시황제의 유서를 가로채고 「살아있는 시황제」의 말투를 흉내내어 부소 앞으로 문책(問責)의 글을 전달하게 하였다。

「부조(扶蘇)는 장군 몽념(蒙恬)과 수십만군을 솔(率)하고 변경(邊境)에 둔(屯)하기 一〇여년이나 촌척(寸尺)의 공(功)이 없다。 도리어 가끔 상서직언(上書直言)하여 짐(朕)을 비방(誹謗)하였다。 도(都=서울)로 귀(歸)하여 태자가 되지 못함을 일야원망(日夜怨望)한다는구나。 부소의 사람됨이 불효(不孝)、 검(劍)을 사(賜)하야 자재(自裁)시키라」(〈史記〉「李斯列傳」)

몽념은 거듭하여 부소에게 자중(自重)하라고 일렀으나 급사(急使)가 뒤를 이어 자결을 재촉한다。 결국 부소는 하늘을 우러러보고 자살하고 마침내 몽념도 체포되었다。

환관이라는 것은 육체의 결함 때문에 생기는 열등감과 사람들의 모멸을 이겨내기 위하여 돈과 권력에 대하여 대단한 집착을 가지는 법이다。 그것이 자기의 뜻대로 되면 대단한 세력을 휘두른다。 조고는 우선 최대의 적을 넘어뜨렸으나 다음에는 어떻게 하였는가。

호해 : 인생은 틈으로 준마(駿馬)가 달려감을 보는 것 같다고 하지 않는가。 이제 천하(天下)를 취(取)하였으니 나는 이목(耳目)의 즐거움을 다하여 천수(天壽)를 온전히 하고 싶은데 어떤가

조고 : 제공자(諸公子)와 공신(功臣)들은 우리가 사구(沙丘)에서 음모를 꾸몄다고 의심하고 있사옵니다。 폐하、 법(法)을 엄하게 하고 형(刑)을 무겁게 하여 무슨 죄라도 씌워 그들을 연좌(連坐)시키고 대신(大臣)을 멸(滅)하여 골육(骨肉)을 멀리 하소서。 그러면 베개를 높이하고 즐거움에 잠길 수 있사옵니다

이윽고 대신과 공자 수십명이 아무 말 못하고 잡히어 함양 거리를 붉은 피로 물들였다。

다음에 호해는 五만 명의 인부를 동원하여 아방궁(阿房宮) 증축을 시작하였다。

「민에 세심(稅深)하는 자를 명리(明吏)로 하고 인(人)을 다살(多殺)하는 자를 충신(忠臣)으로 하다」(〈史記〉「李斯列傳」)。 조고 등은 강력한 관료제를 악용하여 수탈

(收奪)을 마음껏 한 것이다.

원래 한비자의 주장에는 두 가지의 요점이 있었다. 한 가지는 낡은 봉건제도를 무너뜨려 새로운 관료제도를 만들 것, 또 한 가지는 군주가 전권(全權)을 쥐고 독재에 철저하라는 것이다. 전자(前者)는 새로운 시대를 개척하는 전망을 가지게 하였으나, 후자는 매우 음침한 주장이다. 그런데 이사는 자기의 자리가 위태로와 보이자 그 후자를 끌어내어 二세 황제의 욕망을 부채질하였다.

「군주(君主)가 백성을 위하여 애쓴다는 것은 어리석은 일. 명주(明主=총명한 君主)는 독단(獨斷)을 잘 하고 일일이 신하(臣下)를 독책(督責)하고 중벌(重罰)을 과(科)함이 좋을 것이요. 그러하면 천하(天下)는 두려워하고 폐하께 거역하는 일은 없을 것이오」

이것은 수제자(首弟子) 한비자가 「인주(人主)의 신하를 도제(導制)하는 길은 두 가지뿐. 형(刑)은 살육(殺戮)하는 것. 덕(德)은 경상(慶賞)하는 것」(「二柄篇」)이라 한 것을 근거로 황제와 조고에게 아부한 것이다.

거기에 한술 더 떠서 조고가 말한다. 「폐하는 유약(幼若)하시므로 대신(大臣) 앞에서 실수해서는 존엄(尊嚴)을 상(傷)하시옵니다. 금중(禁中=內殿)에 진좌(鎭座)하시옵소서」. 이것도 한비자가 「군주는 정은(情隱=인정을 감추다)하고 신하에게 호오(好惡=좋고 싫음)을 나타내지 말 것」(「二柄篇」)이라 한 취지를 악용한 것이다. 그 이후 군신(群臣)은 물론 재상인 이사조차 황제에 접할 수 없고, 만사는 깊은 내전에서 조고가 뜻하는 대로 되어 갔다.

사마천(司馬遷)은 그 무렵의 일화(逸話)를 다음과 같이 전하고 있다.

「二세, 조고(趙高)를 배(拜)하여 중승상(中丞相)이라 하다. 사(事)는 대소(大小) 없이 모두 조고가 결(決)하다. 고(高), 스스로 권중(權重)함을 알고 녹(鹿)을 헌(獻)하여 「마(馬)」라고 하다. 二세, 좌우(左右)에 문(問)하여 「이것이 녹(鹿)인가」 하자 좌우 모두 「마(馬)」라고 답(答)하다. 二세, 놀라 스스로 미혹(迷惑)이라 생각하고 태복(太卜)을 소(召)하여 궤(卦=점치다)하게 하다」(〈史記〉「李斯列傳」)

이 점장이(占師)는 조고의 눈치를 살피며 「상림원(上林苑)에 들어가 제계(齊戒)하면 심혹(心惑)이 없어집니다」고 한다. 二세는 노이로제에 걸려 이궁(離宮)에서 고민하며 나날을 보내다가 드디어 조고의 위협으로 자살하였다. 조고는 황제의 인새(印璽)를 빼앗아 전상(殿上)에 올랐으나 어전(御殿)이 세 차례 진동하여 발목을 잡혔다. 「천명(天命)이 나를 용서하지 않는다」고 체념한 조고는 새를 왕족 자영(子嬰)에게 넘기고 드디어 전중(殿中)에서 척살(刺殺)되었다.

名言 58

우선 隗부터 쓰시오

진(秦)에 의하여 멸망당한 동방 여러 나라 가운데 특히 애절한 최후를 마친 나라는 현재의 하북성(河北省) 북반(北半)을 차지하고 있던 연(燕)나라였다.

하북성 북부를 옛날에는 유주(幽州)라고 불렀다. 아득히 깊이 들어간 변경(邊境)이라는 뜻이다. 수도(首都)인 북경이 있는 하북성은 지금에 와서는 중국의 북부이지만 북경이 정치의 중심이 된 것은 一三세기경 이후의 일이다. 줄친족(族)의 「금(金)」이 북경을 중국 경략(經略)의 거점으로 삼고 뒤이어 몽조족의 「원(元)」이 여기에 「대도(大都)」를 두었다. 원래 원대(元代)의 서울은 지금보다 약 一五킬로 북쪽으로 치우쳐 있고, 지금 천안문(天安門)이 그 당시 서울의 남문(南門) 자리에 해당된다고 한다.

그 무렵부터 서교(西郊)의 물을 끌어 성안으로 통하게 하고, 남쪽으로 배수(排水)한다고 하는 용수(用水)의 설계가 되어 있었고, 현재의 북해(北海)—중남해(中南海) 등과 같은 북경 구시내(舊市內)의 호수는 그 흔적이라고 한다.

그러나 금(金)이나 원(元) 이전의 북경은 초가지붕을 하고 흙을 바른 농가가 점재(點在)하는 황량한 땅에 지나지 않았다. 고대 연나라의 중심부는 아마 현재의 북경 남교(南郊) 대흥현(大興縣) 부근이었을 것이다. 지금은 영정하(永定河)에 밀려 내려와 이 지역을 덮고 있는 모래

땅을 그 부근의 농민들이 농토로 만들기 위하여 피땀을 흘리고 있을 것이다。 그런데 기원전 四、五세기는 전국시대(戰國時代)였다。 당시의 연나라는 어떠한 환경에 놓여 있었던가。 평원(平原)의 북쪽과 서쪽은 험한 산맥에 둘러싸여 있다。 그 산지를 동북으로 빠지면 「요동(遼東)」땅으로、 멀리 한반도로 연결된다。 서북으로 넘어가면 내몽고의 초원과 자갈이 깔린 고원(高原)이 펼쳐 있다。 어느 쪽이나 당시에는 유목민과 수렵민의 천지(天地)였다。 그러므로 연(燕)은 동쪽의 산해관(山海關)으로부터 북부산악(山岳)의 요소(要所)에 걸친 장성(長城)을 쌓아 「새외(塞外)」 부족의 침입을 막고 있었다。 그것이 뒤의 진(秦)의 동부장성(東部長城)의 모체가 된다。

그렇다면 남쪽은 어떠한가。 당시의 황하는 지금보다 훨씬 북쪽에서 호선(弧線)을 그으면서 발해만(渤海灣)으로 들어가고 그 도중에 「호지(呼池)」라고 하는 광대(廣大)한 소택(沼澤)을 만들고 있었다。 그 황하 하류가 제(齊)와의 국경을 이루었다。 또 서쪽의 태행(太行) 산맥에서 동쪽으로 흘러내리는 역수(易水)가 지금도 북경 남쪽 一백 킬로 부근을 흐르고 있으나 그 역수와 호지(呼池) 소택을 연결하는 선이 남쪽으로 이웃한 조(趙)와의 경계가 되어 있었다。 연나라는 추운 나라이므로 물론 쌀은 나지 않는다。 잡곡과 조(粟)가 주식(主食)이다。 소진(蘇秦)이 「연에는 조율(棗栗=대추와 밤)의 이(利)가 있다。 민(民)은 밭갈지 않더라도 조율로써 족(足)하다」(〈史記〉「蘇秦列傳」)고 한 것은 어느 정도 과장된 것이겠으나 지금도 밤과 대추는 이 지방의 특산물로 알려져 있다。

연나라와 이웃하였던 조나라와 제나라는 비교적 풍족한 강국(强國)이다。 그러므로 연나라로서는 천연의 경계에 의지하여 겨우 자신을 지키고 있었다。 다만 연나라는 서쪽에서 일어나고 있던 진(秦)에서 멀리 떨어져 있던 덕분으로 최후까지 살아남기는 하였으나、 그 말로(末路)는 마치 범에게 덤비는 당랑(螳螂)처럼 참담한 것이었다。

그러한 연의 문공(文公)에게 소진(蘇秦)이 찾아왔다。

「진(秦)은 강하다고 하나 연(燕)을 공격하려면 수천리 산야(山野)를 넘어와야 할 것이오。 이에 대하여 남쪽의 조(趙)가 연을 치려고 하면 명령을 내린 一〇일 만에 벌써 역수(易水)와 호지(呼池)를 건너 四、五일 안에 연의 성밑에 이를 것이요。 진은 상관하지 말고 우선 조와 손을 잡으서요」라고 설득하였다。 소진이 우선 연과 조를 연결하고、 그것을 토대로 장대(壯大)한 합종(合從)의 맹약(盟約)을 성립시킨 것은 앞에서 말한 바와 같다。 그러나 이것으로 인하여 연과 진(秦) 사이에 숙명적인 대립을 하게 되었으므로 뒷일이 두려워진다。

드디어 「합종(合從)」은 무너지고 연의 국내에서도 내분

(內紛)이 일어났다。 침입할 기회를 노리고 있던 제(齊)의 선왕(宣王)은 곧 대군을 이끌고 황하를 건넜다。

「사졸(士卒)은 싸우지도 않고 성문(城門)을 닫지도 않다。 연군(燕君)은 죽고 재상(帝相)의 아들 지(之)는 도망하다」(〈史記〉「燕召公世家」)

라고 한 바와 같이 연은 멸망 직전에 이르렀다。 그것은 기원전 三一四년、맹자가 제의 선왕(先王) 밑에 식객으로 있던 무렵의 일이다。 그러한 혼란 속에서 연의 소공(召公)이 왕위에 오르고、정객(政客)들의 지혜를 빌리려고 생각하였다。 그래서 막하에 있던 곽외(郭隗)를 불러、

「현사(賢士)를 얻어 국사(國事)를 함께 하고 선왕(先王)의 욕을 씻음이 나의 소원이다。 선생、만일 그런 만한 사람이 있으면 내가 모시도록 부탁하오」라고 상담(相談)하였다。 그러자 곽외는、

「왕이 반드시 현사(賢士)를 얻고자 하면、우선 외(隗)부터 하소서。 그러면 저보다 더 현명한 사람이 어찌 천리(千里)를 머다 하리오」(〈史記〉「燕召公世家」)

라고 대답하였다。 그래서 곽외를 위하여 저택을 세우고 상당한 대우를 하여 정중하게 사사(師事)하였다。 그러자 그 소문을 들은 원근정객(遠近政客)이나 병법가(兵法家)가 속속 연도(燕都)에 모여들었다。 악의(樂毅)는 병법을 가지고 위(魏)로부터、세계지리를 해설하겠다던 허풍장이 논객(論客) 추연(鄒衍)은 제(齊)로부터、그리고 군략(軍略)에 뛰어난 극신(劇辛)은 조로부터 달려왔다。

그로부터 二〇여년、악의는 제로 처들어 가서 차례로 제의 여러 성을 공략하여 왕년(往年)의 수치를 씻었다。 그러나 그 기세를 타고 조(趙)를 공격하였다가 반대로 대패(大敗)해 버린다。 그러나 그것보다 원래부터 공포의 대상이었던 진(秦)이 점점 동쪽으로 세력을 뻗어 남쪽으로 이웃한 조(趙)가 위태롭게 되었다。 연은 크게 놀라 태자 단(丹)을 인질로 진에 보내어 한동안의 연명책(延命策)을 강구할 수밖에 없게 되었다。

당시의 동방정객(東方政客) 가운데 전체적인 전망과 대책을 가졌던 사람은 역시 소진 한 사람뿐이었다고 해도 좋을 것이다。 곽외는 말할 것도 없고、출세를 노리고 모여 들었던 식객(食客)들은 결국 당면(當面)한 계책밖에 가지지 못한 소인(小人)이었던 것 같다。 그리고 곽외가 자신을 추천한 몰염치(沒廉恥)만이 후세의 이야깃거리가 되었다。 자의반 타의반(自意半他意半)의 소용돌이 속에서 어쩔 줄 모르고 날뛰는 오늘날의 정객들도 그 이야기는 한번 생각해 볼 만한 일이다。 그런데 현재의 정치가들의 수준에 비추어 보면 누구라도 가슴을 내밀며 「나를 제일 먼저 써 주시오」라고 말하더라도 이상하게 생각되지는 않는다。 묘한 세상이 된 것 같다。

名言 59

바람은 蕭蕭하고 易水는 차다

연나라는 북쪽에 치우쳐 있었기 때문에, 전국(戰國)의 분열상태로부터 전국(戰國)의 관료지배에 이른다고 하는 대변혁(大變革)의 파도를 맞는 것이 가장 늦었다. 동쪽의 여러 나라가 진에게 병탄(倂呑)되는 것을 보고 「저런, 저런」하고 입만 벌리고 있다가 결국은 죽거나 살거나의 모험을 하기에 이르렀다. 그러한 드라마의 주인공이 위(衞)나라에서 흘러온 형가(荊軻)라고 하는 검객(劍客)이다. 사마천은 〈사기(史記)〉의 「자객열전(刺客列傳)」에서 형가의 이야기를 열 떤 필치로 전개하고 있다.

형가는 젊어서부터 각국을 돌아다녔으나, 혈기(血氣)를 누르지 못하여 칼을 빼는 일은 없었다. 연도(燕都)에 이르러서는 노래(歌=질그릇 打樂器를 두드리며 拍子를 맞춤)를 잘하는 고점리(高漸離)나 도살장의 일꾼 등과 의기투합(意氣投合)하여 술취한 뒤에는 눈물을 흘리며 시장(市場)을 고음방가(高吟方歌)하며 돌아다녔다. 「그러나 그의 사람됨은 침호(沈好)하고 서(書)를 좋아하며 현호(賢豪) 장자(長者)와 친하다」(〈史記〉), 즉 장사풍(壯士風)의 인텔리였던 것이다.

연의 전광(田光) 선생이라는 호걸이 그의 인품(人品)에 홀딱 반하였다. 연에서 진나라에 인질로 가 있던 태자 단(丹)이 진의 시황제에게 소홀한 대우를 받는 것에 분개하여 도망하여 돌아왔다。 때마침 진의 장군 번어기(樊於期)가 패전(敗戰)을 문책(問責)받아 연으로 망명하여 왔으므로 태자 단은 「좋다、나에게 맡기라」 하고 자기 처소에 감추어 주었다。 태자의 호위역(護衛役)이 그것을 보고 근심한 나머지 충고하였다。

호위：진나라의 원한을 산다는 것은 무서운 일입니다。 망명해 온 장군을 숨기는 것은 마치 범 앞에 날고기(肉)를 두는 것과 같은 일、번어기를 흉노에게 보내고 소문나지 않게 함이 어떠하온지……

태자：쫓기고 갈 데 없는 사람을 흉노에게 어떻게 보내나。 나의 목숨이 붙어 있는 한 그것은 안 된다

호위：그렇다면 전광(田光) 선생의 지혜를 빌리시요。 이대로 있다가는 틀림없이 화(禍)가 미칩니다

그래서 태자 단은 예(禮)를 두텁게 하여 선생을 자기 거처로 모셨으나 선생은 「나는 이미 늙었소。 준마(駿馬)도 늙으면 노마(駑馬＝둔한 말)에 미치지 못하오。 그러나 나 대신 형가(荊軻)를 소개해 드리겠소」라고 하였다。

그래서 태자는 선생을 문까지 바래주며 「오늘 일은 나라의 큰일이므로 꿈에라도 새어 나가지 않도록 부탁드립니다」라고 나직이 말하였다。 「아무렴」 하고 선생은 웃는 낯으로 돌아갔다。

전광(田光)은 형가에게 출마(出馬)를 간청하며 말하였다。

「태자는 내가 딴소리 하지 않을까 의심하고 있소。 남에게 의심을 받을 정도가 되었다면 나도 별 볼일 없는 사람이요。 보시오、사나이의 절의(節義)는 이런 것！」이라고 말하자마자 단도로 자기의 목을 찔렀다。 그 솟는 피에 자극되어 형가는 태자를 찾아가게 되었다。

태자：어리석은 소리를 전광선생에게 말씀드렸구려。 부끄러운 일이오。 아까운 호걸 하나를 잃었소。 지금 진은 한왕(韓王)을 잡고 초(楚)를 치고 조를 포위하고 있소。 연은 나라를 들어서도 진을 당할 수는 없소。 남은 길은 단지 하나、용사(勇士)를 보내어 진왕(秦王)을 찌르는 것……

태자는 형가를 상경(上卿)으로서 맞이하고 후하게 접대하였으나 형가의 거동은 신중하다。 진의 맹렬한 공격 앞에 조가 무너지고 진의 대군이 드디어 육박해 오는 기색이 되자 태자는 안절부절 못한다。

그러자 형가가 침통한 얼굴로 말을 꺼냈다。

「진왕은 조심스러운 사람이요。 그렇다면 번 장군의 목과 연의 비옥한 땅의 지도를 가지고 가서 그것을 미끼로 진왕 신변으로 접근할 수밖에 없소。」 그러나 그런 말을 번어기에게 할만큼 태자가 대담치 못할 것이라고 생각한 형가는 스스로 번 장군을 찾아가 그 계획을 털어놓았다。

번어기：나의 부모와 일족(一族)도 이미 진왕에게 살해되어 나의 목에는 천금과 만호의 현상이 걸려 있오。숙원(宿怨)을 갚기 위함이라면……좋습니다。이 목을 드리겠읍니다

장군은 칼끝에 엎드려 스스로 목숨을 끊었다。태자 단은 장군의 시체를 안고 울었다고 한다。

그러나 이제 일각(一刻)의 유예(猶豫)도 할 수 없다고 하여 명검(名劍)에 독(毒)을 바르고 진무양(秦舞陽)이라고 하는 一三세의 역사(力士)를 형가와 함께 가게 하였다。기원전 二二八년의 가을、태자 등 몇 사람이 역수(易水) 강변까지 일행을 전송하였다。

바람은 쓸쓸(蕭蕭)하고 역수(易水)는 차구나(寒)

장사(壯士) 한 번 가니 돌아오지(還) 않으리。

친구인 고점리가 박자를 치며 형가와 함께 이별가를 불렀다。서쪽에는 만리(萬里)의 산허리가 이어지고 천지를 뒤덮은 황진(黃塵) 속으로 일행은 사라졌다。

진의 시황제는 장대(壯大)한 의례(儀禮)를 갖추고 함양궁(咸陽宮)에서 연의 사신을 맞았다。진의 전상(殿上)에서는 칼을 차는 것이 허용되지 않는다。의장병은 멀리 전하(殿下)에 줄지어 섰다。형가가 진무양을 데리고 나아가자 진무양은 부들부들 떨기 시작하였다。「북번(北蕃)의 촌놈이므로 천자님을 두려워하는 모양입니다。용서하소서」라고 형가가 둘러대며 우선 번 장군의 머리를 내어놓고 이어서 지도를 바쳤다。시황제가 지도를 펴려고 하는 순간、그 속에 말아 두었던 비수(首匕)끝이 보였다。

형가는 왼손으로 시황제의 소매를 꽉 잡고 오른손으로 비수를 찔렀으나 두터운 예복(禮服) 때문에 칼이 속까지 들어가지 않는다。옆에 있던 전의(典醫)가 약주머니를 집어던져 형가의 손목을 때렸다。놀란 시황제는 기둥을 맴돌며 피한다。「황제여、칼을 등에 메소서」라고 신하들이 소리친다。정신이 번쩍 든 시황제가 검(劍)을 등에 메자 겨우 긴 칼집이 빠졌다。시황제는 그 칼로 형가의 왼발을 잘랐다。형가는 넘어지면서도 시황제를 겨누고 비수를 던졌으나 맞지 않았다。그리고는 난도(亂刀)질을 당하여 그 자리에서 죽었다。

그 수년 후 노래의 명인(名人)이라는 노인이 시황제를 모시게 되었다。「그 사람이 고점리(高漸離) 같다」고 고(告)하는 사람이 있어 말오줌(馬尿)으로 눈을 상하게 하여 장님을 만들어 가까이 두고 노래를 부르게 하였다。어느날 이 눈먼 노인이 질그릇 악기(樂器) 속에 납(鉛)을 가득 채워 황제의 목소리를 목표로 힘껏 집어던졌다。그러나 이것도 맞지않아 처형당하였다고 한다。

名言 60

불이 석달 동안 꺼지지 않다

청산은 북곽(北郭)에 눕고
백수(白水)는 동성(東城)을 돈다。
이 땅 한번 떠나가면
고봉(孤蓬) 만리(萬里)를 가다(征)。

당(唐)의 장안(長安) 교외에서 시인 이백(李白)은 친구의 먼길을 전송하며 이렇게 노래하였다。 현재 서안성(西安城)에서 북쪽을 바라보면 넓은 보리밭 저멀리에 섬북(陝北)의 고지(高地)가 파란 띠 모양으로 길게 뻗어 있다。 서안시(西安市)의 북교(北郊)를 동서로 흐르는 큰 강이 위수(渭水)、 그 위수교(橋) 너머로 함양시의 공장들이 점점으로 보인다。 이번에는 서안시의 동교(東郊)로 향하면 얼마 안가서 패수(覇水)에 이른다。 「백수(白水)가 동성(東城)을 돈다」는 것은 이 강을 말한다。

「청산(青山)」과 백수(白水)」가 「대(對)」를 이루게 하기 위하여 「패수(覇水)」를 「백수(白水)」로 바꾸어 부른 데 지나지 않는다。 지금쯤은 넓은 강가를 사이에 두고 수양버들이 녹색 그늘을 드리우고 있을 것이다。 패수교(覇水橋)를 건너면 얼마 안가서 홍문촌(鴻門村)에 이른다。 이곳은 초(楚)의 항우(項羽)와 한(漢)의 유방(劉邦)이 일찌기 숨막힐 듯한 회견을 한 곳이다。 여기서 동쪽으로는 보리밭 사이로 곧은 가도(街道)가 뻗어 있다。 그 멀리에 함곡관이 있고 오랜 옛날부터 이 길이 장안(長安)과 낙양

(落陽)을 연결하는 동맥이었다。 옛말로 표현하면 관중(關中)과 관동(關東)을 잇는 연결로이다。

서안을 벗어나 五〇킬로쯤 가면 오른쪽에 험하고 푸른 산이 보이기 시작한다。 이것이 여산(驪山)이고 그 밑에 「화청지(華清池)」 온천이 있다。 당나라 현종(玄宗)이 양귀비와 함께 들었던 온천이고、 一九三六년에 일어난 서안사건(西安事件)」의 무대가 되었던 곳이기도 하나、 조용한 휴양처이다。 그리고、

봄은 추워도 욕(浴)을 내리는 화청(華清)의 못(池)、
온천의 물은 매끄러워(水滑)
응지(凝脂)를 씻는다 (〈白樂天〉「長恨歌」)

라고 읊어진 곳이다。

거기서 약간 동북으로 시황제의 능(陵)이 보인다。 홀쭉하게 누워있는 모습의 언덕이고、 여산의 흙을 파서 나르고 인공적으로 만들어 올린 것이다。

〈사기(史記)〉에는 다음과 같이 씌어 있다。

「기원전 二二〇년 九월、 시황을 여산에 묻다。 처음에 시황이 즉위(即位)하자 여산의 흙을 파내다。 천하를 합병(合併)함에 이르러 七〇만여인(人)을 보내어 삼천(三泉)을 파고 동(銅)을 깔아 곽(槨)을 앉히다。 ……수은(水銀)을 흘려 백천(百川)·강해(江海)·대해(大海)의 모양을 만들고 기(機=장치)를 써서 관수(灌水)하다。 상(上)에는 천문(天文)을 구(具=갖추다)하고 하(下)에는 지리(地理)를 구(具)하며 인어고(人魚膏=상어 기름)로 촉(燭=초)을 만들다」

그 정교한 장치와 세공(細工)을 끝낸 공장(工匠)들이 매장물(埋藏物)의 비밀을 누설할까 염려하여、 연도(羨道=墓道)의 중문(中門)과 외문(外門)을 닫아 그들을 묘 속에 산 채로 묻었다고 한다。 그렇게 주의를 하였음에도 불구하고 능묘(陵墓)는 후세에 몇 차례나 도굴(盜掘)을 당하였다。 아마 시황제의 몰후(沒後) 三년에는 벌써 농민들의 반란에 의하여 최초의 대파괴를 당하였을 것이고、 그 다음에、 항우의 군대에 의해 밑바닥까지 파괴되었다。

또 하나의 건조물(建造物)은 함양의 아방궁(阿房宮)이다。 그것은 위수의 남쪽 상림원(上林苑) 속에 세워졌다。 전전(前殿)은 동서 五백보(東西五百步=六七五미터)、 남북 五〇장(南北五〇丈=一二五미터)의 장방형(長方形)을 이루고 있었다고 한다。 남으로는 종남산(終南山) 꼭대기까지 직선인 각도(閣道=높이 架設한 廊下)를 달고、 북으로는 위수를 건너 함양과 연결되는 二층건물의 길을 만들었다。 궁형(宮刑)이나 도형(徒刑)을 받은 七〇 만명을 동원하여、 그 반수는 여산의 능묘로 보내고、 나머지 반은 아방궁 공사에서 혹사하였다。 그러나 시황제가 세상을 떠났을 때 아방궁은 아직 미완성이었다。 기원전 二〇

九년、二세 황제는 다음과 같은 명령을 내렸다。

선제(先帝)、함양(咸陽)의 조정(朝廷)이 작아 아방궁(阿房宮)의 터를 정하고 당실(堂室)을 만들다。그러다가 붕어(崩御)하였기 때문에 그 공사를 파(罷)하고 여산(驪山)에 능(陵)을 축(築)하다。이제 여산의 일은 거의 필(畢)하다。만일 아방궁 공사 버려 둔다면 선제(先帝)의 거사(擧事)가 잘못임을 세상에 장(章=밝히다)하게 된다。다시 아방궁을 지어 사이(四夷)를 무(撫=무마)하기를 시황제가 계(計=꾀하다)한 대로 할지어다」(〈史記〉「始皇本紀」)

이리하여 직인(職人)·인부 五만명을 함양에 모아 공사를 재개(再開)하였다。그러나 인부와 역축(役畜)의 식량만 하더라도 대단한 양이 된다。지방의 군현(郡縣)에서 양식을 징발(徵發)하여 보았으나 수송중에 먹는 양이 많아 충분히 보급할 수가 없다。그래서 갑자기 가까운 곳에서 징발하게 되었기 때문에 「함양(咸陽) 三백리 안에는 식(食)을 득(得)하지 못하고、법령은 더욱 각심(刻深)하다」(〈史記〉)고 하여 천하 대동란의 징조가 나타나기 시작했다。

기원전 二〇九년 여름 七월、동쪽에서는 진승(陳勝)이 드디어 민란(民亂)을 일으켰다。반란의 불길은 쉽사리 사방으로 퍼졌다。「산동(山東=關東)의 소년(少年=젊은이) 진리(秦吏=진의 관리)에 고(苦)하여 모두 수(守)·위(尉)·승(丞=地方官)을 살(殺)하고 반(叛)하여 진승(陳勝)에게 응하다」(〈史記〉)고 하는 일대위기(一大危機)가 닥쳐왔다。그러나 순시(巡視)에 파견된 사자(使者)가 실정을 보고하면 二세 황제의 기분이 상한다。어쩌다 있는 그대로를 보고하면 투옥되기도 하기 때문에、모두 한결같이 「목하(目下) 추토중(追討中)이온데……」 라고 우물거리고 만다。그러는 사이 이듬해의 겨울이 되자 진승의 선견대(先遣隊) 주창(周昌)이 반란군 수십만을 거느리고 함곡관을 넘어 드디어 여산 밑에 나타났다。그러자 도성(都城)은 벌집을 쑤신 듯한 소동이 일어났다。

그 다음 다음 해 항우의 군대가 장구(長驅)하여 함양을 습격하였다。

「항우(項羽)、병(兵)을 이끌고 서쪽 멀리 함양(咸陽)을 도(屠)하고 진(秦)의 항왕(降王) 자영(子嬰)을 살(殺)하고 진왕궁(秦王宮)을 소(燒)하다。화(火=불)、석달이나 꺼지지(滅) 않다」(〈史記〉「項羽本紀」)

이리하여 아방궁도 잿더미가 되고 말았다。오늘날 그 자리에서 타나 남은 청동기(靑銅器)나 기와가 발굴된다。궁정(宮廷) 밑에는 하수도가 완비되었던 모양으로 수많은 토관(土管)까지 출토(出土)되어 우리들의 꿈을 二천년 전의 옛날로 되돌아 가게 한다。

名言 61
四海同胞

(卷末圖版⑬參照)

중국에서는 옛날부터 「천하」라는 말이 쓰인다。대하늘(天)에 덮여 있는 지상세계(地下世界)를 말하는 것이다。그리고 「사해동포(四海同胞)」(〈論語〉라는 말이 나타내듯이 대지의 동서남북에는 네개의 바다가 있으며、그 바다에 에워싸인 중국 대륙이 곧 〈천하〉인 것이다。그 무렵의 동해(東海)란 지금의 동지나해를 말하며、남해(南海)란 남지나해를 말한다。그리고 북해란 지금의 발해(渤海)나 동해(東海) (그것이 바이칼湖까지 계속된다고 생각했던 모양)이다。「서해」는 머나먼 서역(西域)의 저편이기 때문에 당시의 사람들로서는 지식 밖의 일로 문헌(文獻)에는 나오지 않는다。그러나 곤륜산(崑崙山)의 서쪽을 「서수(西垂=西陲)」라 하여 거기에는 깎아지른 듯한 단애(斷崖)가 있어、대지(大地)는 거기서 끊겨 바다로 빠져 있는 것으로 생각했었다。

이와 같은 「천하」가 실제로 중국인의 눈으로 확인되고 그것을 정부가 장악하게 된 것은 한(漢)나라 무제(武帝)의 시대、즉 기원전 一세기의 일이다。그러나 백 수십년 전에 진나라의 시황제(始皇帝)가 미리 한나라 무제의 천하 장악을 가능케 다져놓았다고 할 수 있겠다。이 선행자(先行者)가 없었으면 아무리 한무제(漢武帝)라고 해도 일거에 「천하」를 지배할 수는 없었음에 틀림없다。

하기야 먼 춘추전국(春秋戰國)의 무렵부터 북방에서는 연나라가 요수(遼水) 기슭(舊滿州)으로 손을 뻗치고 있었으며, 서방에서는 진나라가 농서(隴西=지금의 甘肅省)의 상황을 거의 알고 있었다. 또한 남쪽에서는 초·오·월 등이 수많은 화남(華南) 원주민들에 대해 알고 있었다. 특히 초나라와 월나라는 그들 자신이 타일란드 계통의 원주민 가운데에서 부양(浮揚)하여 중국인이 된 족속들이다. 때문에 시황제보다 훨씬 이전인 기원전 四、五세기경에도 중국 주변의 수많은 여러 민족의 이름과 그 이국적인 생활이나 물산(物産) 등이 이미 황하 중류(中原이라고도 한다)의 한인(漢人)에게 알려져 있었던 듯하다.

몇해 전에 중국에서는 한초(漢初)의 옛 문서(대나무나 나무껍질에 쓴 것을 竹簡·木簡이라고 하며, 흰 비단에 쓴 것을 帛書라고 한다)가 발굴된 바 있었다. 「손빈병법(孫臏兵法)」이니 「황로(黃老)의 서(書)」니 하는 환영(幻影)의 고전(古典)들이 지금은 실물로서 一천년 뒤의 우리들 앞에 모습을 드러낸 것이다. 그런데 그와 비슷한 것이 사실은 옛날에도 있었다. 이를테면 서기 二七九년, (晋의 武帝 무렵)에 하남성(河南省) 급현(汲縣)의 어떤 사나이가 전국시대 위왕(魏王)의 무덤으로 여겨지는 고총(古塚)을 발굴하여 수많은 문서를 찾아냈다. 그 문서 가운데 지금까지 남아있는 것은 〈급총주서(汲冢周書)〉라는 책으로 주왕조의 기록에 대한 자취를 전하고 있다. 물론 주나라 시대의 유물 그 자체는 아니다. 아마 기원전 五세기경에 주나라 고문서(古文書)를 참고로 하여 누군가가 정리 가필(加筆)한 것이리라. 그 가운데의 「왕회편(王會篇)」에는 수많은 주변의 이민족으로부터 왕조에 공물(貢物)을 보내왔음이 기록되고 있다.

직선(稷愼=肅愼. 北滿洲의 퉁구스族)은 큰 사슴과 녹대.

예인(穢人=朝鮮 北東部의 濊人. 퉁구스의 一派)은 전아(前兒). 전아란 서서 걸으며 목소리는 어린아이를 닮은 동물.

흉노(匈奴)는 교견(狡犬). 교견이란 신장이 四척이나 되는 늑대.

대하(大夏)는 자백우(慈白牛=牛의 一種).

우씨(禹氏=月氏를 말함)는 도도(騊駼=西方의 名馬).

강씨(康氏=康居를 말함)는 부이(稃苡). 그 열매는 자루와 같으며 먹으면 육아(育兒)에 좋다.

노인(路人=華南의 甌駱)은 큰 대나무.

그밖에 장사(長沙)에서는 자라(鼈), 회계(會稽=지금의 浙江省)는 대어(大魚), 창오(倉吾=蒼梧, 지금의 廣西省)은 비취(翡翠)의 날개(羽)……등의 토산품을 공납(貢

納)했던 모양이다。 그중의 「대하(大夏)」란 박토리아(지금의 아프가니스탄北部)에 있던 부족의 이름이며、월씨(月氏)란 돈황(敦煌)과 기련산(祁連山) 중간에 있던 부족、또한 강거(康居)란 발하시호(湖) 서부에 있던 부족이다。「부이(桴苡)」란 상고의 한어(漢語)로는 budiag라고 발음했기 때문에、한대(漢代) 이후에 포도(葡萄)라고 쓰게 된 포도를 말하는 것이리라。 이러한 다수의 주변 민족이 진한(秦漢)보다 수백년 전 막연하나마 한인(漢人)의 「천하」라는 테두리 안에 포함되어 있었다니 이 얼마나 놀라운 일인가。

진나라의 시황제는 사방으로 원정군을 출병시키고、한인(漢人)을 이주(移住)케 함으로써 그 「천하」를 현실적인 것으로 만들었다。

국내 통일전쟁에서 활약한 진나라 군대의 주력은 징용당한 농민들이었다。 그러나 오랜 기간에 걸쳐 농민을 징용한다면、농업의 생산력이 뒤떨어진다。 그래서 내전(內戰)이 끝난 뒤의 변경(邊境) 개척에는 「죄를 범한 관리」 「상인(商人)」「췌서(贅婿=부자 밑에 있는 노예들、그중에는 사위로 승격하는 자도 있고 하여 婿라고 불렀다)」를 징발 파견하여、둔전병(屯田兵)으로서 그 땅에 이주토록 했다。

이를테면 기원전 二一九년 三만호의 사람을 산동성의 동쪽、낭야산(琅琊山) 기슭에 이주시켜 一二년간에 걸쳐 부역을 면제시켰다。 기원전 二一二년에는 구원(九原=지금의 內蒙古 包頭)~운양(雲陽=지금의 陝西省 北部의 淳化縣)에 길을 내어 五만호를 이주시켜 一○년간의 부역을 면제시켰다。 이듬해에는 三만호를 섬서 북부의 황해 연안인 불모지(不毛地)에 이주시켜 새로이 三四현을 두고、이곳을 한인의 식민지로서 굳히려 했다。 겨울이면 영하 二○도나 되는 한냉(寒冷)한 땅이건만、여름이면 내륙의 흙이 열을 띠기 시작、급속히 기온이 올라 밀이며 그밖의 잡곡을 가꿀 수 있었다。 이 근방을 일컬어 「신진중(新秦中)」이라 하여 관중(關中)평원의 북방 수비로 삼았던 것이다。

뿐만 아니라 화남(華南)의 염열(炎熱)의 땅에도 진나라는 한인을 이주시켰다。 준험한 오령산맥(五嶺山脈) 저편으로는 광활한 광동(廣東)·광서(廣西)의 땅이 펼쳐져 있다。 그곳은 구월(甌越)·낙월(駱越) 등으로 불렸었다。 넓은 뜻에서의 타일랜드 계통 민족의 세계였던 것이다。 시황제는 기원전 二一四년、이 지방에 상인(商人)·췌서(贅婿)·죄인들을 보내어 계림(桂林)·남해(南海)·상군(象郡) 이렇게 三군을 두었다。

하기야 진나라 시대의 변경(邊境) 개척으로써 북이나

남에 한인의 식민지가 확고하게 뿌리박았다고는 말할 수 없다。 아뭏든 광대한 신천지인 만큼 개척이민으로서 정착할 수 있었던 자는 원주민 사이에 매몰해 버릴 정도의 수에 불과했던 것이다。 그러나 그것이 백여년 뒤인 한나라 시대의 변경개척에 커다란 디딤돌이 되었음은 틀림없는 사실이다。 중요한 것은 그때 그들이 철기(鐵器)나 직물(織物) 등 한인의 생산 기술을 후진(後進)지방으로 갖고 와서 원주민의 생활에 플러스의 영향을 주었다는 것이었다。 그 때문에 바로 한나라 사람은 「선배격」으로서 신개지(新開地)에 정착할 수 있었던 것이다。 「사해동포(四海同胞)」라고 하는 「천하(天下)」 발상(發想)이 현실화될 수 있었던 것은、 한나라 사람의 진보적인 생활 문화가 주변의 여러 민족에게 있어서 매력을 지니고 있었기 때문이다。

名言 62
백성, 삶을 누리지 못하다

강장(長江=揚子江)과 절강(浙江=지금의 錢塘江) 남쪽은 一년에 쌀을 두 번 수확할 수 있는 이모작 지대(二毛作地帶)이다。그런데 진(秦)·한(漢) 이전에는 한인 거주구역의 남쪽 끝은 장사(長沙)—예장(豫章)—회계(會稽)를 맺는 선이며、지금의 지명으로 말한다면 호남성(湖南省)—강서성(江西省)—안휘성(安徽省) 남부—절강성까지가 이른바 중원(中原)의 문화권에 속하고 있었다。장강 남쪽 기슭에 펼쳐지는 호남과 강서의 내륙평야 남쪽에는 험한 오령산맥이 도사리고 있으며、또한 동쪽으로는 무이산맥(武夷山脈)이 우뚝 솟아 있어 복건성의 산림지대와 맺어진다。오령의 남쪽을 「영남(嶺南)」이라고 하며 그것이 지금의 광동성과 광서성이었다。

복건·광동·광서의 三성은 진한 초기에는 「월족(越族)」의 거주지였다。그들은 전국(戰國)시대부터 이미 청동기(青銅器)를 만들 줄 알았었다。일찌기 회계를 본거지로 삼았던 월나라 왕 구천이 훌륭한 동검(銅劍)을 후세에 남겼다 함은 이미 말한 바 있거니와、광동·광서의 월나라 사람은 수많은 동탁(銅鐸)이나 동고(銅鼓)를 유물로서 남기고 있다。그것들은 제례(祭禮) 때에 치며 울리는 성스러운 예기(禮器)였던 것이다。오늘날에도 베트남의 송코이 강(紅河) 유역에서 광서(廣西)에 걸친 향촌(鄉村)에서는 동고나 동탁을 쳐서 마을 사람들을 모아

집회나 제사를 여는데, 그 기원은 실로 오랜 것이라고 하겠다. 광서성의 전주(全州)·흥안(興安)·계림(桂林)·남령(南寧) 등과 광동성의 사회(四會)·조경(肇慶) 등에서 최근 기원전 四、五세기의 무덤이 발견된 바 있는데, 거기에서는 청동으로 된 방패며 창, 칼 등을 비롯하여 많은 동고·동탁이 발굴되었으며, 그 표면에는 북방인이 좋아했던 「운뢰문(雲雷紋)」이 새겨져 있다. 다시 말해서 동고·동탁과 같은 월나라 사람 고유의 습속(習俗)을 대표하는 기물(器物)에도 어느 사이에 북방문화의 영향이 미치고 있었던 것이다. 앞서 〈급총주서(汲冢周書)〉라고 하는 오랜 문서를 소개한 바 있거니와, 그 가운데에서 남방의 공물을 열거하여,

동월(東越)은 해합(海蛤=大蛤) 구인(甌人=甌越을 말함)은 선사(蟬蛇=구렁이의 이름), 선사는 맛이 있다. 차구(且甌=甌越의 一派)는 문신(文蜃=무늬가 있다) ……주미(州靡=雲南의 靡莫族)는 비비(費費=狒狒)。 즉 그 모양은 인신(人身) 같으며 손발을 사용하고 웃을 때는 윗입술이 그 눈을 덮으며 사람을 먹다……

등으로 서술되어 있다. 북방 한인은 이처럼 일찍부터 화남의 산물(産物)을 보아 왔는데, 반대로 화남의 월족(越族)이나 타이 족도 북방의 생활문화를 조금씩 수입하고 있었다.

진나라 시절, 월인(越人)은 많은 부족으로 갈라져 있었기 때문에 「백월(百越)」이라고 불렸다. 진나라는 기원전 二二一년부터 기원전 二一四년 사이에 영남(嶺南=지금의 廣東·廣西)으로 대군을 남하시켰었는데, 월인의 저항과 염서(炎暑)로 말미암아 뜻대로 진군할 수가 없었다. 특히 군량의 보급에 애를 먹었다. 기원전 二一九년, 시황제는 직접 자신이 장강(長江)을 건너 남하(南下)하여 동정호(洞庭湖)에서 상강(湘江)을 거슬러 올라가 형산(衡山) 근방, 즉 지금의 형양(衡陽)까지 나아갔다. 전선으로 직접 나아가 남정(南征)의 총 지휘를 하려고 한 것이다. 그 당시의 모습을 一백여년 뒤에 한나라의 유가(儒家) 엄안(嚴安)이 다음과 같이 말하고 있다(〈史記「平津侯主父偃列傳」〉)

「진은 위(威)를 해내(海內)에 떨치고자 몽념(蒙恬)으로 하여금 호(胡)를 치게 하고 북하(北河)를 지키게 하다. ……또한 위타(尉佗)와 도수(屠睢)로 하여금 누선(樓船)의 병사를 이끌어 남파, 백월을 치게 하다. 또한 감록(監祿)으로 하여금 거(渠=水路)를 파게 하여 군량을 날라 깊이 월나라로 들어가게 하다. 월인이 도주하니 날짜만 헛되이 보낼 뿐 지구(持久)하여 군량이 절핍(絕乏)하다. 월인이 이를 치니 진병(秦兵)은 크게 패하다. 진은 곧 위타(尉佗=南越王 趙佗를 말한다)로

하여금 병졸을 이끌어 월나라 땅을 지키게 하다」

「이때에 즈음하여 진나라는 화(禍)를 북에 두고, 남으로는 월나라를 견제, 병사를 무용(無用)의 땅에 머물게 하여 나아가려 해도 나아갈 수 없고 물러서려 해도 물러서지를 못하다. 이리하여 一○여년, 정남(丁男=壯丁)은 피갑(被甲=武裝)하고, 정녀(丁女=成人女性)는 전수(轉輸)하고, 고생이 극심하여 삶을 누리지 못하다. 스스로 길가의 나무에 목매어 서로가 주검이 되기를 바라다」

엄안은 유가(儒家)이기 때문에 열심히 외정(外征)의 잘못을 강조, 한나라 무제(武帝)에게 시황제의 과오를 되풀이하지 말도록 진언했던 것이다. 그러나 무제는 그 말에 수긍은 하면서도 끝내 진언을 받아들이지 않았다.

진이 북하(北河=黃河의 北部, 內蒙古)와 남월(南越)을 개척함에 있어서는 확실히 엄안이 말하는 대로 노고(勞苦)와 출혈(出血)에 괴로와해야만 되었다. 더구나 북하 땅은 얼마 뒤 흉노가 장악하게 되고, 영남땅은 남월 왕(南越王) 조타(趙佗)에게 위임하여 반은 독립국인 자치령(自治領)으로 하지 않을 수 없었다. 수만의 둔전병(屯田兵)은 「우리는 원래부터 중국인이다」라는 전승(傳承)을 자손에게 전하면서도 남월의 지배 아래 방치되고 있었다. 그러나 「거(渠)를 파서 군량을 날라 깊이 월나라로 들어가게 하다」라는 글에 나타난 「영거(靈渠)」란 二천여년의 역사를 거쳐 오늘에 이르기까지 그 기능을 계속 다해 왔던 것이다.

상강(湘江) 상류는 오령산맥의 월성령(越城嶺)에 이른다. 한편, 광서성의 계림(桂林)을 흐르는 이강(漓江)은 흘러내려 서강(西江)으로 들어가 주강(珠江)이 되어 지금의 광주시(廣州市)를 거쳐 바다로 들어가는 것이다. 계림의 풍경을 찍은 사진을 보면 동양화처럼 우뚝 솟은 바위산의 사이를 누비는 이강(漓江)을 배를 타고 내려가는 구도(構圖)가 많은데, 그 이강과 상강(湘江)은 호남—광서성의 경계인 흥안현(興安縣)에서는 一천 五백미터까지 접근하며, 더구나 두 강의 수위 차이는 六미터밖에 되지 않는다. 그 사이에 분수제(分水堤)를 두어 수문(水門)을 통해서 양쪽을 연결시킨 것이 「영거(靈渠)」인 것이다. 이로써 장강·상강 쪽의 물과 이강·주강 쪽의 물이 훌륭하게 연결되어 화중~화남이 수로(水路)로써 맺어지게 되었던 것이다. 수천킬로에 걸친 지리(地理)를 전망(展望)한 자만이 이룩할 수 있는 장대(壯大)한 계획이라고 하겠다.

한나라의 무제는 뒷날 남월을 칠 때, 이 수로를 이용하여 주력 부대를 수송했다. 또한 진한(秦漢) 무렵, 철(鐵)로 만든 농구가 급속히 보급되었는데, 한초(漢初)에는 남월이 강해지는 것을 견제하려고、장사(長沙)로부터 남쪽으로의 철 수송을 금했음에도 불구하고、이 수로를 거쳐 철기가 대량으로 영남(嶺南)에 갔던 모양이다。광동·광서의 한대(漢代) 무덤에서 많은 철기가 발견되고 있음은 바로 그 증거이다。 그리고 한대에는、주강(珠江) 하류의 번옹(番禺=지금의 廣州)이 이미 어엿한 대도시로 형성되어 있었다。

「영남에는 코뿔소(犀)·코끼리(象)·대모(瑇瑁=별갑)·주기(珠璣=眞珠나 螢石)·은·동·과(果=나무열매)·포(布) 등이 많으며、번옹(番禺)은 그 가운데의 한 도시이다」(〈漢書〉「地理志」)

라고 씌어 있는 대로이다。

북방의 「장성(長城)」과 남방의 「영거(靈渠)」는 진나라가 후세에 남긴 두개의 커다란 유산이다。 엄청난 희생을 치르면서도 인간의 문명은 진보한다。 그것이 「민족의 생명」을 전제로 한 「정치의 힘」이라는 것일까。과연 「희생 없는 진보·변혁」따위는 한낱 지식인만이 꿈꾸는 허황된 탁상공론의 환상에 불과하다는 것일까。

名言 63
王侯將相, 그 씨가 따로 있느냐

기원전 二〇九년의 여름은 화중 일대에 엄청난 폭우가 계속 내렸었다。회수(淮水)의 중류・하류는 평소에도 저습하여 늪(沼)이 많았었는데、이 해에는 논밭이며 도로까지 물에 잠기고、특히 대택향(大澤鄉＝지금의 壽縣北方) 근방에서는 촌락이 물 속에 점재(點在)하는 정도였다。그곳에서 진퇴양난(進退兩難)에 빠져 하릴없이 주둔하고 있던 九백명의 징용민병(徵用民兵)이 있었다。이 해는 각 촌장(村莊)의 장정들을 징용하여 어양군(漁陽郡＝지금의 北京地區)으로 보내어 장성의 경비둔전(警備屯田)을 맡게 하기로 되어 있었다。

「이제 와서 징용이라니 어디 살겠나」「북의 변방으로 보낸다니 언제 돌아갈 수나 있을는지」「장성을 쌓을 무렵이면 반도 살아남지 못할 거요」「그보다도 이렇게 꼼짝을 못하니 기한까지 가기란 어림도 없어」「기한에 늦으면 모두 이거야」 민병 가운데 하나가 목이 잘리는 시늉을 해보였다。어둠컴컴하기만 한 비구름을 우러러보며 모두들 창백한 얼굴에 한숨만 짓는 것이었다。

그날 밤 진승(陳勝＝字는 涉)과 오광(吳廣)은 은밀히 무엇인가를 상의하고 있었다。진은 양성(陽城) 사람이며 오는 양하(陽夏) 태생、모두 화중의 지주에게 고용되었던 머슴들인데、촌장민병(村莊民兵)의 십장(什長)으로서 이번 징용에 동원되었던 것이다。그 중에서도 오광은 특히 민병에게 인기가 있었다。

오광：도망쳐도 죽고、일을 벌여도 죽고、죽기는 마찬가지일세。이왕 죽을 바에야 어떤가、차라리 큼직한 일을 벌여……

진승：쉬잇、말소리가 너무 높네。그런데 진나라의 二세 황제는 시황제의 막내아들일세。장남인 부소(扶蘇)를 속여 죽였다고 하지 않던가、어딘가에 아직 살아 있다는 소문도 있고。또 초나라의 명장 항연(項燕)은 진나라의 대군에게 패했는데、이자 역시 도망쳤다고도 하고 죽었다고도 하네。그럴 바에야 차라리 우리 둘이서 부소와 항연 행세를 하여 큰일을 도모해 보지 않겠는가

오광：좋아、그렇다면 어디 점(占)이나 한번 쳐 보세

이래서 그들 엉뚱한 두 사나이는 남몰래 마을의 점장이를 불러들였다。이 사나이는 사태를 짐작하여、「일은 성사가 될 것 같소이다。어디 귀신(民間信仰의 精靈)한테 점쳐 보시요」하고 권하는 것이었다。그런데 「귀신한테 점쳐」보려면 어떻게 해야 좋은가。두 사람은 머리를 맞대고 궁리했다。「결국은 군중을 깜짝 놀라게 하여 인심을 잡는 결세」하고 진승이 중얼거리듯 말했다。

진승은 흰 비단조각에 「진승、왕이로다」하고 먹으로 쓴 뒤 생선 배창자에 집어넣어 노점의 생선판 위에 슬며시 갖다 놓았다。한 민병이 그 생선을 사 들고 와 끓이자 뱃속에서 야릇한 것이 나오지 않겠는가。생선찌게를 먹으려고 모여든 자 중의 하나가 그것을 꺼내어 읽더니 얼굴이 새파랗게 질리는 것이었다。서로들 귓속말로 수군대며 이 이야기는 순식간에 번지기 시작했다。그날 밤、오광은 억수처럼 퍼붓는 소낙비를 맞으며 캄캄한 풀덤불 속에 있는 어느 사당(祠堂)으로 숨어들었다。그리고는 여우 소리를 흉내내어 「대초(大楚) 일어나니 진승이 왕이로다」하며 울어댔다。

이튿날 아침이 되자 민병들은 진승을 눈부신 듯이 바라보며 술렁대는 것이었다。「옳거니、선전효과가 나타났어」하고 오광과 진승 두 사람은 진의 대장(隊長)들 세 사람이 묵는 농가로 갔다。세 사람이 모두 아침부터 횟술을 마시고 있었다。「이것 보게나、우리는 이제부터 빠져나가겠네」오광이 일부러 거드름을 피우며 말했다。「무슨 건방진 소리를」하고 대장이 칼을 뽑으며 일어서려고 하는 순간、오광은 그의 손에서 칼을 낚아채어 옆으로 후려쳤다。동시에 진승이 허둥대는 부관의 목을 찔렀다。민병들이 이 소식을 듣고 달려들어 진승을 에워쌌다。

진승：그대들은 큰비를 만나 이미 기한 안에 도달하기는 틀렸소。기한을 놓치면 모두 참수형을 받는 것이 법。설사 면한다 해도 장성(長城) 쌓는 부

역을 하게 되면 죽는 자는 一〇명 가운데 六、七명。장사(壯士)로 태어나 어찌 헛되이 죽기만 할 것인가。죽을 바에는 차라리 크게 이름을 떨침이 나사이로서의 본분。왕후장상(王侯將相)、그 씨가 따로 있다더냐。(〈史記〉「陳涉世家」)

왕후·장군·재상이 되는 데에 꼭 이름있는 집안 출신이어야 하겠는가。비록 비천하게 태어났어도 수완 하나로 공명(功名)을 빛낼 수 있지 않겠느냐고 선동했던 것이다。

여성의 배(腹)를 밭에 비유하면、남성의 정충(精蟲)은 바로 씨(種子)에 해당된다。상고(上古)의 모계사회(母系社會)에서의 여성의 배가 혈통을 전하는 바탕이었기 때문에 「姓(女十生)」이라는 글자로 혈통을 나타냈었다。주나라 일족(一族)은 희성(姬姓)、제나라 일족(一族)은 강성(姜性)인 것처럼、지난날에는 여계(女系)를 나타내는 계집녀(女) 변의 「성(姓)」을 가졌던 것이다。 그러나 주나라 말기부터는 남자의 직업이나 위계(位階)、혹은 그 지배하는 지명(地名)에 연유한 「씨(氏)」가 집안을 나타내는 표지가 되었었다。그리하여 진한(秦漢) 무렵에는 이미 「성」과 「씨」가 완전히 혼동되어 성씨(姓氏)라고 함께 부르게 되어 있었다。여성의 배가 아니라 남성의 씨(種子)가 혈통과 집안을 전하는 주역(主役)이 된 지도 이미 오랜 세월이 지나고 있었던 것이다。

그런데 춘추 전국 시대에는 아직도 부계(父系) 집안이 크게 행세하고 있었다。제후(諸侯)의 왕조는 거의 왕의 일족과 친척으로 굳혀져 있었으며、장군(將軍)들은 거의가 지방의 호족(豪族) 출신이었다。식객(食客)이나 시문(詩文)·능변(能辯)·박학(博學) 등의 재능으로 발탁된 인사(人士)라도 역시 그것은 사족(士族=知識人)에 한정되어 있었으며、한낱 백성이 찾아가 왕후의 대문을 두들길 수는 없었다。가문이나 혈통에 구애를 받는 오랜 세월의 인습이 이제 진승의 선언으로써 당장에 산산조각이 난 듯하니 이 얼마나 통쾌한 일인가。진승(陳勝)의 말에 의하면 사람이란 누구든지 남성의 씨(種子)에 태어나서 무슨 상하의 차별이 있겠느냐는 것이며、그것은 소박하고도 명쾌한 「평등선언」이었던 것이다。

민병(民兵)들은 「삼가 명을 받들겠나이다」하고 자세를 바로잡아 단(壇)을 쌓고 서로 맹세했다。진과 오 두 사람은 제각기 「공자 부소(扶蘇)」및 「초장(楚將) 항연(項燕)」을 자칭、민심을 모아 우선 화중의 한 중심이었던 진(陳=지금의 河南省 淮陽)을 습격했다。그 무렵에는 병거(兵車)가 六、七백량、기병은 一천여기、병졸은 수만으로 불어나고 있었다。

진승은 진나라 성내로 들어가자 부로(父老)를 모아 합

의한 끝에 국호를 「장초(張楚)」라고 정하여, 스스로가 「진왕(陳王)」이라 일컬었으며, 오광(吳廣)은 「가왕(假王)」이 되었다.

「이때를 즈음하여 각 군현(群縣), 진(秦)의 아전(吏)들에게 고통을 당하여 모두 장리(長吏=지방에 파견되어 있는 官吏)를 죽여 진섭(陳涉)을 따르다」(〈史記〉「陳涉世家」)

중국 최초의 장대(壯大)한 농민반란이 진(陳)을 중심으로 하여 순식간에 그 불길이 번지게 되었던 것이다.

그 무렵, 공자의 말손(末孫)인 공부(孔鮒)가 노(魯)나라에서 진승(陳勝)을 찾아왔다.

「공부자(孔夫子)께서 말씀하셨오이다. 멸국(滅國)을 흥(興)케 하고 절세(絶世)를 잇게(繼)하며 일민(逸民)이 궐기하면 천하 백성, 이에 마음을 합치리 ── 하고 말씀이오. 진왕이시여, 그대도 멸망한 六국(國)의 자손을 세워 부흥시켜 줌이 좋겠소이다. 민심 파악에는 으뜸가는 방책인 줄 아오」

진승은 말하기를,

「나는 새로운 세상을 만들 작정이오. 이미 멸망해 버린 六국 따위는 관심조차 없소이다. 어서 돌아가시요」

하면서 내쫓아 보내버렸다는 것이다.

· · ·

名言 64

燕雀, 어찌 鴻鵠의 뜻을 알리

(卷末圖版⑭參照)

고용(雇傭)의 「雇」라는 글자는 「문(戶)+새(隹)」를 합쳐 새(鳥)를 조롱 속에 가두어 문을 닫고 기른다는 뜻을 나타낸다。 사육(飼育)되는 새는 물론 먹이를 얻어먹을 수는 있겠지만、 밖으로 도망치지는 못한다。 또한 「용(傭)」의 원자는 「庸」인데、 그것은 용(用=철저히 驅使한다)이나 통(通=계속、 줄곧)과 같은 계통의 말이다。 근대적인 말로는 단기(短期) 또는 임시 고용인을 「단공(短工)」、 장기간에 걸친 고용인을 「장공(長工)」이라고 부른다。 지주 밑에서 머슴살이를 하는 고용인에게는 장공(長工)이 많다。 천재지변이나 전쟁으로 가향(家鄕)을 잃은 유민(流民)을 지주가 고용하여 약간의 식량을 주고 힘이 지쳐 쓰러질 때까지 혹사하는 일이 하나의 상식처럼 여겨졌던 시대이기도 했다。 그것은 결코 계약 등에 의한 「고용」 관계니 하는 그럴 듯한 것이 아니었다。

그런데 근대 중국의 「장공」 가운데에는 기골이 늠름한 농민이 많았으며、 그들이 팔로군(八路軍)이나 신서군(新西軍)과 접하여 용감한 농촌 출신의 간부로 자란 예가 적지 않다。 이야기는 二천 二백년 전으로 거슬러올라가는데、 기원전 二〇九년 여름、 중국에서 최초로 대규모의 농민반란을 일으킨 진승(陳勝=字는 涉)과 오광(吳廣)은 아마 그런 타입의 원조쯤 된다고 하겠다。

진섭、젊었을 때 일찌기 남을 위해 용경(傭耕)하다。경작하기를 멈추고 언덕 위로 올라가 깊은 생각에 잠기기를 오랫동안。친구를 보고 말하기를「만약 부귀해지는 수가 있어도 서로 잊지를 말자」고。(〈史記〉「陳涉世家」)

그는 양성(陽城)에 사는 한 지주에게 고용되어「용경」했던 한 농노(農奴)였다。그러한 머슴꾼이 터무니도 없는 말을 꺼냈기 때문에 함께 밭을 갈던 친구 머슴이「암자는 남의 머슴을 하는 주제에 감히 부귀(富貴)가 어째구 하다니……」하고 흙으로 얼룩진 얼굴을 일그러뜨리며 비웃었다。그러자 진섭은、

「연작(燕雀=작은 새들)이 어찌 홍곡(鴻鵠=白鳥、큰 새의 代表)의 뜻을 알랴」(〈史記〉「陳涉世家」)

하고 크게 탄식했다는 것이다。「작은 새가 감히 큰 새의 뜻을 알겠느냐」는 것이다。

그런데 진승은 농민반란의 도당을 이끌고 우선 진현(陳縣=지금의 河南省 淮陽)을 점거했다。이곳은 영수(潁水)↓회수(淮水)의 대하(大河)로 통할 뿐만 아니라 홍구(鴻溝)라는 운하(運河)로 황하(黃河) 남쪽 기슭의 오창(敖倉)과 형양(滎陽)으로 나갈 수 있다。거기에는 화중의 식량이 집적되는 두개의 요충지이며、커다란 곡물저장고가 있었다。이 홍구의 수운(水運)에 징용되어 있던 인부들이 농민반란에 참가、진섭의 병력은 순식간에 불어났다。오광이 그 주력을 이끌어 우선 형양을 공략했는데、진나라 재상 이사(李斯)의 아들인 이유(李由)가「삼하(三河)의 태수(太守)」로서 이곳을 지켜 좀처럼 함락되지 않는다。그래서 한편에서는 혈기만을 믿는 주문(周文=周昌)이라는 사나이가 반란군의 별동대를 이끌고 서진(西進)을 계속、함곡관(函谷關)을 돌파하여 진나라 서울 함양(咸陽) 동교(東郊)로 육박하던 참이었다。

그 무렵 진섭의 반란에 호응하여 패(沛)의 역숙(驛宿) 우두머리이던 유방(劉邦=뒷날의 漢高祖)이 그 고장 장정들을 이끌어 반란의 깃발을 높이 들었다。동시에 남쪽 오현(吳縣=지금의 蘇州、또는 嘉興)에서는 초나라 장군 항연(項燕)의 혈통을 잇는 항우(項羽)가 군사를 일으켜「강동(江東)의 자제 三천」을 모아 북상할 기색을 보인다。바야흐로「천하 대동란(天下大動亂)」의 징후가 보이기 시작했다。그런데 이미 멸망한 지 오래인 동방 六국의 잔당(殘黨)들도 반란에 편승하여 여기저기서 도당(徒黨)을 모으기 시작했다。이를테면 진(陳)의 무신(武臣)은 진여(陳餘)、장이(張耳)와 도모하여 조나라 서울 한단(邯鄲)을 빼앗아 스스로 조왕(趙王)이라 일컫는다。위(魏)나라 공자(公子) 구(咎)도 정객(政客)들에게 이용당하여 위왕(魏王)이 된다。동쪽에서는 진가(秦嘉)가 동해군(東海郡)을 습격하여 스스로 제왕(齊王)을 자칭하여、진섭이 보낸 군감(軍監)을 죽이고는 말을 듣지 않는다。진섭의 힘으로는 도저히 통제할 길이 없는 복잡기괴한 정세가 되고 말았다。

그 무렵、지난날의 진섭과 단짝이었던 머슴이 진섭을 찾아와 안내를 청했다。위병이「웬놈이냐、미친 모양이로구나」하고 포박했는데、머슴은 고함을 치며 외친다。그러자 때마침 그 자리를 지나던 진섭의 모습을 보고 머슴은「진섭、나일세」하고 비록 길 하나를 사이에 둔 거리이긴 하나 울부짖으며 몸부림쳤다。「오오、임자로구나」그제서야 진섭도 알아보고 곧 포박을 풀도록 했다。그리고는 안으로 맞아들였다。비록 벼락출세로 갑작스레 꾸민 것이라 해도 전당(殿堂)이며 실내의 수막(垂幕) 같은 것이 호화로왔다。머슴은「진섭도 드디어 왕이 되다니、이 어찌 훌륭하지 않으리」하고 눈이 휘둥그래지는 것이었다。며칠 지나자 그 사나이는「그 진섭 녀석이 머슴살이를 할 적에는……」하고 옛이야기만 들추며 돌아다닌다。진섭의 문객(門客)이「이래서야 왕의 위신이 말이 아니로소이다」하고 진언해 왔기 때문에 진섭은 마침내 그 머슴을 목베어 죽여 버렸다는 것이다。이 조그만 사건을 소개한 뒤 사마천은、

「진왕의 고인(故人) 모두 스스로가 물러나 사라지니 이로써 진왕과 친하는 자가 없다」고 말하고 있다。권력가의 표독스러운 입김에 농민 궐기의 대들보가 썩어 들어가 지난날의 그 소박했던 농민 정신이 상실되었다——고 그는 말하고 싶었던 것이리라。

그런데 도읍인 함양에서는「군도(群盜)、몰려오다」는 소식을 듣고 갈팡질팡 어찌할 바를 몰랐다。장군 장한(章邯)이「이제 가까운 현(縣)에서 징병(徵兵)하려 해도 때는 이미 늦었소이다、여산(驪山)의 시황제 능의 공사(工事)로 끌어 모은 형도(刑徒)와 노예의 자식들을 해방시켜 군(軍)에 투입하는 수밖에는 없소이다」하고 진언했다。

장한은 긁어 모은 무장병단(武裝兵團)을 이끌고 곤봉이며 죽창을 든 반란군의 격퇴에 착수했다。우선 그들을 함곡관 밖으로 몰아내어 대장(隊長)인 주문(周文)을 죽이고、이어 형양(滎陽)을 에워싸 애를 먹이던 오광 등의 주력 집단을 공격했다。이쯤되고 보면 농민반란은 허약해지는 법이다。주변에 있던 지방 호족들의 반란군도 전혀 구원하러 와 주지 않는다。초조해진 오광의 부장(部將)이「이렇게 되니 두목의 군략(軍略)에만 맡겨둘 수 없다」고 하여、진섭의 명령이라고 속여 오광을 죽이고、병권(兵權)을 빼앗아 어떻게 해서든지 오창(敖倉)에서 진군(秦軍)을 저지하려 했으나 대패하고 말았다。

진섭은 일단 진현(陳縣)을 버리고 기원전二○九년 十二월 하성부(下城父=지금의 安徽省 渦陽縣)로 물러나 진용(陣容)을 재건하려고 애타게 힘썼다。그 무렵은 수하의 병사도 一천이 못되어 불 꺼진 잿더미처럼 황량한 꼴이 되고 말았다。진섭의 마부 일을 맡아보던 장고(莊賈)가「이럴 바에는 차라리 진왕을 죽여 진(秦)나라의 상이나 타는 게 낫겠다」고 엉뚱한 야심을 품어 진중(陣中) 순찰 도중 기회를 엿보아 진승에게 칼을 휘둘러 목을 쳤다。진왕이 되고 나서 불과 六개월 동안의 목숨이었다。

중국 최초의 웅장했던 농민반란은 비록「천하 대동란」의 막을 열기는 했어도、이렇게 하여 결국은 유방과 항우라는 두 스타아 플레이어에게 공(功)을 빼앗기는 결과가 되고 말았다。그 이후로 二천년 동안、잘 사는 세상으로 바꿔 보겠다고 혁명의 횃불을 든 농민반란은 그때마다 실패하여 사라져 가는 비참한 되풀이가 벌써 이때부터 시작되었던 것이다。

名言 65
그로 하여금 代身케 하라

중국의 북쪽 사람은 이치라든가 계산에는 밝으나, 남쪽 사람은 정에 치우치기 쉬우며 논리적이고 정연한 계획을 세우지 못한다. 그 남쪽 사람의 성격을 그대로 드러낸 것이 초나라 장군의 말손(末孫)인 항적(項籍=字는 羽)이었다.

시황제 二三년(紀元前 二二四年), 진나라 맹장 왕전(王翦)은 남국의 초나라에게 마지막 치명타를 가하려고 六○만 대군을 이끌고 남하했다. 초나라 숙장(宿將) 항연(項燕)은 지금의 하남성(河南省) 중부(當時의 汝南郡 項城)의 호족(豪族)이었는데, 약간의 잔병(殘兵)을 이끌고 최후의 저항을 꾀하려고 했으나, 역부족으로 성중(城中)에서 자살하고 말았다. 이듬해에는 초나라의 회왕(懷王)이 사로잡히는 몸이 되었으며, 남방(南方)의 패(霸)를 과시하던 초나라는 五백년의 오랜 역사를 끝내고 말았다. 그러나 장강(長江)과 해수(海水) 사이에 있는 광대한 수전지대(水田地帶=지금의 湖北·河南·湖南·安徽·江蘇의 各省)의 사람들은 오랫동안 초인적(楚人的)인 남국의 생활권에 속해 있었던 만큼 아무래도 살벌한 북쪽 사람의 기풍과는 어울리지 못한다.

북쪽 사람들의 대표라고도 할 수 있는 진(秦)나라의 지배(支配)에 대하여, 결핏하면 멸시의 눈초리로 저항하는 느낌이 짙었었다.

항연(項燕)의 아들인 항량(項梁)은 조카인 항우(項羽)를 데리고 멀리 장강 하류로 몸을 피했다。 오늘날의 단양(丹陽=南京의 동쪽)·소주(蘇州)·가흥(嘉興) 근방은 일찌기 오나라가 있었던 곳이기 때문에 「오중(吳中)」이라고 불렸었다。 항우는 이곳에서 어느 사이에 상당한 세력을 장악하게 되어서 관혼상제나 인부 징용 같은 때에는 마치 십장(什長) 같은 행세를 하며 위세를 떨쳤었다。 농사를 짓는 농촌에서는、 농부들은 좀처럼 대외적인 일에 나서려 하지 않고、 따라서 공적인 일이나 부역(賦役)이 있어도 외면하기가 일쑤였다。 그렇기 때문에 항우 같은 타관 사람이 대외적인 일을 알선해 주는 데에는 안성마춤의 존재였던 것이다。 그는 차츰 그 고장의 장로(長老)나 전달、 타향(他鄕) 사람들 사이에서 세력을 장악하고 있었다。

기원전 二一〇년、 시황제는 마지막의 호들갑스러운 순행길에 올랐다。 늦가을에는 장강을 따라 내려가 단양에 상륙、 소주에서 태호(太湖)를 건너 전당(錢塘=지금의 抗州)으로 향했다。 연도(沿道)의 인파에 묻혀 항량과 항우가 시황제의 화려한 행렬을 구경하고 있었는데、 이때 항우가 시황제의 가마를 노리듯이 보다가 갑자기 중얼거리는 것이었다。

「그로 하여금 대신(代身)케 하라(녀석、 내가 너를 대신할 수 있어)」

이 말을 들은 항량이 황망히 조카의 입을 틀어막았다。

「쉬잇! 무슨 헛소리인가。 들리기라도 하는 날이면 일족(一族)이 몰살이다」(〈史記〉「項羽本紀」)

그 당시 항우의 나이 二三세、 키가 八척(一미터 八四센티)에 우마(牛馬)와 감히 겨룰 수 있는 힘의 소유자였다。 그로부터 二년 뒤 여름、 진승이 화중에서 반란의 깃발을 들었던 것이다。

반란、 일어나다——의 소문이 이곳까지 번지자、 회계(會稽) 군수가 항량에게 상담했다。 「선수를 치면 남을 제(制)할 수 있으며、 뒤처지면 남에게 제(制)함을 당한다」——라는 속담이 있지 않은가。 우리도 초나라의 망명(亡命) 장군인 환초(桓楚)를 찾아내어 군사를 일으키지 않겠는가」

항량은 그 말을 시무룩한 표정으로 듣더니 시치미를 뗀 채 일단 밖으로 나와、 기다리게 했던 항우에게 귓속말로 무엇인가를 속삭인 뒤 다시 방으로 돌아왔다。 항량은 「제 조카 항우만이 환초가 있는 곳을 아는 모양이더이다。 직접 항우에게 분부하심이 좋겠소이다」 하고는 항우를 불러들였다。 「항우、 어서!」 항량의 말이 떨어지자 항우의 번개 같은 칼날이 군수의 목을 쳤다。 그러자 항량이 군수의 인수(印綏)를 탈취하고는 곁에서 정신없이 멍청하게서 있기만 하던 군수의 부하 一〇여명을 그 자리에서 죽여 없앴다。

쿠데타는 성공했다。 항량은 일찍부터 점찍어 두었던 토착(土着)의 소두목들을 모아 八천의 정병(精兵)들로 병력을 편성케 한 뒤 장강을 건넜다。 우선 광릉(廣陵=지금의 揚州)을 공략하여 진승과 손을 잡으려 했으나、광릉이 좀처럼 함락되지 않는다。 그러는 사이에 진나라 장수 장한(章邯)이 농민반란에 반격을 가하여 진승이 패주 중이라는 소식이 들어왔다。 참으로 만만치 않는 상황이 되었다。

그러나 그 무렵、이곳저곳의 지방에서는 하급 이속(吏屬)들이 현령(縣令=道知事)을 죽이는 등의 반란이 빈발하고 있었다。 한마디로 「관리(官吏)」라고는 하나、「관」이란 정부가 임명한 군수·현령 및 그 부관들인 것이다。 이에 대해 「이」란 겨우 읽고 쓸 수 있을 정도의 교육을 받은 토착민(土着民)들이 말단의 실무를 보기 위해 기용된、말하자면 그 지방의 유지들인 것이다。「관」은 서민층 사정에는 어두우나、「이」는 징세(徵稅)며 호적 조사 등을 맡아 보기 때문에 뇌물을 받지만 민정(民情)에는 밝다。 패(沛)의 역숙(驛宿) 우두머리인 유방(劉邦)이나 동양현(東陽縣)의 옥리(獄吏) 진영(陳嬰) 등 중앙에서 파견되어 온 진관(秦官)들에게 평소부터 불만을 품던 토착 이속(吏屬)들이 잇따라 민병을 이끌고 궐기、평소의 울분을 풀려고 군사를 일으켰던 것이다。

진영의 노모(老母)가 걱정하여 아들에게 하소연했다。

「나는 이 집에 출가해 온 뒤로 우리 조상님에게 귀인(貴人)이 있다는 말을 듣지 못했다。 네가 갑자기 이름을 크게 떨쳐서 좋은 일은 없다。 아뭏든 남의 밑에 있는 것이 가장 편한 법이다。 곁에 나타나면 안된다。 실패를 해도 남의 눈을 피하여 도망칠 수 있도록 각별히 조심하거라」

진영은 과연 그렇겠구나 싶어、항량의 지휘하에 들어갔다。 이 무렵 장강 중류에서 봉기한 영포(英布)도 합류했다。 항량은 六、七만으로 불어난 군을 이끌고 회수(淮水)를 건너 팽성(彭城=지금의 徐州)에 거점을 두었다。 이윽고 가까이에 있던 유방도 합류、어느 사이에 항량과 항우가 반란군의 주축(主軸)이 되고 말았다。

그 무렵、안휘성(安徽省) 소현(巢縣) 사람 범증(范增)이라고 일컫는 七〇을 넘은 노인이 항량의 막하(幕下)를 찾아와서 말했다。

「진(秦)의 六국을 멸망시켰을 때、초나라는 유별나게 참혹했소이다。 회왕이 진나라에게 속아 납치되었음을 초나라 사람은 지금도 가엾이 여기고 있소。 초남공(楚南公)인 예언자가 〈초나라는 설사 三호(三戶)가 남을 지언정 진나라를 멸하는 자는 반드시 초나라이어야 한다〈고 말씀하셨소이다。진승이 그것을 깨닫지 못했음은 그 운이 다한 것。초나라 각지에서 봉기한 자들이 그대를 따라 모여드는 것은 초나라의 부흥을 꿈꾸기 때문이오。그렇다면 여기 한 계략을 말씀드리겠소이다。회왕의 손자가 남에게 고용되어 양치기 노릇을 하고 있음을 나는 알고 있거니와、이제 그를 불러 앞세우도록 함이 좋을 줄 아오」

이 「손자」가 과연 진짜인지는 아무도 모른다。아마 범증의 「모략」이 날조한 가짜였으리라。그러나 어떻든 항량은 그 소년을 불러 「회왕」이라 일컫게 하여 왕위에 앉힌 뒤 스스로 병권(兵權)을 장악、범증을 군사(軍師)로 맞아들여 드디어 진나라 대군과 정면으로 대결하기에 이르렀다。

반란의 불꽃을 올린 것은 틀림없는 농민의 궐기였다。그러나 그 농민의 궐기는 야릇한 곡절을 거친 끝에 진—초·한의 싸움으로 탈바꿈이 되었던 것이다。역사란 이처럼 인(因)과 과(果)가 엉뚱한 양상을 띠기 마련인 법이다。

名言 66

劉項, 원래 책을 읽지 않다

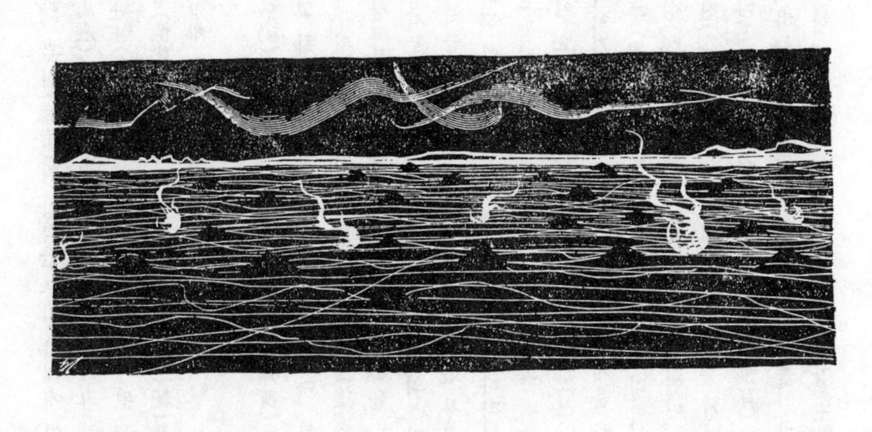

당(唐)나라 시인 장갈(章碣)은,

죽백연(竹帛煙) 꺼져 제업(帝業) 허(虛)하고
관하(關河)에 헛되이(空) 닫힌(鎖) 조룡(祖龍)의 자리(居)。
갱회(坑灰) 아직 식지 않은 채 산동(山東)은 어지럽고(亂)、
유항(劉項=劉邦과 項羽) 원래 책을 읽지 않았더란다。
(「焚書坑儒」)

라고 노래하였다。그야말로 책(書籍)과는 인연이 없는 사람들에 의하여 역사가 바뀌어진 것이다。항량(項梁)이 일찌기 조카인 항우(項羽)에게 책읽기와 검술(劍術)을 가르치려 하였다。그러자 항우가、

「서(書=文字)는 성명(姓名)을 기(記)하면 족하고 검(劍)은 한사람을 적(敵)으로 할 뿐。배울 것까지는 없다」(〈史記〉「項羽本紀」)

라고 하며 듣지 않았다고 한다。한편 유방(劉邦)은「정장(亭長)」이므로 약간의 글을 쓸 줄은 알았겠으나、대폿집에서 술이나 퍼마시고 빚에 쪼들린 사람이었으므로 그 역시 학문과는 인연이 없다。

혼란한 시대라는 것은 되돌아 보면 재미있는 것이다。

지금과 같은 질서 정연한 사회에서는 생각조차 할 수 없는 대단한 야망은 으레 절망과 허탈의 폐허에서 움트가 마련인 법이다. 무제(武帝)의 강력한 통치 아래에 있었던 사마천(司馬遷)이 궁형(宮刑=去勢)을 받는다고 하는 엄격한 인간관리(人間管理)의 틀 속에 갇히게 된 끝에, 이상한 정열(情熱)을 기울여 항우본기(項羽本紀)를 집필한 것은 그렇게 보면 이해가 갈 듯도 하다.

그런데 낙양(洛陽) 동쪽에 형양(滎陽)·외황(外黃)·오창(敖倉)이라고 하는 세개의 성시(城市)가 있었다. 화중(華中)에서 징수된 대량의 식량이 이곳에 집적(集積)된다. 그 식량 창고를 차지하면 군량(軍糧)에 부족을 느끼지 않는다. 당시로부터 천년을 지난 당대(唐代)의 식량 창고 흔적이 지금 발굴되고 있다. 광대(廣大)한 부지(敷地)를 차지하고 있던 쌀창고(米倉)가 차례로 나타나 현대의 사람들을 놀라게 하고 있는 것이다. 항우와 패공(沛公)은 우선 이 요지(要地)를 공격하여 군수(郡守)인 이유(李由)를 죽이기는 하였으나, 가장 큰 공을 세운 항량(項梁)이 난전중(亂戰中)에 전사하여 버렸다. 그리하여 항우는 일단 팽성(彭城=지금의 徐州)으로 후퇴하였다.

한숨을 돌린 진(秦)의 장군 장한(章邯)은 황하를 건너 북상(北上)하였다. 조(趙)의 잔당(殘黨)이 장이(張耳)·진여(陳餘)라고 하는 두 사람의 모사(謀士)와 더불어 거록(鉅鹿)에 농성한 것을 치기 위함이었다. 주전장(主戰場)은 화중에서 황하의 델타 지역으로 옮아갔다.

그 무렵 초(楚)의 회왕(懷王)은 송의(宋義)라고 하는 병법가(兵法家)를 신임하여 그를 상장군(上將軍)으로 임명하고, 항우를 차장(次將)으로, 범증(范增)을 말장(末將)으로 하여 거록으로 구원군을 보내었다. 기원전 二〇七년의 늦가을은 몹시 날씨가 쌀쌀하였다. 송의는 거록을 눈앞에 두고 四六일 동안이나 주둔한 채 움직이지 아니하였다. 혈기왕성한 항우가 참다 못하여 「즉전즉결(即戰即決)」을 하자고 송의에게 대들었다.

송의: 진이 비록 조를 이기더라도 진나라 군사는 지쳐서 싸우지 못할 것이요. 그것을 우리가 치는 것이요. 우선 진이 조와 싸우게 내버려 두는 거요. 무기를 손에 쥐고는 내가 그대를 당하지 못할 것이나 앉아서 책략(策略)을 꾸미는 것은 내가 그대보다 선생님일거요

그리고 송의는 항우에게 보라는 듯이 전군(全軍)에 회람을 돌렸다.

「범(虎)처럼 사납고, 양처럼 고집세며 늑대처럼 탐욕(貪慾)한 자는 베이리라」

이 소리를 들은 항우는 얼굴이 벌겋게 되도록 화를 내었다. 「병졸(兵卒)이 감자와 콩으로 굶주림을 참고 있는 이 늦가을, 제놈은 큰집(高殿)에 앉아 술을 퍼먹고 있다.

진(秦)의 강한 힘으로 조(趙)가 새로 꾸민 힘을 치면 뿌리를 뽑기가 어렵지 않다。 진군(秦軍)의 피폐(疲弊)를 친다는 등 얼빠진 수작을 하지 마라。 송의、그 멍텅구리 같은 녀석」 다음날 아침 항우는 대도(大刀)를 차고 송의의 막하(幕下)로 달려가 두말도 하지 않고 송의의 목을 날려 버렸다。 그리고는 숙영(宿營)을 위하여 쳐두었던 막사(幕舍)를 불질러 버리고 결사(決死)의 각오를 표시한 다음、수하(手下)의 군병 二만을 이끌고 물이 줄어든 황하를 단숨에 건너 거록을 포위한 진의 대군(大軍)을 급습하였다。 조의 반란군 제장(諸將)은 방벽(防壁) 위에서 그 싸움을 보고 있었으나 그 맹렬한 기세에 압도되어 입들만 벌리고 있었다。 초의 군사는 모두 일기당천(一騎當千)、진군이 군량(軍糧)을 운반하기 위하여 구축(構築)하여 놓았던 방벽(防壁)이 붙은 통로(通路=甬道)를 닥치는 대로 때려 부수고、진의 장군 왕이(王離)를 사로잡아 버렸다。

태행(太行)산맥을 넘어 황하로 들어가는 장수(漳水)라고 하는 개천이 있다。 현재는 그 물을 이끌어 태행산록(太行山麓)에 一七〇킬로에 이르는 용수로(用水路)를 개통시켜 놓았다。 그 장수의 하류를 사이에 두고 진의 대장 장한(章邯)과 초의 항우가 대진(對陣)하게 되었다。

장한은 사신(使臣)을 함양(咸陽)으로 보내어 패전을 석명(釋明)하려 하였으나、함양에서는 환관인 조고(趙高)가 권력을 쥐고 앉아 二세황제에게 접견하도록 해주지 않는다。 기다리다 못한 사신은 진중(陣中)으로 되돌아가서 이렇게 보고하였다。

「조고가 궁중(宮中)을 좌우하고 있어 저희로서는 황제를 알현할 방법이 없읍니다。 우리가 이기더라도 조고는 질투할 것입니다。 진다면 사죄(死罪)는 두말할 것도 없을 것입니다」

그 무렵 조의 모사 진여(陳余)도 장한에게 밀사(密使)를 보내어 자꾸 모반(謀叛)하기를 권하였다。「조고는 실정(失政)의 책임을 모면하기 위하여 장군에게 패전의 죄를 씌우려는 심산(心算)이요。 장군은 오래 밖으로 전전(轉戰)하여 진의 궁중과는 소원(疎遠)하오。 공이 있어도 주살(誅殺)될 것이요、없어도 주살되오。 하늘은 이미 진을 돌보지 않는다는 것은 만인(萬人)이 익히 아는 바이오。 이제 군사를 돌려 우리와 함께 진을 치기로 합시다」

장한은 망설이고 망설였다。 드디어 밀사를 항우에게 보내어 「화약(和約)을 제의하여 보았으나 항우는 숨돌릴 겨를도 주지 않고 진군을 괴롭힌다。 식량도 거의 바닥이 나자 항우는 군리(軍吏)들을 소집하여 「이제 화약(和約)에 응해 볼까」하고 의논하였다。 원래부터 일동에게 이의는 없었다。 그리하여 진과 초의 쌍방이 지금의 하남성

(河南省) 안양현(安陽縣)의 북쪽 은허(殷墟) 부근에서 화약을 맺었다。

생각해보면 장한도 불운(不運)한 사나이였다。 항우를 만나자 그는 조고의 비행을 호소하며 자꾸 눈물을 흘렸다고 한다。 그러나 반란군의 병사들은 원래 진에 징용(徵用) 당하여 진나라 사졸(士卒)들에게 여러모로 괴로움을 당한 경험이 있다。 이번에는 그 원한을 풀어야 하겠다는 생각으로 거꾸로 진의 병졸을 때리거나 못살게 굴어 대소(大小)의 다툼이 끊이지 않는다。「이렇게 차별을 받아서야 앞으로 어떻게 될까」 하고 진의 투항병(投降兵)이 동요하기 시작했다。

그것을 알아차린 항우는 함곡관(函谷關)으로 향하던 도중 신안(新安=지금의 河南省澠池)의 남교(南郊)에 무수한 구덩이를 파고 한 밤중에 진병(秦兵) 二〇만명을 잡아 산 채로 구덩이에 묻었다。

그후 수십년에 걸쳐 신안 성 밖에 도깨비불이 춤추었다고 한다。 얼마나 참혹한 일인가。

名言 67

大行에는 細謹을 不顧한다

황하의 남안(南岸)을 따라 철도가 서쪽으로 멀리 뻗어 있다。 낙양을 지나 약 五〇킬로를 가면 신안역(新安驛)에 닿는다。 기원전 二〇六년의 늦가을 항우가 진의 항병(降兵) 二〇만을 산 채로 묻은 고장이다。 진의 멸망은 그것으로 결정적이 되었다고 할 수 있다。

그런데 신안 부근으로부터 철도 연변의 풍경은 일변하여 초목(草木)이 제대로 자라지 않는 황토대지(黃土臺地)에 이르게 된다。 풍설(風雪)에 침식되어 무수한 물 없는 골짜기가 이루어져 있다。 더욱 서쪽으로 나아가면 섬현(陝縣)의 삼문협(三門峽) 댐이 멀리 오른쪽으로 보이기 시작한다。 진대(秦代)의 함곡관은 서쪽에 있었던 모양이다。 황하가 떠내려 보내는 다량(多量)의 토사(土砂)가 여기에 쌓이기 때문에 현재 개수공사(改修工事)가 진행중이라고 한다。「장안(長安)을 떠나서 四백리(二백킬로)、 산형(山形)은 상자(函)처럼 생겨 곡중(谷中)에 있다。 그래서 함곡관이라 이름하다」고 당대(唐代)의 사람이 기록해 놓고 있다。

거추장스러운 진의 항병(降兵)들을 생매장(生埋葬)한 뒤 항우의 대군은 늦가을의 북풍(北風)을 뚫고 이 함곡관을 목표로 서진(西進)을 계속하였다。

그보다 약간 앞서、 후의 한고조(漢高祖)、 즉 패공(沛公)、 유방(劉邦)은 하남성 중부에서 전전(轉戰)하고 있었다。이 지방의 중심은 남양(南陽)의 성시(城市)로서 일찌기 「완성(宛城)」이라 불리던 곳이다。이곳은 「백성중(衆)하며 적축(積蓄) 다(多)」하다 라는 곳으로 진군이 성문을 닫고 굳게 지키므로 쉽사리 함락되지 않았다。그것을 내버려두고 서진(西進)하면 배후(背後)에서 공격을 받을 염려가 있다。그래서 유방은 남양군(南陽郡) 태수를 설득하여 겨우 자기편에 이끌어들인 후 하남성과 섬서성(陝西省) 경계에 있는 무관(武關)에 도달하고、남쪽에서 산을 넘어 관중평야(關中平野)로 쳐들어 갔다。

「한(漢)의 원년(기원전二〇六년) 一〇월、패공(沛公)의 병(兵)、드디어 제후(諸侯)에 앞서 패상(霸上=霸水의 沿岸)에 지(至)하다」(〈史記〉「高祖本紀」)

진의 후계자 자영(子嬰)은 백마(白馬)에 흰 나무로 만든 수레를 이끌게 하고 목에 새끼줄을 매고 패수(霸水)에서 유방을 맞았다。패상(霸上)은 현재의 서안(西安)의 동교(東郊)를 흐르는 패수의 우안(右岸)、한무제 능(漢武帝陵)의 근처이다。진은 여기서 멸망한 것이었다。

한편、항우가 밤낮을 가리지 않고 달리어 함곡관에 이르러 보니 이미 패공의 부하장병(部下將兵)이 관(關)을 지키고 있는 것이 아닌가。항우는 일찌기 제장(諸將)들과 약속한 일이 있다。「먼저 관(關)을 파하고 진을 멸하는 자가 관중의 왕이 되어야 한다」라고。그런데 유방이 나보다 한걸음 먼저 관중(關中)을 눌렀다니――항우는 화가 나서 견딜 수가 없었다。

그는 단숨에 관소(關所)를 공파(攻破)하고 파죽지세(破竹之勢)로 一五〇킬로의 산길을 빠져、진시황제(秦始皇帝)의 능 가까운 현재의 임동현(臨潼縣)까지 진출하였다。그때 패공의 부하 한 사람이 몰래 항우를 찾아와 「패공(沛公)은 진왕궁(秦王宮)의 진보(珍寶)를 모두 손아귀에 넣고 관중의 왕이 되려 하고 있읍니다」고 중상하여 항우의 노여움을 더욱 불붙게 하였다。그때 항우의 병력은 四〇만、패공의 군사는 一〇만、쌍방의 진주군(進駐軍)은 지름길로 불과 一〇킬로 정도로 접근하여 동서로 진을 쳤다。이때 항우의 참모인 노장(老將) 범증(范增)이 진언(進言)하였다。

「패공(沛公)은 동(東)에 있을 적에 욕심 많고 여자를 좋아하였소。그런데 무관(武關)에서 관중(關中)으로 들어간 뒤로는 병(兵)을 계(戒)하여、재물(財物)과 부녀(婦女)에게 일체 손을 못대게 한다는 소문이요。분명히 대망(大望)을 가지고 있는 증거이요。이제 패공(沛公)의 둔(屯)을 관망(觀望)하면 그 위에는 오색운(五色雲)이 피어오르고、불그스름한 저녁 구름이 훌러 용호(龍虎)의 형(形)을 하고 있소。조심하셔야 합니다」

과연 패공이 있는 서쪽을 바라보니 찬란한 구름이 흐르고 용 모양으로 보이기도 한다。 항우는 증오에 찬 눈초리로 훌겨 보며 「내일은 결전(決戰)을 해버리자。 아침 일찍 병사 (兵士)들을 배불리 먹이라」고 명령하였다。

그것을 들은 항우의 숙부(叔父) 항백(項伯)이 몰래 진을 빠져나와 밤중에 패공의 진(陣)으로 말을 달렸다。 항백은 일찌기 감옥에 들어가게 되었었으나 장량(張良)의 구원을 받은 적이 있다。 그 장량이 지금 패공을 따르고 있다。 항백은 구우(舊友)인 장량을 살려 내려고 결심한 것이다。「자네는 패공(沛公)의 가신(家臣)이 아니라、식객이 아닌가。 한꺼번에 휩쓸려 죽을 이유가 없네。 자、달아나세」라고 설득하였다。 그러나 장량은 「잠깐 기다려 주게、패공에게 말씀드리지 않아서야 의리(義理)를 저버리게 되네」라고 그 이야기를 패공에게 하였다。

패공은 새파랗게 질려 항백에게 주선해 주기를 간청(懇請)하고 다음날 아침 일찌기 스스로 一백여기(騎)만을 이끌고 항우의 진을 찾아왔다。

패공 : 장군은 하북(河北=黃河의 北쪽)에서 싸우고 신은 하남에서 싸워 힘을 합하여 진을 멸망시키려는 맹서를 다하였소。 제가 장군보다 먼저 관중(關中)으로 들어오게 된 것은 생각지도 않던 일이었소。 이제 소인(小人)의 중상(中傷)에 의하여 우리들 사이에 틈이 생긴 것은 유감천만이오

항우 : 뭐、괜찮네。 한자리 벌이고 술이나 먹세

이렇게 되어 항우의 진중(陣中)에서 소연(小宴)이 베풀어졌다。 범증(范增)은 「이때야말로 한칼에 패공(沛公)을 치라고 항우에게 눈을 깜박거렸으나 항우는 모른 척하고 있다。 범증은 이를 갈며 검술에 능한 검객(劍客)에게 눈짓하여 검무(劍舞)를 추게하고 패공에게 일격을 가하려고 노렸으나、 항백(項伯)도 칼을 들고 춤추며 패공을 막기 때문에 검객도 들여칠 틈이 없다。 막사(幕舍) 안의 분위기가 심상치 않다고 들은 패공의 호위역(護衛役) 번쾌(樊噲)가 낯을 붉그락푸르락 하며 이 자리에 뛰어들어와 「패공은 함양(咸陽)의 궁실(宮室)에 봉인(封印)하고 대왕(大王=項羽)의 도래(到來)를 기다리고 있었는데、소인배의 중상을 듣고 대공(大功) 있는 분을 주(誅)하려 하니 이것이 무슨 짓이요」 하고 훌겨보았다。 패공은 「잠간 소변 좀」 이라는 핑계를 대고 자리를 떠나 잠시 번쾌와 의논하였다。

패공 : 인사도 하지 않고 자리에서 빠져 나가서는 안 되겠지

번쾌 : 속담에 대행(大行)에는 세근(細謹)을 불고(不顧)하고 대례(大禮)에는 소양(小讓)을 불사(不辭)한다 하오。 지금 상대는 도조(刀俎=칼과 도

마)이고 우리는 어육(魚肉)의 몸이요。 인사고 뭐고 다 집어치우시요 (〈史記〉「項羽本紀」)

패공은 겨우 부하 네 사람만을 데리고 사잇길을 골라 말을 달려 자기의 군중(軍中)으로 도망하였다。

장량이 뒤에 남아 패공의 선물로서 옥벽(玉璧)과 옥두(玉斗)를 내놓았다。 항우는 기뻐하며 받아 좌상(座上)에 놓았으나、범증은 칼로 쳐서 부수며 항왕(項王)의 천하를 빼앗는 자는 반드시 패공(沛公)이다。 우리도 언젠가는 패공의 노(虜)가 될 것이다」고 이를 갈며 분하게 여겼다고 한다。

이틀 후 항우는 함양을 닥치는 대로 약탈하고 진의 왕궁에 불을 질렀다。「불이 三개월 동안 꺼지지 않았다」(〈史記〉)고 하였듯이 그 겁화(劫火)는 계속 불탔던 것이었다。

名言 68
沐猴로서 冠을 쓰다

위수(渭水) 북쪽의 함양궁(咸陽宮)과 남안(南岸)의 아방궁(阿房宮)이 항우가 지른 불에 탄 지 천년 후 당(唐)의 시인 허혼(許渾)은 이렇게 노래하였다。

한번 고루(高樓)에 오르면 만리의 수심(萬里愁)、
겸가(兼葭=갈대) 양류(楊柳)、 정주(汀洲)와 같다(似)。
계운(溪雲) 비로소(始) 일어나、 해(日)는 각(閣)으로 내려가고(沈)、
산우(山雨) 오려 하여 바람(風)은 누(樓)에 가득하도다(滿)。
새(鳥)는 녹무(綠蕪)에 내리는 진원(秦苑)의 저녁(暮)、
매미(蟬)는 황엽(黃葉)에 우는 한궁(漢宮)의 가을이여。
나그네(行人)는 묻지 마라、 당년(當年)의 일을、
고국(故國)에서 동쪽으로 위수(渭水)는 흐르나니。(「咸陽城東樓」)

당대(唐代)에는 아직 옛날의 망루(望樓) 정도가 남아 있었던 것일까。 지금은 아방궁터에 누각(樓閣)이 있었던 성토(盛土)했던 낮은 언덕이 남아 있고、 타다 남은 기와나 청동기(靑銅器)가 출토된다。 가늘고 긴 토관(土管)을 연결한 하수도(下水道)도 발견되었으나、 지상의 건물은 하나도 남아 있지 않다。

타서 잿더미가 된 도읍(都邑)은 항우에게 매력이 없었다。 약탈한 보물과 미녀(美女)들을 수레에 싣고 미련없이 동쪽으로 돌아가려 한다. 그것을 보자 측근의 식객(食客)이 진언하였다.

식객 : 관중(關中)은 산하(山河)의 수비(守備)가 단단하고 토지도 비옥하므로 여기에 도읍(都邑)하여 천하제패(天下制覇)를 꾀함이 어떠하오

항우 : 아니야. 속담에도 부귀(富貴)를 이루고 고향으로 돌아가지 않으면 수(繡)를 입고 밤길을 감과 같다고 하지 않는가. 나는 한시바삐 동쪽으로 돌아가고 싶다

식객 : (작은 목소리로) 초의 사람은 목후(沐猴=목욕을 즐기는 원숭이)로서 관(冠)을 쓰고 있을 뿐이라고 사람들이 평하는데 과연 그렇구나

「저놈은 관(冠)을 쓴 원숭이다」고 항우의 단순한 생각을 비웃은 것이다. 뒤에 그 이야기를 들은 항우는 격노(激怒)하여 그 문객(門客)을 큰 솥에다 삶았다고 한다.

항우는 상쾌한 기분으로 논공행상(論功行賞)을 하였다. 자기자신은 지체없이 서초(西楚)의 패왕(霸王)이라 칭하여 팽성(彭城=지금의 徐州)에 도읍을 두었다. 유방에게는 약속에 따라 「관중왕(關中王)의」 자리를 주지 않으면 안 되지만 파촉(巴蜀=四川省)도 넓은 뜻에서는 「관중」의 일부이다. 그곳은 추방된 죄인이나 이주(移住)한 한인(漢人) 상인들이 개척한 땅으로서 중국의 중심부에서는 멀리 떨어져 있다. 그리로 쫓아버리면 우선 안심할 수 있다고 하여 유방을 「파촉 한중왕(巴蜀漢中王)」으로 하고 그를 견제(牽制)하기 위하여 진의 구장(舊將) 장한(章邯) 등을 관중에 봉하였다. 또 구육국(舊六國)의 잔당들이 반진(反秦)의 깃발을 들고 항우에게 협력하였으므로 각각 위(魏)·조(趙)·연(燕)·제(齊)의 왕으로 봉하여 구령(舊領)을 주고, 남쪽에서 가세(加勢)한 영포(英布)와 오예(吳芮)에게는 양자강 연안에 봉지(封地)를 주기로 하였다. 기원전 二○六년 四월, 제장(諸將)은 관중(關中)을 떠나 동쪽으로 또는 남쪽으로 되돌아 갔다. 진이 전국에 통일관료제(統一官僚制)를 시행하였으나 그것이 일거에 붕괴되어 다시 군벌분립(軍閥分立)의 전국시대(戰國時代) 양상으로 돌아가고 말았다.

〈논어(論語)〉에 「멸국(滅國)」을 일으키고 절(絕)한 세(世)를 계(繼)하며 일민(逸民)을 거(擧)하면 천하(天下)의 민(民), 여기에 귀(歸)하리라」(「堯曰篇」)고 되어 있는데, 그것을 지금 생각해보면 문젯거리가 될 수 있다. 항우가 六국의 잔당을 부활시킨 것은 바로 「멸국(滅國)을 일으킨」 것인데, 백성들의 마음이 돌아가기는 커녕 대난세(大亂世)를 재현(再現)하도록 만들었다. 그것은 역사의 대세(大勢)를 거슬려 그 이전의 체제(體制)로 돌아가게 하였기 때문이다. 무엇이 「전진(前進)」이고 무엇이 「후

퇴)」인지 모르는 직업군인이 하는 짓은 때때로 역사의 수레바퀴를 역전(逆轉)시키는 일이 된다。

대란(大亂)은 동쪽의 제(齊)와 하북(河北)의 조(趙)에서 일어났다。「항왕(項王)、 천하의 제(帝)가 되어 공평(公平)을 결(缺)하다。 고주(故主)를 추지(醜地)에 봉하고 자기(己)의 군신(群臣)을 선지(善地)에 봉하다」(趙、陳餘의 말) 라고 하는 불만이 도화선(導火線)이 되어 여기저기에서 반란이 일어났다。 옛날과 다름없는 토호(土豪)들의 세력다툼이 일어나기 시작한 것이다。

그 무렵 유방은 어느 틈엔지 사천성(四川省)에서 관중으로 되돌아와、 관중(關中)의 옥토(沃土)를 손에 넣고 「한왕(漢王)、 직(職)을 실(失)하였는 고로 관중(關中)을 득(得)하려 한다。 그러나 약속한 대로 관중왕(關中王)이 될 때까지만이요。 그 이상 동진(東進)할 뜻은 없소」라는 편지를 항우에게 보내어 방심(放心)하게 하고、 기원전 二〇五년의 봄、 살그머니 형양(滎陽)으로 진출하였다。 때마침 항우가 일찌기 반진(反秦)의 맹주(盟主)로 추대하였던 초의 의제(義帝)를 쫓아내고 강남(江南)에서 살해하였다는 소문이 퍼졌다。 그리하여 유방은 「항우는 대역무도(大逆無道)하여 의제(義帝)를 시(弑)하다。 제후(諸侯)와 더불어 의제의 구(仇)를 토(討)하련다」는 격문(檄文)을 돌리고 군사 五六만을 모아 늦은 봄 팽성으로 진공(進攻)하였다。 그러나 항우는 아직 강하다。「한군(漢軍) 물러나며 초의 공격을 받으니 모두 수수(睢水)에 들어가다。 수수(睢水)、 이 때문에 흐르지 않다」(〈史記〉「項羽本記」)고 하였듯이 一〇만여 한의 장병이 이 때에 죽었다。

그때 하늘의 도움이라고나 할까。 갑자기 봄의 모래바람이 몹시 불었다。 나무를 꺾고 지붕을 날리며 먼지를 일으켜 한치 앞도 보이지 않는다。 유방은 겨우 포위망을 뚫고 수십기(數十騎)를 데리고 고향인 패(沛)로 급행하였다。 그러나 도착하여 보니 집에는 사람의 그림자도 없다。 유방의 처와 아버지는 이미 초군(楚軍)에게 붙들려 항우에게 끌려간 것이다。 유방은 당황하여 달아나다 다행히 두 아들을 발견하여 수레에 태웠으나、 초의 기병(騎兵)의 추격을 받아 아이들을 세 번이나 수레 밖으로 내던졌다。 그럴 때마다 뒤따르는 사람들이 「거추장스럽다고 하더라도 어찌 어자(御子)를 버릴 수 있읍니까」 하고 소리치며 아이들을 다시 수레에 태웠다。 겨우 저녁의 어둠이 깔리자 형양(滎陽)으로 탈출할 수가 있었다。

그때 관중에 남겨두었던 소하(蕭何)가 관중의 남자를 총동원한 보충군단(補充軍團)을 편성하여 달려왔다。 형양은 오창(敖倉)과 가깝다。 한(漢)은 이 두 곳에 축적한 식량을 분배하기 위한 보급로(補給路)를 만들어 군대의 재성편을 피하였다。 그러나 항우의 군사(軍師) 범증이 이때를 놓쳐서는 안 된다고 빈번하게 보급로를 습격하여 형양의 한군(漢軍)을 궁지에 몰아넣는다。 그리하여 유방은 항우와 범증을 이간(離間)시키려고 하였다。 항왕(項王)의 사신이 한군을 찾아오자、 유방은 우선 대단한 요리를 차리게 하고 일부러 놀란 척하며 말하였다。 「범증(范增)님으로부터 온 사신인 줄 알았는데、 아니、 항왕(項王)의 사신인가。 그렇다면 요리를 치우고 조식(粗食)을 차리도록 하라」

항우의 사신은 화가 나서 돌아가 「범증이 한군과 통하고 있는 듯하오」라고 항우에게 고하였다。 머리가 단순하기로 유명한 항우이다。 그 소리를 듣자 곧 그렇게 믿고 범증을 냉대(冷待)하였다。 그것을 보자 범증도 화가 났다。

「천하의 일은 거의 정(定)하여졌소。 앞으로는 스스로 처치(處置)하시요。 나에게 해골(骸骨)을 사(賜)하고 졸오(卒伍=民間)로 돌아가게 하시요」

범증은 팽성으로 돌아가다가 종기가 도져 죽어버렸다。 훌륭한 군사(軍師)를 잃은 뒤 항우는 더욱 냉정한 판단을 못하게 되었다。 감정에 약한 남인(南人)의 성격이 그대로 나타나 버리는 것이었다。

名言 69
四面楚歌

전쟁은 비정(非情)한 것이나 천하의 자웅(雌雄)을 판가름하는 싸움은 더욱 비정하다。 뒷날의 한고조(漢高祖) 유방이 병화(兵火) 속에서 겨우 찾은 아들딸을 세 차례나 수레 밖으로 집어던져 적병의 추격을 피하려고 하였던 이야기는 이미 말하였다。 그러나 한초(漢楚)의 대전(對戰)이 장기화하자 더욱 처참한 일이 일어났다。

초의 항우는 유방의 아버지와 처를 잡아 인질로서 군중(軍中)에 두고 있었다。 기원전 二〇四년、 쌍방의 군대는 낙양의 동쪽、 형양(滎陽)의 근교에서 수개월에 걸쳐 대진(對陣)하고 있었다。 한군은 식량이 풍부했으나、 초군은 보급이 끊어지기 쉽다。 성미가 급한 항우는 유방의 아버지를 전선으로 끌고와 큰소리로 한진을 향해 부르짖었다。

항우: 빨리 빨리 항복하라。 그렇지 않으면 태공(太公)을 솥에 넣고 삶겠다

유방: 나는 귀공(貴公)과 더불어 회왕(懷王)의 명(命)을 받고 의형제의 약속을 맺었다。 귀공은 그것을 잊어 버렸는가。 의형제가 되었다면 우리 아버지는 즉 귀공에게도 아버지이다。 기어이 자기 아버지를 삶겠다면 나에게 인육(人肉) 국물을 한 사발 나누어 달라

화가 치민 항우는 노부(老父)를 죽이려 하였으나、 숙부인 항백(項伯)이 「참아라。 천하가 어느 쪽으로 기울었는

자 아직은 모른다。 더구나 천하를 도모하고자 하는 사람은 자기 가족 같은 것을 돌보지 않는 법。 태공을 죽인다면 쓸데없는 화(禍)를 일으킬 뿐이다。 결국은 무익(無益)한 일이다」라고 만류하였다。 또 수일이 지났다。 항우는 또 초조하여졌다。 또 전선에 나가 큰소리로 말하였다。

「천하는 수년에 걸쳐 그럴 수 없이 소란하다。 그것은 우리들 둘 때문이다。 이제 한왕(漢王)에게 도전하련다。 빨리 나와 자웅(雌雄)을 판가름하자」

「나는 오히려 지혜로 싸우고 싶은 생각이다。 힘으로 싸우는 것은 질색이다」

유방이 허풍스럽게 비웃는 모습이 멀리 보인다。 항우는 더 이상 참지 못하고 기사(騎士)에게 명하여 출격(出擊)시켰다。 그러나 한군에서는 활의 명수들을 내보내어 초의 기사들을 사살하였다。 화가 머리끝까지 치민 항우가 한군(漢軍) 앞에 뛰어나와 일갈(一喝)하자、 그 기세에 눌려 한군은 방벽(防壁) 속으로 숨어버리고 말았다。

지구전(持久戰)이 계속되자 황하의 북에서는 한신(韓信)이 세력을 얻어 원래의 조(趙)·제(齊)의 땅을 차지하였다。 황하 남안(南岸)의 개봉(開封) 일대에서는 팽월(彭越)이 초의 보급로를 차단한다。 그리하여 항우는 측면과 뒤에서 위협을 받게 되었다。 그래서 부장(部將)에게、

「내가 없는 사이에 한군이 도전하더라도 절대로 응하지 말라」고 이르고 항우 자신이 병력의 일부를 이끌고 동쪽으로 전전(轉戰)하였다。

그런데 항우가 예측하였던 대로 한은 남아있는 초군을 마구 놀려서 피어 내려고 한다。 五、六일이 지나자 초의 병사들은 드디어 참을 수가 없게 되었다。 화가 난 초군이 강을 건너 쳐들어 오려고 하자、 강을 건너는 도중에 성내(城內)의 한군이 일제히 성문을 열고 나와 달려들었다。 초군은 대패하여 항우의 신임이 두텁던 몇 사람의 부장(部將)이 강변에서 자살한 이외에 귀중한 군자금(軍資金)을 몽땅 빼앗겨 버렸다。 패전의 보고를 듣자、 항우는 밤낮을 가리지 않고 달려 돌아왔다。 그리하여 병마(兵馬)는 모두 지치고 식량도 바닥이 나게 되었다。

그것을 보자 한에서는 사신을 보내어 화약(和約)을 맺자고 제의하였다。 그 무렵、 지금의 수춘(壽春=淮水沿岸)에서 형양·오창(敖倉=黃河의 南)으로 수로(水路)로 연결되는 홍구(鴻溝)라는 운하가 있었다。 시황제가 보수(補修)하고 확대하여 회수(淮水)—황하를 연결하여 화중의 징용미(徵用米)를 실어 나르던 중요한 운하이다。 그 운하를 경계로 하여 동쪽은 한이 차지하도록 하자는 것이다。 항우는 할수없이 그 제안을 받아들이고、 화약의 표시로서 유방의 부모와 처자를 유방에게 돌려보내었다。

「한왕군(漢王軍)、 모두 만세(萬歲)를 호(呼)하다」(〈史

記〉「項羽本紀」)

항우는 우선 동쪽으로 군사를 돌리고, 유방은 서쪽으로 철수하려고 하였다. 그런데 유방의 막하(幕下)에 있던 장량(張良)과 진평(陳平)이 유방에게 말하였다.

「한은 이미 천하의 대반(大半)을 점(占)하고 제후 또한 아(我)에게 부(付)하였소. 초는 병피(兵疲)하고 식진(食盡)하였소. 이것은 하늘이 초를 멸(滅)하라는 때이요. 이 기회에 승취(乘取)함을 알지 못하고 용서하여 치지 않는다면 호양(虎養)하여 스스로 화를 일으키는 것과 같소」(〈史記〉「項羽本紀」)

그래서 일단 철수준비를 하던 군세(軍勢)의 행선(行先)을 바꾸어 갑자기 항우의 뒤를 쫓게 하였다. 그런데 동쪽의 한신(韓信)과 팽월(彭越)의 군사가 약속대로 달려와 주지 않는다. 그래서 뒤를 이어 급사(急使)를 두 장군에게 보내어 「초를 파(破)하는 날에는 원래의 제국(齊國)을 한신(韓信)에게, 대량(大梁=開封) 일대는 팽월(彭越)에게 주겠다는 약속을 하며 양군의 원조를 구하여, 신예원군(新銳援軍)을 얻어 한의 병력은 두배로 팽창하였다.

기원전 二〇二년, 한은 항우를 해하(垓下)에 포위하였다. 수십미터 언덕 아래로 강의 제방(堤防)이 있는 곳이다. 항우는 방벽을 단애(斷崖)에 따라 급히 만들고 언덕 위에서 방위진을 마련하였다. 이윽고 밤이 되어 항우가 잠자리에 들려고 하자, 한의 진영 여기저기에서 그리운 초의 민가(民歌)가 들려오지 않는가. 항우는 벌떡 일어나 말했다. 「한은 이미 초지(楚地)를 득(得)하였구나. 아아 한군중(漢軍中)에 초인(楚人)이 얼마나 많은가」

「사면초가(四面楚歌)」란 이것을 말함이다. 지금까지 자기편이라고 생각하고 있던 초나라 사람들이 이미 한군에 편입(編入)되어 자기를 포위하고 있는 것이다. 항우는 사랑하는 우미인(虞美人)을 앞에 두고 노래하였다.

힘은 산을 뽑고 기는 세상을 덮는도다 力拔山兮 氣蓋世
때가 불리하고 말은 달리지 않는구나 時不利兮 騅不逝
말이 달리지 않으니 어찌하랴 騅不逝兮 可奈何
우야 우야 너를 어찌하랴 虞兮虞兮 奈若何

항우의 눈에서 눈물이 흘렀다. 그리고 백여기를 거느리고 혈로(血路)를 열자 동남쪽을 향하여 현재의 안휘성(安徽省) 초현(椒縣)의 오강(烏江)까지 도망했다. 오강의 정장(亭長)이 나룻배를 마련하고 「자 어서 강남으로 도망하소서. 강남은 대왕(大王)이 거병(擧兵)하던 고장이오」하며 권했다. 그러나 항우는 하늘을 우러러 보며 말했다.

「내가 싸움에 진 것이 아니라 하늘이 나를 버린 것이다. 이제는 강남의 부모를 만날 면목조차 없는데……」

항우는 말머리를 돌려 추격해 온 병사무리에 뛰어들었으나, 한의 기병에게 쫓기자 자살하고 말았다.

名言 70

法三章을 約束할 뿐

한 고조는 원래 두렷한 이름조차 없는 사나이였다.

「고조(高祖)는 패(沛)의 풍읍(豊邑), 중양리(中陽里) 사람이다. 성은 유씨(劉氏), 아명(兒名)은 계(季), 부(父)를 태공(太公)이라 하고, 모(母)를 유온(劉媼)이라 한다」(〈史記〉「高祖本紀」)

싱긋이 웃으며 쓰고 있는 사마천의 얼굴이 눈앞에 보이는 듯하다. 왜냐하면 계(季)는 「막내아이」를 이르는 것이고 태공(太公)은 「할아버지」를 말하며, 유온(劉媼)은 「유(劉)할머니」의 뜻으로서 어느 것이나 이름이라 말할 수 없는 것이기 때문이다. 도대체 가문(家門)을 자랑하는 귀족이라면 「성(姓)」은 어떻고 「씨(氏)」는 어떻고 하는 구별은 하였을 것이다. 그러나 가문 같은 것과 인연이 없는 서민(庶民)들에게는 성(姓)도 씨(氏)도 없다. 다만 호적상으로 구별할 수만 있는 표시만 있으면 된다. 「유(劉)할멈의 막내(劉季)」가 그의 향당(鄕黨)들이 부르던 이름이었던 것이다.

이 사나이는 성인(成人)이 되어서도 생업(生業)에 종사하지 않았다. 진왕조(秦王朝)가 군현(郡縣)—촌락의 행정조직을 정리할 때 一〇리마다 일정(一亭)을 두어 역전(驛傳)의 편(便)을 열었다. 이것은 전국통일을 추진하는 중요한 시책이었다. 유계(劉季)는 지원하여 사수(泗水)의 정장, 즉 숙박소의 우두머리가 되었다. 그는 술과 여자라면 죽고 못산다。 틈만 있으면 술집에 들어앉아 술을 마신다。 외상술을 옛날에는 세주(貰酒)라고 하였는데 언제까지나 지불을 연장하면 결국은 「얻는(貰) 것」과 같아진다。 술집영감도 그렇게 알았든지 언제나 연말에는 외상값을 지워 주었다고 한다。 그런 사람이 출세한 뒤에는 이 「세주(貰酒)」도 미담(美談)이 되므로 세상은 재미있는 것이다。

사수는 당시의 패군(沛郡)에 속한다。 패군의 영(令=郡守) 밑에 여공(呂公)이라는 부자가 몸을 의탁하고 있었다。 아마 남의 원한을 산 고리대금(高利貸金)업자였을 것이다。 여공의 소문을 듣고 지방유지들이 모여 들었다。 관리와 부자의 「유착(癒著)」이 기원전부터 이미 시작되고 있었던 것이다。 군의 회계(會計)를 맡고 있던 소하(蕭何)가 그 접수계(接受係)가 되고 「천전(千錢) 이하의 봉가전(奉加錢)을 가지고 온 분은 당하(堂下)에、 그 이상의 분은 당상(堂上)으로 앉으시오」라고 안내한다。 거기에 유계가 불쑥 나타나 한푼도 없는 주제에 「一만전(錢)을 가지고 왔소」라고 큰소리를 하고는 뒤도 돌아보지 않은 채 윗자리에 올라앉았다。 소하가 「저 유계(劉季)라는 자는 평소에 큰소리만 치고 실적(實績)은 없는 사람」이라고 주석(注釋)을 달았으나、 여공은 어쩐지 유계에게 주목하고 있다。 연회가 끝나자 여공은 눈짓으로 유계를 머물러 있게 하였다。

여공: 나는 관상(觀相)을 잘 봅니다。 지금까지 많은 사람을 보았으나 당신의 상(相)에 미치는 사람은 없었소。 자애(自愛)하시라、 나의 여식(女息)을 그대의 첩으로 드리고 싶은데 어떠하오

그 소리를 들은 여공의 아내(呂婆)는 펄쩍 뛰며 반대했으나 여공은 「아녀자들이 알 일이 아니다」고 듣지 않는다。 그리고 드디어 딸을 주어 버렸다。 그것이 뒷날의 여후(呂后)、 즉 한혜제(漢惠帝)의 어머니이다。 또 앞에 나온 소하(蕭何)는 뒤에 승상(丞相)이 되어 관중(關中)에서 유방이 출전한 뒤를 맡고 후방 보급(後方補給)에 수완을 발휘한 소상국(蕭相國=宰相) 바로 그 사람이다。

기원전 二〇九년、 진시황의 능을 건조하기 위하여 먼 동쪽의 패군에서도 인부(人夫)가 징용되었다。 유계는 그 무리를 이끌고 서쪽으로 향하였으나 밤마다 도망치는 자가 끊이지 않는다。 그대로 가다가는 도착할 무렵 하나도 남지 않을 것으로 생각한 유계는 일동에게 말하였다。 「자아 모두 도망가라。 나도 이쯤에서 도망치기로 하겠다」。

유계는 가까이에 남은 一〇명 정도만 데리고 산길로 접어 들었으나、 앞장선 유계 앞에 큰 뱀이 가로막아 갈 수가 없다。 할수없이 칼을 뽑아 잘라 버리고 지나갔다。 뒤따라 오던 젊은이가 그 곳에 이르자 백발의 할머니가 길바닥에서 울고 있지 않은가。 「내 아들은 백사(白蛇)이다。

「그것을 지금 적제(赤帝)의 자(子)가 죽여버렸다」

숨을 헐떡거리며 뒤쫓아 온 젊은이의 말을 듣고 유계가 그 자리로 돌아와 보니 이미 노파의 그림자는 없었다.「음, 적제(赤帝)의 자(子)란 나를 이름이다. 백사(白蛇)는 진의 二세황제를 말하는 것인가……좋아 백기(赤旗)를 세워서 일을 일으킬까」라고 이 사나이는 마음속으로 미소를 지었다. 그때 그의 나이는 四八세의 장년(壯年)이었다.

그 해 여름, 진섭(陳涉)과 오광(吳廣)이 농민들을 이끌고 반란을 일으켰다. 그곳은 패군의 바로 서남(西南)과 연결된 고장이었다. 패의 군수는 겁을 먹고 토착리(土着吏)인 소하, 조참(曹參) 등에게 상담하자, 두 사람은「뭐라고 하더라도 나으리는 진에서 파견된 분이므로 이 고장에는 아는 사람이 없소. 딴 곳으로 망명한 이 고장의 유지(有志)를 찾아 일을 맡김이 좋습니다」고 권하였다. 패의 군수 부름을 받고 유랑하던 객지에서 유계가 돌아왔다. 소하와 조참이 외부와 몰래 연락을 취하고 토착민들이 안팎으로 호응하여 외부에서 임명되어 온 군수를 죽이고 드디어 유계를 수령(首領)으로 받들어 모셨다. 유계는 유방이라는 새로운 이름을 내세우기에 이르렀다.

그 후의 난전(亂戰)은 이미 소개한 바와 같다. 유방의 전법(戰法)은 위험하다고 생각되면 반드시 도망하여 거점이 될 성시(城市)에서 농성한다. 성을 지킬 수 없으면 밤중에 성에서 탈출하여 도망한다. 그리고 부하들의 진언(進言)을 실수없이 잘 받아들였다. 그러는 사이에 유방은「관후(寬厚)의 장자(長者)」라는 평을 받게 되었다.

기원전 二〇六년 가을, 유방은 서남으로 크게 우회(迂回)하여 무관에 이르고, 항우에 앞서 관중으로 진군했다. 그리고 진의 부로들을 모아놓고 이렇게 선언하였다.

「바로 내가 관중(關中)의 왕(王)이 될 것이다. 이제 부로(父老)와 법삼장(法三章)을 약속할 뿐, 살인(殺人)한 자는 살(殺)하고, 사람을 상(傷)하거나 도적(盜賊)하는 자는 벌(罰) 준다. 그 이외에는 모두 진(秦)의 가법(苛法)을 없앤다. 모든 이인(吏人)은 모두 안도(安堵)하기를 예전처럼 하라」(〈史記〉「高祖本紀」)

대동란(大動亂)은 여러 가지 인습과 허구(虛構)를 깨트리고 인간의 생활을 있는 그대로 드러낸다. 그러한 공동체에서는 장로(長老)들의 합의(合意)를 바탕으로 사람들의 생명이 지켜지면 된다. 까다로운 간판이나 문서도 필요하지 않다.「법삼장(法三章)」만으로 기본질서는 지켜진다. 시정(市井)에서 자란 이 무뢰한(無賴漢)은 그런 요령을 잘 알고 있었던 것 같다.

그리고 관중의 이민(吏民)을「안도(安堵)」시킨 것이 그후 三년의 전란 중에서 언제나 유력한 후방기지를 확보할 밑천이 된 것이다.

名言 71

大風 일어나니 雲 飛揚하다

한의 고조는 어느정도는 무질서한 시정배(市井輩)의 성격을 끝까지 버리지 못한 사람인 것 같다。 천하를 평정하여 위수(渭水) 남쪽에 미앙궁(未央宮)이 낙성(落成)되던 기원전 一九八년의 일이다。 그의 아버지、즉 유태공(劉太公=그때는 太上皇)의 장수를 축하하는 소연(小宴)이 열렸다「옛날 아버님은 제가 무뢰배로서 생업을 다스리지도 못하고 고지식한 형님에게는 이르지 못한다고 늘 말씀하셨는데、지금은 돌아가신 형님에 비하여 어떻습니까」라고 고조가 말을 꺼내자 태공은 멋적은 듯이 눈을 깜박거리기만 했다。 그것을 보고 모두 크게 웃었다고 한다。

그러나 이 무뢰한(無賴漢)은 남의 말을 잘 받아들였다。 가령 천하난전(天下亂戰)이 한창 벌어지고 있을 때、역이기(酈食其)라고 하는 책사(策士)가 찾아왔다。 고조는 의자에 앉아 두 사람의 여자에게 발을 씻기고 있었다。 찾아온 손님이 「무도(無道)한 진(秦)을 치려는 이때 앉아서 장자(長者)를 맞는 법이 어디 있소」라고 나무라자、고조는 벌떡 일어나 몸가짐을 바로 하고 손님을 상좌(上座)에 모셨다고 한다。 또 그는 한가닥의 도리(道理)를 설교하는 바법도 가지고 있었다。 중국에서는 단지 「무(武)」에만 뛰어났다고 해서 통하지 않는다。 이(理)를 설명하여 명분을 세우지 않으면 정의(正義)의 편이 될 수 없다。 화중의 광무(廣武) 부근에서 항우와 대진(對陣)하고 있던 무렵이다。 고조는 문득 진두(陣頭)에 나타나 항우를 향하여 있는 대로 독설(毒說)을 퍼부었다。 막객(幕客)인 장량(張良)의 지혜를 빌었던 것일까。 상당히 앞뒤가 맞는다。

「나는 항우와 함께 회왕(懷王)의 명(命)을 받았다。 먼저 관(關)으로 들어가 관중(關中)을 평정(平定)한 자(者)가 관중왕(關中王)이 되기로 하였다。 그러나 항우는 약(約)을 깨고 나를 촉한왕(蜀漢王)으로 밀어내었다。 이것이 제一의 죄(罪)……。 회왕은 진(秦)에 들어가도 포략(暴掠)치 말라고 계(戒)하였는데 항우는 궁실(宮室)을 불태우고 시황제(始皇帝)의 총(塚)을 파고 몰래 그 재물을 거두었다。 이것이 제四의 죄(罪)。 진의 항왕(降王)、 자영(子嬰)을 죽였다。 이것이 제五의 죄。 진의 사졸(士卒) 二〇만을 신안(新安)에서 갱(坑)에 묻었다。 이것이 제六의 죄……」

라고 십죄(十罪)까지 들추어 내었다。 말주변 없는 항우가 격노하여 솜씨 있는 위사(衛士)에게 명하여 강궁(强弓)으로 쏘자 고조의 가슴에 명중하였다。 그러나 고조는 그 아픔을 참고 발을 쓰다듬는 흉내를 내며 「저놈、 발가락을 맞추었구나」라고 거짓말을 하였다고 한다。 그리고 병졸들을 안심시키기 위하여 진중(陣中)을 돌아본 뒤 상처가 아물기 시작하자、 재빨리 관중으로 돌아가 겨우 나흘 동안 휴양한 후、 다시 四백 킬로의 길을 달려 동쪽으로 돌아왔다。 그 끈질긴 정신력에 항우는 진 것이었다。

기원전 二〇二년、 항우를 멸망시키자 드디어 정식으로 제위(帝位)에 오를 때가 찾아왔다。 그러나 그때도 그는 「삼양지례(三讓之禮)」를 나타냄을 잊지 않았다。 여러 장수가 자꾸 권함에도 불구하고 「제(帝)는 현자(賢者)가 가져야 할 위(位)이니라。 내 어찌 감히 제위에 당(當)하랴」고 고사(固辭)하는 것이다。 그리고 마지막으로、

「제공(諸公)이 반드시 이를 편(便)하다 하면 국가(國家)를 위하여 피하여 주오」

라 말하여 부득이한 척하며 범수(氾水) 남안(南岸)에서 즉위하고 논공행상(論功行賞)을 하였다。

그 해의 五월、 고조는 낙양에서 연회를 베풀고、 「내가 천하를 취(取)한 연유와 항우가 천하를 잃은 이유 등을 개의치 말고 말하여 보라」고 신하들에게 일렀다。 고기(高起)와 왕릉(王陵) 두 사람이、

「폐하(陛下)는 만(慢)하여 사람을 모(侮)한다。 항우(項羽)는 인(仁)하여 사람을 애(愛)한다。 그러나 폐하는 유공자(有功者)에게 그가 공략(攻略)한 땅을 준다。 항우는 현(賢)을 시기하고 능(能)을 질투하여 이겨도 상을 주지 않고 땅을 얻어도 이(利)를 주지 않는다。 그것이 성패(成敗)가 갈라진 연유이오」

라고 말하였다。 그러자 고조는 「그대들은 하나를 알고

둔을 모른다」고 하며 이렇게 말하였다。

「책(策)을 안으로 세우고 승(勝)을 천리(千里)밖에서 결(決)함에、나는 자방(子房=張良)만 못하다。국(國)을 진(鎭)하고 민(民)을 무(撫)하며 병량(兵糧)을 급(給)하여 부절(不絕)함에는 내가 소하(蕭何)에 따르지 못한다。 백만군을 이끌고 전(戰)하면 승(勝)하고 공(攻)하면 필취(必取)함에는 내가 한신(韓信)과 같지 못하다。이 세 사람은 모두 인걸(人傑)이다。 나는 그들을 잘 부린다」(〈記史〉「高祖本記」)

이에 대하여 항우는 범증 한 사람조차 거느리지 못하였다。즉 「용인지법(用人之法)」을 몰랐다。 고조는 비정(非情)한 태도로써 마음을 허락할 수 없는 자가 편이나 분열을 노리는 자들을 잘라 버리면서、전체적으로는 「관후(寬厚)의 장자(長者)」라는 평을 유지하며 천하통일까지 이끌고 나아갔다。「내부모순(內部矛盾)」을 처리하는 방법을 알고 있던 비상한 인물이다。「탈권(奪權)」의 투쟁에서 이겨내기 위해서는 풍격(風格)이 매우 중요하다。 그렇다고 인정(人情)에 쏠려서는 안 되는 것이다。

고조 一一년(기원전 一九六년)、일찌기 우군(友軍)의 장(將)으로서 큰 공이 있었던 한신(韓信)·팽월(彭越)·영포(英布)의 세 사람을 우선 반란 음모의 죄로 처형하였다。다음해 반란을 진압하고 돌아오는 길에 그는 홀연히 고향인 패에 들렀다。원래의 시정배로 다시 한번 돌아가고 싶었던 것일까。一二○명의 동자를 모아 스스로 축(筑)을 쳐서 박자를 맞추며、다음 노래를 부르게 하였다。

큰바람 일어 구름은 날으는구나 (大風起兮雲飛揚)
위세 해내에 떨치며 고향에 돌아왔구나(威加海內歸故鄕)
어찌 맹사를 얻어 사방을 지키게 하려는가 (安得猛士守四方)

그리고 「내 관중(關中)에 도(都)한다 하더라도 만세후(萬歲後)까지 혼백(魂魄)은 아직 패(沛)를 생각함을 낙(樂)으로 하련다」고 말하며 눈물을 흘렸다고 한다。이때만은 오랫만에 마음을 풀었던 모양이다。그가 떠나는 날 패의 사람 모두가 집을 비우고 전송하고、고조는 성 밖에서 다시 三일 동안의 「유별연(留別宴)」을 베풀었다고 한다。

영포(英布)와의 싸움에서 고조는 유시(流矢)에 맞아 파상풍에 걸리고 상처가 도무지 아물지 않았다。여후가 양의를 맞아 치료를 받도록 자꾸 권하였으나 고조는、

「포의(布衣=度民)의 몸으로 삼척검(三尺劍)을 차고 천하를 취(取)하였다。이 어찌 천명(天命)이 아니랴。인명은 재천(在天)이라。편작(扁鵲) 같은 명의(名醫)라도 무슨 소용(益)이 있겠는가」

라고 말하며 거절했다。그리고 얼마 안되어 六三세로 파란만장의 일생을 마쳤다。

名言 72

皇后之璽

(卷末圖版⑮參照)

함양(咸陽) 교외(郊外)의 위수(渭水) 북쪽 가슭을 따라 몇 킬로 거슬러 올라가면 보리와 면화 재배가 성한 지역에 이른다。

위성(渭城)의 아침비 경진(輕塵)을 적시고、
객사청청(客舍青青) 버들빛(柳色) 새롭구나。
그대에게 권(勸)하니 한 잔의 술을 다시 들라、
서쪽 멀리 양관(陽關)을 나오면 고인(故人) 아니 되랴
(「安西로 使臣가는 사람을 보냄」王維)

라고 당나라 시인이 읊은 곳은 이 부근일 것이다。 옛날 서역(西域)으로 가는 사람을 장안에서 여기까지 동행하였다가 이별주(離別酒)를 마시고 여기서 메별(袂別)하였던 모양이다。

一九六八년 九월 어느날、이 부근 농가에 사는 공충량(孔忠良)이라는 국민학교 아이가 학교에서 돌아오다가 낭가구(狼家溝)라고 하는 쓸쓸한 골짜기를 걷고 있었다。 이 부근은 「장릉동당(長陵東當)」이라고 새긴 와당(瓦當)이 많이 발견된 곳이며、한대(漢代)의 기와조각이 많이 흩어져 있다。 서안(西安)에서 난주행(蘭州行) 열차를 타면 함양 다음 역(驛)이 「장릉첨(長陵站)」이다。 이 지명(地名)에도 일찌기 「장릉(長陵)이라는 능이 있던 곳이라는 말이 전해지고 있다。 〈사기〉의 「고조본기(高祖本紀)」에는 「四월 갑진(甲辰)、고조(高祖)、장락궁(長樂宮)에서

붕(崩)하다……장릉(長陵)에 장(葬)하다」고 써 있고 그 주(註)에는 「장릉산(長陵山)은 넓이 一二〇보、높이 一三장(丈)、위수(渭水) 북에 재(在)하고 장안성(長安城)을 거(去)하여 三五리(里)」라고 써 있어 바로 이 낭가구 부근의 낮은 대지(台地)에 해당된다。

그러나 二천년 후의 국민학교 학생이 그런 것을 알리가 없다。 골짜기에서 무엇인지 흰 것이 번쩍 빛나면서 그의 눈에 띄었다。 골짜기에 내려가 집어보니 어려운 글자를 새긴 백옥(白玉)의 인새(印璽)였다。 폭 二、八센티의 정방형、높이 二센티로서 손잡이에는 동물이 조각되어 있다。 공군(孔君)은 집에 돌아가 형님과 상의하였다。

「고운 돌이다。 서안의 도장집에 부탁하여 우리들의 도장을 새기자」

거기에 아버지인 공상발(孔祥發)이 돌아왔다。 「어디 한번 보자」。 아버지는 백옥석(白玉石)을 가만히 들여다보더니 갑자기 엄숙한 표정으로 말하였다。

「이것은 문물(文物)이야。」 황후(皇后)〇〇라고 씌어 있다。 나라에서 문물을 소중히 하라고 사람들에게 이르고 있는 것을 너희도 잘 알 것이다。 내일 볼일이 있어 서안시(西安市)로 갈 일이 있다。 나가는 길에 섬서성(陝西省) 박물관에 갖다 주자」

박물관에서는 이것을 보고 놀랐다。 놀라웁게도 그 돌에는 「황후지새(皇後之璽)」라고 전서체(篆書體)로 새겨 놓은 것이다。 이 「황후(皇后)」는 여후(呂后)를 이르는 것이다。 「여후(呂后)는 고조(高祖)와 같이 장릉(長陵)에 장(葬)하다」(사기〈史記〉)고 되어 있으나 〈사기〉의 주(註)에는 그것이 고조묘의 이웃이라고 적혀 있다。 물론 묘 앞에는 원래 당당한 묘옥(廟屋)이 있었을 것이다。 그러나 왕망(王莽)이 「신(新)」이라는 나라를 세워 한나라의 왕권(王權)을 빼앗은 뒤 농민 반란군이 장안을 습격하였을 때 한의 저주를 두려워한 왕망이 파괴해 버린 것 같다。 그 이후에 계속된 쟁난(爭亂) 속에서 불타버려 지금은 흔적조차 없다。 원래 이 인새(印璽)는 관(棺) 속에 넣었을 것이나、그것이 골짜기에 굴러다닌 것을 생각하면 묘도 옛날에 파헤쳐졌을 것이 틀림없다。 그러나 이 발견으로서 「장릉참(長陵站)」의 장릉이라는 지명은 틀림없이 한 이래의 전승(傳承)을 전하고 있음이 입증되었다。 민간전승(民間傳承)이란 어쩌면 그렇게도 신뢰할 수 있는 것일까。

그런데 이 인새를 권력의 표지로서、고조가 죽은 후 마음대로 독재를 한 여후(呂后=뒤의 呂太后)는 어떤 인물이었을까。 사마천은、

「여후의 사람됨은 강의(剛毅)、고조를 좌(佐)하여 천하를 평정(平定)하다。 주살(誅殺)된 대신(大臣)、여후의 힘에 의함이 많다」(〈史記〉「呂太后本紀」)라 하고 있다。실례로 고조의 유력한 협력자로서 싸웠던 저 한신(韓信)을 죽인 것도 여후이다。여씨 일족(呂氏一族)은 후세 중국 역사상의 「외척전횡(外戚專橫)」의 선례(先例)를 이루어 놓았는데、여기서는 우선 고조가 임종(臨終)에 앞서 여후와 한 문답(問答)을 소개하여 두기로 한다。

기원전 一九五년、고조의 부상(負傷)이 아물지 않고 체력(體力)이 갈수록 약해지는 것을 보고、여후가 별다른 이유없이 장래의 일을 물었다。

여후：폐하가 돌아가신 뒤 만일 소상국(蕭相國＝蕭何)도 죽으면 누구를 대신하게 할까요?

고조：조참(曹參)이 좋겠지

여후：그 다음은 어찌할까요?

고조：왕릉(王陵)이야、그러나 왕릉은 좀 둔(鈍)하므로 진평(陳平)을 보좌시킴이 좋겠지。진평은 지혜가 뛰어났으나 혼자서 임(任)을 다할 수 없을 것이다。주발(周勃)은 중후(重厚)하여 문(文)은 적으나 만일의 경우에 유씨(劉氏)를 받드는 것은 이 사람이다。태위(太尉＝軍司令官)에 임(任)하여 군권(軍權)을 맡김이 가(可)하다」

여후：그 뒤는요

고조：거기까지는 당신이 알 바 아니야(〈史記〉「高祖本紀」)

이 최후의 한마디는 「이 마누라가 언제까지나 살 작정인가。그런 앞일까지는 미리 알 수 없어」라고 여후를 훈계한 말로 생각해도 무방할 것이다。

그렇다고 하더라도 여후는 「강의(剛毅)」한 여자였다。저 진말(秦末)의 난전중(亂戰中)에도 항우의 지배하에 있던 고향인 패에서 살며 시아버지 태공(太公)과 아이들(惠帝와 魯元公主)를 지키며 살다가 드디어 고조의 진에 도달한 것이다。고조가 세상을 떠나자 눈물 한방울 흘리지 않고 아들인 혜제(惠帝)를 즉위시키고、스스로 「섭정(攝政)」의 권력을 잡았다。그리고 방해자를 차례로 모살(謀殺)하며 여씨 일족을 왕후(王侯)에 봉하고 드디어는 근위군(近衛軍)의 지휘권까지 손아귀에 넣고 말았다。

그동안 태위(太尉)인 주발은 은인자중(隱忍自重)하고 가만히 여후가 죽기를 기다렸다。그리고 최후에는 일거에 여씨일족을 쫓아 버리고、고조의 아들 문제(文帝)를 북국(北國)에서 맞아 제위(帝位)에 앉혔다。고조가 「유씨(劉氏)를 받드는 것은 주발(周勃)」이라고 예언한 그대로가 되었다。「후계자」 선택의 안목을 갖추기는 얼마나 어려운 일인지 새삼스럽게 느껴진다。

名言 73

韓信, 사타구니 사이를 기다

한신은 화중 회음(淮陰) 사람이었다。진시황이 죽은 뒤 천하제패(天下制覇)의 격동 중에서 단단히 짜고 버티던 주역(主役)들이다。이긴 사람은 영광을 차지하나、진 사람은 애절(哀切)한 모습으로 무대에서 사라진다。한신은 대군을 움직이는 천재(天才)였으나 시대의 흐름을 간파(看破)하는「정치적 안목(政治的眼目)」을 갖고 있지 못했다。일찌기 일본군을 괴롭히고、국민당군을 격파한 임표(林彪)가 끝내 정권을 쥐지 못하였던 것과 비슷하다고 할까。

유방은 진의 통치하에서 시골의 정장(亭長)을 지냈다。정장은 중앙에서 파견된「관(官)」이 아니라 현지에서 선정되는 이(吏)이다。그것은 잡무(雜務)를 맡은 말단관리에 지나지 않으나、토착유지(土着有志)이므로 그 밑에는 모르는 사이에 부하가 모여든다。그와 마찬가지로 한신도 이(吏)가 되기를 바랐으나 채용되지 않았고、그렇다고 하여 남과 같은 생업이나 상업도 할 생각이 없었다。할수없이 하는 일 없이 향리(鄕里)의 정장에게 기식(寄食)하고 있었으나、정장의 부인이 늦잠 자는 곳에 굶주린 표정으로 들여다 보러 온다。그러한 일이 여러번 있자 서로 어색한 생각이 들어 한신은 그 집을 나오게 되었다。

할일이 없어 개울가에 낚시질을 하러 갔더니 아주머니 몇 사람이 빨래를 하고 있었다。한신의 굶주린 표정을 보자 어떤 노부(老婦)가 가엾게 여겨 먹던 밥을 나눠 주었다。그것이 버릇이 되어 그는 매일 개울가에 나갔다。

한신：언젠가 반드시 할머니 은혜에 보답하겠읍니다

노부：무슨 소리요。남자인 주제에 밥도 제대로 못 먹다니。나는 그것을 보기가 딱하여 밥을 드릴 뿐이요。무엇을 바라고 하는 것은 아니오

옛날 유민(遊民)의 건달들은 시장이나 도살장(屠殺場) 부근에서 세월을 보내었다。그 무렵의 건달패들은 허리에 칼을 차고 다녔던 모양이다。한신이 칼을 차고 시장을 돌아다니자 위세(威勢) 좋은 젊은이들이 갑자기 그를 에워쌌다。

젊은이：여보게、덩치는 크고 칼은 차고 돌아 다니나 간은 작은 것 같구나。신(信)아、만일 죽을 만한 뱃장이 있으면 나를 찔러 보아라。만일 그러한 배짱이 없다면 나의 사타구니 밑(股)을 기어나가 보아라

한신은 가만히 상대를 쳐다보고 있더니 재빨리 배를 깔고 젊은이 가랑이 밑을 빠져 우물쭈물하면서 기어나왔다。그 모양을 보고 있던 사람들이 와아 하고 웃었다。五년이 지난 뒤 한신이 회음후(淮陰侯)가 되어 고향으로 돌아오자、먼저 말한 노파를 찾아 후하게 보답하고、일부러 이 젊은이를 찾아 장군으로 채용하였다고 한다。

그리고 드디어 한신은 군사를 일으켜 항우 밑에 참가하였으나 항우는 도무지 한신의 헌책(獻策)에 귀를 기울이지 않는다。결국 항우는 진의 함양궁을 불지르고 스스로 맹주(盟主)가 되어 논공행상(論功行賞)을 하며 가장 방해가 되는 유방에게는 「한중왕(漢中王)」의 이름을 주어 멀리 촉(蜀＝四川省)으로 쫓아 버렸다。한신은 그때 항우를 단념하여 유방을 따르고 군량(軍糧) 보급의 역을 맡았다。

지금도 사천성 민강(珉江) 유역에는 三五〇만에 이르는 이족(彝族＝티벹系의 사람)이 살고 있다。원래 이 고장은 내륙바람이 불어오는 변방으로 티벹계·타일란드계 및 한인계(漢人系)의 사람들이 흘러들어 온 개척지였다。당시의 촉은 중국의 죄인을 멀리 유배(流配)하여 둔전(屯田)시키는 곳으로밖에 생각되지 않던 곳이다。그러므로 유방이 진령(秦嶺)산맥을 넘어 남으로 가는 도중、도망하여 동쪽으로 돌아가는 사람이 점점 늘어났다。한신도 또한 새삼스럽게 먼 곳으로 가는 것이 바보처럼 생각되어 홀연히 행군에서 빠져나와 저녁의 어둠을 타고 자취를 감추었다。

그러나 유방의 승상(丞相)이던 소하가 벌써부터 한신이 보통사람이 아님을 알아차리고 있었다。「한신이 도망한 것 같소」라는 보고를 듣자 그는 두말없이 그대로 말

을 달려 밤길을 되돌아가서 겨우 터벅터벅 걸어가는 한신의 뒷 모습을 발견하였다.

누군가가 「소승상이 달아났다」고 하자 유방은 눈앞이 캄캄하였다. 믿고 있던 「승상(丞相)」이 달아나서는 견딜 수 없다. 이틀 동안은 도저히 말할 수 없는 착잡한 심정이었다. 그런데 소하가 한신을 데리고 돌아왔다.

유방 : 자네 왜 달아났는가「

소하 : 달아난 것이 아니라 달아난 사람을 쫓아간 것이었소

유방 : 뭐, 누구야 그 사람은?

소하 : 한신이올시다

유방 : 장군이 도망한 사람도 一〇여명인데 그때는 자네가 쫓아가지도 않고, 왜 한신 같은 놈을 뒤쫓았느냐

소하 : 보통 장군이라면 얼마든지 얻을 수 있읍니다. 한신은 「무쌍(無雙)의 국사(國士)」입니다. 왕께서 한중(漢中=四川)만의 왕으로 만족한다면 한신은 필요치 않습니다. 그러나 만일 천하를 다툴 작정이라면 한신을 제외하고는 상담(相談)할 상대가 없을 것이요

유방 : 나도 변두리 한중에서 언제까지나 울울하게 지낼 생각은 없다. 지금은 자네의 체면을 보아 한신을 장군으로 해 주지

소하 : 보통 장군의 지위로서는 도저히 한신을 머물려 있게 하지 못합니다. 그를 대장(大將)으로 해 주십시요

유방은 할수 없이 그의 말을 듣기로 하였다. 그런데 소하는 또 주문(注文)을 덧붙인다. 「대왕(大王)은 예의를 모르는 것 같소. 마치 아이 이름을 부르는 듯한 임명 방법이라면 한신은 또 달아날 것이요. 반드시 길일(吉日)을 택하고 단(壇)을 준비시켜 제계(齊戒)하여 정중하게 대장으로 임명하도록 하십시요」

그런데 그 당일 「누가 대장이 될까」 하고 제장(諸將)이 가슴을 두근거리며 단 밑에 모여들었다.

「한신을 대장군(大將軍)에 임명한다」

생전 격식(格式)을 모르던 유방이 이날만은 장중(莊重)하게 일동을 둘아보며 선언하였다.

줄지은 제장들은 「앗」 소리를 겨우 참고 모두들 한신에게 배례(拜禮)하였다는 것이다.

名言 74
背水의 陣

소하(蕭何)나 번쾌(樊噲)는 모두 한나라 고조(高祖=劉邦)가 군사를 일으킬 때부터의 심복 부하였다。그러나 한신은 고조를 따르게 된 시기가 늦다。더구나 항우를 틀렸다고 단념하고 그 적인 유방에게 붙은 것이다。그러므로 유방은 한신을 싫컷 이용하였으나 끝까지 마음을 허락하지 아니하였다。한신이 남몰래 「분열(分裂)」을 획책하여 옛날 六국과 같은 분할 봉건제로 돌이키려는 마음을 유방은 간파(看破)한 것이었다。그것은 마치 귀순한 적군을 완전히 신임하지 아니하고 언제나 감시를 게을리하지 않는 것과 같다。

그런데 한신은 대장군(大將軍)에 임명되자、곧 고조에게 동정책(東征策)을 진언하였다。

한신: 용(勇)·한(悍)·인(仁)·강(强) 이 네가지에 있어 대왕과 항우의 어느 쪽이 승(勝)하다고 생각하십니까?

고조: 음、내가 항우에게 약간 떨어질 것이네

한신: 신도 그렇게 생각합니다。그러나 항우의 용(勇)은 필부(匹夫)의 용(勇)、그 인(仁)은 여자의 인(仁)에 지나지 않습니다。관중의 부형들은 그들의 자제(子弟)二〇만을 항우가 구덩이에 묻은 일에 이를 갈고、또 할 수 없이 그에게 항복하여 관중왕이 된 진(秦)의 三 장군은 그 원한이

골수에 사무쳐 있읍니다. 그렇다면 지금 격문을 날려 관중을 평정하기는 어렵지 않은 일. 먼저 관중을 누르고 동정하십시요

고조는 좋다고 무릎을 탁 치며 일어섰다.

한신이 예언한 대로 군사를 관중으로 되돌린 고조는 잠깐 사이에 삼진(三秦)의 땅(關中高原)을 평정하였다. 그리고 기원전 二○五년의 봄, 눈이 녹자마자 함곡관에서 동쪽으로 치고 나갔다. 四월에는 팽성(彭城)에서 항우를 공격하였으나, 과연 항우의 군사는 강하였다. 한은 거꾸로 대패하여 황하의 남안(南岸)으로 물러났다. 이렇게 되자 일단 한을 따르던 각지의 장(將)이 차례로 등을 돌려 항우를 따르고, 예측할 수 없는 혼전(混戰)이 되었다. 고조는 퇴세(退勢)를 만회하기 위하여 한신과 그 (軍師 張耳)에게 황하의 북쪽을 평정시켜 좌익(左翼)을 굳히려고 하였다. 그로부터 수년간 한신은 마음먹은 대로 힘껏 활약을 하게 된다.

황하 북쪽에는 위(魏=지금의 山西省과 河南省의 黃河沿岸地區)·조(趙=지금의 河南省北部와 河北省南部)·연(燕=지금의 北京地區)의 세 나라가 있었다. 한신은 우선 선봉을 위로 돌렸으나 어디선가 황하를 건너야 한다. 그는 임진(臨晋)에 배를 모아 강을 건너는 척하며 군사를 몰래 상류로 돌렸다. 큰 거북을 막대기에 붙들어 맨 뗏목을 만들고 거기에 장병을 태워 강을 건너게 한 다음 곧 위의 서울 안읍(安邑=지금의 絳縣)을 습격하였다. 위는 임진에 주력(主力)을 배치하고 있었으므로 서울은 거의 비어 있었다. 하루도 견디지 못하고 위왕(魏王)은 포로가 되었다. 한신은 여세를 몰아 대군(代郡=지금의 大同·太原地區)을 평정하고 군대를 남으로 돌렸다.

그때 한의 고조는 형양에서 항우의 포위망에서 우왕좌왕하고 있었다. 꼭 한신이 도와주었으면 좋겠는데, 한신은 모른 척하고 동쪽의 조를 칠 준비를 시작하였다.

산서성과 하북성(당시의 魏와 趙) 사이에는 태행산맥이 남북으로 달려 천험(天險)을 이루고 二천미터의 산봉우리가 바위를 드러내고 있다. 정경구(井陘口)는 그곳을 횡단하는 고갯길의 하나로서 지금은 태원(太原)—석가장(石家莊)을 잇는 철도가 그 골짜기 사이를 빠지고 있다. 조의 재상 진여(陳餘)가 二○만군을 거느리고 그 출구를 굳히고 있었다. 조의 군사(軍師) 이좌차(李左車)가

「정경(井陘)의 길은 차궤(車軌)를 바로할 수 없고 기(騎)는 열(列)하지 못합니다. 행군(行軍)은 수백리의 길이가 되고, 치중(輜重=補給)은 훨씬 뒤에 따를 것이요. 나에게 三만의 기병(奇兵=遊擊兵)을 빌려 주시요. 간도(間道)를 빠져 적의 치중을 덮칩시다. 그러면 적은 진퇴양란, 험한 산속이므로 약탈할 식량도 없고

굶고 지칠 것이요。그러면 一○일을 넘기지 않고 반드시 한신(韓信)·장이(張耳)의 목을 잘라 보이겠소」라고 한다。그러나 진여는 「유가(儒家)」를 내세우는 사나이이므로 「나는 사모기계(詐謀奇計)를 쓰고 싶지 않다」고 말을 듣지 않는다。첩자(諜者)로부터 그런 정보를 들은 한신은 마음 속으로 쾌재(快哉)를 불렀다。

그는 제장(諸將)을 막사에 집합시켜 술책을 일러 주었다。우선 二천의 군사를、산을 따라 나아가게 하여 조의 성벽이 보이는 곳에 잠복시켰다。그들에게는 한(韓)의 붉은 깃발 二천개를 주고、다음에는 주력(主力)으로 하여금 산 밑의 강을 등지게 하고 진을 치게 하였다。

밤이 새기를 기다려 한신은 공격의 신호를 울리게 하고 대장기(大將旗)를 높이 들고 조의 성 앞으로 나갔다。조에서는 적의 수가 많지 않음을 보고 비웃었다。한번에 밟아 버리겠다는 기세로 성문을 열고 대군이 물밀듯이 몰려나와 한신을 쫓는다。한신은 주력진(主力陣)까지 물러선다。한신의 주력 장병은 뒤가 물이므로 더 물러설 수가 없다。죽을 힘을 다하여 싸워 한걸음도 물러서지 않는다。산중의 복병(伏兵)은 조의 성새(城塞)가 빈 것을 알자 일제히 쳐들어가서 조의 깃발을 뽑아 버리고 일제히 붉은 깃발을 흔들었다。

「조군(趙軍)、이미 이기지 못하고 한신(韓信)을 잡지도 못하다。벽(壁)으로 되돌아가려 하는데 벽상(壁上)은 한의 적기(赤旗)이다。크게 놀라 한이 조의 왕장(王將)을 사로잡았다고 생각하다。병(兵)은 드디어 난(亂)하여 둔주(遁走)하다」(〈史記〉淮陰侯韓信列傳」)

이리하여 한신은 조왕(趙王)을 사로잡고 군사인 진여를 죽였다。꼬박 하루의 싸움이 끝나고、제장은 한신의 막사로 모여들었다。

제장：병법(兵法)에는 산릉(山陵)을 우(右)에 끼고 수택(水澤)을 전좌(前左)에 둔다 하였읍니다。그런데 장군은 우리에게 배수진(背水陣)을 치게 하고 「내일은 조를 파(破)하여 축연을 열자」고 하였읍니다。사실을 말하면 우리는 기묘한 전법이라 하여 심중으로 불복하였읍니다。그런 지금 정말로 이겼는데 이것은 어떠한 술(術)입니까

한신：핫하하、병법에 이르지 않았는가。이것이 사지(死地)에 함(陷)하여 후생(後生)하고 망지(亡地)에 치(置)하여 후존한다는 것이다。나는 신참자(新參者)로서 오래 길들인 장병이 없다。말하자면 시정인(市井人)을 싸움터에 몰아내어 싸우게 함과 같다。그렇다면 일부러 사지(死地)에 몰아넣어 각자의 재주껏 싸우게 할 수밖에 없다。안전책을 취하면 모두 달아나 버릴 것이 아닌가

名言 75

先聲後實

천하의 대세(大勢)가 앞으로 어떻게 될지 추측할 수 없던 난전(亂戰)의 시대였다。한신은 배수진(背水陣)이라는 기발한 계략(計略)을 써서 겨우 三만의 군사로 二〇만의 조대군(趙大軍)을 격파하였다。물도 나무그늘도 없는 태행산맥의 사잇길을 한신의 군사가 헐떡거리고 동진(東進)하고 있을 때, 만일 조측(趙側)에서 참모 이좌차(參謀李左車)의 진언을 받아들여 한신의 치중대(輜重隊)를 급습하였다면 아마 한신은 산속에서 굶어죽었을 것이다。

한신은 싸움터를 순시(巡視)하고 난 다음 만일 이좌차가 어디엔가 숨어 있으면 정중하게 진중(陣中)으로 안내하라고 명령했다。과연 그날 저녁 이좌차가 호송되어 왔다。

이좌차: 패군지장(敗軍之將)은 용(勇)을 말하지 아니하고, 망국대부(亡國大夫)는 존명(存命)을 꾀하지 않는다고 하오

한 신: 아니요。만일 그대의 계략(計略)을 썼더라면 내가 사로잡혔을 것이요。그러므로 금후(今後)의 계략을 가르쳐 주기 바라오

이좌차: 그렇다면 말씀드리겠소。지금 연(燕)과 제(齊)가 독립하여 항복하지 않고 쟁란(爭亂)이 오래 끌면 유방과 항우 중 누가 이길지 예측할 수 없소。현재의 목표는 북방(北方)의 연。그러나 장병(將兵)이 피곤(疲困)하므로 잠시 병사를

쉬게 하고 근린(近隣)을 안무(安撫)하시라. 백성들이 우주(牛酒)를 바치면 우선 장병을 배불리 먹이는 것이 첫째, 그리고 사자(使者)를 연에 보내어 장군의 강함을 크게 선전하여 과시(誇示)하시라. 연이 그 위세에 항복하면 그 다음은 제(齊)이요. 「선성후실(先聲後實)」이라 함은 이것을 이름이요 (〈史記〉「淮陰侯列傳」)

우선 소문으로 위협한 후 실력(實力)으로 결판을 내는 것이 병법의 비법이라는 것이다.

당시에는 이러한 「병법」을 이르는 여러가지 말이 유포(流布)되고 있었던 것 같다. 최근 산동성 임기현(臨沂縣)의 은작산(銀雀山)에서 발견된 한묘(漢墓)는 무제시대(武帝時代)의 것이나(약 二천년 전), 거기에서 四천九백 매에 이르는 죽간(竹簡)과 목간(木簡)이 나왔다. 그것은 〈손자(孫子=孫武)병법(兵法)〉, 〈손빈(孫臏)병법〉, 〈위료자(尉繚子)〉, 〈육도(六韜)〉 및 〈묵자(墨子)〉 〈관자(管子)〉 〈안자(晏子)〉등 백가의 서(百家書)이다. 모두 병법과 정략을 논한 실천서(實踐書) 뿐으로 유가(儒家)의 책은 하나도 없다. 진시황이 공론(空論)을 일삼는 유서(儒書)를 몰수한 결과가 여기에 나타나 있으나, 그와 더불어 당시의 시세(時勢)가 병법과 정략간을 필요로 하였다는 사실을 말해주는 것이다.

한신은 이좌차의 말을 듣자 무릎을 치고, 말재주 있는 사자(使者)를 골라 장문(長文)의 친서를 들려서 연으로 보내었다. 「한신이 강(强)하다」는 소문이 퍼지던 때였으므로, 연은 두려워 깨끗이 항복하였다. 「먼저 소리(先聲) 있고」라는 그 「성(聲)」에 압도되었기 때문이다.

그런데 다음으로 산동에서 반독립(半獨立)의 자세를 취하고 있는 제왕(齊王) 전광(田廣)을 어떻게 처치해야 할까. 그때 한의 고조는 항우의 공격을 받아 화중의 근거지를 잃고 위급존망(危急存亡)의 지경에 몰리고 있었다. 그런 때야말로 유방이라는 사나이의 불사신(不死身)의 강함이 나타나는 것이다. 고조는 심복부하 한사람을 데리고 작은 배로 몰래 황하를 건너 「한의 사자」로 칭하고 야반(夜半)에 한신의 군영(軍營)에 들어갔다. 침소(寢所)로 되어 있는 막사로 거침없이 들어가 책상 위에 놓아두었던 장군의 인부(印符)를 빼앗고 제장(諸將)을 소집하였다. 장이(張耳)와 한신(韓信)이 눈을 비비면서 나와보니 이미 고조는 새로운 부서(部署)를 정하고 있다. 「탈권(奪權)」 아닌 「탈군(奪軍)」은 바로 이것을 말함이다.

고조 : 알겠다. 장이(張耳)는 조의 땅을 지켜라. 한신은 새로 상국(相國)으로 임(任)한다. 조의 군사를 총동원하여 즉시 제(齊)를 쳐라

고조는 북쪽의 큰 세력이 되려하고 있는 한신에게로

달려와 새삼스럽게 위력을 보임과 동시에 자기의 위험도 모면한 것이다. 한편 그 뒤에서는 말 잘하는 사자를 제에 보내어 남몰래 한에 복종시킨다는 내약(內約)을 맺었다.

그것을 모르는 한신이 수병(手兵)을 이끌고 황하 동쪽으로 건넜다. 제는 이미 한을 따르기로 했다는 것이다. 군사를 거두어 돌아갈까 하는데 막하의 괴통(蒯通)이,

「겨우 일개 변사(辯士)가 사자가 되어 세치 혀를 놀려 제의 七○여성(城)을 함락시켰다고 하오. 장군은 수만의 무리를 이끌고 一년여나 걸려 겨우 조의 五○여성을 함락시켰을 뿐이요. 여기서 우물우물 물러서서는 사나이의 체면이 서지 않소」라고 부채질한다. 한신은 뜻을 정하고 제의 영내(領內)로 쳐들어 갔다.

제왕 전광(田廣)은 이미 한과 화약(和約)을 맺었다고 안심하고, 한의 사자와 술을 마시고 있다가 제의 출성(出城)인 역성(歷城=濟南의 北部)이 함락되었다는 보고를 받았다. 그는 한의 사자를 흘겨보며 「너 이놈, 잘도 나를 속였구나. 이놈을 솥에 삶아라」고 명령하고 제의 서울이던 임치(臨淄)를 떠나 동쪽의 고밀(高密)로 물러났다. 초의 항우는 그 소식을 듣자. 부장 용차(龍且)에게 二○만 군을 주어 제를 구원하게 하였다.

용차의 부하가 「여기서 신중히 버티면서 제의 호족들에게 유격전(遊擊戰)을 시키고 한신을 고립시킴이 득책(得策)」이라 말하였으나, 성미가 급한 용차는 듣지를 않는다. 「나는 한신의 사람됨을 알고 있다. 맞붙어 싸우기 좋은 상대이다. 싸움에 이기면 제의 반은 나의 영지가 된다」고 기세를 부리며 유수(濰水)변까지 밀고 나갔다.

유수는 산동반도를 남북으로 흘러 발해만으로 들어가는 개천이다. 더구나 갈수기(渴水期)에는 도보로 건너갈 수도 있다. 한신은 미리 상류에 군대를 보내어 사낭(土嚢) 一만 개를 개천에 넣어 흐름을 막아 놓았다. 그리고 적군을 유인하기 위한 군사를 좌안(左岸)에 배치하였다가 일부러 도망하는 척하였다. 「저것 봐라. 한신, 이 비겁한 놈」이라 소리치며 용차의 군이 개천을 반쯤 건넜을 때 상류의 군사들이 막았던 물을 터뜨렸다. 흙탕물이 소용돌이를 치며 흘러내린다. 물에 떠내려 가는 사람, 무기를 버리고 기어나오는 사람 등 이런 혼란한 상태를 보자 한신은 군고를 울리며 반격에 나섰다. 용차는 혼전중에 전사하고 전광(田廣)은 어디론가 자취를 감추었다.

두번이나 대군을 격파한 한신이었으나 그것은 병법가(兵法家)로서의 재주가 뛰어났기 때문이다. 그러나 그에게 복잡한 시류를 간파(看破)하는 정치적 안목은 없었다. 공명(功名)을 세워 일국의 영주가 되고 싶다는 한신의 마음은 천하통일과 역행하는 「반동성(反動性)」을 가지고 있었으며, 그 자신은 그것을 몰랐던 것이다.

名言 76

將帥는 將帥에 能하다

기원전二〇三년、 한신(韓信)은 제나라(齊＝山東省)를 평정하여 득의(得意)의 절정에 있었다。 한나라 고조(高祖)에게 사신(使信)을 보내어 「제나라는 반복(反覆)이 끝이 없는 땅인 만큼 나로 하여금 가왕(假王)으로 임명하여 산동(山東)의 진정(鎭定)을 맡기심이 어떠하오」 하고 제의했다。 약간의 겸손을 보이며 가왕(假王＝臨時王)이라고 한 것이리라。 그 무렵、 고조는 항우군(項羽軍)에 열겹 스무겹으로 에워싸여 화중(華中)의 형양(滎陽)에서 고립되어 있던 중이므로 울울한 심정으로 서신(書信)을 읽는 중에 차츰 얼굴빛이 변하더니、 끝내 그 유명한 욕지거리가 터져나오고 말았다。

「그대의 구원을 애타게 기다리는 이 막중한 시기에 이건 도대체 뭐란 말인고。 스스로 왕이 되겠다고 하다니!」

곁에 있던 장량(張良)과 진평(陳平)이 고조의 발끝을 슬쩍 밟아 눈짓한 뒤 귓전에다 속삭였다。 「정세가 한창 불리한 이때인만큼 한신의 제의를 거절하려 해도 우리로서는 그럴 힘이 없소이다。 그대로 받아들여 제나라를 지키게 함이 옳은 줄 아오……」 그러자 고조는 아까보다 더 큰 소리로 마치 한신의 사신에게 들으라는 듯 고함쳤다。

「대장부가 제후(諸侯)를 평정했으면 진왕(眞王)이 됨이 마땅한 법。 그걸 가왕(假王)이라니 옹졸하기 짝이 없구나」

고조는 이런 재주를 부릴 줄 아는 사나이였다。

그 무렵, 항우가 한신에게 밀사를 보내어 「한(漢)나라를 거슬려 자립토록 하오。한·초·제가 천하를 세 갈래로 차지함이 어떠하오」하고 은근히 제의해 왔다。그러나 한신은 「고조의 신임을 배신하다니 천부당만부당」이라고 하여 거절했다。 일찌기 한신의 막하(幕下)에 있던 책사(策士) 괴통(蒯通)은 이 모양을 보자, 때는 바로 지금이로구나 싶어 용기백배했다。그는 우선 관상(觀相)을 빙자하여 한신의 의중(意中)을 떠보았다。

「주군(主君)의 상(相)을 보건대 우선은 출세를 하셔도 한낱 영주(領主)에 불과하오이다。그러나 등(背)의 상은 이루 말할 수 없는 찬란함이……」

이 말을 듣자 한신도 은근히 구미가 당겨 귀를 기울였다。괴통은 마침내 상황을 분석하기 시작했다。

「이제 초나라와 한나라는 서로 갈라져 다투어 죄 없는 백성만이 도탄에서 허덕일 뿐, 애비나 자식이 모두 황야(荒野)에 해골을 드러내고 있는 형편이오이다。초나라는 서산(西山)에 막혀 나아가지 못하며, 한나라 역시 싸워서 추호의 공(功)을 이루지 못하니 이제 지용(智勇)을 쓸 방도조차 없소이다。만약 우리가 한나라를 편들면 한나라가 이길 것이며, 초나라를 편들면 초나라가 이길 것임은 너무나 뚜렷한 일。이제야말로 천하를 삼분(三分)하여 정거(鼎居)할 때인 줄 아오이다。우리가 제(齊)에 거(據)하여 연과 조(趙)를 거느려 서향(西向)해서 백성의 목숨을 굳게 지킨다고 하면, 천하는 바람을 따라 향응(響應)하리이다。그런 뒤에 대(大)를 가르고(割), 강(强)을 약화시켜 제후를 세운다면 천하는 복종하여 제나라의 덕을 찬양하리이다」

한신이 말하기를,

「한왕(漢王)은 그 수레에 나를 태우고 자신의 음식을 내게 주는 그런 대우를 해주었오。이제와서 이(利)를 좇아 은의(恩義)를 저버릴 수는 없는 일」

이 말을 듣고 괴통은 탄식을 하며,

「사람의 마음이란 헤아릴 수 없는 법。약싹빠른 토끼가 없어지면 사냥개는 삶아 먹혀 버린다 — 고 하더이다。인신(人臣)의 위(位)에 있어 인주(人主)를 위협할 만큼의 세력이 있음은 위태로운 일인 줄 아뢰오」

하고 간언하기를 그치지 않았다。한신은 생각해 보겠다고 대답은 했으나, 며칠이 지나도 아무런 대꾸가 없다。그래서 괴통은 마지막 설득을 시도했다。

「명마(名馬)도 멈칫거리며 발을 구르면 둔마(駑馬)의 안보(安步)만 못하오이다。또 맹호(猛虎)가 지체함은 벌이 쏘는 것만도 못하다고 하더이다。때란 얻기 어렵고 잃기는 쉬운 법、어서 결단을 내리심이 마땅하오이다」

한신은 골똘히 생각했으나 아무래도 한(漢)을 배신할 수는 없었다。「설마하니 고조가 내게서 제나라를 빼앗지는 않으리라」하고 낙관하여 이 막객(幕客)의 진언을 물리쳤다。괴통은 그 뒤로 미치광이의 시늉을 하더니 무당이 되어 어딘가로 자취를 감추고 말았다。

기원전 二〇二년、고조는 마침내 한신의 원군(援軍)을 얻어 항우를 멸망시킬 수 있었다。그러자 곧 그는 한신의 진중으로 가서 병권(兵權)을 빼앗더니、한신을 제의 땅에서 화중의 하비(下邳)로 옮겼다。또다시 「탈군(奪軍)」의 비상수단을 썼던 것이다。

한신은 새 영지(領地)로 부임하자 일찍부터 사이가 좋았던 초나라 망장(亡將) 종리매(鍾離眛)를 맞아들이는 한편 영내(領內)의 진정(鎭定)을 위해 군사를 이끌고 순시하며 다녔다。그런데 그것을 구실삼아 「한신이 모반(謀反)하다」는 소문을 퍼뜨리는 자가 있었다。고조는 무한(武漢)의 서쪽인 운몽택(雲夢澤)에서 술자리를 베풀어 하루를 즐긴다는 구실 아래 한신을 불러들였으나、이때만은 한신도 조심하여 냉큼 응하지를 않는다。「고조가 종리매를 미워한다면 차라리 이 기회에 그를 베어 고조의 의심을 푸는 것이 좋겠다」고 진언하는 자가 있었다。한신(韓信)은 생각다 못해 종리매(鍾離眛)에게 실정을 털어놓았다。종리매는、

「한나라가 그대를 치지 못함은 내가 그대 밑에 있기 때문이오。나를 죽여 고조의 비위를 맞추겠다면 나를 팔아넘기도록 하구려。하지만 그 다음은 그대 차례임을 각오하오」

하고 원망의 사연을 적은 유서(遺書)를 남긴 채 자살하고 말았다。

한신은 종리매의 목을 들고 가서 자신의 결백함을 증명해 보이려고 고조에게 배알을 청했으나、방(部屋)의 내외에 잠복하고 있던 병사들에게 포박당하여 낙양으로 호송되는 신세가 되고 말았다。그 수레 안에서 한신은、

「약삭빠른 토끼가 죽으니(狡兎死) 사냥개는 삶아먹히고(走狗烹)、나는 새가 없으니(高鳥盡) 양궁은 깊이 간직되다(良弓藏)。적국(敵國)을 파(破)하니 모신망(謀臣亡)——이란 이를 두고 하는 말이로다」

하며 입술을 깨물었다는 것이다。

그러나 고조는 일단 한신을 용서하여 회음후(淮陰侯)로 봉(封)했다。어느날 오랫만에 한신이 전상(殿上)에 모습을 나타냈다。고조가 허물없이 말을 걸었다。

고조: 나 같으면 얼마의 군사를 이끌 수 있겠는가

한신: 폐하께서는 기껏해야 一〇만 정도일 것입니다

고조: 그대는 어떠한가

한신: 많을수록 좋습니다

고조: 그렇다면 어째서 나의 포로가 되었는가

한신: 폐하께서는 병사의 장수(將帥)가 되긴 어려우시나 장수에게 장수이심이 능하십니다。 소신이 사로잡힌 것은 바로 그 때문이옵니다。 또한 폐하께서는 천수(天授)의 운을 타고 나셔 그 공업(功業)은 감히 인력(人力)이 미치지 못하오이다

그로부터 五년 뒤、 고조가 북방의 반란을 토벌하기 위해 나아간 틈을 노려、 한신은 반란군과 몰래 도모하여 서울에서 거사하려 했으나 사전에 탄로되고 말았다。 고조가 없는 사이 뒷일을 맡았던 여후(呂后)가 선수를 쳐、 한신을 사로잡아 장락궁(長樂宮) 앞에서 목을 베어 죽이고 말았다。 그뒤 괴통도 결국은 체포되어 서울로 연행되었는데、 이 사나이는 고조를 정면으로 노려보며 이렇게 호언했다는 것이다。

「만약 나의 진언을 한신이 받아들였다면 오늘의 폐하는 없었을 것이요」

말하자면 난세(亂世)의 최후를 장식한 사나이였다。

名言 77

手足을 베어 人豚이라 부르다

기원전 一九五년、 한나라 고조는 六三세로 기구한 일생을 마쳤다。 고조 원년(元年)부터 헤아려 약 二백년에 걸쳐 전한(前漢=西漢이라고도 부름)의 왕조(王朝)가 계속되는데、 고조가 죽은 뒤의 십여년은 정정(政情)이 매우 불안스러운 시기이기도 했다。 왕조의 내외(內外)에서 권력을 에워싸고 치열한 싸움이 계속되었기 때문이다。 그것이 그런 대로 파국(破局)에 이르지 않은 것은 수백년에 걸친 분열항쟁(分裂抗爭)에 지칠대로 지쳐버린 사람들이 겨우 실현을 보게 된 통일을 어떻게 해서든지 지키고 싶다는、 공통된 기분을 지니고 있었기 때문이리라。

그런데 한나라의 내궁(內宮=內殿)에서는 거의 진나라의 격식 방법이 그대로 계승되고 있었으며、 황제를 모시는 황후(皇后) 외에도 몇 명의 귀부인이 있었다。 그밖에도 비록 격은 훨씬 아래이지만 다수의 희(姬)라고 불리는 여성이 내궁에는 살고 있었다。 〈한관(漢官)〉이라는 한나라 시절의 궁정조직에 대해 쓴 책에는 「희첩(姬妾) 수백명」이라고 했으니 대단한 수라고 하겠다。 그것은 통틀어 「제희(諸姬)」라고 일컫는다。 고조는 「호색(好色)」의 이름을 떨친 사나이였기 때문에、 물론 그와 같은 제희에게 잉태시킨 아이가 많았다。 고조가 숨졌을 때、

장남 유비(劉肥)—曹姬의 아들……제왕(齊王)

차남 혜제(惠帝)—呂后의 아들……태자(太子)

三남 여의(如意)—戚姬의 아들……조왕(趙王)
四남 유항(劉恒)—薄夫人의 아들……대왕(代王)

이렇게 모두 八명의 남아가 있었다. 고조는 척희(戚姬)를 총애했었기 때문에 그 아들인 여의(如意)에게 자연 각별한 정이 쏠린다. 「태자(太子=뒷날의 惠帝)는 마음이 너무 착하고 약하다. 나의 성격과는 전혀 다르다. 그에 비하면 여의(如意)는 활달하여 나를 매우 닮았다」고 중얼거리는 일이 많았다. 낙양으로 행차가 있을 때면 언제나 척희를 데리고 갔으며, 눈에 띄도록 늙고 잔소리만이 심해진 여후(呂后)는 언제나 장안에서 빈 대궐만 지켜야 했다. 척희가 밤이면 밤마다 「제 아이 여의를 어떻게 좀 해 주셔요. 부디 태자로 삼아 주셔요」 하고 눈물을 흘리며 하소연을 한다. 고조도 그만 태자를 폐하고 여의를 대신할까 하는 생각까지 들게 되었다.

그런 소문을 듣고 태자의 보좌역인 숙손통(叔孫通)이 안간힘을 쓰며 고조에게 상주한다. 지모(智謀)에 뛰어나 오랜 측근이었던 장량(張良) 역시 「그것만은 아니되오」 하고 간곡히 말렸다. 그리하여 태자 폐립(廢立)은 그만 더이상 거론을 않게 되었다.

그런 직후에 고조가 죽었기 때문에 여후로서는 조왕(趙王) 여의(如意)와 그 어머니인 척희가 미워 못견딜 지경이다. 그래서 고조의 장례가 일단락 짓자, 곧 척희를 「영항(永巷)」에 가두고 말았다. 「영항」이란 내궁 안에 마련된 감옥의 이름으로서 어떤 잘못을 범한 여관(女官)이 밖에서 손이 미치지 않는 습기찬 조그만 방에 연금되는 곳이다. 여후는 다음에 한단(邯鄲)에 사자(使者)를 보내어 조왕 여의를 상경토록 했다. 조왕 아래서 상(相)을 지내던 주장(周章)은 위태롭다고 직감하여 강경하게 저항했다.

「고조는 소신에게 조왕을 위탁하셨소이다. 조왕 여의는 아직 연소하고 또한 몸이 성치 못한 형편, 여태후는 척부인에 원한을 품어 조왕을 불러들여 죽일 작정인 줄 생각되오이다. 이에 조(詔)를 받들어 모실 수는 없소이다」(〈史記〉「呂后本紀」)

사자를 몇 번 보내도 결말이 나지 않자, 여후는 협박을 하여 주장(周章)을 억지로 장안에 불러들이고는 뒤이어 조왕 여의를 강제적으로 상경케 했다.

혜제는 온건한 인물이다. 위태롭다고 직감하자, 스스로 장안 동교(東郊)의 패수(覇水)까지 나아가 여의를 맞아들이고는 그대로 자기 방에 데리고 갔다. 기거(起居)와 음식(飮食) 등 모든 것을 함께 하며 단 한순간이라도 한눈을 팔지 않기 때문에 여후로서도 어쩔 수 없었다.

「혜제 원년(元年) 一二월, 제(帝), 이른 아침(晨)에 나아가 활을 쏘다. 조왕, 연소하여 일찍 일어나지를 못하니、태후는 그가 홀로 있음을 알고 사람으로 하여금 짐(酖)을 갖고 가게 하여 이를 마시게 하다。새벽녘(黎明)에 혜제가 돌아와 보니 조왕은 이미 죽다」(〈史記〉「呂后本紀」)

짐이란 살모사를 먹는 남방산(南方產)의 새로서、그 깃으로 술을 저으면 맹독(猛毒)이 녹아 독주(毒酒)가 된다는 것이다。내정(內庭)의 독살(毒殺)에는 흔히 이 짐독(酖毒)이 사용되었다。생물의 독이기 때문에 화학약품인 청산칼리보다 더욱 음산스럽다고 하겠다。

여후는 다음에 영항(永巷)에 가두어 두었던 척희의 손과 발을 자르고 눈알을 빼고 귀를 잘라 불태우고 벙어리가 되는 약을 먹이고는 변소(厠)속에 던져버렸다。그리고는 그것을 인체(人彘=사람돼지)라고 부르게 했다。며칠이 지나자 여후는 혜제를 불렀다。

여후：사람돼지(人豚)라고 불리는 진귀한 짐승을 폐하께서도 보심이 어떠하시요

혜제：아니、이건 저 척부인이……

마음 약한 혜제는 외마디 비명을 지르더니 그대로 쓰러져 一년이 넘도록 일어나지를 못했다는 것이다。얼마 뒤 혜제는 어머니 여태후에게 글을 써서、

「그것은 인간이 할 짓이 아닌 줄 아오。나는 태후의 아들이긴 하오만、도저히 태후 아래에서 천하를 다스릴 수는 없소」

하고 전했다。원래 여후에게서 태어난 자녀는 혜제와 노원공주(魯元公主) 둘뿐이었다。왕녀(王女)를 두고 공주라고 불렀던 것이다。여후는 특히 이 딸을 익애(溺愛)했었는데、혜제는 그 뒤 七년을 이름뿐인 황제의 자리에 있었고、기원전 一八七년에는 남매가 잇따라 병사(病死)하는 비운을 겪었다。

또한 그후 八년이 지난 三월 어느 봄날、여후는 당시의 연중행사였던 봄의 제례(祭禮)로 장안교외의 강으로 나아가 반나절을 거기서 보냈었다。몸을 씻어 겨울 동안의 묵은 때를 씻어내고 봄을 맞는 것이 당시의 풍습으로서、이것을 수발(修祓)이라고 불렀었다。그런데 그 수발에서 돌아오는 길에 길가에서 느닷없이 검은 개 같은 것이 튀어나와 여후의 겨드랑이를 무는가 싶더니 그대로 쏜살같이 어딘가로 자취를 감추고 말았다。점술사(占術師)가 이르기를「조왕 여의의 저주인 줄 아뢰오」라고 했다。

결국 그 상처로 말미암아 그처럼 성미가 사납던 여후도 그만 불귀의 객이 되고 말았으니、참으로 음산한 궁중비화(宮中秘話)의 한토막이라고 하겠다。

名言 78
劉氏天下

(卷末圖版⑯參照)

온전한 혜제(惠帝)의 재위 七년 동안에 행해진 사업이란 기껏해야 四년에 걸쳐 지은 장안성 정도일 것이다。한나라의 장안성은 위수(渭水)의 남쪽 기슭、지금의 서안시(西安市)보다 약간 서북쪽으로 있으며 가로 세로 각 一二리(약 五킬로)였다。그것은 약 九백 년 뒤에 만들어진 당나라의 장안성보다 훨씬 작은 규모의 것이었다。그나마 그것도 혜제 스스로가 지휘를 했던 것은 아니다。혜제는 무슨 일에나 고집스러운 어머니 여후(呂后)의 위세에 눌린 끝에 마침내는 심한 노이로제 증상까지 보여、기원전 一八七년에 겨우 二三세의 나이로 숨졌던 것이다。

그해 八월、혜제를 위한 추도식이 있었는데、여후는 지난날의 남편인 고조가 죽었을 때보다 더욱 굳어진 얼굴로 눈물 한방울 흘리지 않았다。그 측근에 있던 나이 겨우 열 다섯이면서도 매우 조숙한 장량(張良)의 아들이 여후의 그 모양을 중신들에게 알리면서 말했다。

「외아들인 혜제가 죽었건만 여태후가 눈물 한 방울 흘리지 않은 것을 아십니까。태후는 당신네들、고조의 구신(舊臣)들을 두려워하고 있는 것입니다。그러니까 여러분은 여후의 조카 되는 여태(呂台)·여산(呂產)·여록(呂祿) 등을 근위군(近衛軍) 장군으로 삼고 여씨 일족을 궁중으로 불러들여 벼슬을 주도록 여태후에게 권하시요。그렇지 않으면 당신네들에게 화가 미칠 것입니다」

승상(丞相)인 소하(蕭何)가 그 진언에 따라 주상(奏上)하자 여태후는 속으로 은근히 좋아、그때서야 겨우 낯빛에 화색이 감도는 것이었다。

「태후 기뻐하여 그때서야 비로소 그 곡(哭)에 슬픔이 어리다。여씨(呂氏)의 권(權)、이로써 일어나다」(〈史記〉「呂后本紀」)하고 사마천은 슬쩍 비꼬고 있다。

그것을 보자、고지식한 우승상(右丞相) 왕능(王陵)이 여후에게 이의(異議)를 제기했다。

「고조께서 살아계실 적에 백마(白馬)를 죽여 우리와 맹약(盟約)하셨소이다。유씨(劉氏) 아닌 자가 왕일 때는 천하가 모두 이를 쳐야 한다고。이제와서 그 맹약을 위배하다니 천부당만부당。신(臣)은 반대로소이다」

그런데 승상인 소하와 좌승상 진평(陳平)은 「지당한 말씀」이라고만 할 뿐 전혀 반대하지 않는다。조정에서 물러나와 집으로 돌아가는 도중 왕능은 흥분을 가누지 못한 채 두 사람에게 덤벼들었다。

왕능：그대들은 여태후의 비위를 맞추기 위해 고조와의 약속을 저버리고 있소。무슨 낯으로 지하에서 고조를 뵈올 작정이시오

진평：조정에서 마주보고 다투는 일에는 우리가 임자를 못 당하오。그러나 사직(社稷)을 지키고 유씨의 뒤를 정함에 있어서는 임자가 우리를 당하지 못하리이다

왕능은 입을 다문 채 말을 못했다고 한다。

그러나 그 뒤、여태후는 무서울 정도의 기세로 권력을 여씨 일족에게 집중시키려 했다。혜제의 비(妃＝魯元公主의 딸)에게는 아들이 없었다。지독한 근친결혼이었기 때문에 당연했으리라。여후는 은밀히 첩(妾)에게서 태어난 아이를 끌어내어、그의 어머니를 죽인 뒤 그를 후계자로 내세웠다。그러나 이 가짜 손자는 성장함에 따라 출신(出身)의 비밀을 눈치채어 「장년이 되면 반드시 어머니의 원수를……」하고 측근에게 털어놓았던 모양이다。그 소문을 들은 여태후는 곧 그를 영항(永巷＝內宮의 監獄)에 유폐하고는 틈을 엿보아 독살하고 말았다。

앞서、조왕 여의를 죽인 뒤에 여태후는 고조의 서자인 유우(劉友)를 조왕으로 봉했는데、이어 여씨의 딸을 비로 삼아 유우에게로 시집보냈다。그런데 이 조왕에게는 일찍부터 애첩이 있어서 여씨의 딸을 거들떠보지도 않는다。여씨의 딸은 질투한 나머지 「조왕은 태후가 세상을 뜨면 반드시 여씨 가문을 멸한다고 하더이다。부디 조심하시기를」하고 여태후에게 고자질을 했다。분노한 태후는 조왕을 서울로 불러들여 위병으로 하여금 방을 지키게 하고 식사를 주지 않는다。조왕은、

여러 여씨가 일을 꾸미니 유씨가 위태롭구나。

아 후회할 수도 없으니 차라리 편히 죽기를 바랄뿐, 나는 왕이 되어 굶어 죽건만 누가 나를 가엾이 여기리 여씨가 이치(理致)를 끊으니 하늘에 탁(託)하여 원수를 갚으리(〈史記〉「呂后本紀」)

하고 노래부르며 굶어죽었다는 것이다. 여후 섭정 七년, 겨울(紀元前 一八一年)의 일이었다. 그 달의 월말에 일식(日蝕)이 있어서 대낮의 하늘이 검붉게 흐려졌다. 「참으로 음산한 변고(變故)로군」 하고 여태후는 중얼거렸다는데 그래도 여전히 강경한 세력 확장을 계속했다. 조왕 뒤에는 고조의 아들인 유회(劉恢)를 앉히고 또다시 여산(呂産)의 딸을 그 비로 삼았는데, 이 유회 또한 다른 희(姬)만 사랑할 뿐 여씨에게는 냉담했다. 여태후는 이번에도 짐독(酖毒)을 사용하여 이 애희(愛姬)를 독살하고는, 여씨의 일당(一黨)에게 명하여 조왕의 감시를 철저히 하게 했다. 그 음성적인 압력에 견디다 못한 조왕은 마침내 자살하고 말았다. 여의(如意) 이후로 三대에 걸쳐 저주받은 「조왕」(趙王)의 자리였다.

여태후 섭정 八년째의 여름, 그처럼 표독스럽던 여태후도 마침내 병들어 일어설 수 없게 되었다. 드디어 사기(死期)가 다가왔음을 깨달은 여태후는 조카인 여록을 북군의 장군으로 그리고 여산을 남군의 장군에 임명하여 궁중의 세력을 공고히 한 뒤 다음과 같이 유언했다.

「고조의 약속을 위배하여 아직도 여씨의 왕인 자 많으니 중신들은 불평을 품고 있다. 잘 듣거라, 반드시 병권(兵權)을 장악하여 궁전을 지키거라, 나의 장례를 구실로 허점을 드러내어 타인에게 제(制)함을 당하지 말라」

유씨 일족 가운데에는 강경한 사람들이 없었던 것도 아니다. 고조의 장남은 첩의 소생으로 산동성의 제(齊)를 맡고 있었다. 그의 세 아들은 모두 할아버지 못지 않는 대가 센 사나이들이었다. 형이 제왕으로서 동방에 있었으며, 아우인 유장(劉章)과 유흥거(劉興居)는 근위군의 부장으로서 장안에 있었다. 겉으로는 여록과 여산의 휘하에 있기는 했으나, 평소부터 거칠고 무용(武勇)에 이름을 떨친 사나이들로, 궁중에서 자란 여씨 일족은 길에서 이들만 보면 옆으로 비켜서는 형편이었다. 이제 왕의 일족이 「여태후 죽다」고 간파하자 반격의 깃발을 들게 되었던 것이다.

실력으로써 천하를 제패했던 사나이가 그 자손에게 「천하」라는 공기(公器)를 사유재산으로 물려준다. 진(秦)은 불과 二대로 멸망했기 때문에 시황제의 혈통이 계속해서 「천하」를 맡는다는 식의 관념은 성립되지 못한 채 끝나고 말았다. 그러나 유방이 쌓은 기반은 보다 더 견고하여 정권의 영속을 예고할 만한 저력이 있었다. 즉 「유씨의 천하」란 그것을 대변하는 말이기도 하다

名言 79

右袒이냐 左袒이냐

진나라가 겨우 二대로 멸망한 뒤로는 또다시 옛날의 호족할거(豪族割據)의 상황이 나타나는 듯 하더니, 결국 그것은 한때의 「역류(逆流)」에 불과했다. 한의 고조가 재위한 一二년 동안에 관료통치(官僚統治)의 체제가 굳어져, 이른바 「율령(律令)국가」의 원형이 뿌리박기 시작한 것이다. 「율(律)」이란 오늘날의 형법(刑法)이며, 「영(令)」이란 관청의 조직법을 말한다. 한 군주가 위에 진좌(鎭座)하며 중앙이나 지방을 통해 관료가 「공민(公民)」에 대해 행정(行政)하는 것을 「율령국가」라고 부르는 것이다. 거기서는 호족의 「사민(私民)」 지배를 인정하지 않는다.

이렇게 되면 권력의 정점(頂點)에 있는 「황제의 자리」를 에워싸고 「쟁권(爭權)」의 싸움이 일어난다. 그것은 국가 재건의 대방침을 에워싼 싸움이 아니라, 고조의 혈통(劉氏)이냐 태후인 여후(呂后)의 혈통(呂氏)이냐 하는 궁정 내부의 싸움인 것이다. 이른바 「외척(外戚)」의 세력이 역대 왕조 가운데에서 언제나 태풍의 눈이 되어 내분을 일으키는 법인데, 그 최초의 예가 마치 드라마 같은 화려한 막을 올렸던 것이다. 그러나 그것은 대지에 뿌리박고 사는 백성의 생활에는 별 영향을 미치지 않았다. 사마천은 당시의 대세를 다음과 같이 묘사하고 있다.

「혜제와 여태후의 무렵, 여민(黎民=백성)은 전국(戰國)의 고층에서 벗어날 수 있었으며, 군신(君臣)이 모두 무위(無爲)하게 휴식하다。그러므로 혜제는 수공(垂拱=두 손을 내려뜨리고)하며 여태후는 여왕으로 칭제(稱制=政權을 掌握)하여 정(政)은 방호(房戶=內宮)에서 밖으로 나오지를 못하다……백성은 가색(稼穡=農事)에 힘써 의식자식(衣食滋殖=먹고 입는 것이 차츰 늘어나다)하다」(〈史記〉「呂后本紀」)

그런데 여후는 일찍부터 동생 여수(呂須)를 고조의 근신인 번쾌(樊噲)에게 출가시켜 손녀딸을 혜제의 비(妃)로 삼았었는데、혜제가 죽자 모든 실권을 한 손에 쥐더니 여씨 일족을 기용하여 왕후(王侯)에 앉히기 시작했다。중신(重臣)들이 어이가 없어 어찌할 바를 모르는 데에도 아랑곳 않고 조카인 여태(呂台)를 여왕(呂王)에、여산(呂産)은 양왕(梁王)에、여록(呂祿)을 조왕(趙王)에……하는 식으로 잇따라 임명했다。「유씨(劉氏)가 아닌 자는 왕으로 섬기지 않겠다」고 한 고조와의 약속을 눈깜짝 할 사이에 어기고 만 것이었다。

이것을 보고 제나라(지금의 山東省)에 봉(封)하여졌던 유가(劉家)의 일당은 애가 타기 시작했다。제왕(齊王)의 집안은 원래 고조의 장남(惠帝의 庶兄) 혈통이기 때문에 혜제가 죽은 뒤로는「우리야말로 유씨의 본가(本家)」라는 자부심이 있었다。여태후 역시 그것이 꺼림칙하다。그래서 제왕의 동생 둘(劉章과 劉興居)을 장안으로 불러들여 근위부장(近衛部將)으로 임명하여 무마했었다。특히 유장은 성질이 거칠기 때문에 여록의 딸을 출가시켜 측면에서 그와의 유대를 강조하려 했으나、이윽고 그것이 엉뚱한 결과를 빚었기 때문에 역사란 얄궂다고 하겠다。

어느날、여태후는 주연을 베풀었는데 마침 유장이 그 좌장(座長=主催者)을 맡아보게 되었었다。

유 장：신은 장군 집안에 태어난 무인(武人)이므로 오늘도 군령(軍令)에 따라 일을 진행하겠소이다

여태후：그것 참 듣기에도 용맹스러운 말이구려

유장：술이 몇 순배 돌고 나면 한번 경전(耕田)의 노래를 들려 드리고자 하오이다

여태후：그대의 부친은 시골에서 자란 사람。그러나 그대는 태어나서부터 왕자이니 어찌 논밭의 일 따위를 알 수 있으리오

유장：알고 있소이다。부디 들어보십시요！

이리하여 유장은 노래 한가락을 읊었다。

밭을 깊이 갈고 씨를 고루 뿌려、 深耕概種
묘가 자라면 솎으기를 잘 해야지、 立苗欲疏
만약 그 씨가 아닐진대、 非其種者
평이질을 하여 버릴 수밖에。 鋤而去之

「유씨의 씨(種子)」가 아닌 여씨 일족을 솎아내겠다는

은근한 협박인 만큼, 여태후는 얼굴이 파랗게 질리며 격노했다. 그때 여씨의 사나이 하나가 자리를 박차고 일어났다. 뒤따라 일어선 유장이 그를 문 밖에서 다짜고짜로 단칼에 베어버렸다. 「군령(軍令)에 따라 무례한 자를 처치했소이다」 유장의 말이었다.

여태후가 얼마 뒤 병으로 눕자, 그녀는 여록(呂祿)과 여산(呂産)을 가까이 불러 「근위의 북군과 남군을 지휘하라」고 분부하며 군권(軍權)을 수여했다. 당시 주발(周勃)은 태위(太尉=司令官)였는데, 실상은 군세(軍勢)가 없는 형편이었다. 여산은 승상(丞相)까지 겸하여 궁문(宮門)을 심복들로 하여금 굳게 지키게 했기 때문에 중신들도 궁중에 들어가지 못했다. 그런데 여씨 모반(謀反)의 음모를 유장의 처(呂祿의 딸)가 눈치채어 남편에게 밀고했기 때문에 일은 점점 커질 수밖에 없었다.

유장은 곧 급사(急使)를 동쪽으로 보내어 형인 제왕으로 하여금 여씨 토벌의 군사를 일으키게 했다. 한편 여산은 관영(灌嬰)에게 대군을 주어 동쪽으로 진군시켜 제왕을 치게 했으나 관영은 화중의 형양(滎陽)까지 나아가고는 군(軍)을 움직이려 하지 않는다.

태위인 주발은 우선 여록을 서울 밖으로 몰아내려고 생각했다. 「그대가 북군을 쥐고 서울 안에 있는 동안은 사람들의 의심이 더욱 늘어날 뿐. 어서 그대 영내(領內)인 조(趙)나라로 돌아가도록 하시오」라고 사신을 보내어 설득시켰다. 숙모인 여수(呂須)가 그 이야기를 듣고는 「여록은 멍청한 녀석이다. 이제 앞일이 빤해. 어서 주옥(珠玉)이며 보기(寶器)를 당상(堂上)으로 갖고 와 여러 사람에게 나누어 주거라. 어차피 딴 사람의 것이 될 것을 소중히 여길 필요는 없다」 하고 외쳤으나 여록은 마침내 북군 대장의 직책에서 물러나 서울을 떠나려 했다.

그 기회를 틈타 주발이 군중(軍中)으로 뛰어들어와

「여씨에게 편을 드는 자는 우단(右袒)하고, 유씨를 위할 자는 좌단(左袒)하라」

하며 큰 소리로 외쳤다. 가려졌던 태양이 밖으로 드러나는 것을 「단(旦)」이라고 하며 옷을 벗고 가렸던 살을 밖으로 드러내는 것을 단(袒)이라고 한다. 북군의 장병들은 그 말을 듣자 모두 왼쪽 어깨를 벗어 유씨에게 충성을 맹세했다. 그래서 편드는 것을 「좌단(左袒)한다」고 하는 것은 이때의 이야기에서 유래되는 것이다.

성질이 거친 유장은 북군 병사 一천을 거느리고 궁중으로 들이닥쳐 미앙궁(未央宮) 앞에서 갈팡질팡하던 여산을 뒤쫓아 변소에 숨어 있는 것을 끌어내어 베어버렸다.

때는 기원전 一八〇년 八월, 철 아닌 돌풍(突風)이 휘몰아쳐 대낮이건만 모래바람이 휘날려 사방은 어슴푸레할 정도였다고 한다.

名言 80
오늘에야 皇帝의 貴함을 알다

고조(高祖)와 함께 온갖 고생을 다 겪은 공신들은 거의가 원래 진나라의 하급관리였거나 시골 청장년들 가운데 불량배의 우두머리쯤 되는 사나이들이었다. 지난날 귀족 지배의 시절에 행세하던 신분이나 가문은 이제 문제도 안 되었다. 때문에 고조가 항우(項羽)를 쓰러뜨린 뒤 논공행상을 할 때에는 입에 담지 못할 욕지거리가 속출하는 등 매우 민주적인 논의가 활발하게 전개되었었다. 「군신(群臣), 공을 다투어 세여(歲餘)를 거치건만 결(決)함이 없다」(《史記》「蕭相國世家」)고 한 그대로이다. 이를테면,

군신 : 우리는 모두 공성략지(攻城略地), 많은 자는 一백여 전(戰), 적은 자는 수십 전. 그렇건만 소하(蕭何)는 아직 한마(汗馬)의 노(勞)가 없이 오직 문묵(文墨)만으로 의론(議論)할 뿐. 먼저 소하에게 상을 내리심은 납득하기 어렵소이다

고조 : 그대들은 사냥과 사냥개의 구실을 아는가

군신 : 물론 알고 있소이다.

고조 : 짐승이나 새를 쫓는 건 사냥개라 할지라도 그걸 지시하고 교사하는 자는 누구이겠는가. 그대들은 여기에 비유하건대 공이 있는 사냥개에 불과하나 소하는 공이 많은 사냥꾼이로다

이와 같은 진문답(珍問答)이 있은 끝에 관중을 확고하게 장악, 양식과 병졸을 계속 보급해 온 소하의 공이 으

뜸、야전공략(野戰攻略)에 활약해 온 조참(曹參)의 공이 둘째……로 정해졌던 것이다。그 소하란 원래 패(沛)의 호적 담당자였으며、조참은 역시 같은 패(沛)의 옥조(獄曹=獄吏長)였다。또한 여씨 일족을 쓰러뜨려 왕조의 위기를 구한 태위(太尉=司令官)인 주발(周勃)은 원래 누에를 치는 것이 본업으로서、때로는 초상집에 가서 피리를 불어주거나 상여를 끌어주어 몇 푼의 보수를 받던 사나이이다。이러한 사람들을 통솔하여 당당한 왕조를 이룩、이끌어가기란 고조로서는 상당한 부담이 아닐 수 없었다。

일찌기 진나라의 시황제가 반동적인 지식인을 우습게 여겼듯이 고조도 탁상공론만을 일삼는 유사(儒士)들이 질색이었다。그런데 여기에 숙손통(叔孫通)이라고 하는 사나이가 등장했다。그는 원래 진나라의 二세황제 아래 있었는데、진섭(陳涉)의 반란이 일어나자 二세황제 앞에 나아가、「그들은 좀도둑의 떼들이로소이다。아예 신경을 쓸 일도 못되는 줄 아오이다」하고 위로하여 二세황제의 환심을 사고、그 상으로 비단 二〇필을 타고는 그대로 빵소니를 친 사나이였다。「간신히 호구(虎口)에서 빠져나왔도다。」이렇게 생각하며 향리로 돌아온 그는 항우를 섬겼으며、이어 고조에게로 다시 옮긴 것이었다。

고조는 저 길다란 유생(儒生)의 옷이 질색이었다。그것을 눈치챈 숙손통은 초나라 촌놈 같은 짧은 옷을 만들어 입고 고조의 비위를 맞추었다。숙손통에 의지하여 출세의 실마리라도 잡으려고 그의 곁에는 백여명의 유생들이 모여들었었는데、숙손통이 추천하는 자는「군도(群盜)」나「장사(壯士)」같은 자들 뿐이다。「학자」인 체 하던 유생들이 불평하자、숙손통은「임자들은 도대체 싸움을 할 줄 아는가。지금은 활이며 창칼을 잡고 천하를 다루는 시기일세。그러니 좀 기다려 보게나。임자들에 대해선 잊지 않고 있네」하고 얼버무리며 달랬다는 것이다。평범한 유자가 아닌 뱃심 좋은 사나이였던 것이다。

한의 고조 五년、드디어 고조는 화중(華中)의 정도(定陶)에서 즉위했다。그 의식은 숙손통의 총지휘로 매우 간략하게 끝마쳤는데 아뭏든 인품이 조잡한 친구들의 모임인 만큼 그 뒷처리가 여간 말썽이 아니었다。「군신(群臣)、술을 마셔 공을 다투며、취하여 망호(妄呼)하는 자、칼을 뽑아 기둥을 치는 자 있다。고조、이를 우려하다」(《史記》「叔孫通列傳」)。사태가 이쯤 되자 숙손통은「이제야 내가 나설 차례로구나」하고 회심의 미소를 띠며 고조 앞으로 나아갔다。

숙손통：유자(儒子)는 진취(進取)에는 아무 구실도 못하나、성과(成果)를 지키기에는 도움이 되리라 생각하오이다。노나라의 제생(諸生)과 소신의 제자(弟子)들을 불러모아 조정의 의례

(儀禮)를 만들고자 하나이다

고 조 : 나는 까다로운 예법(禮法) 따위는 질색인데, 어떤가, 적당히 하여 내게도 할 수 있는 그런 간단한 예법을 만드는 것이……

숙손통 : 예(禮)란 시세(時勢)와 인정(人情)을 바탕으로 하여 거기에 절문(節文)을 붙이는 것이오이다。한번 고례(古禮)와 진나라의 의례(儀禮)를 섞어 만들어 보겠나이다

그런데 학자들 가운데는 으레히 고집불통의 융통성 없는 자들이 있는 법이다。노의 유자 가운데 두 사람만은, 「대체로 예악(禮樂)이란 덕을 쌓기 백년이 지난 뒤에야 일어나는 법。이제 천하가 비로소 정해져, 죽은 자의 장례도 끝나지 못하고 다친 자 아직 일어나지 못하는 이때 고식(古式)에도 맞지 않는 예의를 황급히 정하여 어찌하리오。그대 같은 아첨자를 도저히 따르지 못하오」하면서 말을 듣지 않는다。그러나 숙손통도 만만치 않다。「형편없는 시골뜨기 선비로다。임자들은 시변(時變)을 모르는 바보들이로다」하고 개의치 않은 채 고조의 측근과 제자들을 상대로 야외에 표지판을 세우고 줄을 쳐 예법의 교습을 시작했다。고조가 구경하러 나와 하는 말이 「이 정도라면 나도 할 수 있도다」하고 웃었다는 것이다。

당시는 음력 一○월을 정월(正月)로 정하고 있었다。고조 八년의 정월, 입동(立冬) 전이다。이른 아침부터 문무백관이 위의(威儀)를 갖추어 새로 단장한 장안(長安)의 장락궁(長樂宮)에 참하(參賀)한다。숙손통의 지시에 따라 무관은 서쪽에, 문관은 동쪽에 나란히 서자 드디어 고조의 수레(輦)가 엄숙하게 나타난다。군신(群臣)의 봉하(奉賀)가 끝나자 술잔이 돌기를 아홉 차례, 사회자의 「파주(罷酒)」라는 소리로 의식은 끝났다。지금은 아무도 떠들지 않으며 술 취해 주정을 부리는 자도 없다。고조는, 「나는 오늘에서야 비로소 황제의 거룩함을 알도다」하면서 숙손통에게 금(金) 五백근을 하사했다는 것이다。「제자인 유생들이 오랫동안 소신을 따르며 오늘의 의례를 이룩한즉, 바라건대 기용(起用)하심이……」하는 그의 요청이 받아들여져 문제(門弟)들은 모두 관(官)으로 임명되었다。「숙손통 나리는 참다운 성인(聖人)일세」하고 모두들 만족했다고 한다。

숙손통은 확실히 보통의 「유자」와는 다른 엉뚱한 인물이었다。야릇한 복고취미를 주장하지 않고 번잡스러운 지식에 구애되지 않았다는 점에서 그는 「법가(法家)」나 「황로파(黃老派)」에 가깝다。그러나 이 이야기는 한편에 있어서 학자나 선생 등 이른바 지식인이 「관(官)」의 조직 속으로 들어가면 얼마나 교묘히 권력의 장식으로서 봉사하는가를 단적(端的)으로 나타내고 있다고 하겠다。

名言 81

良藥은 입에 쓰다

한나라 시대의 무덤에는 석벽(石壁)에 벽화가 그려져 있거나, 인물 또는 마차 같은 것이 새겨져 있다. 산동성에서 하남성(河南省)에 걸쳐서 상당한 수의 「화상석(畵像石)」이 발견되고 있다. 특히 하남성의 남양(南陽)은 한대(漢代)의 무덤이 많은 곳으로 화상석도 명품(名品)만이 나오고 있다. 그것으로 짐작하건대 「초상화」라는 것도 진한(秦漢)시절에 이미 존재했던 것이리라. 역사가인 사마천은 그보다도 二백년쯤 전의 장량(張良=字는 子房) 초상화를 보고 다음과 같은 말을 남기고 있다.

「일찌기 한의 고조(高祖)가 말했다. 책(策)을 안으로 운(運)하여 승(勝)을 천리(千里) 밖에 결(決)함은 우리의 장자방(張子房)을 따를 자 없다고. 그렇다면 장량은 아마 괴오(魁梧=거칠고 투박함), 기위(奇偉)한 모습으로 생각되건만, 이 모습을 보니 어여쁜 여자같구나」(〈史記〉「留侯世家」). 장량은 유후(留侯)로 책봉되었기 때문에 장량의 일화는 「유후세가」라는 편에 수록되어 있다.

진·한의 동란기에 활약했던 용맹한 무인(武人) 가운데에서 장량만은 구(舊)귀족 출신의 미남이었다. 그 조상은 대대로 한(韓)나라 재상을 지낸 가문으로서, 진나라가 한을 멸망시켰을 당시만 해도 그의 집에서는 三백명의 노예를 거느리고 있었다는 것이다. 장량은 또한 몸이 약했었다. 「유후(留侯=張良), 고조를 따라 관중(關中)에 들어갔으나 원래부터 병약한 몸。 도인(道引=深呼吸과 按摩)의 술(術)을 행하여 곡식을 먹지 않다」(「留侯世家」)라고 적혀 있는 것을 보면、 오늘날의 요가 같은 체조의 원조이기도 했던 모양이다。 그러나 후세의 건달 같은 정객과는 달라서 그는 여윈 몸을 말등에 맡겨 적과 동지 사이를 왕래하며、 싸움이 벌어졌을 때는 스스로 지휘도 하는 실행파였다。 유가문인(儒家文人) 같은 풍채이긴 했으나、 사실은 「법가(法家)」에 가까웠던 것이다。

그런데 그러한 장량이 망국(亡國)의 원한을 풀고자 가재(家財)를 털어 무게 一二〇근(약 二七킬로)의 쇠망치를 만들게 하여、 역사(力士)를 고용해서 진(秦)의 시황제(始皇帝)가 순시하는 길을 기다렸다。 행렬이 박랑사(博浪沙)라는 쓸쓸한 사구(砂丘)에 이르렀을 때、 시황제의 마차를 향해 쇠망치를 던졌건만 역사의 겨냥이 잘못되어 뒤따르던 수레에 맞고 말았다。 결국 장량은 경호병들에게 쫓기고 쫓기어 간신히 하비(下邳)의 거리(지금의 江蘇省 邳縣)에 숨어들었다。 거기서 은신하고 있는 동안 이상한 노인을 만나 「병법(兵法)」을 배우게 되는데、 그 이야기는 다음에 하기로 한다。 이윽고 그는 한의 고조를 따라 그의 지모(知謀) 높은 참모로서 활약하게 된다。 그 수많은 일화 가운데에서 세가지만、 위기를 사전에 알아차려 고조를 구한 이야기를 소개하겠다。

고조가 겨우 관중으로 진출하여 진나라 서울 함양(咸陽)으로 육박하려던 무렵의 일이다。 보물이며 미녀들이 함양의 궁전에 넘쳐 있다는 말을 듣고 고조는 전비(戰備)를 풀고 서울로 진주하려 했다。 부장인 번쾌(樊噲)가 「그건 안될 말이로소이다」 하고 굳이 말렸으나 색(色)과 욕(慾)에 남다른 집념을 가진 고조는 좀처럼 말을 듣지 않는다。 장량이 씁쓰레한 얼굴을 지으며 앞으로 나섰다。

「지금은 겸소함을 위주로 하여 천하를 위해 폭(暴)을 제(除)함이 중요하오이다。 〈충언(忠言)은 귀에 거슬려도 행함에 있어서 이(利)가 있으며、 독약은 입에 쓰기는 해도 병에 이롭다〉 하더이다。 어서 번쾌의 간언을 들으심이 마땅할 줄 아뢰오」 푹 달여서 끈적끈적해진 한방약을 「독약」이라고 한다。 그것은 흔히 말하는 독(毒)은 아니기 때문에 후세에 와서 「양약(良藥)은 입에 쓰도」라는 말로 바뀌었다。 이것은 그 당시의 매우 흔한 속담이었던 것이리라。 고조는 겨우 함양궁에 들어가기를 단념하여 전비(戰備)를 갖춘 채、 급히 회군하여 서울의 동교(東郊) 一〇킬로에 있는 패수(霸水)의 좌측 기슭에 포진(布陣)했다。 여기서 서울로 난입(亂入)한다면 순식간에 도읍의 안팎은 약탈의 도가니로 화(化)하여、 일단 늦추어진 사기(士氣)를 바로잡기란 쉬운 일이 아니었으리라。

때마침 항우가 함곡관을 돌파하여 밤을 낮삼아 서진(西

進)해 오고 있었다。 항우는 고조가 자기보다 먼저 함양으로 들어가 협약을 어기고 공명을 앞질러 올린 데에 분격하고 있다。 때문에 패수의 기습에서 항우와 고조가 대면했을 때에는 막사 밖까지 살기가 흘렀었다。 장량은 「고조의 목숨이 위태롭다」고 보자、자기가 자리에 남고 고조를 변소에 보내는 체 하다가 그대로 사잇길로 빠져 한(漢)의 군중으로 도망쳐 갈 수 있게 했다。 그 경위에 대해서는 별항(別項)에서 서술한 바 있거니와、 흔히 말하는 「홍문(鴻門)회견」이라는 것으로 유명하다。

장량이 기로(岐路)에 선 고조를 구한 일은 또 한번 있다。 기원전 二〇四년의 일이다。 항우의 반격을 당하여 고조는 화중의 형양에서 열겹 스무겹으로 에워싸였다。 이러한 때 유가(儒家)는 반드시 인의(仁義)・은덕(恩德)을 앞세워 타협을 권하여 사람의 결심을 둔화시키는 법이다。 고조 아래 있던 유가의 책사(策士)가 「옛날 은나라 탕왕(湯王)이나 주나라 무왕(武王)은 적국을 쳤어도 이를 멸하지 않았으며、그 자손을 영주(領主)로 기용하여 은덕을 베풀었소이다。 이제 그것을 본따 진나라가 멸한 六국의 자손을 부흥케 함이 옳겠소이다。 그리하면 옛 六국의 군신(軍臣)・백성은 반드시 주군(主君)의 은덕 아래 머리를 조아릴 것이로소이다」 하고 진언했다。 그야말로 궁지에 몰렸던 고조는 책(策)에 마음이 끌려 식사를 하면서도 그 궁리에 골몰한다。 그런 참에 장량이 들어왔다。 장량은 그 이야기를 듣자 자세를 바로잡으며 설득했다。

「잠시 젓가락을 빌어 오늘의 사태를 설명하겠오。 옛날 탕왕이나 무왕은 이미 상대방의 사명(死命)을 제(制)하여 적왕(敵王)의 수급(首級)을 올렸던 것이오。 그런데 지금 폐하께서는 과연 적의 목숨을 장악하고 계시오니까。 항우의 목을 얻으셨오이까。 아니、아니로소이다。 천하의 유사가 부모를 버리고 고향을 떠나 폐하와 함께 고전함은 천하가 통일되는 날、척촌(尺寸)의 땅을 얻어 안도(安堵)하기 위함이로소이다。 이제와서 六국의 자손을 각지에 봉하면 어떻게 되지요。 폐하의 부하들은 당장에 고향으로 돌아가리이다。 六국의 자손은 모두가 다 강력한 항우를 따르게 될 것이오이다……」

젓가락 여덟개를 세워 八개조의 정세분석을 해 보였다。 고조는 일어서더니 「자칫하면 대사(大事)를 그르칠 뻔했구나。 저 엉터리 유사(儒士)녀석 같으니!」 하고 고함치며 분노했다는 것이다。

그날 밤、장량은 고조와 함께 은밀히 중위(重圍)를 탈출、황하를 건너 한신(韓信)의 군중(軍中)으로 들어갔다。 밤중에 본진(本陣)의 막사를 들이쳐 한신의 병권(兵權)을 빼앗아 버린 것이다。 여성과 같은 모습의 미남자인 장량은 그 속에 불길 같은 강기(剛氣)를 간직하고 있었던 것이다。

名言 82
白駒過隙

소설 〈수호전(水滸傳)〉에 나오는 호걸들 가운데에서 오직 한 사람, 약간 유식하며 검은 옷에 두건(頭巾)차림인 유가선생(儒家先生)의 모습을 하고 있는 것이 「오학구(吳學究)」라는 군사(軍師)이다. 그는 병법의 이모저모를 써서 양산박(梁山泊)의 수비를 굳히며, 유격전법(遊擊戰法)을 짜내어 관군을 괴롭히는데, 두건을 쓰고 검은 긴 옷을 걸친 그 이미지의 시조는 아마 三국시대의 제갈공명(諸葛孔明)이었으리라. 그리고 그 공명의 대선배에 해당되는 인물이 앞서 말한 장량(張良)인 것이다.

장량은 구(舊)귀족의 잔당(殘黨)이며, 그것이 하필이면 신진기예(新進氣銳)의 시황제에게 쇠망치를 던져 암살을 꾀했다——고 하여, 중국에서의 장량에 대한 평은 좋은 편이 못된다. 확실히 젊은 시절의 장량은 망국(亡國)의 원한에 사로잡혀 이와 같은 폭거(暴擧)를 했던 것인데, 그러나 후에는 역사를 보는 정확한 눈을 가질 수 있었다. 옛 六국을 부활하는 일에 강력히 반대하여 오로지 천하통일을 밀고 나아갔음은 앞서의 항목에서도 말한 대로이다. 때문에 장량이 역사의 역전(逆轉)을 노린 반동파(反動派)라는 것도 해당이 되지 않으며, 또한 유가(儒家) 스타일의 탁상공론이나 일삼는 정치가라고 생각하는 것도 옳지 않다. 「군사(軍師)」라는 것은 비록 모습은 유가 스타일이지만, 그 본질은 냉철한 「법가(法家)」인 것이다。그러한 장량이 어딘지 음산한 인상을 우리에게 주는 것은、은사(隱士)에게 으례히 따르기 마련인 기괴한 전설이 역시 그에게도 얽혀 있기 때문이다。

장량이 진시황제를 노려 실패하고、지금의 서주(徐州) 동쪽에 있는 운하 기슭의 하비(下邳)라는 시골읍에 숨어 있을 때의 일이다。어느날 아침 그가 산책을 하고 있자、초라한 노인이 나타나 신발을 다리 밑으로 떨어뜨리는 것이었다。「여보게 애숭이、신발을 좀 주워 오게나」

장량은 화가 나서 때리려 했으나、상대방이 노인인 만큼「하는 수 없지」하고는 다리 밑으로 내려가 신발을 주워왔다。그러자 노인은「신겨 주게나」하고 더러운 발을 내민다。하는 수 없이 신겨주자、노인은 싱긋 웃더니「자넨 쓸모가 있겠군。五일 후 이른 아침에 이곳으로 나오게나。자네에게 가르쳐 줄 것이 있네」하고는 홀연히 버드나무 아래로 사라져 갔다。

五일이 지난 이른 아침、장량은 반신반의(半信半疑)하면서 나가 보자 노인은 무서운 얼굴을 지으며、「나이 많은 사람과 약속을 하고는 시각을 어기다니」이렇게만 말하고는 사라져 갔다。그로부터 五일 후、이번에는 새벽닭의 울음소리와 함께 일어나 다리 위로 달려갔건만 노인은 이미 와 있지 않겠는가。다시 五일 후、한밤중에 일어나 달려가니 이번에는 어둠 속에서 바로 그 노인이 나타나 소맷자락에서 한권의 두루마리를 꺼내어 주는 것이 아닌가。사마천의 서술에 의하면、

노인：이것을 읽으면 왕자의 스승(師)이 되리라。뒷날 一〇년이 지나 일어나며(興)、一三년에 유자(孺子＝애숭이·그대·자네 등의 호칭)、나를 제수(濟水) 이북에서 보리라。곡성(穀城) 산밑의 황석(黃石)이 바로 나이니라

하고는 다시 어둠 속으로 사라져 갔다는 것이다。

희끄무레한 어둠 속에서 그 한권의 두루마리를 펼쳐보니「태공병법(太公兵法)」(太公이란 齊의 太公望)이라고 씌어 있다。장량은 그것을 항상 품에 간직하고 놓지 않았다。그뒤、一三년이 지나 이미 천하가 통일된 뒤의 일인데、장양은 고조를 따라 곡성의 산밑을 지나게 되었다。과연 거기에는 커다란 황석(黃石)이 있어、장량은 그 앞으로 다가가 공손히 절한 뒤 그 돌을 갖고 돌아와 가보(家寶)로 삼았던 모양이다。사마천은 괴이한 전설을 별로 이야기하지 않는 사가(史家)인데、그러나 이「황석공(黃石公)」에 대해서만은 각별한 관심이 있었던 모양이다。

「학자에게는 귀신이 없다는 자가 많도다。그러나 세상에 과연 귀신은 없는 것일까。유후가 본 노인의 서(書) 같은 것은 어찌 이상하지 않으리」(〈史記〉「留侯世家」)

고조가 혜제(惠帝)를 태자(太子)자리에서 물러나게 하고, 애첩의 아들인 여의(如意)로 하여금 태자로 삼으려 했을 때에도 장량은 책략(策略)을 다하여 그것을 중지시켰다. 고조가 죽은 뒤, 여태후(呂太后)가 실권을 쥐자, 장량으로 하여금 혜제의 후견인(後見人)으로 삼으려 강요하자 장량은, 「소신은 세치(三寸) 혀끝으로써 제왕의 스승(師)이 되어 이제 一만 호의 소령(所領)을 누림은 포의(布衣=庶民)의 더할 수 없는 영달. 이제는 세상을 등지고 선인(仙人)의 시늉이라도 낼까 하나이다……」하고, 정말 곡식을 먹지 않고 산속에서 솔잎의 이슬을 마셨었다. 여태후가 굳이 간청하자,

「사람이 한평생을 삶은 백구(白駒)가 달려감을 틈사이로 보는 것. 이제 더 이상 스스로를 괴롭히지는 않겠소이다」

하고 굳이 사양하며 산속에서 나오지 않더니 고조가 세상을 뜬 지 八년 만에 그도 숨졌다. 권모에 능했던 이 사나이는 권력세계의 무서움을 그 누구보다도 잘 알고 있었던 것이리라. 뒷날 당나라 이백(李白)은 이렇게 노래했다.

자방이 아직 호소하지 못했을 때, 子房未虎嘯
가산을 날려 집안을 위하지 아니하다. 破產不爲家
푸른 바다에서 장사를 얻어, 滄海得壯士
진을 박랑사에서 방망이질 하였다. 權秦博浪沙
한나라에 보국하려다 이루지 못했어도, 報韓雖不成
하늘과 땅이 모두 진동하였다. 天地皆震動
몸을 숨겨 하비에서 놀았으니, 潛匿遊下邳
이 어찌 지용이라고 하지 않으리. 豈曰非智勇
내가 비교상에 와서, 我來圯橋上
옛일을 생각하며 영풍을 흠모하노라. 懷古欽英風
오직 푸른 물이 흐르는 것만 보이고, 唯見碧水流
일찌기 황석공은 보이지 않더라. 曾無黃石公
한숨지으며 이 사람이 간 것을 탄식하니, 嘆息此人去
쓸쓸히 서사만 비어 있더라. 蕭條徐泗空

그러나 만년의 장량은 이백이 흠모했던 것처럼 「지용(智勇)」「영풍(英風)」의 사람이 아니었다. 「백구과극(白駒過隙)이란 말과 같이」 인생을 달관한 노인이었다.

곡물을 먹지 않고 산기(山氣)를 숨쉬며 솔잎 이슬을 마시노라면, 육체는 여윌대로 여위어 고목(枯木)처럼 되어 마침내는 넋(魂)만이 떠나 공중에 부유(浮遊)한다. 영혼이 육(肉)과 욕(慾)에서 해방되어 자유의 경지에서 떠돌게 된 사람을 선인(仙人)이라고 한다——이것이 〈열자(列子)〉의 설이다. 장량은 그것을 실제로 시도한 최초의 사람이라고 하겠다.

名言 83

法이란 暴을 禁하는 것

옛날의 호족(豪族)이나 제후(諸侯)가 정원에 꾸며 놓은 연못을 보면, 한가운데에 작은 섬 같은 것이 있고 그 둘레를 물이 에워싸고 있다。 만약 그 섬에 사슴이라도 기른다면, 사슴은 섬 안으로 퇴거(退去)당하여 밖으로 나갈 수 없을 것이다。

거(去)란 글자는 凵모양으로 움푹 패인 그릇(容器)을 그려 그 위에 뚜껑을 덮은 모양을 그리고 있다(그림참조)。 퇴거(退去)의 거(去), 즉 「들어가、움푹 패이다。 눌러 밀어 넣다」라는 것이 원래의 뜻이었다。 연못 한가운데에 마련한 섬 둘레를 물로 채우고, 그 안에 진귀한 동물을 가두어 기른다。 동물은 물에 막혀 섬 밖으로 나갈 수 없다。 물(水)의 테두리 안에 물러날 것, 즉 퇴거(退去)를 강요당하다——라는 상태를 염두에 두고 「水+去」를 합쳐 「法」이라는 글자가 만들어졌다

때문에 법이란 서민의 자유와 권리를 지켜줄 계율(戒律)이 아닌 것이다。 지배자가 그 안에 백성을 가두어 두고 밖으로 나오지 못하도록 강제(强制)하는 테두리인 것이다。 때문에 「법(法)」이 강해지면 그만큼 개인의 자유는 속박되기 마련이다。 법치(法治) 아래의 「자유주의」 사회이니 하는 것은 한낱 환영(幻影)에 불과하다。 법치하의 **백성이란 섬에 갇힌 사슴 정도로 생각해 두면, 그런대**

로 체념(諦念)도 생길는지 모른다. 그 「법」——바깥 태두리——이라는 것을 조금씩 윤색하여 노골적인 잔인스러움을 위장(僞裝)해 온 것이 「문명」의 역사인 것이다. 한(漢)나라 문제(文帝)는 그 시초를 연 인물이었다.

문제는 한나라 고조의 아들인데, 북방 변경의 대국(代國=지금의 山西省 太原 근방)에 봉(封)해져 오랫동안 냉대를 받아왔다. 그러던 참에 여태후(高祖의 왕후)가 병사했다는 소식과 뒤를 이어 궁정의 중신(重臣)들로부터 상경(上京)을 청하는 급사(急使)가 들이닥쳤다. 이제와서 서울로 옮긴다는 것은 말 많고 까다로운 친척들이 우글대는 집안에 양자(養子)를 가는 것이나 다름이 없다. 골똘히 생각한 끝에 겨우 작정하여, 기원전 一七九년 늦가을에 측근인 송창(宋昌)들을 거느리고 장안의 교외인 위수(渭水) 기슭까지 도착했다.

태위(太尉=司令官)인 주발(周勃)이 강 기슭까지 마중을 나와 「잠시 휴식하시기를. 그 사이에 드릴 말씀이 있읍니다」 하고 말하자, 곁에 있던 송창이 「공적인 일 같으면 공언(公言)토록 하시요. 왕자(王者)는 사사로운 일을 받아들이지 않는 법」이라 하며 물리쳤다. 그러자 군신(群臣)이 재배(再拜)하여 「제위(帝位)로 모시고자 합니다」 하고 모두들 청했다. 그러나 문제는 서쪽을 향하여 사양하며, 다시 남쪽을 향하여 사양한다. 「간절히 청하옵니다」 하는 일동의 간청이 있자, 비로소 그날 저녁에 장안(長安)의 미앙궁(未央宮)으로 들어갔다. 유가(儒家)의 가르침에 의하면 현자(賢者)는 「三양(讓)」하는 것으로 되어 있다. 문제는 당초부터 문명군주(文明君主)다운 풍격(風格)을 보이려고 연기를 했던 것이다. 그리하여 재위(在位) 三一년 동안에 이른바 「인군(仁君)」으로서의 이미지를 역사 위에 정착시켰던 것이다.

「인군」이란 속셈과 겉으로 내거는 간판을 가려서 사용하며, 엄한 법과 형(刑)의 속셈을 숨겨 어디까지나 인덕(仁德)의 간판을 내걸어야만 한다. 그 때문에 문제는 우선 「연좌(連座)」의 법을 폐지했다. 한 집안에서 하나가 죄를 범하면 부모형제를 비롯하여 처자까지 연루되어 가재(家財)를 몰수당하며 노예로 격하된다. 그 무렵 노예가 되어 무상(無償)으로 혹사당했던 노예는 장안에서만 해도 수만이나 되었던 모양이다.

이와 같은 연좌의 가부(可否)를 에워싸고 문제와 주요 관리 사이에 주고받은 문답을 여기에 소개해 보겠다.

문제: 법이란 폭(暴)을 금하여 선(善)에 따르도록 하기 위한 것. 그렇건만 오늘날 범인의 죄를 정한 뒤에도 다시 죄 없는 일족(一族)을 연좌(連座)시켜 노예로 함은 짐(朕)이 원하는 바 아니로다

관리: 백성은 스스로 다스리지 못하오며, 그렇기 때문

> 에 법을 만들어 이를 금하고 서로 연좌케 함으로써 마음을 묶도록 하려는 것으로, 연좌란 오랜 습관이로소이다

그러나 문제는 끝내 연좌를 폐지시켜 「인군」으로서의 이름을 떨치는데, 「백성은 자치(自治)의 능력이 없기」 때문에 법의 테두리 안에 묶어 두어야 한다는 「법」의 속셈은 이처럼 공공연하게 통용되었던 것이다. 그것이 二천년에 걸친 중국의 (또는 아시아의) 통념이기도 했다.

그리하여 서민층의 연좌제도의 악습은 일단 없어지는 듯했으나, 조정 권력의 내부에서는 반드시 그렇지도 않았다. 한대(漢代)를 통하여 내분(內紛)이나 패전의 책임을 지고 일족이 연좌의 비운을 맞은 관리나 군인은 엄청난 수가 되었다. 설사 「인군」이라 해도 부하에게만은 이토록 무서운 벌을 가함으로써 견제해야만 했던 것이다.

다음에 문제는 「육형(肉刑)」을 폐지했다. 고대의 五형(五刑)이라고 하면 입묵(入默=黥이라고도 함)·코 베기(鼻切)·빈(臏=무릎의 뼈를 후벼낸다)·궁(宮=去勢)·대벽(大辟), 이 다섯가지를 말한다. 벽(辟)이란 항문(肛門)에 칼을 집어넣어 몸을 찢는 극형을 말하는 것으로, 수레에 사지(四肢)를 묶어 찢는 형벌(車裂刑)은 그 변형의 하나라고 하겠다. 한나라의 고조는 모든 일을 간략하게 하는 것이 원칙이었기 때문에, 그 당시에 실제로 남아있었던 것은, 입묵·코베기·지(趾=발목 베기)의 세 가지 형벌(刑罰)이었다는 것이다.

그런데 제(齊)나라의 쌀 창고를 맡고 있던 순우공(淳于公)이라는 사나이의 오직(汚職)이 탄로되어 장안에 수감(收監)된 적이 있었다. 그 막내딸이 울부짖으며 아버지 뒤를 따라 상경하여 문제에게 진정서를 바쳤었다.

「죽은 자는 다시 살아나지 못하오며, 형을 받은 자는 다시 보속할 길이 없나이다. 청컨대 소녀를 사로잡아 관비(官婢)로 하여 아비의 죄를 대신 갚도록 하소서」

그 글을 보자 문제는 「오늘날, 육형(肉刑) 중 세 가지가 있건만, 아직도 간(姦)은 그치지 않도다. (중략) 형(刑)하여 지체(肢體)를 끊고, 살을 에이며, 종신(終身)토록 숨을 쉬지 못하도다. ……이 어찌 부모인 자의 뜻이랴. 어서 육형(肉刑)을 그치도록 하거라」(〈史記〉「孝文帝本紀」) 하고 명했다는 것이다.

이리하여 「형벌」은 차츰 「문명」의 탈의 쓰기 시작한다. 그리고 六세기부터는 태(笞=채찍)·장(杖=곤봉으로 치는 것)·도형(徒刑)·유형(流刑)·사형(死刑)의 다섯 가지를 「五형(五刑)」이라고 부르게 되었다. 「문명」이란 어쩌면 이와 같은 미적지근한 손질 정도의 가공작업(加工作業)을 가리켜서 하는 말일는지 모른다.

名言 84

죽음은 天地의 理致

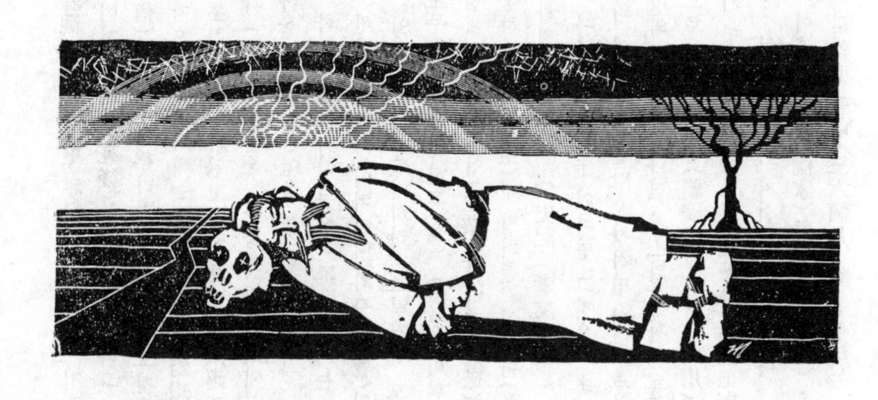

장자(莊子)가 여행 도중、들판을 지나노라니까 해골이 딩굴고 있다。그는 말채찍으로 툭툭 치며 물어보았다。

장자 : 그대는 삶을 탐(貪)하여 이렇게 되었소。망국(亡國)의 난(難)、형벌의 상처를 받아 이렇게 되었소。부모나 처자의 이름을 욕보이는 나쁜짓을 하다가 살해되었소。혹은 굶고 얼어서 죽었소

해골 : 그대가 말씀하신 것은 모두 삶의 세계의 번거로움이요。이제 우리에게 있어서 그런 것은 아무렇지도 않소。죽으면 그만、군신의 차별도 없으며 사시(四時)의 변화도 없소이다。덧없는 공막(空漠) 속에서 천지의 뜻대로 옮겨갈 뿐이라오。지상의 왕자(王者)의 즐거움이라 해도 도저히 이 편함을 따르지는 못할 것이요 (〈莊子〉「至樂篇」)

장자는 다시 말한다 ── 인간의 시초를 짐작컨대 원래는 「형체」가 없었다。「형체」가 없었을 뿐만 아니라 「기(氣)」도 없는 것이다。망망한 공막(空漠) 속에 섞여가는 동안 우연의 변화에 따라 기가 생겨나고、그 기가 변하여 형체가 되며 그리하여 생명이 되었던 것이다。이제 다시 일변하여 죽음으로 향하며、망망한 춘하추동의 흐름 속으로 돌아가는 것이다。어찌하여 죽음을 슬퍼하겠는가。

이것이 중국인의 「오도(悟道)」라는 것이리라。서력 기원(紀元) 훨씬 이전부터 각성한 사람의 마음 속에는 이

와 같은 체관(諦觀)이 있었던 것이다. 불교가 전래(傳來)되기 훨씬 이전에 사후(死後)는 공(空)이라고 하는 냉철한 깨우침(悟)이 단단히 뿌리박고 있었다. 그것은 매우 이기적인 생각으로서 거기에는 천박한 환상(幻想) 따위는 개입할 틈조차 없다. 기원전 一五八년, 한(漢)나라의 문제(文帝)가 二二년이라는 긴 황제의 자리에서 사라져 숨질 때 다음과 같이 유언을 했다는 것이다.

「천하 만물의 싹이 트고 자라면 이윽고 언젠가는 죽는 법, 죽음이란 천지(天地)의 이치이며 사물(事物)의 자연이로다. 이 어찌 심하게 슬퍼하랴. 그렇건만 오늘의 세상에서는 모두 삶을 좋다 하고(嘉), 죽음을 미워하며(惡), 후히 장례 지내어 생업(生業)을 버리고(破), 복상(服喪)을 중히 여겨 삶(生)에 상처를 입힌다(傷). 나는 이를 택하지 않겠노라」(〈史記〉「孝文本紀」)

천수(天壽)를 다하여 죽을수 있다면 그것으로 족하지 않겠는가. 천하의 백성은 사흘만 복상하면 된다. 궁중에 있는 자도 三六일의 복상이 지나면 평소의 생활로 돌아가라. 나의 무덤으로 정한 패릉(覇陵)의 산천(山川)에는 그 지세(地勢)가 달라질 만큼의 조묘공사(造墓工事)를 해서는 안된다……하고 상세히 지시한 뒤 숨졌다. 춘추시대(春秋時代) 이후의 유가(儒家)는 「후장(厚葬)」을 중히 여겨 집안 사람이면 三년(三六個月)을 복상하는 것이 관례였는데, 「달(月)」을 「날(日)」로 바꾸어 三六일로 단축시켰던 것이다.

이 문제(文帝)의 유조(遺詔)는 고조(高祖) 이후의 간이주의(簡易主義)에 따라 호들갑스러운 유가의 형식주의를 깨끗이 떨쳐버렸다는 데에 뜻이 크다. 노자나 장자는 사회의 번잡한 규율(規律)을 인간의 필요없는 작위(作爲)에 불과하다고 무시했는데, 그 생각이 문제의 「작풍(作風)」속에 되살아난 것이다.

문제는 원래부터 무사주의(無事主義)를 신조로 삼았던 사람이다. 야단스러운 「연좌제(連座制)」니 준엄한 「육형(肉刑)」이니 하는 것을 폐지한 것이나, 북의 국경으로 침입하는 흉노(匈奴)에 대해 되도록이면 무사주의로 대한 것도 모두 그 작풍(作風)의 표현이라고 하겠다.

그런데 실제로는 일이 문제의 유언대로는 되지 않았다. 장안(長安=지금의 西安) 동남 三○킬로의 땅에 있는 패릉(覇陵)에는 장대한 능이 만들어졌기 때문이다.

「낭중령(郎中令) 장무(張武)를 복토장군(復土將軍)으로 하고, 근현(近縣)의 병졸 一만 六천명, 내사(內史=都內 警察의 총책임자)가 이끄는 병졸 一만 五천명을 투입하여 장곽(藏郭=棺을 넣다)·천(穿=무덤을 파다)·복토(復土=파낸 흙을 덮다) 등의 일을 장군 장무에게 맡기다(屬)」(〈史記〉「孝文本紀」)

「복토(復土)장군」이란 「복토(覆土=흙을 덮다)」의 일을 맡은 장군을 말하는 것으로, 이를테면 능묘 조영(陵墓造營)의 지휘관 같은 것이다.

어째서 이렇게 되는가. 그것은 수가 적은 깨우친 사람 외에 대다수의 인간이 「혼백(魂魄)은 죽지 않는다」라는 민속의식(民俗意識)을 지니고 있었기 때문이다. 나도 이치로서는 사후(死後)가 공막(空漠)하기만 한 「무(無)」로 돌아간다고 생각한다. 그러나 많은 우리나라 사람들이 해마다 제사(祭祀)날이 오면 밤새워 마련한 음식을 차리고, 제사를 올리는 것이 오랜 세월을 두고 전해오는 아름다운 습속(習俗)으로 되어 있으며, 이것 역시 미풍양속의 하나이기도 하다. 우습다면 우스운 일이겠지만 인간의 마음에는 겉과 속이 있어서, 그 속마음 쪽이 끈질긴 심층(深層)의 심리로서 작용하는 일이 흔히 있는 법이다.

→ → → 鬼

중국에선 망령(亡靈)을 귀(鬼)라고 한다. 이 글자는 그림처럼 둥글고 긴 머리를 한 귀신의 모습을 그린 상형문자(象形文字)이다. 귀(鬼)는 괴(塊=둥근 덩어리)나 괴(魁=둥글고 큰 머리)와 같은 계열의 말이다. 아마 사람들이 상상했던 유령이란 머리만이 크게 두드러져 있어, 발이나 하체는 별로 눈에 띄지 않았던 모양이다.

그 귀신을 두고 또한 「혼백(魂魄)」이라고도 한다. 당나라의 백낙천(白樂天)이 참혹한 최후를 마친 양귀비(楊貴妃)를 애도하며,

유유한 삶과 죽음(生死),
헤어져서 해(年)를 거치다(經).
혼백은 아직 오지 않아,
꿈에 보지 못하는구나. (「長恨歌」)

하고 노래부르고 있다. 양귀비는 산야(山野)에 주검을 드러내는, 그런 참혹한 죽음을 했기 때문에, 그 혼백은 제자리를 못찾아 허공을 떠돌고 있을 터인데, 현종(玄宗) 앞에는 아예 나타나려고도 하지 않는다——라는 것이다. 그런 무참한 결과가 되지 않으려고 지하에 생전과 흡사한 궁전을 만들고, 시체를 완전히 보호하여 되도록이면 혼백이 편히 지낼 수 있도록 안주(安住)시켜야만 한다. 이것이 중국의 부호나 권력가(權力家)의 통념이었다.

실제로 호남성(湖南省) 마왕퇴(馬王堆)에서 발견된 관 속에는 문제(文帝) 무렵의 장사왕(長沙王) 가승(家丞=執事) 대후(軑侯)의 아내가 二一五〇년 전의 모습 그대로 잠들어 있지 않았던가. 그녀의 혼백은 죽은 뒤에도 오랫동안 「살아」있었던 것이다. 모처럼의 문제 유지(遺志)도 남은 자들의 끈질긴 전통관념(傳統觀念) 앞에서는 아무 보람도 없이 헛된 것이나 다름없이 되고 말았던 것이다.

名言 85

精 많은 者는 魂魄이 强하다

〈초사집주(楚辭集注)〉라는 책은 초나라 굴원(屈原)의 시집을 주자(朱子)가 주석(注釋)한 것이다。 거기에는 굴원 작품이 아닌 것도 섞여 있다。 예컨대 「초혼(招魂)」이라는 장편 시는 굴원의 제자 송옥(宋玉)의 작품인 듯하다。

넋이여 돌아오너라 魂兮歸來
그대의 몸을 떠나 去君之恒幹
어느 땅에서 무엇을 하나。 何爲四方些
그대의 즐거운 거처를 버리고 舍君之樂處
저 나쁜 곳으로 떠나가다니。 而離彼不祥些

죽은 자의 유혼(遊魂)에게 이처럼 부른 뒤 다시 말을 잇는다。「동방에는 장인국(長人國)이 있어 사람의 유혼을 찾는다 하더라。 남방의 만인(蠻人)은 죽은 사람의 고기를 먹는다 하더라。 서방(西方)은 유사천리(流砂千里)、오곡(五穀)도 자라지 않는다 하더라。 북방(北方)은 빙산(氷山)에 눈이 휘날린다 하더라」 하고。 그리고 끝으로、

넋이여 돌아오너라 魂兮歸來
애처롭구나 강남의 땅이여 哀江南(〈楚辭〉「招魂」)

하고 맺고 있다。 당시 초나라 지방에서는 전몰자나 여행자의 죽은 넋들이 육체를 떠나 허공에 떠도는 것을 슬퍼하여 초혼의 제례를 올리는 습속이 있었다。 유가가 전한 「상례(喪禮)」에서도 집안사람이 지붕에 올라가 「아이고、아이고」 하고 유혼(遊魄)을 부르는 제사가 있었다。

그런데 인간의 정령(精靈=귀신)을 혼백(魂魄)이라 함은 앞서 말한 대로다。 그 가운데 혼(魂)이

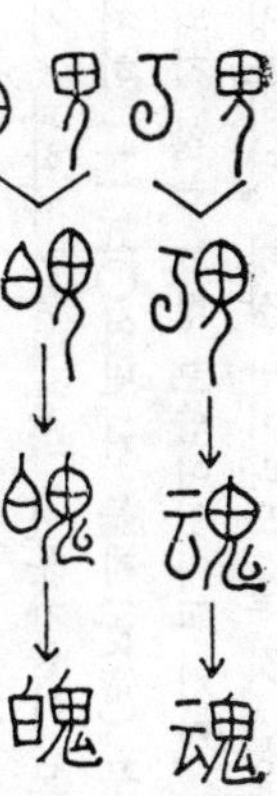

→魂

→魄

라함은「鬼+云」으로 이루어진 글자다。「云」은 윗 끝이 선(線)에 막혀 뭉게뭉게 들어찬 기체를 그린 상형문자로 뒷날의 구름(雲)이란 글자의 원자(原字)이기도 하다。말하자면 동체(胴體)에서 유리되어 뭉게뭉게 피어오르듯 떠도는 영기(靈氣)를「혼」이라고 부르는 것이다。

그것에 대해「백(魄)」이란「鬼(귀신)」+白(희다)」로 이루어진 글자로 여기서의「희다」는 희끄무레한 도토리 열매의 윤곽을 묘사한 상형문자로서 뒷날의「柏」이란 글자의 원자라고 생각하면 될 것이다。전체의 모양은 보이나 알맹이는 그저 희끄무레할 뿐 뚜렷하지를 않다。때문에「魄」이라고 하면 형체를 이루고 있는 시체의 윤곽、동체의 바깥 가장자리를 말한다。이미 숨진 시체라 해도 형체가 있는 한은 백(魄)이 거기에 있다——는 것이다。혼(魂) 쪽은 기체적이며 가볍고 사라지기 쉬우나、백 쪽은 실질적이며 무겁고 잘 사라지지 않는다。만약 시체만 잘 보존할 수 있으면 백은 오랫동안 거기 머물 것이며、혼까지도 그리 쉽게 유리되지는 않는 것이다。이 같은 중국의 민속을 말해주는 기록이 있다。기원전 五三五년인 옛날 화중(華中)의 정(鄭)이란 나라에서 내란이 일어나 귀족인 백유(伯有)가 살해되었다。그런데 몇해 후에 정(鄭)의 거리 어느 모퉁이에 귀신(亡靈) 백유가 갑옷을 몸에 걸치고「원수를 죽이겠다」고 말하는 것을 보았다——는 소문이 번졌다。때마침 저주받은 두 사람까지 갑작스레 급사했기에 온 거리가 소연해졌다。당시 치안책임자는 수완가로서 명성이 높던 자산(子產)이라는 사나이였는데、그는 곧 백유의 자손에게 경(卿=貴族)의 자리를 되돌려주고、가묘(家廟)의 제사를 잇도록 해 주었다。그러자 망령은 그후로 나타나지 않게 되었다는 것이다。「귀신(亡靈)의 저주란 정말 있오이까」하고 어느 사나이가 자산에게 물었다。

자산：사람이 태어나 처음으로 화(化)함을 백(魄)이라 하며、그 백을 낳게 하는 것을 혼(魂)이라 한다、물(物)로써 정(精)이 강한 자는 혼백도 강하다。……필부필부(匹夫匹婦)조차 억지로 죽으면、그 혼백은 사람에 붙어서(馮) 음려(淫厲=귀신)가 된다。하물며 백량(伯良)의 가문은 三대에 걸쳐 정병(政柄)을 집(執)하도다。그 물(物)을 널리(弘) 썼으며 또 정(精)을 많이 취하도다。그 일족 또한 태(太=旺盛)하도다。이 어찌 귀신이 되어서 주하지 않으리」(〈春秋左氏傳〉「昭公七年」)

가난한 사람은 평소에 영양이 나쁘고 따라서 정기(精氣)가 적다。 그래도 변사했을 때는 약간이나마 정기가 시체에 남는 법이다。 하물며 권세의 자리에 있어 평소에 미식(美食)으로 정력이 넘치는 자라면 더욱 그러하지 않겠느냐는 것이다。 생전의 「계급차」는 죽은 뒤의 혼백에까지 영향을 미치고, 나아가서는 지배하는 것이다。 이 즉물적인 민속에 따르는 한, 권력자나 부자는 무덤 속에 생전과 흡사한 주거를 만들고 주식(酒食)까지 비치하여 숨진 뒤 시체의 형체가 무너지지 않도록, 즉 혼백이 조금이라도 오래 머물도록 온갖 지혜를 짜는 것이다。

호남성 장사(長沙)의 동교(東郊)에서 발굴된 장사왕(長沙王)의 가령(家令=執事), 대후(軑侯) 이창부인(利倉夫人)의 무덤은 장사의 거리에서 동쪽으로 八킬로쯤 떨어진 원편의 넓다란 논 한가운데의 나지막한 언덕에 있다。 그 남쪽 끝의 한모퉁이를 一五미터쯤 역제형(逆梯形)의 모양으로 네모지게 파낸 그 바닥에 네겹으로 된 관(棺)이 묻혀져 있으며, 그 안에는 호화로운 옷감이며 훌륭한 칠기가 가득 차 있었다。 관에서 꺼낸 시체는 곧 의사·과학자·동식물의 전문가들이 모여 해부했는데, 도저히 二一五〇여년 전 문제(文帝) 무렵의 시체로는 생각되지 않는 그런 모습이었다고 한다。 피부는 윤기가 흐를 정도이며, 당장 말이라도 할 것 같은 표정, 내장도 해부에 충분히 견딜 만큼 생생했다고 한다。 해부결과에 의하면 나이는 五一、二세, 혈액은 A형에 결핵의 흔적이 있었다。 담석증으로 심근경색(心筋梗塞)를 일으킨 것이 직접적인 사인(死因)일 것이라 했다。 위에는 一三八개의 참외씨가 있었다니 여름인 八월에 죽은 모양이다。

다만 오랜 민속관념에서 말한다면 그녀는 「죽은」 것이 아니다。 생전에 사치의 극(極)을 다해 물(物)을 널리 썼으며, 정력이 강했기에 「혼」은 유리했어도 「백」은 二천一백여년을 두고 계속 살아 오늘에 이르러 해부의 메스를 받은 것이라 하겠다。

무제가 아무리 간소를 권해도 이 관념이 있는 한 부자들의 후장(厚葬)습관은 고쳐지지 않는다。 명장으로 이름 높던 주아부(周亞夫)는 궁중의 공방에서 갑옷 五백구를 횡류 착복하여, 미리 만들어 놓았던 자기 무덤 속에 간수하려다가 고발되자 옥중에서 피를 토하고 죽었다。

그 대후(軑侯)는 남쪽 끝 호남성 토착(土着)인 호족으로서 악랄한 수탈행위를 해도 중앙의 감시가 미치지 못한다。 문제가 「후장」 금지의 포령을 내려도 그 위령(威令)은 남쪽 끝까지 미치지 못하는 것이다。 아무리 엄중하게 하여도 도굴(盜掘)만은 면하기 어려운 법인데, 이 무덤은 그런 액운도 겪은 일이 없이 二천여년의 세월을 견뎌낼 수 있었으니 과연 기적이라고 하지 않을 수 없다。

名言 86
萬里長城

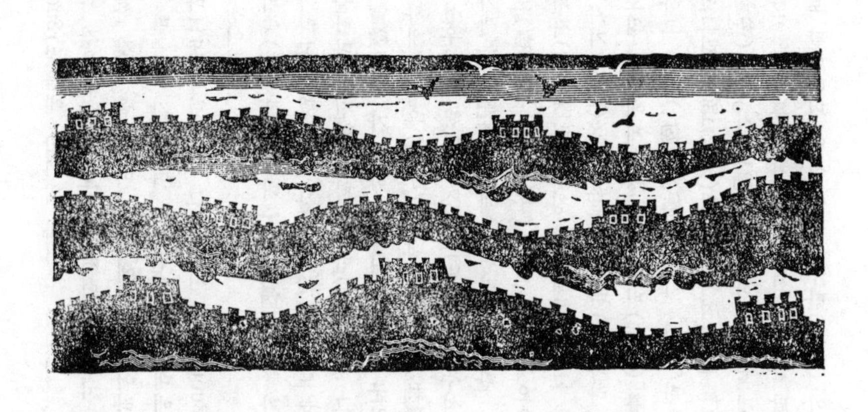

유우라시아 대륙의 대초원(大草原)은 먼 옛날부터 유목민족(遊牧民族)의 천지였다。 그들의 행동 반경은 참으로 넓다。 동으로 서로 말을 몰며 태고(太古)부터 갖가지 명칭으로 중국의 역사에 등장했었다。 중국 서북에는 오늘날에도 내몽고(內蒙古) 자치구(自治區)·영하회족(寧夏回族) 자치구·위글 자치구·티벳 자치구 등 수많은 자치구가 있으며、 소련 영내(領內)의 투르케스탄이나 키르기즈 등의 자치구가 그것에 잇따르고 있다。 지금은 그러한 땅이 모두 내륙의 수원(水源)을 이용、 밀(小麥)이며 면화(棉花) 등이 자라고 있으나、 지난날에는 양과 말에 목숨을 의지하여 목초(牧草)를 따라 이동하는 거친 기마집단(騎馬集團)의 세계였다。

그 중에서도 특히 중국과 인연이 깊던 부족이 진한(秦漢) 무렵의 흉노(匈奴)나 六조(朝) 시대의 선비(鮮卑)、 당대(唐代)의 돌궐(突厥)이었으며、 모두가 넓은 뜻에서의 터어키 계(系) 민족이다。 동쪽 끝에 있던 것은 역시 그 계통을 이어받은 「동호(東胡)」인데、 이것은 뒷날 퉁구스 계통 사람들의 조상이 된 산림 수렵민족(山林狩獵民族)이었다。

흉노의 조상에 해당되는 유목인(遊牧人)은 주(周)나라 시절에는 혼이(混夷)·험윤(玁狁)·견융(犬戎) 등으로 불렸었다。 혼(混)~험(玁)~견(犬)~흉(匈) 등은

huan·kuan·hong(발음에 약간의 차이는 있겠지만, 같은 계통이리라)과 같은 민족의 호칭을 여러가지 한자(漢字)로 적어 표현한 것에 불과하며, 유럽에서 Hun이라고 불린 것과 같은 민족을 가리킨다. 진한(秦漢)시대에는 흔히 「호(胡)」라고도 불렸는데, 그것 역시 huan·hong의 머리만을 딴 약칭이리라.

뒷날의 선비족(鮮卑族)은 대추장(大酋長)을 가한(可汗)·한(汗)이라고 불렀는데, 한대(漢代)의 흉노는 선우(單于)라고 불렀다. 진한 무렵, 두만(頭曼) 및 그 아들인 묵특선우(冒頓單于)가 황하 서북의 초원에 군림하고 있었다. 정확하게는 선우(單于)를 탱리호도(撐利孤塗=tengri-koto) 선우라고 했다. 〈사기(史記)〉의 주석서(注釋書)인 「사기색은(史記索隱)」에는 탱리(撐利)란 「하늘(天)」을, 호도(孤塗)란 「아들(子)」을 뜻하는 것으로, 다시 말해서 「천자(天子)」라는 칭호에 해당된다고 말하고 있다. 또한 〈사기(史記)〉의 본문에는 한(漢)나라 문제(文帝)가 흉노의 선우에게 「황금의 서비(胥紕)」를 선물했다고 서술하고 있다(「匈奴列傳」). 이 「탱리」란 터어키어(語)의 텐그리(tengri=天)의 「한자역(漢字譯)」이며 또한 「서비(胥紕)」니 「사비(師比)」니 하고 쓰는 것은 터어키어의 serbi(허리띠를 연결시키는 쇠고리)를 말한다. 그리고 참고로 말한다면 앞서 나온 「두만(頭曼)」이란 선우의 이름도 사실은 터어키어(語)의 tumen(萬)의 한자역(漢字譯)으로서 「一만기(一萬騎)의 장(長)」을 뜻하는 칭호였다는 것이다.

사마천 자신은 또한 「자기는 고대(古代)에 천문(天文)을 맡아보는 천관(天官) 중려씨(重黎氏)의 자손」이라고 자랑스러운 듯이 말하고 있는데 이 「중려(重黎=tiongli)」란 기묘한 이름도 아마 흉노어의 탱리(撐利=天)와 같은 계통의 차용어(借用語)일 것이다. 또 참고로 말한다면 북경어(北京語)로는 신발을 「슈에(靴)」라고 하는데, 그것은 육조시대(六朝時代)에는 「휴아(hiua)」라고 발음했었다. 이것은 당시의 선비인(鮮卑人)이 승마용 장화를 가리켜 한 말인데, 그것이 중국어 속에 개입된 것이다. 그리고 아들(코우=子)·작고 둥근 덩어리 같은 것을 지금의 북중국에서 코우타(乞答)·쿠토(骨朶)·코우토(料斗)라고 부르는 것도 앞서 말한 코우토(孤塗)라는 차용(借用) 흉노어의 흔적인 듯하다.

그런데 주(周)나라 시대에는 지금의 섬서성(陝西省) 북반부와 산서성(山西省)의 북부는 이른바 견융(犬戎)의 영역이었다. 서주(西周) 말기(紀元前 八세기), 견융은 주나라의 유왕(幽王)을 여산(驪山=지금의 華清池 温泉의 뒷산)으로 몰아 죽였으며, 그 때문에 주나라는 동쪽의 낙양(洛陽)으로 도읍을 옮겨야만 했다. 동주(東周)의 왕조는 진나라의 양공(襄公)에게 의지하여 섬서성의 견융을 견제해 달라고 부탁, 또한 진(晋)나라 문공(文公)의 힘으로 산서성의 견융을 물리치게 했다。그러나 한때는 낙양 근교(近郊)까지 견융의 영토가 된 적이 있었으며, 또한 견융의 딸이 주나라로 출가하여 태자(太子)를 낳아 견융의 일족(一族)에게 주의 왕위를 빼앗길 뻔했던 적도 있다。사마천은,

융적(戎狄)을 이에 가로막고(膺),
형서(荊舒=華中의 原住民)를 이에 혼내니(懲)
우리를 감히 가로막을(承) 자 없도다。(《詩經》「閟宮」의詩)

라고 적혀 있는 것은 그때 동방의 노(魯)나라 병사가 분전(奮戰)하여 견융을 격퇴시킨 공적을 찬양하여 노래한 것이리라고 말하고 있다。

전국시대(戰國時代)에 들어오면 전국(戰國) 七국 가운데 연(燕)·조(趙)·위(魏)·진(秦) 등이 각각 북의 국경에 성새(城塞)를 쌓아 흉노의 침입을 막으려 했다。흉노는 양식이 없어 굶주릴 뿐만 아니라, 중국의 곡식과 화려한 생활 자재(資材)가 탐나기 때문에 추동(秋冬) 무렵이 되면 약탈하기 위해 남하(南下)해 오는 것이다。

진(秦)은 섬서성의 서에서 북에 걸쳐 농서(隴西)·북지(北地)·상군(上郡)에 장성(長城)을 쌓았다。

조(趙)나라의 무령왕(武靈王)은 풍속을 바꾸어 호복(胡服=遊牧人의 乘馬服)을 입혀 기사(騎射)를 익히게 하는 한편, 북에 장성(長城)을 쌓아 운중(雲中)·안문(雁門)·대군(代郡=지금의 山西 北部)에 수병(守兵)을 두었다。

연나라는 상곡(上谷)·어양(漁陽)·우북평(右北平)·요서(遼西)·요동(遼東) 등의 여러 고을(郡)을 두고, 지금의 하북성에서 요동(舊滿州)에 걸쳐 장성을 쌓았다。이와 같은 《사기》의 기록을 보면 「만리장성」의 원형(原形)은 전국시대 말기에는 이미 곳곳에 구축되어 있었음을 알 수 있다。그것을 연결지은 것이 다름 아닌 바로 진나라의 시황제(始皇帝)였다。

「시황제, 몽염(蒙恬)으로 하여금 一〇만의 무리를 이끌게 하여, 북의 저편 호(胡=匈奴)를 무찔러 모조리 하남(河南) 땅(黃河 南岸의 陝西高原)을 거두어들여, 하(河=黃河)를 따라(因) 새(塞)를 만들다。……험한 산(險山)을 따라 계곡을 깎아 메우며 선치(繕治)할 곳은 이를 다스리며(治), 임조(臨洮=陝西省 西端)에서 요동에 이르기까지 一만여리에 걸치다」(《史記》「匈奴列傳」)

그건 그렇다 해도 一만리(四천여킬로)의 장성(長城)을 쌓아, 호인(胡人)의 침입을 막는다는 웅대한 계획의 이면에서는 「一〇만의 무리」와 거기에 결원(缺員) 및 식량

을 보급하는 수십만 백성의 피와 땀이 삭북(朔北)의 거친 산 흙속에 스며들었던 것이다。

맹강녀(孟姜女)는 신혼 후 얼마 안 되어 장성 공사에 징발된 남편의 뒤를 따라 남에서 북으로 고된 여행을 계속한다。 산기슭에 있는 한 노파로부터 남편인 성싶은 남자의 소식을 듣고、 북풍이 몰아치는 토성(土城) 아래에 다다르자 이미 남편은 죽은 뒤였다。 맹강녀의 뼈저린 통곡소리가 산골짜기에 메아리치자、 토성의 한모퉁이가 와르르 무너지더니 남편의 백골이 나타났다는 것이다。 이것은 후세의 이야기인데、 이런 사실은 당시 얼마든지 있었을 것이다。

「명령을 내린 사람은 옛날 황제입니다。 그러나 장대한 장성을 쌓은 사람은 백성입니다」 하고 중국인은 말한다。 바로 그러할 것이다。 그렇다 해도 「만리장성」으로써 외적(外敵)의 침입을 막는다는 거창한 사상은 상상만 해도 아찔해지는 이야기가 아니겠는가。

名言 87
烏集雲散

(卷末 圖版⑰參照)

유목인(遊牧人)은 남의 것을 갖거나 빼앗는다는 것에 대해 별로 「나쁘다」고는 생각하지 않는다. 가을이 되어 식량이 떨어지면 말을 몰아 농경인(農耕人)의 마을로 쳐들어가, 약간의 식량을 「약탈」이 아니라 「얻어」오는 것쯤은 굶주린 양이나 말이 벌판을 옮겨다니다가 풀을 찾아 먹는 것과 다름이 없는 것이다.

그런데 황하와 장강(長江) 유역의 중국인은 오래 전부터 농경민의 습성이 몸에 밴 사람들이었다. 오늘날에도 인구의 八할이 농민이다. 다행히도 중국의 대지는 광대하다. 하늘이 덮은 곳, 다시 말해서 「천하(天下)」가 곧 중국의 대지이며, 이 가운데에서 생활하면 일단은 자급자족을 할 수 있다. 억지로 「사해(四海)의 밖」까지 손을 뻗칠 필요는 없다고 생각하는 것이다.

이와 같은 「자력갱생(自力更生)」과 「자급자족(自給自足)」을 신조로 하는 생각의 바탕은, 이미 먼 옛날인 흉노(匈奴)와 한(漢)나라 사이에서, 다시 말해 원래부터의 유목민과 농경민으로서 가장 간단하면서도 전형적인 모습으로서 나타나고 있었던 것이다.

사마천(司馬遷)은 한(漢)나라 초기(紀元前 二세기)의 흉노에 대해 대강 다음과 같이 설명한다.

「흉노의 왼쪽(左) 부족은 한(漢)의 상곡군(上谷郡)에서 동방(東方), 동호(東胡＝퉁구스族)나 조선(朝鮮)에 접하는 지방에 살다。오른쪽(右) 부족은 한의 상군(上郡)에서 서쪽 월지(月氏)나 저(氐)·강(羌=즉 티베트族)에 접하는 땅에 살고 있다。선우(單于=大酋長)가 이끄는 중앙 부족은 바로 한의 대군(代郡)과 운중군(雲中郡=지금의 山西省 北部) 북방이 되는 지방에 있다。흉노 가운데에는 좌우 현왕(左右賢王)·좌우 곡리왕(左右谷蠡王) 등 약 二四의 추장이 있으며、수초(水草)를 좇아 옮겨 살다」

그 행동 반경은 동서에 걸쳐 약 三천킬로나 될 것이다。그는 다시 흉노의 생활을 다음과 같이 그리고 있다。

「해마다 정월이면 대소(大小)의 추장이 선우(單于)의 뜰(庭)에 회합하고、五월이면 용성(龍城)에 모여 조상과 천지를 제사지낸다。가을에 말이 살찔 무렵이면 대림(帶林)에 모여 사람과 가축을 과교(課校=點檢)한다。……옥(獄)은 오랜 자라도 一○일을 넘기지 않으며 국내의 수인(囚人)은 몇몇에 불과하다。

선우는 아침、해돋이를 참배하며、저녁에는 달을 참배한다。한인(漢人)과는 반대로 좌(左)를 장(長)으로 하며 북을 향해 앉는다。……거사(擧事)하려면 성월(星月)에 여쭈어 보며 달이 성장(盛壯)할 때는 쳐들어가 싸우고 달이 기울면 물러난다。얻은 바의 노획품(戰利品)은 그 당사자에게 주며、사람을 사로잡으면 노예로 삼는다。……이(利)를 좇을 때는 새(鳥)처럼 몰려들며、곤패(困敗)할 때는 와해(瓦解)하여 구름처럼 흩어진다(雲散)」(〈史記〉「匈奴列傳」)

참으로 상대하기 어려운 상대였다。그 흉노의 전술(戰術)에 걸려들어 한나라 고조는 자칫하면 목숨을 잃을 뻔했던 것이다。

그것은 기원전 二백년의 일이다。한신(韓信)이 흉노와 도모하여 꾸민 일이라는 소식에 격노한 고조는、三四만의 병사를 북으로 보냈다。발이 느린 보병을 뒤에 남기고 기병만을 데리고 지금의 대동(大同) 부근까지 너무 나아간 것이 탈이었다。흉노 선우가 四○만의 기병을 모아 백등산(白登山)에서 고조를 포위했다。때마침 초겨울、「병사 가운데 손가락이 얼어 떨어지는 자 一○명에 三명」(「匈奴列傳」)이라고 했듯이 동상(凍傷)이 속출한다。진평(陳平)이 생각해낸 「기책(奇策)」으로써 선우의 처(閼氏)에게 밀사를 보내어 그 조언으로 포위의 한구석을 풀게 하여 간신히 남으로 도망칠 수 있었다。그 「기책」이란 과연 무엇이었을까。사마천은、

「그 계(計)、은밀(秘)하여 세상에 들은 자가 없다」

(〈史記〉「陳丞相世家」)

라고 말하지만 사실은 「한나라에서 아름다운 공주(王室의 처녀)와 금품(金品)을 보내라」라는 내용이었음은 틀

럼이 없다。뒷날 후한(後漢)의 환담(桓譚)이란 사나이가 「이 책(策)은 졸악(拙惡)하므로 은밀히 숨겨 알리지 않다」(「新論」)라고 말한 것이 옳을 것이다。삭북(朔北)의 유목인 천막으로 장안(長安)의 미녀를 볼모로 보낸다——라는 영구한 협정이 맺어졌으며、그것이 뒷날 갖가지 비화(悲話)를 빚어내고 말았던 것이다。

원래 흉노에게는 연제씨(欒提氏)에게서 낳은 남자가 선우로 되도록 정해져 있었다。그것을 둘러싸고 호연씨(呼衍氏)・수복씨(須卜氏) 등의 귀족이 있고、연씨(閼氏=單于의 妻)는 이들 귀족들로부터 선출되었다。한나라에서 시집오는 공주 역시 귀족의 하나로서 대우받았던 것이다。

그 대표는 원제(元帝) 무렵의 왕소군(王昭君=明妃라고도 함)이었다。뒷날 송나라의 구양수(歐陽修)가 이렇게 노래 하였다。

한나라 궁중에 어여쁜 여자 있으니、　漢宮有佳人
처음 한동안은 천자도 알지 못하다。　天子初未識
하루아침에 한나라 사신을 따라、　一朝隨漢使
멀리 선우의 나라로 시집가다。　遠嫁單于國
절색이 천하에 다시 없으니、　絕色天下無
한 번 잃으면 다시는 얻기 어려워。　一失難再得
한계는 참으로 이미 졸렬하며、　漢計誠已拙
여색은 스스로가 과시하기 어려운 법。　女色難自誇
미친 바람이 저녁나절에 불더니、　狂風日暮起
떠돌아 어느 집엔가 떨어지다。　飄泊落誰家
홍안인에 앞섬은　紅顔勝人
박명(薄命)이 많다는 것뿐인 것을、　多薄命
봄바람을 원망 말아라。　莫怨春風
바로 스스로가 탄식할 일이거늘。　當自嗟
(「明妃曲」)

왕소군(王昭君)은 궁중의 화사(畵師)에게 뇌물을 쓰지 않았기 때문에 추악한 모습으로 그려져、「이런 처녀라면 오랑캐에게 주어도 아깝지 않다」고 하여 선우(單于)에게 보내졌는데、사실은 절세의 미인이었다는 것이다。그 자세한 경위에 대해서는 다음에 다시 설명키로 하겠다。아뭏든 고조가 궁여지책(窮餘之策)으로 흉노와 맺은 밀약(密約)이 一五○년 뒤에 또 하나의 한나라 여성을 희생시켰던 것이다。

名言 88
匈奴和親

한나라 고조는 그 만년에 외교관(謁者라고 함)인 유경(劉敬)을 흉노의 선우(單于=匈奴의 酋長)에게로 보내어 지난날의 「구두 약속」을 재확인하여, 마침내는 정식 「화친」의 협정으로서 고정시켰다。

「종실(宗室)의 공주(公主=王女)를 봉(奉)하여 선우의 아내(閼氏)로 삼다。 해마다 오랑캐에게 비단(絹)·술(酒)·미식(米食)을 바치다。 맹약하여 곤제(昆弟=兄弟)가 되어 이로써 화친하다」(〈史記〉「匈奴列傳」)

그런데 이윽고 三대째인 문제(文帝) 무렵이 되자 흉노의 우현왕(右賢王)이 황하의 남쪽으로 침입해 왔기 때문에 한나라도 八만 五천의 대병(大兵)으로 이를 격퇴한다。

그러자 흉노의 선우는 거의 협박조의 문서를 보내왔다。

「하늘(天)에 선 흉노 대선우(大單于)가 삼가 묻겠소이다。 황제、 편안하신가。 앞서 전(前) 황제(高祖)、 화친에 대한 말씀이 있어 지극히 흠쾌하게 여겼던 바 근래에 와서 한나라 국경의 이병(吏兵)、 나의 우현왕(右賢王)을 침모(侵侮)함에 우현왕이 노여워하여 나의 허락도 없이 한(漢)과 거리를 둔채 전약(前約)을 끊고 형제의 의를 떼도다。……우리는 우현왕을 벌하고 서쪽의 월지(月氏)를 무찌르도다。 하늘의 은혜(福)와 우리의 강한 병마(兵馬)로써 월지를 멸하여、 누란(樓蘭)·오손(烏孫)을 비롯하여 근방의 二十六국을 정(定)하도다。

모든 인궁(引弓)의 백성(遊牧民族)은 이제 합쳐서 일가(一家)를 이루도다. 원컨대 병사로하여금 잠들 수 있게 하고, 사졸(士卒)을 쉬게 하며, 지난날의 구애됨을 제거함으로써 옛날의 약정을 되살리고 싶노라」

「하늘에 선 선우」란 앞서 말한 tengri-koto(天子)라는 「선우」의 호칭을 한어(漢語)로 고친 것이다.

이 서신을 보고 한나라 왕조에서는 공론이 분분했다. 문제(文帝)는 일찌기 대군(代郡)에서 자란 사람이었기 때문에 흉노가 얼마나 다루기 어려운가를 잘 알고 있다. 오랜 회의 끝에 「화친함이 온당하다」는 결정을 보아 다음과 같은 황제의 친서를 보내기로 했다.

「황제, 삼가 묻거니와 흉노 대선우 안녕하신가.……한나라는 흉노와 맹약을 맺어 형제가 되도다. 선우에게 매우 귀한 물건들도 보내도다. 그렇건만, 맹약을 어김은 항상 흉노쪽이었도다. 그러나 지금은 지난날을 불문하도다. 듣건대 선우는 스스로 장(將)이 되어 서역(西域)을 치고 병사(兵事)에 애를 쓴다든가. 여기에 비단 도포(袍)와 수(繡)의 속옷, 황금의 서비(胥紕＝匈奴가 말하는 serbi. 즉 허리띠를 연결시키는 쇠고리) 및 비단 옷감을 보내노라」

이로써 지난날 고조가 흉노와 맺었던 「화친」의 약속이 되살아났다. 마침 다행히도 一〇여년에 걸쳐서 군림했던 흉노의 묵특(冒頓)선우가 사망하여, 그 아들인 노상(老上) 선우가 뒤를 잇는 등 국내 사정도 있고 하여 한동안은 국경에 평화가 찾아왔었다. 문제는 왕실의 공주를 택하여 환관인 중행설(中行說)을 시종으로 하여 선우에게 출가시켰다. 그런데 이 사나이가 후에 선우의 참모 구실을 하여, 여러 가지로 꾀를 부려 선우를 돕게 된다.

문제의 만년(紀元前 一六六年), 흉노가 갑자기 중국 영내(領內)에 깊숙이 침입하여 그 수색대가 장안의 서쪽 一五〇킬로 지점에까지 그 모습을 나타냈다. 한나라에서는 기병 一〇만을 동원하여 흉노를 겨우 새외(塞外)로 몰아내긴 했으나, 그 전후 몇해에 걸쳐서 북경(北境)의 각 군(郡)에서는 수많은 한나라의 인마(人馬)가 살상당했다. 이래서야 도저히 견딜 수 없다. 문제는 기원전 一六二년에 또다시 흉노에게 사신을 보내어 이렇게 말했다.

「선제(先帝＝高祖)가 정한 바에 의하면 장성(長城) 이북 인궁(引弓)의 나라는 명(命)을 선우로부터 받으며, 장성 이내(以內) 관대(冠帶)의 집들은 짐(朕)이 이를 제(制)하도다. ……짐과 선우는 모두 지난날의 자잘구레한 일(細故)을 버려, 두 나라의 백성으로 하여금 한 집안의 자식처럼 되게 해야 하도다……천하대안(天下大安), 화친 뒤에는 한(漢)나라가 먼저 약정(約定)을 어긴 일이 없도다。바라건대 선우여、이를 살피거라」 되도록 저자세로 오랑캐(匈奴)를 달래어 국사(國事)를 온건히 처리하려고 한 것이었다。다행히 선우도 「화친」에 동의했다고 하므로、문제는、

「흉노는 새(塞)에 들어가지 말 것이며、한나라도 새(塞)에서 나가지 말지어다。영(令)을 어기는 자는 죽일 것이며、이로써 오래도록 화친할지어다。천하에 널리 고하여 분명히 이를 알리노라」

하고 공시했다。국경에서의 분규가 큰일을 빚어내는 일이 없도록 세심한 주의를 하면서 오랑캐의 자숙(自肅)을 촉구했던 것이다。

몇해 전、일본에서 전시된 어느 「한당유물(漢唐遺物) 콜렉션」에서 二八센티 모서리(角)의 전(磚＝기와)이 출품되었다。유약을 칠하지 않은 소박한 회색의 전으로、군데군데가 마손(磨損)되어 있었는데、「單于和親、千秋萬歲、安樂未央(無窮이라는 뜻)」이라는 一二자가 새겨져 있었다。한대(漢代)의 통용자(通用字)는 이전보다 훨씬 직선화(直線化)하여 간략해진 예서(隸書)인데 이 열두 글자의 자체(字體)는 꾸불꾸불한 진나라 전서(篆書)의 흔적을 보여주고 있다。그것은 진이 멸망한 지 얼마 안되는 한나라 초기인 문제(文帝)의 만년에 구워진 전와(磚瓦)였으리라。「겨우 오랑캐와 화친을 맺었다。이제부터 오랫동안 평화를 즐길 수 있도록」이란 거의 기원(祈願)이나 다름이 없는 느낌이 우러나오는 듯싶다。아뭏든 천하가 평정된 뒤에는 오랑캐에 대한 대책이 한나라로서는 최대의 난제(難題)가 되어 있었던 것이다。

그러나 평온한 날은 오래 계속되지 않았다。몇해 뒤에 흉노는 다시 지금의 산서성(山西省) 북부로 밀어닥쳐 약탈과 살상을 되풀이하고는 물러났다。한나라 측에서도 다시금 황급히 변경(邊境)의 군을 강화하여 장안 근교를 흐르는 위수(渭水)·패수(覇水) 기슭에도 상비군(常備軍)을 주둔시켜 서울의 수비를 굳혔다。국경에서 장안(長安)·감천(甘泉)까지 수백킬로나 되는 사이 사이에 봉화대(烽火台)를 두어 오랑캐가 침입해 오면 산꼭대기에서 잇따라 봉화를 올려 서울로 급보를 보낸다。소식이 오고 한두 달이면 서울로부터 원군(援軍)이 국경에 도착하도록 만전의 준비를 겨우 갖춘 그 무렵에 문제는 병으로 세상을 뜨고 말았다。

뒤를 이은 무제(武帝)는 마침내 오랑캐의 동태에 참다못해 북으로 서로 대군을 보내어 흉노에게 결판을 내고자 도전하기에 이른다。백년 동안이나 되풀이해 온 한나라와 흉노의 관계를 생각한다면 무력결전(武力決戰) 또한 하는 수 없는 일이었다고 하겠다。

名言 89
殺傷은 거의 맞먹다

서안(西安=옛날의 長安)에서 난주(蘭州)로 가는 도중 위수(渭水)를 건너면 함양참(站=驛)을 지나 흥평현(興平縣)에 닿는다。 이곳 교외에 무제(武帝)를 묻은 「무릉(茂陵)」이 있다。

넓은 목화밭 한가운데에 거의 산이나 다름없이 큰 언덕이 있으며、정상으로 통하는 오솔길을 사이에 두고 지난날에는 거대한 석수(石獸)며 석상(石像)이 나란히 있었다는 것이다。 그것들은 지금 그 기슭의 전시관에 수장되어 있다고 한다。 그 능 곁에 있는 것이 한(漢)나라 명장(名將) 위청(衛靑)과 곽거병(霍去病)의 무덤이다。 곽거병이 병사했을 때、무제(武帝)가 이를 애도하여 장안에서 무릉에 이르기까지 연도(沿道)에 국경 수비를 맡은 병사들을 나란히 줄세워 장례의 행렬을 지나 보낸 뒤 거병(去病)이 공략했던 기련산(祁連山)의 모양을 본따 뫼(塚)를 지었다는 것이다(〈史記〉「衛將軍驃騎列傳」)。 당나라 사람이 이 〈사기〉의 기사에 주(注)를 달아、

「무덤(塚)은 무릉 동북에 있으며……서는 위청(衛靑)、동은 거병(去病)이로다。 무덤 위에 입석(立石)이 있으며、앞에는 석마(石馬)가 마주하고 또한 석인(石人)이 있도다」(「史記索隱」)

라고 말하고 있다。 그 당대(唐代)의 모습과 오늘날의 모습은 거의 달라지지 않은 듯하다。 거병(去病)이 죽은 것은 기원전 一一七년, 숙부인 위청(衛靑)은 그로부터 一一년 뒤에 죽었다。죽은 지 二천년이 지난 오늘날에도 무릉과 장군들의 무덤은(도굴당한 내부는 모르겠거니와) 외형(外形)만은 거의 원형을 보존하고 있다。중국이 북방으로부터 줄곧 위협을 받아온 오랜 역사를 이 능묘가 너무나도 생생하게 전하고 있는 듯한 생각이 든다。

그런데 위청은 그 출신이 분명치 않다。양평후(陽平侯=曹參의 子孫)라는 귀족의 첩이었던 「위(衛) 아주머니」가 어느 사나이와 간통하여 낳은 자식이기 때문이다。다만 그의 누이들은 모두가 이름난 미인이었던 모양으로, 잇따라 궁중의 부름을 받았으며, 바로 위의 누나가 뒷날 무제(武帝)의 부인(衛夫人)이 되었다고 한다。

누나의 덕택으로 위청은 근시(近侍)로 기용되었으며, 이윽고 거기장군(車騎將軍)으로서 용명을 떨치게 된다。

무제의 초년까지는 흉노와 한나라 사이에는 「화친」이 유지되었었다。가을이 되면 유목인들은 양피(羊皮)를 실은 낙타나 말을 끌고 국경에 나타나, 식료품이나 옷감과 교환하여 돌아간다。지금의 산서성 북부에 있는 마읍(馬邑)이라는 거리가 교역의 중심지였다。이런 형편을 보고 있던 한나라측에서는 흉노의 주력을 교역의 읍으로 유인하여, 일거에 복병(伏兵)으로 쳐없애려는 대담한 계획을 세웠다。그런데 흉노의 선우(單于)가 국경 가까이까지 와서 보니 산이며 벌판에는 풀을 뜯는 가축만이 있을 뿐, 사람의 그림자라고는 전혀 눈에 띄지 않는다。「수상쩍구나」하고 의심이 부쩍 든 그는 가까운 한나라 둔소(屯所)를 습격하여 수비병들을 고문으로 추궁했더니, 한나라 복병이 가까이에 숨어 기회를 엿보고 있다고 실토하는 것이 아닌가。「큰일날 뻔했구나。이거야말로 하나님의 도움」이라고 기뻐했으나, 한편으로는 분노가 머리끝까지 솟구치는 것이었다。

「이로부터 흉노는 화친을 끊어 당로(當路=중요한 길)의 요새(要塞)를 공격하며 자주 한나라 변(邊=國境)에 들어오다」(〈史記〉「凶奴列傳」)

한동안의 평화는 깨지고 국경은 삼엄한 분위기 아래 긴장감이 감돌게 되는 것이었다。

기원전 一二七년, 위청은 운중군(雲中郡)에서 나와 황하 기슭을 따라 서쪽으로 진격, 내몽고(內蒙古) 남부 지방을 평정하면서 마침내는 농서(隴西=지금의 蘭州 地區)까지 진출했다。가는 도중 길은 물이 귀한 자갈돌투성이의 벌판인데, 이윽고 이곳에 동국(東國)의 빈민들을 이주시켜 「신진중(新秦中)의 땅」이라고 이름지어 삭방군(朔方郡)이라는 군치(郡治)와 요새를 쌓아 북의 수비를 굳히기에 이르렀다。

한편, 흉노쪽에서는 선우(單于)가 죽고 그 아우가 뒤를 이었는데, 이 새로운 족장(族長)은 보복을 맹세하여 해마다 국경의 고을을 침입, 살상과 약탈을 자행하고는 바람처럼 사라져간다. 마지고 보면 이와 같은 흉노의 거듭되는 침입도 자신의 유목지(遊牧地)를 빼앗기지 않으려는 필사적인 저항이며, 오늘날의 중공과 소련의 국경 분쟁과 다를 바가 별로 없다고 하겠다.

기원전 一二五년의 봄, 해빙과 동시에 한나라는 일찌기 없었던 대규모의 원정을 꾀했다. 위청(衛靑)은 기병 一○만을 이끌고 삭방군(朔方郡)에서 황하 북쪽으로 쳐들어가 지금의 내몽고 오지(奧地)를 향해 三백킬로나 북상(北上)했다. 그곳은 흉노 우현왕의 유목지이다. 「설마 여기까지는」 하고 생각했던 우현왕은 부족(部族)의 대집단을 초원에 모아 잔치를 베풀던 참이었다. 거기에 갑자기 위청의 대군이 들이닥친 것이다. 우현왕은 황급히 병사를 모아 한나라 군사의 한모퉁이를 뚫고 도망쳤으나, 불의의 습격에 결국 남녀 一만 五천명이 포로가 되고 말았다.

맛들인 위청은 이듬해에도 정양군(定襄郡)에서 나와 이번에는 선우의 본거지를 찾아 북상했다. 그러나 이번에는 한나라도 기병 三천을 잃는 손실을 입어 장군 소건(蘇建=蘇武의 父)은, 겨우 홀몸으로 흉노의 포위를 뚫고 생환했으나, 장군 조신(趙信)은 흉노에게 사로잡혀 흉노의 막하(幕下)에 머물게 되었으며, 훗날 흉노의 대한작전(對漢作戰)에 참모 구실까지 하게 되고 말았다.

최대의 회전(會戰)은 그로부터 몇해 뒤, 즉 기원전 一一九년에 막이 열렸다. 흉노 쪽에서는 투항한 조신의 의견을 따라 양이며 남녀 그리고 식량을 멀리 사막 이북으로 후퇴시켜 대기한다. 위청은 조카인 곽거병 이하 一○만의 병사와 수십만의 수송 차량을 거느리고 사막 가운데를 북으로 북으로 四백킬로, 고달픈 전진을 계속하여 멀리 저편에 흉노의 대집단을 발견했다. 위청은 전차(戰車)를 나란히 세워 원진(圓陣)을 만든 뒤 전위(前衛) 기병 五천으로 하여금 진격케 했다.

「해가 지기 바로 직전 큰바람이 일더니 자갈돌을 휘몰아쳐 양군이 서로 보지를 못하다. 한(漢)은 더욱더 우익(右翼)을 세로(縱)로 하여 선우를 에워싸다……. 선우는 한나라의 포위를 뚫고 서북으로 달린다. 때는 이미 어두워 한과 흉노가 뒤섞이니 그 살상(殺傷)이 거의 맞먹다」(〈史記〉「衛將軍驃騎列傳」)

이 처절한 사막의 혈전(血戰)을 거쳐 쌍방 모두 힘이 지쳐, 이윽고 한숨 돌리는 휴전시대를 맞게 되는 것이다.

名言 90

糸綢之路(실크로드)

(卷末圖版⑱參照)

섬서성(陝西省)의 관중(關中) 대평원을 서쪽으로 나아가면 이윽고 저편에 장사(長蛇)처럼 누워 있는 푸른 산맥이 보인다。 장사를 용(龍)이라 함은 잘 아시겠지만、 옛부터 이 산맥을 용의 형체에 비유하여 농(隴)이라고 불렀다。「阝」변은 산이나 언덕을 나타내는 기호이다。 이 산맥은 북쪽에서 섭서 북부의 황토 고지와 합쳐 대산괴(大山塊)를 이루는데、 이것이 서역(西域) 유목민의 세계와 한나라 심장부인 관중 평원을 가로막는 천연의 장벽이었다。 이 대산괴의 서측을 농서(隴西)라고 부른다。 그곳은 인구 一五〇만의 대공업도시가 있는 난주(蘭州)라는 지방인데、 지금부터 二천년 전에는 한민족(漢民族)의 눈이 미치지 않는 이경(異境)이었다。

지금부터 五〇년쯤 전、 이 대산괴를 넘어간 어떤 사람의 기록을 여기에 옮겨보자。

「영수현(永壽縣)에서 서쪽、 난주가도(蘭州街道)는 차츰 산길이 된다……감숙성내(甘肅省內)에 들어가 경천(涇川) 이서(以西)로 나아가면 각 고을을 통과할 때마다 회교(回敎)의 예배당이 늘어나며 한인(漢人)의 세계로부터 멀어진다。 고개는 급판양장(急坂羊腸)、 도보자는 숨을 헐떡이며 산간(山間)의 계곡을 더듬는다。 二인승 마차는 말 네마리가 끌며、 열심히 채찍질해도 새벽부터 해가 지기까지 一〇리의 행정(行程)도 어렵다……정령(靜寧)부터 육반산(六盤山)을 넘는 길은 특히 험준하다……최고의 감초점(甘草店)은 七천 피이트(二천 二백미터)나 된다。이 고개의 최고정에 징기스칸의 분묘(墳墓)가 있다……감초점에서 내려가면 다시 동숭파령(東崇坡嶺)을 넘어야 한다。그 정상에 이르면 멀리 서북 저편에 난주의 거대한 성시(城市)가 나타나며、약 二개월에 걸친 천험난로(天險難路)에 시달린 나그네로 하여금 쾌재를 올리게 한다(一九二九刊〈世界地理風俗大系〉)。

이 산을 넘는 데에 二개월이 걸리고 있는 것이다。지금 서안에서 난주까지는 급행열차로 거의 一주야에 불과하다。참으로 격세지감(隔世之感)을 실감케 하는 세상의 변모가 아닌가。

그런데、이 산서성에서 북으로 쳐들어가 지금의 내몽고 사막을 북상(北上)하여 흉노의 본거지로 육박한 사람이 바로 위청(衛青=武帝當時의 大將軍)이었다。한편 서쪽으로 쳐들어가 서역(西域)으로 말을 몰고 간 사람은 표기장군(驃騎將軍) 곽거병(霍去病)이다。「표(驃=날랜 말)기(騎)」란 곧 경기병(輕騎兵)을 말한다。

기원전 一二一년의 봄이 되기를 기다려 곽거병은 농서에서 출발하여 四백킬로나 서쪽으로 나아갔다。흉노측에서 보면 이곳은 최우익(最右翼)에 해당되며、휴도왕(休屠王)·혼야왕(渾耶王) 등의 추장이 이끄는 집단의 유목지였다。특히 언지(焉支)산록은 최상의 유목지이며 연지(煙支)라고 불리는 붉은 꽃이 핀다。감초(甘草)나 오랑캐꽃이리라。꽃은 흉노의 여성이 애용하는 연지의 원료였다。선우(單于)의 (妃)를 연씨(閼氏)라고 부르는 것도 연지(煙支)의 이름에서 연유된 것이라고 한다。「설마 여기까지야」하고 방심하고 있던 유목인 앞에 갑작스레 곽거병의 경기병이 나타나、눈깜작할 사이에 사람들을 말발굽으로 짓밟아 만명 가까운 자를 사로잡고、하늘을 제사지낸 금상(金像=天神像、또는 佛像)을 탈취하여 철수했다。

그 해 여름에 곽거병은 다시 출격했다。이번에는 거연(居延)의 둔전(屯田) 근거지를 지나 기련산(祁連山) 기슭의 목초지를 급습했다。기련산(祁連山)이란 흰눈이 덮인「하얀 산」이란 뜻이라고 한다。지금은 산속에 철광산(鐵鑛山)이 있어 철광석을 운반하기 위해 철도의 지선(支線)이 가욕관(嘉谷關) 역에서 뻗어 있다。해발 四천미터 정도의 산이 줄지어 있으며、곽거병은 이곳에서도 참수(斬首) 三만에 五명의 추장을 사로잡았다。이리하여 이른바「서역」땅에 급속히 한민족의 둔전지(屯田地)가 뻗어가게 된 것이다。

「마지막에 흉노는 멀리 피하여 막남(漠南=고비사막의

투쟁이며, 역사의 비극이었다.

남쪽)에는 왕정(王庭)이 없다. 한(漢)은 강(黃河上流)을 건너 삭방(朔方)에서 이서(以西), 영거(令居=張掖을 말함)에 이르기까지 거(渠=水路)를 통하다. 전관(田官), 이졸(吏卒) 五, 六만명을 두어 차츰 토지를 잠식(蠶食)하여 흉노 이북에 접하다」(《史記》「匈奴列傳」) 여기에 비로소 무위(武威)→장액(張掖)→주천(酒泉)→돈황(敦煌)이라고 하는 「서역사군(西域四郡)」이 주어지는 체제가 갖추어진 것이다.

돈황에서부터는 천산산맥(天山山脈)의 남북 어느 쪽을 지나가느냐에 따라 「천산남로(天山南路)」 「천산북로(天山北路)」의 두 길로 갈라지며, 이것이 곧 이른바 「실크로우드(糸綢之路)」인 것이다. 그 루우트는 곽거병이 출격하기 전년에 장건(張騫)이 서역에 사신(使信)으로 나아갈 때 스스로 답파(踏破)한 것이었다.

그러나 한나라의 승리는 아뭏든 흉노의 패배를 뜻했다. 흉노족들은 잃어버린 언지(焉支)·기련(祁連)의 두 실향지(失鄕地)를 그리워하며 다음과 같이 노래불렀다.

나의 기련산을 잃으니,
나의 六축(畜)이 어찌 번식하리.
나의 언지산을 잃으니,
나의 가부(嫁婦) 안색이 어찌 편하리.

그것은 유목인과 농경민 사이에 전개된 피할 수 없는

名言 91
桃李, 말은 않건만 그 아래에 저절로 길을 이루다

대장군(大將軍) 위청(衛靑)은 한(漢)왕실 외척(外戚)이 되기 때문에 무제(武帝)의 신임이 두터웠다。 또한 그의 조카인 곽거병(霍去病)은 원래의 교기(驕氣)가 한무제(漢武帝)와 이상하게도 서로 잘 어울렸다。

무제 : 그대에게 손자(孫子)·오자(吳子)의 병법을 가르쳐 주겠노라。

거병 : 아니오이다、방략(方略=戰術)의 좋고 나쁨이 중요한 법。옛날 병법 따위는 배울 것도 없소이다

무제 : 그건 그렇다 하고、이제 그대도 장안(長安)에 저택이 있어야 하지 않겠는고?

거병 : 흉노가 망하기까지 집같은 건 가질 수 없소이다

이와 같은 「무(武)」로만 뭉쳐진 격렬한 성품이 무제를 사로잡았는지 모른다。상이 거듭 주어졌으며、마침내는 숙부인 대장군 위청을 앞설 만큼의 기세를 떨치게 됐다。

그러나 「천재」를 뽐내는 무장(武將)은 인품에 결함이 있는 법이다。서울에서 위로품이 잇따라 새외(塞外)의 군중으로 오건만、장병들에게는 나눠 주지도 않고 창고에서 그대로 썩게 둔다。병사들이 굶주려도 곽거병은 아랑곳없이 공차기에만 흥겨워하고 있다。 사마천은 불쾌한 듯이 그에 대해서는 다음과 같이 끝을 맺고 있다。

「감히 깊숙이 적중으로 들어가、언제나 장기(壯騎)와 함께 대장군(衛靑)보다 앞서 나아간다。그렇건만 그 군

(軍)에는 하늘의 도움(幸)이라도 있다는 말인가、지금껏 곤절(困絕)한 일이 없도다。그러나 숙장(宿將)들은、유락(留落=구물대며 戰機를 놓치는 것)했다고 벌을 받는 등 불우(不遇)했도다」(〈史記〉「衛將軍驃騎列傳」) 곽거병에게 「선공(先功)」을 빼앗긴 관록 있는 장군들이 무척 피해를 입었다는 것이다。「천재」를 자랑하고 과시하는 군인에게서 흔히 볼 수 있는 타입이었다。

그와는 반대로 「불우한 숙장(宿將)」의 대표는 이광(李廣=隴西사람)일 것이다。그는 경제(景帝) 무렵부터의 노장군(老將軍)으로서、지난날에는 흉노 선우(單于)의 본거지인 용성(龍城)을 위협하여 「비장군(飛將軍)」으로서 용명을 떨쳤었다。「병사 모두 마시지 않으면 물을 가까이 하지 않았으며、병사 모두 먹지 않으면 음식을 가까이 하지 않다」(〈史記〉)고 할 정도로 병사와 고락을 같이 한 인물이다。그 품격은 훨씬 뒷날의 후세에까지 전하여졌었다。一천년 뒤 당나라 왕조는 돌궐(突厥=터어키人)의 침략에 시달려 진한(秦漢)시대와 흡사한 곤경에 처했었다。당시의 시인 왕창령(王昌齡)은、

진나라 시절의 명월(名月)、한나라 시절의 관(關)、
만리를 장정하여 아직껏 돌아오지 않도다。
용성의 비장(飛將)이 만약 이 세상에 있다면、
호마(胡馬)로 하여금 음산(陰山)을 건너게 하리라。

하고 노래부르고 있다。「용성(龍城)의 비장、즉 이광(李廣)」의 재현을 대망(待望)하는 애절한 심정이 번지듯 우러나오고 있지 않은가。그러나 무제가 집권하자 이광의 영광은 사라져갔다。기원전 一二九년、그는 안문관(雁門關)에서 북으로 출격했는데、유력한 흉노 병단(兵團)에 포위당하여 부상을 입었다。흉노들은 유명한 「비장군」을 사로잡으려고 두 마리의 말에 들것(擔架)을 가로로 실어 북으로 실어 날랐다。이광이 감은 눈을 슬며시 뜨고 주위를 살피자 흉노족 소년이 훌륭한 말을 타고 호송하고 있다。그는 순식간에 벌떡 일어나 그 준마(駿駿)에 뛰어올라 소년의 활을 빼앗자 말을 몰아 남으로 남으로 달렸다。

기사(騎射)로는 「조약돌도 맞춘다」는 소문이 높던 사나이이다。흉노의 끈질긴 추격을 쏘아 맞춰 쓰러뜨리며 마침내 한군(漢軍)의 둔영(屯營)까지 도망쳤다。그러나 一개 군단을 궤멸시킨 죄는 크다。벌금을 바치고 겨우 형(刑)을 면하여 서민이 되어 한동안 은거하고 있었다。

이윽고 흉노의 침입이 극심해지자 다시 불려나와 「후장군(後將軍)」이 되어 기원전 一二三년、장건(張騫)과 함께 우북평(右北平)에서 출격하였는데 또다시 아군보다 一○배나 되는 적에게 포위당했다。「광(廣)、원진(圓陣)을 지어 밖을 향하다。호(胡=匈奴) 갑자기 공격하매 화살이 내리기를 비가 오듯。한병(漢兵)의 죽은 자 과반수(過半

數)。광、병졸로 하여금 시위를 한껏 당겨 쏘도록 하며 스스로 대궁(大弓)으로써 흉노의 부장(副長)을 쏘다。일모(日暮)가 되자 이사(吏士) 모두 사기(士氣)가 죽건만 광은 홀로 자약(自若)하다」(〈史記〉「李將軍列傳」)

필사적으로 견뎌내고 있는 동안에 겨우 장건의 구원병이 달려와 포위망에서 탈출할 수 있었다。이때도 독책(督責)만 받았지、아무런 은상(恩賞)도 주어지지 않았다。

기원전 一一九년、드디어 대장군 위청(衛靑)의 지휘하에、수십만의 대군이 흉노와 결전(決戰)을 할 시기가 왔다。무제(武帝)는「노년(老年)이므로 삼가라」하여 이광의 종군을 허락하지 않는다。이광은 열심히 간청한 끝에 간신히「전장군(前將軍)」을 배명(拜命)받고 출진했다。

그런데 위청은 그를「재수 없는 장군」이라고 얕보아 이광을 주전장(主戰場)에서 빼어 멀리 동방으로 우회시키기로 했다。위청은 몇번이고 사자를 이광의 막부(幕府=陣中의 幕舍로) 보내어「어서 빨리 부서(部署)에 가서 맡은 바 소임을 다하라」고 독촉한다。「전(前)장군이란 전위(前衛)를 맡아보는 소임이오」하고 버티는 이광을 억지로 우익지대(右翼支隊)로서 출진시켰다。

이광은 부격하여 사막의 동쪽 끝을 향해 나아갔는데、가도가도 모래와 자갈돌의 벌판뿐、길을 잃은 끝에 마침내는 주력(主力)의 회전(會戰)에 미처 도달하지 못하고 말았다。그런데 위청의 사자가 와서 이번에는「회전에 늦어진 사유를 말하라」는 것이었다。

「나는 결발(結髮=成年式)한 뒤부터 오늘에 이르기까지 흉노와 싸우기를 七〇여전、이제 다행히도 대장군을 따라 선우(單于)의 군병(軍兵)과 접하려 했건만、대장군은 나로 하여금 멀리 우회(迂回)케 하도다。다시 길을 잃어 헤메니、아아 이 어찌 천명(天命)이라고 하랴。광은 이제 나이 六〇여세、이제는 도필(刀筆)의 이(吏=司法官)의 문초를 대할 수가 없도다」

이광은 이 한마디를 남기고는 자살하고 말았다。노장군의 가엾은 최후였다。그는 너무나도 성실하고 고지식했던 것이리라。

「一군(軍)이 모두 통곡하다。백성이 이를 듣고 아는 자、모르는 자、늙은이와 장정을 불문하고 모두가 눈물을 흘리다」(〈史記〉「李將軍列傳」)。사마천은 또한 다음과 같이 추도사를 적었다。

「우리는 장군을 보건대 순순(恂恂)하여 비인(鄙人=시골사람)과 같으며、입에 도사(道辭=말하는 것)하는 일이 없으니……속담에 이르기를 도리(桃李)、말은 않건만 그 아래에 저절로 길을 이루다라고。그 몸이 올바르면 영(令)이 없어도 행(行)함이 있다 함은 바로 이장군(李將軍)과 같음을 말하도다」

名言 92

陛下에게 報告할 面目없다

농서(隴西)는 일찌기 한인(漢人) 식민지의 최서단(最西端)이며 이곳에 정착했던 한인은 유목민과 혼혈(混血)하여 반농반목(半農半牧)의 생활을 영위하고 있었다。 또한 자위(自衛)의 필요로 무술이나 기마(騎馬)에 능했다。 이씨(李氏)는 그 고장의 오랜 명문(名門)이다。 저 당(唐)나라 시인 이백(李白) 역시 그의 먼 말손(末孫)인 듯했다。

「비장군(飛將軍)」의 이름을 떨친 이광(李廣)이 마침내 스스로의 목을 쳐 비명(飛命)에 갔음은 이미 말한 바 있다。 그러나 「농서(隴西) 이씨(李氏)」라고 하는、 무골(武骨)에다 강기(剛氣)의 이 집안에 들이닥친 비운(非運)은 그것만으로는 그치지 않았다。

이광의 三남인 이감(李敢) 역시 아버지 못지않게 용맹스런 장군이었는데、 대장군 위청(衛青)의 망부(亡父)에 대한 경우에 어긋난 처사를 참다 못해 마침내는 어느 날 위청에게 칼부림을 하여 상처를 입히고 말았다。 위청은 이 일을 은밀히 덮어 두었었는데 훗날 장안 교외의 상림원(上林苑)에서 사냥대회가 벌어졌을 때、 위청의 조카가 되는 곽거병(霍去病)이 이감의 등 뒤에서 화살을 쏘았다。 「사슴뿔에 다친 사고사(事故死)」라는 명분을 붙여 이감을 살해하고 만 것이다。 그리하여 이씨 일족 가운데에서는 장남의 유아(遺兒)인 이능(李陵)만이 겨우 남게 되었다。

「이능(李陵) 이미 장(壯)하여 사(射=弓射)에 능하고 사졸(士卒)을 아끼다。 천자(天子)、 그로 하여금 농서 이씨의 뒤를 잇는 장군으로 삼아 기병 八백을 거느리게 하다。 흉노의 땅에 깊이 들어가기를 二천여리 (八백킬로)、 거연(居延)을 지나 지형을 살피나(視) 흉노를 찾지 못하여 되돌아오다。 그 뒤 기도위(騎都尉)가 되며 단양(丹陽)의 초인(楚人=江南의 兵士) 五천명을 이끌어 주천(酒泉)·장액(張掖) 사이에 기사(騎射)를 익히게 하고 둔전(屯田)을 지키게 하다」

기원전 九九년、 이광리(李廣利)가 三만명을 이끌고 흉노의 우현왕(右賢王)을 기련산(祁連山)·천산(天山) 근방에서 무찌르게 되었다。 이능은 五천명의 보병(步兵=江南의 兵은 騎馬에 익숙하지 못하다)을 거느리고、 거연에서 四백킬로나 북으로 나아가 흉노 우현왕에 대한 원군(援軍)을 견제하게 되었다。 대단한 적을 만나는 일도 없이 돌아오는 길에 어디서 솟구쳤는지 하늘에서 내려왔는지 갑작스럽게 흉노 선우의 본대(本隊)와 마주쳤다。

「선우(單于)」八만기(騎)로 이능의 군(軍)을 치다。 능의 군은 五천명、 화살은 이미 없고 죽은 병사가 반을 넘다。 ……거연까지 一백리의 길을 돌아오다。 흉노는 골짜기(峽)를 가로막으며(遮) 길을 끊다。 능의 군、 식량은 떨어지고 원병은 오지 않다」(〈史記〉「李將軍列傳」)

마침내 이능은 「폐하에게 보고할 면목조차 없도다」하면서 흉노에게 투항했다。 우연히도 조부인 이광(李廣)과 비슷한 비운(非運)을 겪게 되었던 것이다。 선우는 이능에게 자기 딸을 주어 아내로 삼게 하여 측근에 두었다。 그 소문이 한나라로 번지자、 어머니와 처자까지 처형되었으니 참으로 비참한 이야기라고 하지 않을 수 없다。

그뿐만 아니라、 사관(史官)인 사마천(司馬遷)은 아무도 이능을 위해 변명하는 자가 없음을 보자、 감히 무제(武帝)에게 직언(直言)했다。 사마천의 「임안(任安)에게 주는 서(書)」를 보면 그 경위를 다음과 같이 말하고 있다。

「나는 일찍부터 이능과 함께 문하(門下)에 있었건만、 원래부터 서로가 친하지는 않았도다。 …… 그러나 이능의 인품을 보건대 수의(守義)의 인사(人士)로서 언제나 분신(奮身)하여 몸을 돌보지 않으며 몸으로써 나라의 위급함에 순(殉)하려는 것으로 생각되도다。 일찌기 이능은 그 거느린 병사가 五천에 불과하도다。 오랑캐(匈奴)는 나라 전체가 모두 힘을 합쳐 이를 공(攻)하고 위(衛)하도다。 전전(轉轉)하며 싸우기를 천리、 화살이 없고 길이 막히건만 구원병은 오지 않도다。 그렇건만 능이 한번 외쳐 군(軍)을 위로하면 몸을 일으켜 눈물 흘리며 피를 닦고、 눈물을 삼켜 다시금 빈주먹을 휘두르도다。 …… 지금 한번의 거사(擧事)가 부당하다고 하여、 몸을 온전히 하고 처자를 거느린 제신(諸臣)이 잇따라 이능의 단(短=缺點)을 들추도다。 나는 참으로 이를 애통히 여기도다」

그러나 이 애절한 변호는 오히려 무제의 분노에 기름을 퍼붓는 결과가 되어, 사마천 자신이 궁형(宮刑=去勢의 刑罰)을 받고 석실(石室)에 유폐되고 만다。

사마천은 二〇세쯤부터 여행길에 올라 동으로는 산동、남으로는 오초(吳楚=지금의 上海南京地區)를 돌아、 지방의 형편을 상세히 살피고 고로(故老)의 전승(傳承)을 찾아다녔다。 낭중(郎中=宮廷 소속의 官吏)으로 임명된 뒤부터는 무제를 수행하여 서북 국경을 시찰하고、 三五세때 운남(雲南) 원정군에 참가、 서남의 미개지까지 가기도 한 그는 결코 온실에서만 자란 그런 학자가 아니었다。

기원전 一一〇년、 돌아오니 아버지인 사마담(司馬談)이 병상(病床)에 누워 있었다。 「춘추(春秋)로부터 四백여년、 그 사이 제후(諸侯) 사이에 사서(史書)는 방절(放絕)되도다。 이제 한(漢)이 일어나 해내(海內) 통일하여 많은 명군현주(名君賢主)、 충신의자(忠臣義子)가 있도다。 태사(太史=歷史官)가 되어 논재(論載)하지 않으면、 천하의 사문(史文)을 폐하기에 이르도다」 하고 사마담은 유언을 남기고는 불귀의 객이 되었다。

사마천은 부친의 뒤를 이어 三八세때 태사령(太史令)직에 올랐다。 궁중의 비고(秘庫)에 들어가 기록을 모은 끝에 드디어 기원전 一〇四년부터 창세(創世) 이후의 중국 전사(全史)에 대한 집필에 착수했다。 그로부터 五년 뒤에 이능사건에 연좌(連座)되기에 이르렀던 것이다。 그 경위에 대해서는 다른 장(章)에서 자세히 소개하겠다。

사마천은 말한다。

「대체로 사람은 마음(意)에 울결(鬱結)하여 통하지 못하는 바가 있으므로、 지난날(往事)을 말하고 앞으로 올일(來者)을 생각하는 법。 이를테면 좌구(左丘=春秋傳의 作者)는 눈을 잃고 손자(孫子)는 다리를 잘려 마침내 쓸모가 없게 되자、 물러나 서책(書策)을 논하고 그 분사(憤思)를 서술하며、 공문(空文)을 드리워(垂) 스스로를 드러내도다」(司馬遷「與任安書」)

이를 보면 〈사기〉 一三〇권은 분명히 「원통한 생각(憤思)」을 내리쓴 「옥중서(獄中書)」임을 알 수 있다。 그 「분사」의 계기가 된 것이 이능의 사건이기 때문에 세상의 운명이란 참으로 얄궂다고 하겠다。 이윽고 사마천은 三년의 옥을 마쳐 대사(大赦)로 출옥했다。 불우한 가운데에서도 고(稿)를 자주 고쳐 써 기원전 九一년、 五五세로 세상을 떠났다。 집필을 결의한 뒤로부터 一八년、 사필(史筆)이 일단 미치기만 하면 한나라 고조를 비롯한 역대제왕、 무제의 득실(得失)까지 직언해 놓았기 때문에 손(孫) 대(代)에 이르러 비로소 공표(公表)되었다고 한다。

名言 93

人生은 朝露와 같은 법

거듭되는 사막에서의 혈전(血戰) 끝에 한나라나 흉노는 모두 지칠대로 지쳐버렸다。 무엇보다 우선 야전(野戰)에 없어서는 안될 말이 없어진 것이다。

「한나라의 두 장군(衛青과 霍去病)、 크게 나와 흉노의 선우를 에워싸며 살로(殺虜)하기를 약 八~九만、 한나라 사졸(士卒) 가운데 물고(物故=死亡)한 자 역시 수만、 한(漢)의 말이 죽은 것도 一〇만여 필。 흉노는 지쳐(病) 멀리 사라지다。 그러나 한나라 역시 말이 적으니 다시 가지는 못하다」 (〈史記〉「匈奴列傳」)

대체로 한토(漢土)의 말은 원래 그 몸집이 작으며 기병의 말로서는 적당하지 못했다。 그래서 한나라 무제(武帝)는 몸집 큰 말이 여간 탐나는 것이 아니었다。 그것은 일확천금을 노리는 경마 마주(馬主)들의 심리와는 크게 달라서、 그야말로 「전력(戰力)으로서의 말」이 탐났던 것이다。 아랍의 말은 후세에도 그 명성을 떨쳤거니와 옛부터 서역(西域)은 훌륭한 말의 산지(產地)이기도 했다。

무제는 이 냉전(冷戰)기간에 서쪽으로 서쪽으로 손을 뻗쳐、 우선 오손국(烏孫國)에는 왕실의 공주를 시집보내고、 또한 대월지(大月氏)、 대원(大宛=지금의 우즈벡 共和國의 페르가나)·대하(大夏=페르샤)에도 사자(使者)를 보냈다。 그리고 오손국에서 보내온 말을 「극서(極西)」라고 이름짓고、 대국에서 보내온 말을 「천마(天馬)」라고 불러 소중히 여겼다。 빨리 달리면 피처럼 붉은 땀을 흘리기 때문에 흔히 「한혈마(汗血馬)」라고 불렸던 양마(良馬)였다。

궁정의 음악사(音樂師)가 노래를 지어 이 「한혈마」와 「천마」를 찬양했다。 여기에서는 그 후자를 소개하겠다。

천마는 오도다 서쪽 끝에서、 天馬來兮 從西極
만리를 거쳐 유덕하게 하다。 經萬里兮 歸有德
영위를 이어받아 외국이 항복하고、 承靈威兮 降外國
유사를 건너니 사이가 굴복하다。 涉流沙兮 四夷服

옛부터 군사행정의 관(官)을 「사마(司馬)」라고 불렀는데、 무제는 국경에 글자 그대로 말을 다스리기(司) 위한 「사마(司馬)」란 관직을 두어 연공(年功) 있는 장군을 그 직책에 임명했다。

그러나 냉전은 서로의 불신을 자아내게 한다。 한나라가 서역의 여러 나라와 외교하여、 흉노를 봉쇄하려고 하면 할수록 흉노는 경계심을 더욱 굳혀 한나라의 사신을 억류하여 보내지 않는다。 그러는 사이에 선우가 죽었다。 새로 즉위한 선우는、 「한나라 천자는 나의 장인(丈人)이로다」 하고 복종을 위장하여 억류하고 있던 한나라 사신을 돌려보냈기 때문에 그 답례사(答禮使)로서 기원전 一〇〇년、 중랑장(中郞將) 소무(蘇武)가 파견되었다。 그 이듬해 이능(李陵)이 악전고투 끝에 흉노에게 투항했다。

결국 덧없게도 소무·이능이라는 지난날의 옛벗끼리 적중(敵中)에서 다시 만나게 되었던 것이다。

소무가 흉노로 들어간 지 얼마 뒤、 자신의 신분을 숨기고 흉노 속에 뒤섞여 있던 한인(漢人)이 부사(副使)인 장승(張勝)과 은밀히 연락하여 선우에 대한 반란을 꾀하려 했다。 소무는 기골이 늠름하고 성미가 조잡한 지원자 백명 가량을 거느리고 갔었는데、 그 가운데에는 혈기에 날뛰는 건달도 있고 하여 습격 계획에 참가했었다。 그러나 막판에 가서 계획이 탄로、 한나라의 부사를 비롯하여 주모자들이 살해되고、 소무도 자칫하면 연루하게 되었다。 그러나 소무는 「나를 죽이면 화친은 깨진다。 흉노의 화(禍)가 시작되리라」 하고 위협하면서 단연코 투항을 거부했다。

「선우、 더욱더 소무의 투항을 바라며 무(武)를 큰 토굴 속에 가두어 두고 음식을 주지 않다。 무는 누워 눈(雪)과 전모(旃毛=旗의 가장자리를 장식한 털)를 씹고 아울러 이를 삼키니 며칠이 지나도 죽지 않다。 흉노는 이를 신(神)들린 자로 여겨 소무를 북해의 기슭、 사람이 살지 않는 곳으로 옮기다。 숫양(牡羊)을 치게 하여 만약 젖을 나게 하면 돌려보내 주겠다고 하다。 ……소무、 들쥐가 숨긴 풀의 열매를 캐어 먹다」 (〈漢書〉「蘇武傳」)

「북해(北海)」란 지금의 바이칼 호(湖)이리라。 풀의 열매와 양고기만으로 추위와 굶주림을 견뎌 내는 몇 겨울이 지났다. 이능은 인편에 그 소문을 듣긴 했으나, 어쩐지 마음에 걸려 감히 묻지 못했다.

그리하여 一○년의 세월이 흘렀다. 선우가 문득 생각난 듯이 이능을 북해의 기슭으로 보냈다. 이능은 정성들인 주식(酒食)을 마련, 말에 실어 끝없는 초원을 달린 끝에 겨우 소무를 찾아냈다. 소무는 지난날의 모습을 찾아볼 수 없을 만큼 여위고 지쳐 있었다. 이능은 서울의 소식을 전하며 이렇게 말했다.

「그대의 형은 폐하의 공봉(供奉)을 지냈었건만, 왕의 수레(輦) 손잡이가 기둥에 닿았다 하여 불경죄에 몰려 자살. 아우는 후토사(后土祠=地神) 제례(祭禮) 때 환관(宦官)과 말(馬)을 다투어, 궁중의 말을 익사시켰다 하여 역시 자살하셨오이다. 어머님은 이미 세상을 뜨셨으며, 그 젊으신 부인도 벌써 재혼하셨다 하더이다」

소무는 하늘을 우러러보며 이를 악물었다. 이능은 계속해서 말한다.

「인생은 아침이슬(朝露)과 같다고 하더이다. 무엇 때문에 이토록 오랫동안 스스로를 괴롭히시요. 능도 처음에 항복했을 때는 홀홀(忽忽=마음이 안정되지 못함)하여 미칠 것만 같았사오이다. 한나라를 배신한 아픔에 곁들여 노모(老母)도 보궁(保宮=宮中의 監獄)에 매여 있다는 소문이더이다. 그대의 투항을 거부하는 마음은 능 역시 마찬가지. 그렇건만 폐하(武帝)는 춘추(春秋)가 높아 법령에 별 관심이 없는 형편, 죄 없이 한집안이 몰살당한 대신만도 수십집(家)이나 되오이다. 이래서야 그 안위(安危)도 짐작 못하는 법. 그대는 누구 때문에 절(節)을 세우려 하오」(〈漢書〉「蘇武傳」)

그러나 소무는 「나는 일찍부터 타향에서 죽기가 소원이었오. 굳이 투항을 강요한다면, 오늘의 환담을 일생의 추억으로 삼아 그대 앞에서 자살하겠소이다」 하고 말한다. 이능은 눈물을 삼키며 작별하지 않을 수 없었다. 뒷날 이능은 처(흉노의 딸)를 대신 보내어 양(羊) 수십마리를 소무에게 전했다는 것이다.

몇해 뒤, 이능은 다시금 소무를 찾아갔다. 「국경에 배치한 척후(斥候)의 통지에 의하면, 한나라 변경의 태수(太守) 이하 이민(吏民)들은 모두 흰옷을 입고 〈황제 붕어(皇帝崩御)〉라고 하더이다」라고 전했다. 소무는 남쪽을 향해 엎드려 통곡했다는 것이다.

그에게 있어서 무제(武帝)는 한인(漢人)의 상징이었다. 그 지배가 아무리 난맥(亂脈)으로 흘러도 그 상징에 손상을 입히는 것은 아니었으리라.

名言 94
雁 信

〈사기〉를 보면 다음과 같은 비정한 이야기가 있다.

무제가 죽고 소제(昭帝)의 초기, 흉노와 화친의 약속이 이루어져 한나라 사신이 흉노를 방문했다. 그때 소무(蘇武)의 생사를 묻자, 흉노측에서는 「벌써 죽었다」고 하면서 상대를 하지 않는다. 그런데 소무를 따라와 흉노 땅에 머물고 있던 상혜(常惠)라는 사나이가 밤중에 은밀히 한나라 사신을 찾아와서 하는 말이,

「소무는 확실히 살아 계십니다. 선우를 속여 다음과 같이 말씀해 보십시요」

하고 무엇인가를 귓속말로 속삭였다. 이튿날, 한나라 사신은 선우를 면회하여 다음과 같이 말했다.

「한나라의 천자(天子), 상림원(上林苑)에서 사냥을 하실 때에 쏘아 맞춘 기러기(雁)의 발에 백서(帛書=흰 비단에 쓴 편지)가 매어져 있었소. 그것을 읽으니, 소무는 북쪽 끝인 어느 호수 기슭에서 목숨을 부지하고 있다는 것이었오. 결코 숨기지를 마오」

선우는 놀라 깊이 사죄하고, 곧 사면(赦免)의 통지를 이능(李陵)에게 시켜 소무에게 보내도록 했다.

이능: 그대는 이름을 오랑캐에 떨치고, 한실(漢室)에는 공을 세우셨오. 옛날의 죽백(竹帛=書物)이며 그림에 그려진 명장(名將)이라 해도 그대에게는 미치지 못하리. 소생은 부재(不才)하건만

한왕(漢王)이 만약 나의 처단을 잠시 보류하고、
나의 노모(老母) 목숨을 보존해 주었더라면 기
회를 보아 선우 곁에 다가가 단칼로 선우를 위
협하겠노라고 밤낮으로 생각하였오이다。그러나
한나라가 나의 일족을 몰살한 뒤로는 모두가 끝
장이로소이다。아니、이건 넋두리에 불과하외다
술이 돌자 이능은 일어서서 춤을 추었다。

만리를 가로질러 사막을 건너다。 徑萬里兮 渡砂漠
주군을 위해 장수가 되어 흉노에 떨치다。 爲君將兮 奮匈奴
길은 가로막히고 활이며 칼은 부서지도다、 路窮絶兮 矢刃摧
병사들이 멸하니 이미 이름은 떨어지도다。 士衆滅兮 名已墜
늙은 어머니도 이미 죽으니、 老母旣死
은혜에 보답하려 하건만 언제 돌아갈 수 있으랴。 欲報恩兮 將安歸

사막에 머무는 자、장안으로 돌아가는 자、이렇게 운명은 둘로 갈라졌다。

소무는 기원전 八一년의 봄、지난날의 부하 九명과 함께 서울로 돌아왔다。「무(武)、흉노에 머물기를 열 아홉해、나아갈 때는 강장(强壯)했건만 돌아올 때는 수염이며 머리가 모두 희더라」(〈漢書〉)는 것이었다。

소무가 없는 동안、그의 아들들은 궁정의 분규에 연루되어 모두 불우한 최후를 마친 뒤였다。소무는 후한 상을 받았으나、금품을 모두 친지에게 나누어 주었다고 한다。돈이건 귀한 물건이건 이제와서는 그의 마음을 끌지 못한 것이었으리라。흉노땅을 떠나기 전에 그 고장 여성을 아내로 삼았던 모양으로、훗날 그 몸에서 낳은 아들을 서울로 불러들여 후사(後事)를 맡긴 뒤、八〇세로 세상을 등졌다。

심신(心身)이 모두 부러울 정도로 강건(强健)한 사나이였던 모양이다。

名言 95
太史公 自序

전한(前漢)의 원봉(元封) 원년이라고 하면 기원전 一一○년, 중앙 아시아나 동남 아시아에까지 용명을 떨쳐, 한제국(漢帝國)의 이름을 세계사에 남긴 무제(武帝)의 전성시대에 해당된다. 이 해에 무제는 남북 원정의 성공을 자축하여, 산동(山東)의 태산(泰山)에 천지(天地)의 신을 제사지내고 대제국(大帝國)의 완성을 기념하는 식전(式典)을 올리고 있었다. 이른바 「봉선(封禪)」의 식전이다. 「封」이란 국내 사방의 흙을 모아 높이 쌓아올리는 것, 「禪」이란 墠이라고도 쓰는데, 즉 흙단(土壇)을 만든다는 것이다. 천하를 통일한 표시로서 천자가 이 단상(壇上)에 올라 천제(天帝)를 제사지내는 화려한 식전이었다.

당시 태사령(太史令)이란 직책에 있으며 고금(古今)의 사실(史實)과 백가(百家)의 사상에 통달했던 사마담(司馬談)은, 그 강렬한 개성이 화근이 되어 관도(官途)의 생활도 여의치 못할 뿐만 아니라, 낙양(洛陽) 우거(寓居)에서 병까지 얻어 이 천하의 성전(盛典)에 참가할 수 없는 자신의 신세를 한탄하고 있었다. 필생의 사업으로서 온 심혈을 기울인 중국 전사(全史)를 편찬하는 일도 근래 몇해 동안은 전혀 뜻대로 되지 않는다. 시력(視力)은 날로 쇠퇴하여 최근에 와서는 붓을 잡아도 기력이 계속되지 않는다. 사관(史官)은 원래 왕자(王者)의 측근에 있는 성직자(聖職者)로서, 지상(地上)의 사건을 기록하여 천제(天帝)에게 보고하는 것이 많은 바 임무였다. 상고(上古)시대에는, 사관은 직접 신에 대해 진실을 보고할 책임을 가졌기 때문에, 지상(地上)의 권력자도 그 점에 관한 한 사관에게는 고자세(高姿勢)일 수 없었던 것이다. 그러나 왕권이 확립된 뒤로는 사관도 관료의 조직속에 편입되지 않을 수 없었다. 물론 한낱 관리에 불과한 것이다. 태사령의 봉록(俸祿)은 一년에 二천석, 적은 편은 아니나 이제 햇빛이 쬐지 않는 한직(閑職)으로 내려앉은 것이었다. 하물며 낙양으로 물러난 뒤부터는 봉록도 걸핏하면 끊기기가 일쑤였다. 고향의 용문(龍門)에는 일찌기 약간의 전택(田宅)이 있기는 했으나, 그것도 지금은 장안에 출사(出仕)할 때 남의 손에 넘어가고 말았다. 노후(老後)의 희망을 위탁했던 아들 사마천(司馬遷)은 지난 해부터 장군 이순(李巡)의 남정군(南征軍)에 참가하여 멀리 운남(雲南)의 변경(邊境)에서 전전(轉戰)하고 있다. 이것저것 생각을 하니 초봄의 추위가 더욱더 뼈저린, 황량하기만 한 아침의 일이었다.

문득, 대문 앞에 인마(人馬)의 기척이 난다. 찾아오는 이도 없는 이 오두막집에 누구일까, 하고 밖을 보니 몸이 온통 전진(戰塵)으로 뒤덮인 아들 사마천이 들어오지 않는가. 나이도 이미 三五세, 천리(千里)의 산하(山河)를 달려온 피로가 역력하긴 하나, 원래부터 지녔던 불굴의 기상(氣象)은 더욱 연마되어 보기에도 늠름하다. 몸져 누웠던 아버지도 부지중에 몸을 일으켜 자랑스러운 이 아들을 맞았다. 본대(本隊)보다 한걸음 앞서 돌아온 아들을 사이에 두고 늙은 부모는 참으로 오랫만에 술잔을 나누었다. 그러나 그날 밤 노부(老父)는 심한 기침과 함께 객혈(喀血)을 하더니, 그대로 사라지듯 불귀의 객이 되고 말았다.

민족의 생명을 영원히 전하여 남기려던 늙은 사가(史家)의 비원(悲願)을 신(神)도 가엾이 여겼는지, 부자(父子)의 이 기구한 재회를 계기로 하여 사마천은 〈사기(史記)〉 一三〇권의 완성을 결의했던 것이다. 〈사기〉의 자서(自序)에는 노부가 눈물을 하염없이 흘리며 아들의 손을 잡고 남겼다는 유언이 다음과 같이 적혀 있다.

「주(周)의 유왕(幽王)·여왕(厲王) 이후로 왕도(王道)는 결(缺)하며 예악(禮樂)은 쇠(衰)하다. 공자(孔子)는 옛일(舊)을 닦으며(修), 쇠퇴함을(廢) 일으키고, 시서(詩書)를 갖추어(論), 춘추(春秋)를 지어 학자는 오늘에 이르기까지 이를 따르도다(則). 인(麟)을 획(獲)한 해(〈春秋〉의 마지막은 紀元前 四八一年, 魯 哀公이 사냥에서 麒麟을 잡은 해이다)부터 오늘에 이르기까지 四백여년. 그 사이에 사서(史書)는 방절(放絶)되도다. 이제 한(漢)이 일어나해내(海內)는 통일되며 수많은 명주현군(明主賢君)、충신의사(忠臣義士)가 있도다。나、태사(太史)가 되어 논재(論載)하지 않으면 천하의 사문(史文)을 폐(廢)하게 되도다。이를 나는 몹시 두려워하노라。그대、그것을 생각(念)하거라!」

그로부터 三년、사마천은 三八세로 태사령의 직함을 이어받았다。그가 사학(史學)에 평생을 바치려 한 것은 그 청년시대부터이다。사마씨(司馬氏)는 옛날 관직(官職)의 이름을 성(姓)으로 삼은 일문(一門)으로서 옛날에는 무관(武官=司馬)의 계통이다。사마천 자신도 지금의 산서성에 있는 대지(台地)에서 태어나、구태여 지적한다면 무골(武骨)다운 교육을 받고 자랐던 것이다。우마(牛馬)의 등에 올라타 산야(山野)에서 목동과 같은 유년시절을 보낸 그는 一○세 때에 아버지를 따라 서울 장안(長安)으로 나와、이윽고 고명한 고전학자(古典學者) 공안국(孔安國)의 문을 두들겨 〈상서(尙書)〉즉 〈서경(書經)〉을 배웠으며、이어 유가(儒家)의 대가(大家)로서 이름높았던 동중서(董仲舒)에게서 〈춘추(春秋)〉를 읽었다。

나이 스물을 넘자 이 젊은이는 미지(未知)의 세계를 동경(憧憬)한 나머지、방랑의 길에 올라 가난한 노자(路資)를 털어 동쪽으로는 산동(山東) 땅에서 공자·맹자의 유교(遺敎)를 더듬고、장강(長江) 기슭으로 남하하여 우선 회계(會稽) 근방에서 오월(吳越)의 옛자취를 찾았다. 도중에 의식(衣食)의 어려움도 겪으면서 다시 장강을 거슬러 올라가 호남(湖南)으로 들어가 지난날의 초(楚)나라 국경이며、그 당시는 한인(漢人)의 새로운 식민지인 땅을 상세히 견문(見聞)하며 다녔다。낭중(郎中)으로 임명받고부터는 무제(武帝)를 수행하여 농서(隴西)의 국경지방에 들러 상황을 살폈으며、두 차례에 걸친 무제(武帝)의 순행(巡行)에 즈음해서는 북의 대군(代群)、남의 여산(廬山)、동으로는 발해(渤海)의 연파(煙波)를 멀리 바라볼 수 있는 낭야산(琅琊山)까지 발길을 뻗쳤다。이순(李巡)의 원정군과 함께 멀리 서남의 변방(邊方)을 답사했음은 앞서 말한 대로이다。당시로서는 발길이 미치는 한、대제국(大帝國)의 판도(版圖) 안을 낱낱이 실제로 눈과 발로 확인하고 실감(實感)하며 돌아다녔던 것이다。

더구나 가는 곳마다 역사의 옛 자취나 유물을 살피는 것 외에、민간의 전승(傳承)이 뜻밖으로 많음을 확인한 그는 낱낱이 고로(故老)의 구전(口傳)을 기록했다。고조(高祖)의 성장(成長)이며 항우의 최후、장량이나 한신에 얽힌 일화 등은 거의 그때 수록한 민간의 전승이었으리라。뒷날 사필(史筆)을 잡았을 때、풍경이 역력히 떠올라 인물이 약동하는 듯한 인상을 받는 것은 그가 몸소

四백여주(州)의 흙을 체득하고 있었기 때문이리라。

태사령이 된 뒤로는、궁중 비고(秘庫)에 출입하여 고적(古籍)이나 유물을 마음껏 접할 수 있게 되었다。그렇다고 해도 당시의 서적은 나무의 널판지(版)나 대나무조각(簡)、또는 비단옷감(帛) 등에 칠(漆)이나 먹(墨)으로 기록한 것으로서 오늘날과 같은 책이 아니다。진의 시황제가 일찌기 민간의 유서(儒書)를 몰수하여 불태웠다고는 하나、진나라 이후의 왕실 문서는 아직도 많이 남아 있었다。그가 기록하여 남긴 은나라 시대의 왕실 계보가 오늘날에 와서 발견된 갑골문자와 거의 일치되고 있음을 보면 주대(周代) 이후의 간책(簡冊)도 약간은 남아 있었던 것이리라。진나라가 멸망한 이후의 황폐한 국토 가운데에서 일어선 한제국(漢帝國)에서는 우선 소하(蕭何)가 율령(律令)을、한신(韓信)이 군법(軍法)을、장창(張倉)이 도량형(度量衡)을、숙손통(叔孫通)이 예식(禮式)을——하는 식으로 우선 문물의 복구에 힘쓰며、그러는 사이에 토벽 속에 숨겨 두어 분서(焚書)의 화를 면한 고적이나 각지의 무덤에서 발굴된 고기물(古器物) 등이 조금씩 궁중에 모아지기 시작했다。사마천은 우선 그러한 것 가운데에서 고대의 문자를 해독하여、그것을 한나라의 자체(字體＝隷書)로 고쳐쓰는 것부터 시작했다。

이 어려운 작업에 몇해를 소비한 사마천은 태초(太初) 원년(紀元前 一○四年)의 동지(冬至)를 기하여 드디어 〈사기〉 전고(全稿)의 집필에 착수했던 것이다。그것은 무제가 새로운 역법(曆法)을 채용하여 「태초(太初)」라고 연호를 바꿈으로써 청신한 기풍을 불어넣으려던 기념할 만한 해이기도 했다。

名言 96

强顔의 辯

그로부터 五년、사필(史筆)에 온 심혈(心血)을 다 기울인 사마천에게 뜻하지 않은 화가 들이닥쳤다。

농서(隴西=지금의 蘭州 근방)에 이름을 떨쳤던 무인(武人)의 가문인 이씨(李氏)의 후예에 이능(李陵)이라는 신진기예(新進氣銳)의 청년이 있었다。 무제(武帝)는 일찍부터 서북의 흉노(匈奴)와 자주 싸웠었는데、아시아의 평원을 손바닥에서 놀듯 유목(遊牧)하는 흉노는 그야말로 신출귀몰、바람처럼 나타나서는 기사(騎射)의 솜씨를 발휘、만리장성(萬里長城)에 깔린 방어선을 짓밟는 것이었다。 당시의 총대장 이광리(李廣利)는 겁을 먹어 적을 맞아 싸우려 하지 않는다。 이래서는 안되겠다고 다짐하며 분기(奮起)한 이능은 무제에게 청하여 병사 五천을 이끌고、천한(天漢) 二년의 九월、북풍(北風)에도 아랑곳없이 국경의 요새인 거연(居延)을 향해 출발했다。

二〇일쯤 서북으로 행군하는 동안 천산산맥(天山山脈)의 동쪽 황량한 벌판에서 홀연히 나타난 흉노 三만의 대군과 맞닥뜨렸다。 여기서 이능은 과감한 백병전(白兵戰)을 감행、흉노를 산속으로 몰았으나、적도 만만치 않아 이윽고 휘하의 여러 부대를 모아 八만의 대군을 갖추더니 마침내 고립된 이능의 군(軍)을 포위하려고 한다。 여기에 몇 달에 걸친 사투(死鬪)가 전개되었다。 한나라 군사는 부상병에 이르기까지 무기를 들게 하여 응전(應戰)케 하면서 동남으로 후퇴했으나, 제한(鞮汗)의 산중에서 마침내 五〇만의 화살을 모두 쏘아 없애고 말았다. 가을 저녁무렵의 추위는 살을 에는 듯하며, 양식도 떨어져 거연(居延)까지 이제 며칠이 남지 않은 행정(行程)이건만 원군(援軍)의 모습조차 보이지 않는다. 군고(軍鼓)는 부질없이 한월(寒月)에 맑게 울릴 뿐, 지칠대로 지쳐버린 병사들은 이제 일어설 기력조차 없었다. 어느 날 밤 이능은 잔병(殘兵)을 산기슭에 모아 얼음조각과 건량(乾糧)을 마지막 양식으로서 분배한 뒤, 이튿날 아침을 기하여 결사적인 공격을 시도, 단 한 사람이라도 둔영(屯營)으로 돌아가 보고하라고 명령했다. 운명의 아침, 십여기를 이끌고 혈로(血路)를 연 이능은 수천의 흉노 추격을 받고는 마침내 투항하고 말았다.

전황(戰況)이 좋지 못한 데에 애를 태우던 무제(武帝)에게는 겨우 둔영에 다다른 패잔병의 보고가 몹시 비위에 거슬렸다. 더구나 뒤이어 이씨 성을 가진 포로가 흉노에게 전술을 가르친다는 소식이 전해졌다. 그는 이전부터 흉노에게 귀화했던 인물로서 물론 이능은 아니었는데도, 때가 때인 만큼 무제는 격노하여 마침내 이능 일족을 몰살하여 본보기로 삼기에 이르렀다. 궁중의 인간관계는 매우 복잡하여 보신(保身)에 급급하는 자가 많다. 일이 이렇게 되자 후환을 두려워하여 감히 아무도 이능을 변호하지 못한다. 그러나 사마천만은 홀로 감연히 나서 변호했다. 「친구인 임안(任安)에게 주는 서(書)」가 「문선(文選)」에 수록되어 있다. 앞서 그 요지(要旨)를 소개했거니와 여기서 다시 더 상세히 그의 심경을 더듬어 보도록 하자.

「나는 일찌기 이능과 함께 문하(門下)에 있기는 했어도 원래부터 서로 친한 사이는 아니었도다. 그 취사(取捨), 길을 달리 하며 일찍 술잔을 나눈 적도 없었도다. 그렇건만 그 인품을 살피건대 수의(守義)의 인사(人士)로서 부모 모시기를 효(孝)로써 하며, 신(信)으로써 사람을 사귀고, 염(廉)으로써 재(財)에 임하며, 의(義)를 따라 취하고 버리며, 그 분별(分別)에 양(讓)이 있고 공검(恭儉)으로써 남에게 겸손하도다. 항상 발분(發奮)하여 일신(一身)을 돌보지 않으며, 몸으로써 나라의 위급함에 순(殉)하려 생각하도다. 그것은 애초부터 축적(蓄積)된 바가 있기 때문이도다. 나는 생각컨대, 국사(國士)다운 면목이 역연하도다.

그것이 곧 인신(人臣)으로서 만사(萬死)에 일생(一生)을 돌보지 않을 제(計)를 내어 공가(公家)의 난(難)을 맞아 가니, 이 또한 기(奇)가 아니랴. 이제 거사(擧事) 한번 부당(不當)하다 하여 자기 한 몸과 처자를 보전(保全)한 여러 신(臣)이 잇따라 그의 단(短)을 들추니 나는 이를 참으로 통탄하도다. 일찌기 이능은 거느린 보졸(步卒) 五천이 못되며, 흉노는 온나라가 들고 일어나 함께 쳐들어와 이를 에워싸도다。 전전(轉轉)하며 싸우기를 천리, 화살은 다되고 길이 막혀도 원병(援兵)은 오지 않도다。 사상(死傷)한 병졸이 쌓이듯 하건만 능(陵)이 한번 소리쳐 군사(軍士)를 위로하면 몸을 일으켜 눈물 흘리고 피를 닦아 눈물 삼키며 다시금 공권(空拳)을 휘두르도다。 생각컨대 이능은 병사와 감고(甘苦)를 같이 하며, 능히 사람의 사력(死力)을 얻도다。 옛 명장(名將)이라 해도 어찌 이보다 나으랴」

그러나 이 직언은 무제(武帝)의 격노에 기름을 붓는 격이 되어, 사마천은 잡히는 몸이 되어 궁중의 옥에 갇혔을 뿐만 아니라, 마침내는 고환(睾丸)을 잘려 성불능자(性不能者)가 되야 하는 「궁형(宮刑)」을 받기에 이르른다。 자원하여 거세(去勢)를 하여, 여성과 접할 기회가 많은 궁중에서 일을 저지를 우려가 없도록 조치를 하여 궁중에서 일하게 하는 자를 「환관(宦官)」이라고 한다。 「궁형」을 받은 이상은 「환관」과 꼭같이 취급된다。 이것은 중대한 치욕이었다。 사마천의 나이 四八세 때의 일이다。

석실(石室)의 옥에 갇힌 사마천은 순식간에 나락(奈落)의 바닥으로 떨어진 신세가 되어, 싸늘한 짚을 깔고 웅크리고 앉아 잠 못 이루는 밤을 보내야만 했다。 학문이니 절의(節義)니 하는 것의 참담함과 덧없음을 뼈저리게 느껴야만 했던 것이다。 「이제 수족(手足)을 마주하여 목색(木索)을 쓰도다。 살결(肌膚)을 드러내어 매(榜捶)를 맞으며, 환장(環牆=울타리) 안에 갇히도다。 이때에 즈음해서는 옥리(獄吏)를 보면 머리가 저절로 땅에 닿으며, 도례(徒隷)를보아도 가슴이 떨리도다。 이것이 곧 위압을 거듭한 세(勢)가 아니고 무엇이랴。 이 처지가 되어 나아직도 치욕을 받지 않았다 함은 이른바 강안(强顔)의 변(辯=辯明)일 뿐!」(書의 一部分)

옛날, 제(齊)의 대관(代官)이었던 최서(崔杼)가 제의 임금을 죽여 실권을 빼앗은 적이 있다。 그때, 제의 태사(太史=史官)가 「최서, 그 군(君)을 시(弑)하다」라고 간책(簡册)에 기록했다。 최서가 「조금만 더 완곡한 표현으로 쓰라」고 강요했으나, 태사는 듣지 않았기 때문에 마침내 죽이고 말았다。 그런데 그의 자리를 이어받은 그의 아우 또한 「최서, 그 군을 시하다」라고 직서하자, 그 역시 죽이고 말았다。 그러나 세번째의 아우가 또 사관이 되어 또다시 똑같은 말을 기록했기 때문에 마침내 최서도 단념하고 말았다는 것이다(〈春秋左氏傳〉「襄公二五年」)。

이것이 곧 지난날 중국 사관(史官)의 자부(自負)이며 양심이기도 했다。 거기에는 사관이 하늘(天)에 대해 책임을 갖고, 지상(地上)의 권력에 굴하지 않는다는 전통이 살아 있었기 때문이다。

名言 97

往事를 말해 來者를 생각하라

그러나 그때、그의 뇌리(腦裏)에는 한순간의 섬광(閃光)이 번뜩였다。그것은 이 편지에서도 볼 수 있는 「세(勢)」라는 것이었다。「勢」라는 글자는 「執+力」이 된다。그리고 「執」이란 글자는 「幸(수갑의 모양)+사람이 두 손을 내민 모습」으로 이루어지며、사람을 잡아 수갑 채우는 것을 나타내고 있다。따라서 「사람을 잡아 벌을 집행한다」라는 뜻이 된다。거기에 「力」을 곁들인 것이 「勢」라는 글자로서 원래는 형(刑)을 집행하는 권력、즉 「체제(體制)의 힘」이란 의미이다。그렇다면 권력체제(權力體制)란 도대체 무엇일까。

경제의 움직임、민중의 소리、얽히고 설킨 인정(人情)。——그와 같은 갖가지 요소에 그것을 이용한 정치의 메카니즘이 곁들어 거기에 세상의 대세(大勢) 같은 것이 태어난다。이 「세」에는 개인의 영위(營爲)란 허약하기 짝이 없는 것이다。그리고 이 웅대한 「세」를 분석하고 기술(記述)하여 민족의 발자취의 항적(航跡)을 나타내는 것이야말로 역사가의 임무가 아니었던가。「세」로써 개인의 자유를 빼앗긴 사마천은 오히려 그 일로써 자기의 천명(天命)을 달관하기에 이르렀다。

상심(傷心)의 바닥에 가라앉았던 사마천은 차츰 기력을 되찾았으며、일단 깨우친 심안(心眼)은 더욱 더 투명해져 〈사기(史記)〉의 편찬이라는 거대한 의욕이 온몸에서 샘솟는 것이었다.

이리하여 그는 옥리(獄吏)에게 부탁하여 필묵(筆墨)의 차입(差入)을 허락받았다. 옥리 가운데에도 그를 은밀히 흠모하고 따르는 자가 있어, 이윽고 그에 대한 대우도 조금은 관대해져, 쓰다 만 원고 전부가 노처(老妻)의 정성어린 음식과 함께 옥 안으로 들여보내지게 되었다. 그는 그 마음의 발분(發憤)을 뒷날 다음과 같이 기록하고 있다.

「옛부터 부귀하여 그 이름이 마멸(磨滅)된 자는 구태여 기록하지 않도다. 오직, 탁발비상(卓拔非常)한 사람만이 후세사람들 입에 오르내리도다. 옛날 주나라의 문왕(文王)은 사로잡혀(拘) 〈주역(周易)〉을 연(演)하고, 중니(仲尼=孔子)는 괴로와(厄)하여 〈춘추(春秋)〉를 짓고, 굴원(屈原)은 쫓겨나(放逐) 〈이소(離騷)〉의 시(詩)를 읊었으며(賦), 좌구(左丘=옛날 史官의 이름)는 실명(失明)하여 〈국어(國語)〉의 서(書)를 쓰도다. 저 태고(太古)의 시 三백편도 대개는 성현(聖賢)이 발분(發憤)하여 만든 것이로다. 다만 사람은 그 마음(意)에 울결(鬱結)하여 통하지 못하는 바가 있으므로, 지난날(往事)을 기술(記述)하고 앞으로 올 자(者)를 생각하는 법이로다. 이를테면 좌구(左丘)는 눈을 잃고, 손자(孫子)는 다리를 잘려 마침내 쓸모없게 됨에 이르러 물러나 서책(書策)을 논하고, 그 분사(憤思)를 서술하며 공문(空文)을 씀으로써 스스로를 드러내도다. 나는 은밀히 불손(不遜)을 돌보지 않고 근래에 스스로 무능(無能)의 사(辭)에 탁(託)하여 천하에 방실(放失)된 구문(舊聞)을 망라하며, 대략 그 행사(行事)를 생각하고, 그 시종(始終)을 정리(綜)하며, 그 성패흥폐(成敗興廢)의 실마리(紀)를 생각하고자 하도다」(친구 任安에게 보낸 편지의 一部分)

대체로 역사란 어떤 관점(觀點), 즉 사관(史觀)으로써 일관되어야만 한다. 전한(前漢)의 사학(史學)은 앞서 예를 든 동중서(董仲舒)가 지도하는 「공양학파(公羊學派)」라는 것이 대표했었다. 이 학파는 〈춘추〉라는 춘추시대 二四二년 동안의 역사기록은 공자 스스로가 붓을 들어 지어낸 것으로, 정계(政界)에서 활약할 수 없었던 공자가 사상(史上)의 인물에 대해 시비곡직(是非曲直)을 구명하여, 선자(善者)를 칭송하고 악인(惡人)에게 필주(筆誅)를 가하며, 자기의 주장을 만세(萬世)에 전하려고 한 윤리(倫理)의 책이라고 생각한다. 그것은 유가(儒家)의 복고주의(復古主義)에 바탕을 둔 역사관이라고 할 수 있겠다. 이것도 하나의 견해임에는 틀림이 없다. 그러나 동중서는 한걸음 더 나아가 유가적(儒家的)인 도의(道義)

에 따른 선인(善人)에 대해서는, 하늘이 서조(瑞兆)를 내려 격려하며, 도(道)에 위배되는 악인에 대해서는 하늘이 지진·가뭄이나 수해(水害), 일식(日食)·월식(月食) 등의 「천재지변(天災地變)」을 내려 경고한다고 주장하며, 〈춘추〉에서 그럴 듯한 기록을 들추어 내세우는 것이다. 이 「천재지변」의 설은 지독한 미신이라고 하겠다.

동중서의 가르침을 받은 사마천도 지난날에는 공자의 뒤를 이어 〈춘추〉에 버금되는 사서(史書)를 만들려고 생각했던 모양이다. 그러나 지금 생각하면 그것은 너무나도 편중된 견해가 아니겠는가. 허심탄회하게 〈춘추〉를 읽으면 설사 공자가 쓴 것이라고 가정해도 그 내용은 막연한 것이며, 그 주지(主旨)는 매우 겸손한 듯이 보인다. 생각컨대 일세(一世)에 한 사람의 도의관(道義觀)이라는 것은 한정된 것으로서 만세(萬世)를 구속하기에는 부족하다. 도도한 역사의 걸음걸이란 훨씬 크며 또한 엄숙하다. 그렇다면 역사의 책은 「만드는」 것이 아니라 「말하는(述)」 것이어야만 한다. 이 세(勢), 즉 체제(體制)의 움직임이라는 것은, 때로는 감히 인지(人智)가 생각할 수 없을 만큼 복잡한 덩어리로서 사가(史家)의 심안(心眼)은 조금씩 그 덩어리를 풀어헤치며, 「성패흥폐(成敗興廢)의 기(紀)」를 찾아내야만 한다. 그것은 천명(天命)이라든가 인과관계(因果關係)니 하며 처리하기에는 너무나 복잡할 것이다.

비경(悲境) 속에서 태어난 그의 사관은 「고자세(高姿勢)」에서 「저자세(低姿勢)」로 변하며, 그런 만큼 투철한 날카로움을 띠기에 이르렀다. 〈사기〉가 중국 역사서의 최초이며 최후의 명저(名著)로 불리는 것은, 이 저자세에서 태어난 전인간적(全人間的)인 걸작이기 때문이다. 이 입장은 그의 자서(自序) 가운데, 다음 한마디에 집약(集約)되고 있다.

「나는 이른바 고사(故事)를 술(述)하여 정리(齊)하는 것으로서, 이른바 작(作)하는 것이 아니로다」

이와 같은 저자세에서 출발한 역사관은 아버지 사마담(司馬談)이 전한 황로가(黃老家)의 정신에서 유래된 것이리라. 유가(儒家)·도가(道家)·묵가(墨家)·법가(法家)·명가(名家)·음양가(陰陽家), 이 여섯은 고대의 대표적인 동양사상이었는데, 〈사기〉의 자서(自序)에는 이 망부(亡父)의 「六(家)의 요지(要旨)를 논한 의견」을 인용하고 있다. 그 가운데에서 사마담은 황로(黃老=道家)의 융통성이 풍부한 저자세에 매우 공명하여,

「황로(黃老=道家)는 사람으로 하여금 정신전일(精神專一)케 하며 동합(動合)하는 형(形=태두리)이 없어 만물을 충족케 한다. 그 술(術)은 음양(陰陽=自然)의 대순(大順=勢)에 인(因)하며, 유묵(儒墨)의 선(善)을

따르고、명법(名法)의 요(要)를 파악(攝)하며、 때(時)와 함께 천이(遷移)하고、 물(物)에 따라 변화한다」라고 말하고 있다。

고정된 성견(成見)에 구애되지 않기 때문에 관찰은 기민(機敏)하며 허심탄회하게 사물(事物)을 대하므로 오히려 판단은 공평하다。 또한 개개의 현상에 집착하지 않고 그 깊숙한 속에 흐르는 대세(大勢)에 심안(心眼)을 돌릴 수 있다。 이것이야말로 역사가에게 있어서는 극히 중요한 마음가짐이었던 것이다。

물론 사마천에게도 유가(儒家)다운 도의(道義)의 감각은 그 흔적을 깊이 남기고 있다。 그러나 그것은 동중서의 미신(迷信) 같은 역사관과는 운니(雲泥)의 차이가 있었다。 참으로 역사의 이름을 지니기에 흡족한 「역사(歷史)」란 사마천에 의해 비로소 세상에 나왔다고 말해야 옳을 것이다。

名言 98

成敗興廢의 紀

그런데 〈사기(史記)〉의 기술(記術)에서 볼 수 있는 사마천의 역사적인 심안(心眼)이 얼마나 투철했는가를 보기로 하자. 그는 하나의 사건을, 반드시 여러 가지 방향에서 분석함과 동시에, 또 한 사람의 인간의 표면을 묘사함과 동시에 반드시 그 이면(裏面)까지 엿볼 수 있게 해준다.

그는 진(秦)나라를 멸하여 한조(漢朝)를 확립시킨 스타아로서, 초(楚)나라의 항우(項羽)와 한(漢)나라의 유방(劉邦=高祖)의 두 거성(巨星)을 그려내고, 그 주변에 수많은 여러 소혹성(小惑星)을 배치했다. 초나라의 항우는 일찌기 소년 시절에 진나라 시황제(始皇帝)의 행렬을 보고 「그를 대신 하리라」 하고 장담했던, 원래부터의 호걸이다. 그러나 사마천은 三군을 질타(叱咤)하여 四백여주(州)를 뛰어다니는 표한(慓悍)한 그의 겉을 그리면서도, 또 한편으로는 그의 나약함을 뚜렷이 부각시키고 있다. 홍문(鴻門)의 회견(會見)에서는 참모의 강력한 진언(進言)이 있었음에도 불구하고, 고조(高祖)에게 동정하여 이를 죽일 기회를 잃고 만다. 해하(垓下)에서 한병(漢兵)에게 포위당하고는 「우(虞)여, 우여, 그대를 어찌하리!」 하며 우미인(虞美人)과의 결별(訣別)에 단장(斷腸)의 눈물을 흘린다. 오강(烏江)까지 몰리고는 애마(愛馬)를 정장(亭長)에게 증정하여, 마지막 호의에 보답하려고 한다。 대체로 이러한 일들은 항우의 나약함과 그 실각(失脚)의 유래(由來)를 암시하는 것이리라。 이에 대해 한고조(漢高祖)는 표면으로는 어디까지나 「관후(寬厚)의 장자(長者)」로서 묘사되고 있기는 하나、 그 이면에서는 방해가 되는 자기 자식을 수레에서 밀어뜨리고 도망치는 비정(非情)한 인간이며、 항우가 고조의 아버지를 사로잡아 화살 앞에 내세우자 「죽일 테면 죽여라!」고 시치미를 떼는 잔혹한 인간이기도 하다。 인간이 지니는 겉(表)과 속(裏)의 두 면이 저절로 대사(大事)의 성패(成敗)에까지 기여한다。 「성패흥폐(成敗興廢)의 기(紀=실마리)를 기록코자 하다」(「自序」)란 바로 이런 것이리라。

고조의 우군(友軍)으로서 하북(河北)에 진좌(鎭座)하여 후고(後顧)의 우려를 없앤 한신(韓信)은 건국의 원로로서 영화의 극을 누렸으나、 만년에 그를 두려워한 고조는 감언(甘言)으로써 그를 유인하여 연금하고 만다。 「교토(狡兎)가 죽으니 주구(走狗)는 삶아 먹히다」라고 중얼거린 한신의 말은 고조의 비정함을 분명히 말하고 있다。 그의 죽음을 듣고 「고조는 한편으로는 기뻐하고、 한편으로는 슬퍼하다」라고 한 것은 더욱 복잡한 인간의 이중성격을 낱낱이 묘사하고 있다고 하겠다。

백성들의 반란이 원동력이 되어 진나라를 멸망시켰다는 것도 사마천의 눈은 결코 놓치지 않고 있다。 시황제가 쌓은 만리장성을 지키기 위해 동으로부터 남으로 무수한 농민이 징용되어 묵묵히 식량을 나른다。 싸늘한 비가 내리는 어느날 밤 호반(湖畔)에서 묵은 그 일대(一隊) 가운데에서 「어차피 죽을 바에는 반란이라도 일으켜라!」 하는 고함소리가 일어난다。 진섭(陳涉)이나 오광(吳廣)은 이와 같은 농민폭동의 수령이 되어 고조·항우가 이루는 패업(覇業)의 선도(先導) 구실을 다했다。 사마천은 상세히 그 활약을 묘사하면서、 또 한 이면에서는 농민반란이 쇠퇴하는 까닭을 암시하기 위한 복선(伏線)도 잊지 않고 깔아 두었다。 몇해가 지난 뒤、 동향(同鄕)의 마을사람이 옛 친구를 찾아가자、 호위병이 입구를 지키고 들여보내 주지 않는다。 「흠! 그게 뭐람、 진섭(陳涉의 침침(沈沈=뽐내며 걸터앉은 모양)한 꼴이라니!」 하는 마을사람의 야유에 반란의 지도자가、 어느 사이에 백성들로부터 유리(遊離)되어 벼락출세자로 화(化)해 가는 모습을 그리고 있다。

「짐(朕)으로부터 二세、 三세로 후세에 전하여 만세(萬世)에 이르게 하리!」 하고 호언장담했던 시황제는 표면으로는 영화의 극을 누린 듯이 묘사되고 있으나、 그 이면에서 사마천은 또한 어두운 그림자를 잊지 않고 던지고 있는 것이다。 시황제 치세(治世) 三六년、 동군(東群)

에 운석(隕石)이 떨어졌다。 누군가가 그것에 「시황제 죽어 땅이 갈라지다」라고 새겼다 한다。 시황제는 격노하여 범인 수색에 열을 올린다。 그 뒤에 새겨진 「시황제、즐기지 못하다」란 귀절은 진나라의 쇠망(衰亡)을 암시하는 복선이다。 또한 시황제의 심복 재상으로서 위세를 떨쳤던 이사(李斯)의 일생은 전형적인 인간의 표리(表裏)를 나타내고 있다。 二세 황제의 세상이 되자、조고(趙高)의 책모(策謀)로서 날로 이사의 그림자는 흐려지기만 한다。 드디어 함양(咸陽)의 시장(市場)에서 참살(斬殺)당하는 그날 아침、이사는 차남(次男)을 보고 「나는 너와 다시 금 황견(黃犬)을 끌고 동문(東門)을 나아가 교토(狡兎)를 쫓으려 하건만 또다시 뜻을 이루지 못하도다!」하며 서로 끌어안고 울었다고 기록되어 있다。

이리하여 권력은 해체(解體)하고 농민궐기가 일어나며 군웅(群雄)이 반기(叛旗)를 드니、그 사이에 두 영웅의 개성이 불꽃을 튀기며 맞부딪치고 진한(秦漢)의 교대(交代)라는 역사상의 대세(大勢)가 꿈틀거리기 시작한다。 그러나 역사의 「세(勢)」 가운데에서 한정된 개인의 자리를 최대한으로 활용한 개개의 군상(群像)은 모두가 그 나름대로 훌륭했었다。 투철한 날카로움으로 사실(史實)을 분석만 한다면、비정(非情)의 역사는 쓸 수 있어도 피가 있고 살이 있는 인간의 영상(映像)은 그리지 못한다。 사마천에게는 냉철한 칼날 같은 눈 외에 궁지에 몰린 이능을 오직 혼자서 변호했다는 점에서 볼 수 있는 따스한 인정이 있었다。「세(勢)」 가운데에 인간이 약동하는 역사는、이 두 가지 입장이 서로 얽힘으로써만 태어난다고 할 것이다。

이를테면 태고(太古)의 은제국(殷帝國) 말기에 서방에서 진격한 주나라 무왕(武王)은 단숨에 은나라 주왕(紂王)을 치려고 한다。 황하 연안의 여러 씨족(氏族)은 일제히 무왕을 지원하여 도도한 천하의 대세는 이미 은나라의 멸망을 예고하고 있다。 그럼에도 불구하고 백이·숙제라고 하는 두 인물은 감히 무왕의 말고삐를 잡아 「폭(暴)으로써 폭을 친다」는 것은 도리에 어긋나지 않겠느냐고 간(諫)한다。 그리고 무왕이 제위(帝位)에 오르자、두 사람은 수양산(首陽山)에 숨어 고사리를 캐어먹은 끝에 마침내 굶어죽고 만다。 사마천이 백이·숙제 열전(列傳)을 전기(傳記)의 첫머리에 둔 것은、한정된 생명의 불이 꺼지기 전에 한껏 자기 주장을 관철한 인간의 기력(氣力)을 거룩한 것으로 여겼기 때문이다。 또한 옛날 전국시대(戰國時代)에 지백(智伯)의 지우(知遇)를 받았던 예양(豫讓)은 망주(亡主)의 원수인 조양자(趙襄子)를 없애려고 노린다。 온몸에 옻칠을 하고 숯불을 삼켜 벙어리가 되어 몇차례나 암살을 꾀하건만 결국 잡히고 만다。 그가 처형되던 날「조국(趙國)의 지사(志士), 이 때문에 통곡하다」란 끝머리 한 구절은 비록 한낱 자객(刺客)이라 해도 그 목숨을 건 행위가 그 나름대로 아름답다고 하는 사마천의 인정을 이야기하고 있다.

바로 그 때문에 사마천은 화려한 정치무대의 인물에게만 사필(史筆)을 둔 것이 아니다. 세상에서 소외당한 자에게서도 생명의 찬란함은 볼 수 있다. 준엄한 법률의 파수군으로서 끝까지 법으로 일관하고, 그 때문에 부호나 호족(豪族)의 원망을 사서 비명(非命)의 최후를 마친 관리들에게 대해서도 그는「혹리전(酷吏傳)」을 써서 그의 노력을 영구히 전하려 했다. 이른바「세(勢)」의 기술(記述)은 어디까지나 정확하게, 그「세」가운데에 부침(浮沈)하여 숨진 인간들의 영위(營爲)에 대해서는 깊은 동정을 지닌다. 이 두 가지 입장이 일체가 되어 옥중서(獄中書)인〈사기(史記)〉는 불멸의 역사인 동시에 또한 뛰어난 문학작품이 되기도 한 것이었다.

사마천은 태시(太始) 원년(元年) 六월에 대사(大赦)를 받아 출옥했다. 그동안 몇 차례나 개고(改稿)하며 정화(征和) 二년(紀元前 九一년)에 五五세로 숨졌다.〈사기〉의 집필을 결의하고 나서 一八년의 생애를 이 한가지 일에만 바쳤던 것이다. 그 사필(史筆)은 한고조는 말할 나위도 없거니와, 당시의 천자(天子) 무제의 득실(得失)까지도 직언(直言)해 놓았기 때문에, 그가 죽은 뒤에도 당분간은 이 책이 햇빛을 보지 못한 채 손대(孫代)에 가서야 겨우 발표되었다고 한다.

〈사기〉는 모두 一三○권, 태고 황제(黃帝)의 전설시대부터 쓰기 시작하여 전한(前漢)의 무제, 태초 연간에 이르는 약 二천 四백년의 전사(全史)인 것이다. 그 가운데 본기(本紀) 一二권, 연표(年表) 一○권, 서(書) 八권, 세가(世家) 三○권, 열전(列傳) 七○권을 포함하고 있다.

名言 99

王昭君, 塞에서 나가다

호한야(呼韓邪) 선우(單于)가 형(單于)과의 자리다툼을 한 끝에 한(漢)나라에 투항하여 그 도움을 받으려 했을 때, 오랑캐(匈奴)의 중신(重臣)들은 저마다 입을 모아 반대했다.

「흉노(匈奴)의 속(俗)은 원래 기력(氣力)을 숭상하며, 복속(服屬)을 천히(下) 여기고, 마상(馬上)의 전투로서 나라를 이끌어 왔오이다. 한나라는 비록 강하다 해도 흉노를 겸병(兼併)할 만한 힘은 없오이다. 한나라에 신사(臣事)하여 선조(先祖)의 선우를 욕되게 함은 제국(諸國)의 웃음거리가 될 것이오이다」(〈漢書〉「匈奴傳下」)

그러나 선우(單于)는 마침내 한나라에 복속(服屬)하기를 결심하여 선제(宣帝)의 감로(甘露) 三년(紀元前 五一년) 정월에 직접 장안(長安)에 나타났다. 선제는 문무백관(文武百官), 제만(諸蠻)의 추장(酋長)들을 모아 위수교(渭水橋)에 마중나오도록 한 뒤, 선우에게 막대한 금품을 수여했다. 그것을 듣고 형인 질지(郅支) 선우도 역시 사자(使者)를 보내어 조공(朝貢)했는데, 차마 호한야(呼韓邪)의 흉내를 낼 수 없어, 서역(西域)을 전전(轉轉)한 끝에 천산산록(天山山麓)으로 물러났다. 추위와 굶주림에 시달려 살아남은 기사(騎士)는 불과 三천, 거기에 한나라의 감연수(甘延壽)·진탕(陳湯) 등의 군(軍)이 추격하여 멸하였다。

호한야 선우는 강적이 없어졌기 때문에 원제(元帝) 말년(紀元前 三三년)에 다시금 장안을 방문했다。 그리고는 「바라건대 한나라의 사위가 되어 보다 더 친선을 도모하겠오이다」라고 제의했다。 그래서 후궁(後宮)의 여성을 간택하여 선우에게 시집보내기로 했다。

한나라의 초기(初期) 이후、한은 흉노에게 공주(公主=王女)를 시집보내기로 약속은 했었으나、무제(武帝)가 무력(武力)으로 흉노를 제압(制壓)했던 피비린내 나는 시대에는 한나라 여성이 흉노에게로 출가한다는 따위는 어림도 없는 일이었다。 때문에 이번 사건은、그 당시로서는 물론이려니와 후세에도 오랫동안 화제가 되어 전해졌다。 〈한서(漢書)〉에는 그 경위에 대해 간결하게 서술(敍述)되어 있다。

「원제(元帝)、후궁 양가(良家)의 딸인 왕장(王牆)、자(字)를 소군(昭君)이라 하는 자를 선우에게 하사하다。 선우 환희하여、상서(上書)해서 말하기를、원컨대 상곡(上谷)부터 이서(以西)、 돈황(敦皇)에 이르기까지 색(塞)을 유지하며 이를 무궁하게 전하겠오이다。 청컨대 비색(備塞)의 이졸(吏卒)이 되기를 그쳐 이로써 천자(天子)의 백성을 편안케 하겠오이다」(「匈奴傳下」)

그러나 사실은 좀 복잡하다。 원제는 모연수(毛延壽)라는 궁정화가에게 명하여 후궁들의 얼굴을 그리게 했다。 여성들은 열심히 모연수에게 뇌물을 보내어 실물(實物) 이상으로 아름답게 그리도록 했다。 그러나 왕소군(王昭君)만은 그런 짓을 하지 않았기 때문에 화사(畫師)는 약이 올라 왕소군을 형편없는 추녀로 그렸었던 것이다。 원제(元帝)가 그 그림을 보고 「이런 여성이라면 오랑캐에게 주어도 아깝지 않다」고 하여 왕소군을 후보 신부(新婦)로 삼았던 것이다。 뒷날、작별인사를 하기 위해 나타난 왕소군을 보고 원제는 자기 눈을 의심할 만큼 크게 놀랐다。 그녀가 너무나도 아름다운 절세(絕世)의 미녀였기 때문이다。

후세에 「소군출새(昭君出塞)」을 노래한 시 가운데에서 앞서 북송(北宋) 구양수(歐陽修)의 시를 예로 들었거니와、이번에는 두보(杜甫)의 시를 보자。「명비(明妃)」란 왕소군을 말하며、진(晋)나라 문제(文帝)의 이름인 「소(昭)」를 피한 것이다。 왕소군은 귀주(歸州) 태생、형문산(荊門山) 가까운 곳이다。 그 무덤은 사막 가운데에 있으며、그곳에만 풀이 무성하게 자라기 때문에 「청총(青塚)」이라고 불렀다。

영회고적(詠懷古跡)의 一수(首) 당(唐) 두보(杜甫)

군산만학 형문으로 가다 群山萬壑赴荊門
명비 자란 곳에는 아직도 마을이 있다。

生長明妃尙有村

일단 자태(紫台=宮中)를 떠나니 삭막(朔漠)에 이어지다。

一去紫台連朔漠

홀로 청총에 머물어 사막으로 향하다。

獨留青塚向黃昏

화도(畵圖)에 성식(省識)하다 춘풍(春風)의 얼굴을、

畵圖省識春風面

환패(環珮) 헛되이 돌아가니 달밤의 넋이여、

環珮空歸月夜魂

천재(千載)의 비파소리 호어(胡語)를 이루다。

千載琵琶作胡語

분명코나 그 원한이여 곡중(曲中)에 흐르다。

分明怨恨曲中論

선우(單于)에게는 몇몇 연씨(閼氏=夫人)가 있었는데、 왕소군도 그 서열에 들어가 「영호연씨(寧胡閼氏)」라고 불렀다。 이윽고 선우와의 사이에 사내아이가 태어나、 그가 뒷날 우일축왕(右日逐王)이 된다。 기원전 三一년、 선우가 죽고 제二부인의 아들이 뒤를 이어 복주루 선우(復株累單于)라고 일컬었다。 흉노의 습속(習俗)으로는 아버지가 죽으면、 그 처첩(妻妾)을 아들이 이어받아 거느리게 되어 있다。 새로 즉위한 선우는 새로이 왕소군을 맞아들여 이윽고 두 여아가 태어났다。 그 장녀는 평제(平帝) 초기에 인질(人質)로서 장안(長安)으로 보내졌다。 궁중에 들어가 황태후(皇太后=成帝妃)를 모시며、「왕소군의 딸」이라 하여 각별한 귀여움을 받았던 모양이다。

그 무렵、 흉노의 내부에서도 내분이 계속 일어나、 한때는 선우를 자칭하는 다섯 추장이 군립하는 형편이었으며、 한(漢)에서도 왕조권력(王朝權力)이 속에서 곪기 시작하여、 황태후의 섭정에서 왕망(王莽)의 전정(專政)으로、 더욱 더 왕실의 쇠퇴가 두드러지기 시작했다。 그리하여 마침내 권력을 빼앗은 왕망은 인기작전을 위해、 흉노의 추장들에게 금품이며 칭호를 화려하게 주는 반면、 변경(邊境)의 수비는 소홀해지기만 했다。

「북변(北邊)은 선제(宣帝) 이후로 수세(數世)에 걸쳐 연화(煙火=횃불)의 경(警)을 볼 수 없으며 백성이 치성(熾盛)하며 우마(牛馬)는 벌판의 곳곳에 흩어지다。 왕망이 흉노를 교란시켜 난(難)을 꾸미기에 이르니 변민(邊民)은 사망、 계획(係獲)되다。 또한 一二부(部)의 병사、 오랫동안 둔(屯)하여 나아가지 않으며、 이사(吏士)는 피폐(疲弊)하다。 몇해 사이에 북변(北邊)은 허공(虛空)하여、 들에는 폭골(暴骨)이 있도다」(〈漢書〉「匈奴傳下」)

그 무렵、 왕소군의 사위가 되는 「용사대신(用事大臣)」이 오루선우(烏累單于)를 옹립했다。 그리고는 국경에 주둔하고 있던 왕소군의 조카를 통하여 왕망에게 화친하기를 제의했다。 왕망은 됐다 싶어 많은 금품을 준 끝에 흉노(匈奴)→공노(恭奴)、선우(單于)→선우(善于)라고 고쳐 부르게 했다。 흉노의 입장에서는 호칭이야 어떻든간에 금품(金品)만 들어오면 될 일이었다。 겉으로는 복종하는 체 했으나、다른 한편에서는 북변 침입을 되풀이하고、또한 동방(東方)의 오환인(烏桓人)으로부터 세금이며 인마(人馬)를 징용(徵用)하여 한과의 약속을 전혀 지키려 하지 않았다。 왕망이 멸망한 직후、한때 장안을 점거했던 유현(劉玄=淮陽王)은 곧 선우에게 사신을 파견했으나、선우는、

「흉노는 원래 한나라와는 형제이도다。 흉노가 중엽에 이르러 혼란해지더니 선제(宣帝)、호한야 선우(呼韓邪單于)를 보립(輔立)하도다。 그러므로 우리는 신(臣)이라 칭하여 한을 존숭하도다。 이제 한나라도 또한 크게 혼란해져 왕망이 찬(簒) 하기에 이르도다。 이에 흉노 또한 출병하여 망을 치니……망、마침내 패하여 한나라가 다시 일어남은 바로 우리의 힘이로다」(〈漢書〉「匈奴傳下」)

하면서 으스댔다는 것이다。

그러나 그와 같은 허세를 보이던 흉노 자신도 이제 한나라의 식량과 의복에 의존하지 않고서는 생존조차 못하는 부족으로 변모하는 과정에 있었던 것이다。「기력(氣力)을 숭상하고、복속(服屬)을 천히 여겨」、초원(草原)에 웅비(雄飛)했던 지난날의 모습은 이제 찾아볼 수 없게 되었다。

왕소군(王昭君)은 쇠퇴한 한나라와 타락한 흉노 사이의 외교(外交) 흥정의 도구로서 이용되었다。그 자녀들이나 인척도 모두 수십년에 걸쳐 한나라와 흉노 사이의 부자연스러운 「화친(和親)」의 실마리를 잇는 데에 이용되었던 모양이다。

名言 100

벌처럼 와서 새처럼 도망치다

서북의 상황에서 눈을 돌려, 이번에는 진한(秦漢) 무렵의 남중국(南中國) 형편을 살펴보자.

한나라 무제시대(武帝時代), 즉 기원전 二세기에는 동아시아의 대세가 거의 굳어지고 있었다. 중국 서북부와 동남지방(지금의 福建·雲南·貴州·廣西·廣東의 各省)에서도 그러했으며, 또한 조선(朝鮮)이나 베트남이 제각기 독자적인 세력권(勢力圈)으로서 부상(浮上)하기 시작한 것도 이 무렵이다.

한나라 무제시대는, 아시아의 역사에서도 가장 중요한 매듭이었다고 말할 수 있을 것이다.

그런데 지금의 복건성(福建省)은 산지(山地)가 많다. 산과 산 사이에는 계류(溪流)가 흐르며, 해안을 따른 좁은 평지에는 「땅을 갈아(耕) 하늘에 이르다」라고 형용되는 계단식 밭이 형성되고 있다. 「땅에 三리의 평지 없으며 하늘에 사흘의 갠 날이 없다」는 말이 있을 정도로 비가 많이 내린다. 평지가 좁기 때문에 경작지도 적다. 늘어나는 인구를 지탱할 수 없기 때문에 사람들은 해외로 나아간다.

많은 복건(福建) 사람들이 대만으로 이주하고 동남 아시아로 건너갔다. 거기에 비하면 광동성은 넓은 델타지역을 안고 있으며, 벼농사도 이모작(二毛作)이고 참으로 풍요한 땅인데 인구 밀도가 놀랄 만큼 워낙 높다. 때문에 광동성의 사람들도 근세에는 해외 진출이 유난히 두드러졌다。외국에 거주하는 화교의 태반이 이 두 성(省) 출신들인 것이다。

그런데 북방에서 복건·광동으로 들어가기란 사실은 여간 어려운 일이 아니다。호남성에서 남하하려면 오령산맥(五嶺山脈)、특히 대유령(大庾嶺)의 험준한 산으로 가로막히고 강서성으로 들어가려 하면 무이산맥(武夷山脈)이 가로막고 있다。어쩌면 이곳은 상고시대(上古時代)에는 원시림(原始林)으로 뒤덮인 크나큰 산지(山地)로서 육로로는 쉽사리 들어가지 못했었으리라。

그런데 장강(長江=揚子江)과 전당강(錢塘江=浙江)의 하류는 일찌기 「월인(越人)」이라고 불렸던 물과 인연이 깊은 원주민이 「문신(文身=入墨) 단발(斷髮)하고、초래(草萊)를 쓰우며(지붕에 짚을 쓰워)、읍(邑=마을)을 만들다」(〈史記〉「越世家」)라는 모양으로 살고 있었다。그들은 쌀을 직파(直播)하며、물속에 들어가 어개(漁介)를 잡는다。우(禹=龍神)를 제사지내며 스스로도 용사(龍蛇)의 비위를 맞추기 위해 몸에 용문(龍紋)의 문신을 한다。옛날에는 그들을 「남만(南蠻)」이라 부르며 진·한 무렵에는 민(閩)이라고 불러 오랑캐를 뜻했다。그런데 이 「蠻」이나 「閩」도 「虫」이란 글자(벌레가 아니라 뱀)를 포함하고 있는 것은、그들이 용사(龍蛇)의 자손이라는 신앙을 지니고 있었기 때문이다。

여기서 참고로 말한다면、지금도 복건성을 두고 「민(閩)」이라고 부르는 수가 있으며、또 「복건어(福建語)」를 「민어(閩語)」라고도 한다。

그 월인(越人)이 구천(句踐)에게 이끌려、기원전 四七三년에 오(吳)나라(지금의 蘇州·丹陽 一帶)를 멸망시켰음은 앞서 말한 대로이다。이어 전국시대 말기에는 월왕(越王) 무강(無疆)이 북방의 제(齊)나라와 싸우고 서방의 초나라를 눌러、장강 중류 파양호(鄱陽湖) 가까이까지 세력권내에 거두어들였다。이것이 월인의 최후를 장식하는 화려한 백년간이었다。그런데 초나라 위왕(威王)이 반격하여 월왕을 죽이고、마침내는 전당강(錢塘江) 기슭까지 동진(東進)해 온다。월나라는 그 이후로 깜쪽같이 중국 역사에서 자취를 감추고 만다。도대체 그들은 어디로 사라진 것일까。

진한 무렵、지금의 절강성(浙江省) 남부에서 복건성에 걸쳐 동월(東越)·민월(閩越)·구월(甌越) 등、그리고 광동성에는 남월(南越)이라고 불리는 소왕국(小王國)이 각각 반독립(半獨立)의 형태로 활거하고 있었다。너무나 수가 많기 때문에 그것을 「백월(百越)」이라고 부른다。그런데 이 백월이 바로 지난날의 월나라 잔당(殘黨)인 것이다。「민월왕(閩越王)」의 무제(無諸) 및 월나라의 동해왕(東海王=이른바 東越王)인 요(搖)는 모두 월왕 구천의 후(後)」(〈史記〉「東越列傳」)라는 것이다.

월인은 북에서 서에서 밀려오는 한인(漢人, 그리고 漢人과 同化한 楚人)의 세력에 밀려나 우선 인적이 드문 복건성으로 남하, 그리고는 해안을 따라 광동성으로 남진(南進)해 갔던 것이다. 진과 한은 지난날의 월인 근거지로는 회계군(會稽郡)을 두고, 지금의 강서성에는 예장군(豫章郡)을 두었다. 또한 지금의 호남성 남부에는 장사국(長沙國)을 설치했다. 그것은 당시의 한인에게 있어서는 남방(南方)의 최전선이었다.

이윽고 한나라의 무제는 민월(閩越)과 동월(東越)의 분쟁에 개입하여, 그 사이를 가르고 기원전 一三八년, 동월에서 四만명을 뽑아 강회(江淮) 사이(長江과 淮水 사이, 지금의 安徽省 中部)에 이주시켰다. 그것은 한의 여강군(廬江郡)의 땅으로 아직 한인의 개척이 진행되지 않은 습지대(濕地帶)였다. 그 뒤, 이번에는 민월이 남월과 대립하게 된다. 한나라측에서는 회계군과 예장군에 군사를 모았는데, 병사들은 말라리아 같은 유행병에 시달리고, 준령의 험산으로 이어진 도정(道程)에 겁을 먹어 육로(陸路)로부터 좀처럼 나아가려 하지 않는다. 마침내는 수군(水軍)을 편성하여 해안을 따라 남하시키기로 했다. 동월과 민월 사람들은 그것을 두려워하여 마침내 왕인 여선(餘善)을 죽여 한나라에 투항하고 말았다. 무제는,

「동월은 협(狹)하며 저(阻)가 많으며, 민월은 한(悍)하여 자주 반복(反覆)되다」(紀元前 一〇一년)

라고 말하며, 다시금 월인들을 「강회(江淮)사이」에 이주시켰다. 그 결과 「동월 땅, 마침내 헛(虛)되도다」(〈史記〉「東越列傳」)라는 형편이 되고 말았다. 두 차례에 걸친 강제이주로서 복건성은 마침내 무인경(無人境)이 되어버렸다는 것이다. 이 얼마나 결단성 있는 동화책(同化策)인가.

그러나 이것으로 월인이 완전히 자취를 감춘 것은 아니었다. 화남(華南) 여기저기에 조그만 집단을 이루어 잔존(殘存)했기 때문이다. 그로부터 훨씬 내려와 서기 四세기, 삼국시대(三國時代)에 이르러 강남 일대와 절강(浙江)의 남부·복건땅은 모두 「오(吳)」의 손권(孫權) 지배하에 들어갔다.

이 오나라를 몇차례에 걸쳐 괴롭혔던 산월(山越)이라는 부족(部族)의 이름이 역사에 등장한다. 그들은 강남의 단양군(丹陽郡)이나 파양호(鄱陽湖)를 마주한 임천군(臨川郡)·파양군(鄱陽郡)의 산속에 출몰하여 자주 한인(漢人) 지방관(地方官)에게 저항했다.

그 당시의 형편을 〈삼국지(三國志)〉에서는 다음과 같이 서술하고 있다.

「싸우면 벌(蜂)처럼 몰려오고, 패하면 새(鳥)처럼 도망치며 숨는다. 전세(前世) 이후로 얽매어 놓지를 못하다(不羈)」(《三國志》、吳志「諸葛恪傳」)

그들은 지금도 화남 산지(山地)에 점재(點在)하는 야오족(猺族)·쇼우족(畲族)·먀오족(苗族) 일부의 조상이 될 것이다.

이러한 소수 민족 역시 명·청(明淸)시대에 이르기까지, 자주 한인의 지방 주재 관리들의 징세(徵稅)에 저항하여 소규모의 반란을 일으켰던 것이다.

그러고 보니 월(越)을 「어월(於越)」 「구월(勾越=句越)」이라고도 하며, 유명한 월왕의 이름을 「구천(勾踐=句踐)」이라고도 부른다. 오늘날의 강남에는 어잠현(於潛縣=浙江)·구여산(句余山=同)·구장현(句章縣=同)·구용현(句容縣=江蘇)·구로산(句廬山=同)·구곡산(句曲山=同)과 같이 「於~」 「句~」가 붙는 지명이 매우 많다. 그것은 지명이나 인명에 붙는 월어(越語)의 접두사(接頭辭)이기 때문인 것이다. 선주민(先住民)의 역사의 흔적이란 무척이나 오랜 후세에까지 남는다는 것을 이것으로 보아도 알 수 있겠다.

名言 101
蠻夷의 大長老夫

(卷末圖版⑲參照)

월나라 사람이 화남에 세운 소왕국(小王國), 이른바 「백월(百越)」 가운데에서 五대(代) 九三년간이나 계속된 것이 남월(南越)이었다。 남월은 지금의 광주(廣州) 가까이에 있는 번옹(番禺)에 본거를 두었는데, 그 추장이 된 자는 실은 북방의 한인(漢人)이다。

북에서 복건(福建)·광동(廣東)으로 들어가려면 험준한 대산맥을 넘어야 하는데, 장사(長沙)에서 서남으로 나아가는 것은 그렇게 어려운 일이 아니다。 상강(湘江)을 거슬러 올라가 구릉지대를 넘으면 지금의 계림(桂林)이나 유주(柳州) 근방의 평지로 나온다。 현재 상계(湘桂) 철로가 놓여 있는 코오스이다。 그렇기 때문에 진한(秦漢) 무렵에는 이미 이 근방에는 한인이 옮겨 살아 현지의 주민(그들도 越人으로 불렸다)과 잡거(雜居)하고 있었다。 진의 시황제(始皇帝)는 그 말년에 이 땅에 계림·남해(지금의 廣東)·상군(象郡) 등 三 군치(郡治)를 두고 죄인이나 유민(流民)을 이주시켰다。 북방에서 진승(陳勝)이나 오광(吳廣)이 농민 반란군을 이끌고 궐기했을 무렵, 남해군(南海郡)의 장교였던 임효(任囂)가 부하인 조타(趙佗=趙他)를 병상(病床)으로 불러 유언했다。

「번옹(番禺=지금의 廣州)은 험난한 산을 등에 지고, 남해(南海=지금의 廣東省)는 동서 수천리나 되는 평야일세, 이미 상당한 중국인이 이주해 와서 우리에게 협력해 주고 있네。 나라를 세울 수도 있을 것일세。 임자 말고는 제대로 말상대를 할 자도 없는 만큼、 임자에게 군(郡)의 군정(軍政)을 맡기겠네」

이윽고 조타(趙他)는 남쪽의 三군(郡)을 합쳐 「남월의 무제(武帝)」라고 일컬어、 천자를 흉내낸 의장(儀仗)을 갖추어 독립했는데、 한나라 고조(高祖)는 북방의 평정에 정신이 없어 남쪽 끝까지는 도저히 손이 미치지 못한다。 장사 사람들이 근심하여 남월에는 무기나 농구가 되는 철재(鐵材)를 팔지 않겠다고 결정했으나、 남월은 반대로 장사군의 남경(南境)에 침입하여 위협한다。 또한 서남 변경에 있던 낙월(駱越)을 수하에 거두어들이고、 마침내는 오늘날의 베트남 경내(境內)에까지 출병했다。

한의 문제(文帝)는 남월을 회유하려고 조타의 원적(原籍)에 그 부모의 무덤(塚)을 만들어 육가(陸賈)를 사신으로 보냈다。 그러자 조타는、「남방은 비습(卑濕)하여 만이(蠻夷) 그 안에 섞이며(間)、 동에는 민월(閩越)、 서에는 구락(甌駱)이 있어 제각기 왕이라 일컫다。 노신(老臣=自信을 일컬어 하는 말)도 함부로 제호(帝號)를 절(竊)하여 스스로 즐길(娛)뿐으로 감히 큰 마음은 없소이다。 만이(蠻夷)의 대장로부(大長老夫)、 신(臣) 타(他) 이에 말씀드리는 바이오」 (〈史記〉「南越尉他列傳」) 하며 공순(恭順)의 뜻을 나타냈다는 것이다。 조타는 백세 가까운 장수를 누리고 죽었는데、 그 아들의 시대에는 태자(太子)를 장안으로 보내어 궁중 금위(宮中禁衛)를 맡아보게 하였고、 한단(邯鄲) 여성을 맞아들여 아내로 삼았다。 이 여자는 일찌기 안국소계(安國少季)라는 장안 부호의 애인이었는데、 이윽고 그녀가 낳은 아들이 남월의 왕이 되었다。 한의 무제는 흉노와의 싸움이 일단락 짓자、 남방으로 눈을 돌렸다。 우선은 정략으로써 남월을 포섭하려고 생각했다。 그래서 안국소계(安國少季)를 사신으로서 남월에 보내어 지난날의 애인(당시 太后)에게 접촉을 꾀했다。 그녀는 어엿한 「중국인」이며 무엇보다 북방에 대한 향수(鄕愁)가 있다。 「三세(歲)에 일조(一朝)」하며、 국경의 관소(關所)를 폐지한다——는 한이 제시한 조건에 물론 이의가 있을 리 없다。

그런데 재상(宰相)인 여가(呂嘉)는 조타(趙他) 이후의 중신(重臣)으로서 남월국 사람 사이에서는 신망이 두텁다。 그는 이 수 저 수를 되풀이하며 쓰는 한나라의 정략에 저항하여、 왕과 태후가 한나라를 따르려 하는 것을 억제하려고 했다。 이처럼 「비둘기파」와 「독수리파」가 날카롭게 대립하게 된 어느날 여가는 마침내 반란을 결의했다。 그리하여 다음과 같이 남월인(越南人)의 궐기를 촉구했다。

「태후는 중국인으로서 한나라의 사신과 밀통(密通)하여 선왕(先王=趙他)의 보기(寶器)를 한나라의 천자(天子)

에게 바쳐 꼬리치려고 하도다。 또한 종자(從者) 다수를 거느려 장안에 이르자、 그들을 노예로 전매(轉賣)하여 한때의 이(利)를 얻으려는 속셈을 보이도다」

기원전 一一四년、 한나라의 무제는 남으로 대군을 출병시켰다。 복파장군(伏波將軍) 노박덕(路博德)은 유주(柳州)·계양(桂陽)에서 지금의 유강(柳江)을 남하한다。 또한 예장군(豫章郡)에서 보내어진 일대(一隊)와 월인(越人) 투항자의 부대는 계강(桂江)을 내려간다。 그리고 또 하나는 멀리 운남(雲南)·귀주(貴州) 쪽으로 우회하여 파촉(巴蜀=四川)의 죄인과 야랑(夜郞=지금의 雲南省 昆明 부근)의 병사를 이끌고 동으로 장가강(牂牁江)을 내려가게 했다。 이 대하(大河)는 전장(全長) 六백킬로나 되며 지금은 상류부터 남반강(南盤江=雲南)→홍수하(紅水河=貴州와 廣西의 境界)로 이름을 바꾸며、 도중에서 유강(柳江)과 계강(桂江)을 합쳐 마침내는 「서강(西江)」이라고 불리는 큰 강이 되어 광주(廣州) 델타로 나온다。

일찌기 한나라가 동월을 멸망시켰을 무렵、 당몽(唐蒙)이라는 한나라 사람이 남월왕 조타(趙他)에게 초청되어、 그 자리에서 사천(四川) 특산인 구장(枸醬)을 대접받았다。 그때 이 장가강(牂牁江)이 운남·귀주、 그리고 사천까지도 통하는 연락로(連絡路)임을 알게 됐다는 것이다。 한편 장건(張騫)이 대하(大夏=북아프가니스탄)에 사신으로 갔을 때、 그 고장에서 사천의 비단이며 죽세공(竹細工) 등을 구경하게 되어 「이것들은 어디서 온 것이오」 하고 묻자 「신독(身毒=天竺·印度)을 거쳐 수입된 것이오」라고 한다。 그래서 장건은 실크로우드를 거치지 않아도 운남→신독(인도)→대하라는 남쪽으로 도는 노선(路線)이 있으리라 생각하고、 그 의견을 무제(武帝)에게 진언했다。 그것을 들은 무제는 잇따라 운남으로 출병(出兵)시켜 노선을 탐색케 했다。 새로운 루우트를 개척한다는 목적은 이루지 못했으나、 부산물로서 장가강(牂牁江)이 광동(廣東)으로 통한다는 것을 알게 되었다。 (《史記》「西南夷列傳」) 이번에는 실제로 군사를 동원하여 그 강줄기를 확인하려 했던 것이다。 한나라 대군의 공격을 받은 남월의 성은 불타버리고、 월인(越人)의 거의는 복파장군(伏波將軍)에게 투항했다。 장가강을 내려간 군대는、 비록 싸움에는 늦었으나 오랜 수로(水路)의 행군으로써 남쪽 끝의 대동맥이 비로소 세상에 알려지게 된 것이다。

지금 이 대하(大河)의 양기슭은 이족(彝族)과 빠이족(白族=雲南)、 부이족(布依族)과 먀오족(苗族=貴州)、 츄안족(壯族=廣西) 등 많은 소수민족의 거주지이다。 이는 지난날의 월인과 야랑국(夜郞國) 사람들의 후예일 것이다。 한은 남월을 평정한 뒤 남쪽으로 아홉 개의 군(郡)을 두고 마침내는 교지(交趾)로까지 진출하게 되었다。

名言 102

北向戶

하노이(河內)에서 동북쪽을 향해 풍요한 수전지대(水田地帶)를 약 一백五〇킬로 지나、랑송(諒山)에 닿으면 겨우 구릉지대(丘陵地帶)가 다가온다。봉황수(鳳凰樹)며 갖가지 야생초(野生草)가 멋대로 피어 있는 아름다운 고장이라고 한다。여기서 중국과의 국경인 우의관(友誼關)까지는 자동차로 반나절의 거리밖에 되지 않는다는 것이 여행자의 말이다。

하이퐁에서 북으로 걸친 해안에는 둥근 암석의 섬들이 잇따라 있으며、광서성(廣西省)의 서반부(西半部)는 바로그 암석들이물 위에 흩어져 있다고 생각하면 된다。더구나 대지는 지글지글 타오를 듯한 모래 벌판이다。다시 말해서 암산(岩山)이 존재하는 「열대사막」인 것이다。

진한(秦漢)무렵、중국 원정군의 선발대가 이 근방까지 이르렀다。그리고는「북향호(北向戶=북쪽을 향한 入口)에 이르러 되돌아가다」(史記)라고 서술되어 있다。잘 알려져 있듯이 중국에서는 남쪽에 대문을 만들고、집안에도 남향으로 출입구와 창을 마련하며、북측은 두터운 벽으로 막아 추위를 피한다。그런데 이 근방에서는 열기(熱氣)를 막기 위해 남측을 막고、북향으로 문을 내는 것이다。그것이 원정군의 병사들 눈에는 참으로 이상한 풍속으로서 비쳤던 것이리라。「남쪽 끝까지 왔구나」하는 감회로 그들은 간절한 느낌을 풀었으리라。

그런데 한나라의 무제는 남월(南越)을 멸망시킨 뒤, 지금의 광동(廣東)·광서(廣西) 땅에는 남해(南海)·창오(蒼梧)·합포(合浦) 등 六개의 군(郡)을 두고, 또한 오늘날의 베트남 땅에는 교지(交趾)·구진(九眞)·일남(日南) 등의 三군을 두었다. 이 「일남」이란 「태양의 남쪽에 있는 땅」, 즉 「북향호(北向戶)」를 바꾸어 말한 명칭인 것이다. 그렇다면 베트남의 통킹(東京) 델타에는 어떠한 사람들이 살았던 것일까.

북베트남의 원주민은 크게 둘로 나눌 수 있을 것이다. 먼 옛날부터 인도네시아·폴리네시아 지방에서 건너온 사람들이 해변의 저지(低地)를 피하여 구릉지대에 들어와 산림(山林)을 불태워 감자를 심는, 이른바 「화전경작(火田耕作)」을 영위하고 있었다. 이것이 하나이며, 또 하나는 델타의 저지에서 밭농사를 짓고 있던 사람들이다.

오늘날의 광서성 츄안족(壯族) 자치구(自治區)의 서반부(西半部)가 불모(不毛)의 열대사막(熱帶砂漠)임에 반해, 같은 광서성(廣西省) 가운데에서도 남령(南寧)부터 동쪽은 훌륭한 수전지대(水田地帶)가 된다. 북부의 홍수하(紅水河=옛날의 牂牁江) 기슭에도 물론 수전이 많다. 그리고 광동 델타와 통킹 델타는 흡사한 해변의 저습지이기 때문에 염분(鹽分)에 강한 홍미(紅米)가 자라는 것이다. 그것은 절강(浙江)이나 호남(湖南) 쌀보다는 맛이 떨어지나 끈질긴 맛이 비교적 적어 볶음밥이나 죽으로서 먹기에는 적합하다. 이러한 벼를 가꾸기에 능숙한 사람들의 한 무리가 옛부터 베트남의 델타 지역에 끼어들어 오기 시작했다. 한마디로 말하면 베트남에는 불(火田)과 인연이 깊은 인종과 물(水田)에 인연이 깊은 인종이 아주 먼 그 옛날부터 땅을 갈라 거주하고 있었다 ―― 고 해도 좋을 것이다. 「남월(南越)의 계림감(桂林監), 거옹(居翁)이란 자, 구락(甌駱) 四〇여만구에 타일러 한(漢)에 항복하다」(〈漢書〉「南越列傳」)라는 기록에 나타나는 「구락」이란 것이 옛부터 이 델타 지방에 있던 수전 경작민(水田耕作民)의 호칭이었다.

〈사기〉의 주(注)에 인용되고 있는 「광주기(廣州記)」란 책에 다음과 같은 해설이 있다.

「교지(交趾)에 낙전(駱田)이 있다. 조수(潮水)의 상하(上下)를 우러러보며, 그 논에 심어 먹다. 이름 지어 낙후(駱侯)라고 하다. 그 제현(諸縣=酋長)은 스스로 일컬어 낙장(駱將)이라고 하다. 뒷날 촉왕(蜀王)의 아들, 병사를 이끌어 낙후를 치고 안양왕(安陽王)을 자칭, 봉계현(封溪縣)으로 다스리다(都邑하다). 후에 남월왕 조타(趙他), 안양왕을 무찔러 두 사신(地方官)으로 하여금 교지(交趾)·구진(九眞) 두 군(郡)을 전주(典

主=다스림)케 하니 곧 구라(甌駱)이다」

지금의 베트남어(語)로는 밭 사이의 통수구(通水溝)를 라(lach)이라 한다。「낙전(駱田)」의 「낙(駱)」이 그것에 해당되는 고대어이리라。염전(鹽田)에서 소금을 말리기 위해 바닷물을 끌어들이려면 만조(滿潮) 때에 통수구를 여는데、반대로 연해(沿海)에 있는 논(水田)에서는 간조(干潮) 때에 통수구를 열어 염분을 배출하고、만조(滿潮) 때에는 통수구를 닫아 바닷물이 흘러들어오는 것을 막는 것이다。그들은 무척 일찍부터 그러한「수문(水門)이 달린 통수구」의 지혜를 지녔던 우수한 저지(低地) 농민이었던 것이다。참고로 말한다면、화남의 원주민이 월(越)에 접두사를 붙여 「어월(於越)」이라고 불렀듯이、낙(駱)에도 접두사를 붙여 「구라(甌駱)」이라 하여 그것을 부족의 이름으로 삼았던 것이리라。

그러나 한인(漢人)의 낙민(駱民) 통치가 평온무사하게 진행되었던 것은 아니다。무제가 남방(南方) 九군(郡)을 둔 것은 기원전 一一一년의 일이었으나、그로부터 약 一백 五〇년이 지나 후한(後漢)의 광무제(光武帝) 무렵、베트남에서 커다란 반란이 일어났었다。낙장(駱將=駱民의 酋長)의 딸 징측(徵側)과 징이(徵貳)의 자매가 당시의 교지군(交趾郡) 태수 소정(蘇定)의 강압책에 분노하여 군사를 일으켰던 것이다。

「교지의 여자、징측(徵側) 및 여제(女弟) 징이(徵貳)가 반란(反亂)하여 그 군(郡)을 무찔러 멸하다。구진(九眞)·일남(日南)·합포(合浦)의 만이(蠻夷) 모두 이에 응하며、영외(嶺外=廣東과 廣西)의 六〇여성(餘城)을 구략(寇略)하다。측(側)、스스로가 왕이 되다」(《後漢書》「馬援列傳」)

한나라는 용명이 높은 마원(馬援)을 복파장군(伏波將軍)으로 임명하여 대군을 남으로 보냈다。마원은 합포에서 해안을 따라 남하하여 낭박(浪泊=지금의 홍게이)에 상륙했다。그 뒤 약 三년 동안에 장병 一〇명 가운데 四、五명의 전병사자(戰病死者)가 나올 만큼 고전(苦戰)을 거듭했는데、서기 四三년에야 겨우 자매를 무찔러 멸했다。

그러나 이 반란은 베트남(越南)측에서 보면 최초의「독립전쟁」이었던 것이다。뒷날 베트남 사람은 원조(元朝)의 남정부대(南征部隊)를 맞아 이를 물리치고、또 명조(明朝)의 지배에 반발하여「독립」했다。중국·월남 양국 사이에는 역사적으로 여러가지 항쟁(抗爭)이 있었다。오늘날、중공과 공산 월남은 같은 공산주의 국가로서 긴밀한 동맹국인 듯하나、역시 중공(中共)의 극심한「간섭」을 받고 있음은 부정할 수 없다。민족 사이의「평화공존(平和共存)」이란 이토록 어려운 것인지도 모른다。

名言 103

물고기와 거북이 떠올라 다리를 만들다

중국의 서북과 남쪽 변경(邊境) 형편에 대해 설명했기 때문에 다음은 동쪽으로 눈을 돌려보기로 한다。

동쪽이라면 우선 한반도(韓半島)와 그리고 그 바다 건너의 섬나라 일본。 그런데 그 일본인의 조상이라는 이른바 천손족(天孫族)은 한반도에서 건너간 기마민족(騎馬民族)이 중핵(中核)을 이룬다는 것이 거의 유력시되고 있는 정설(定說)이다。 지난날의 한반도 남쪽에 있던 삼한(三韓)이나 북에 있던 고구려도 모두 중국 동북의 원주민、부여족(扶餘族)의 분파라는 전승(傳承)도 있다。

그런데 〈사기(史記)〉나 〈한서(漢書)〉에도 부여의 이름은 아직 등장하지 않고 있는데、 그 뒤를 이은 위(魏)나라의 역사책인 〈위서(魏書)〉와 〈위략(魏略)〉 가운데에는 상세히 부여인(扶餘人)의 모습을 묘사하고 있다。 여기서는 그것을 대강 설명해 보자。

「부여는、그 남쪽에서는 고구려와 접하며 동쪽으로는 읍루(挹婁)、서쪽으로는 선비(鮮卑=터어키系 遊牧民)와 접하고 북으로는 익수(溺水=지금의 黑龍江)가 있다。 사방 二천리가량、호수(戶數)는 八만。 체격은 조대(粗大)하며 강용근후(强勇謹厚)。 관명(官名)에는 마가(馬加)・우가(牛加) 등 六축(畜)의 이름을 지어 (加란 ~長과 같은 뜻) 호족(豪族)이 하호(下戶)를 지배한다。 명마(名馬)를 산(產)하며 목축에 익숙하다。 은

(殷)의 달력을 사용하며 정월에는 하늘을 제사(祭祀) 지내어 연일 술과 음식을 먹는다. 옷은 백색을 존숭한다. 왕실에는 「예왕지인(濊王之印)」이라고 새긴 보인(寶印)을 전하며, 유로(遺老)들은 고대에 중국의 망명자(亡命者)가 흘러와 성책(城柵)을 쌓아 그 땅에 정주(定住)했다고 전한다」(〈魏書〉「扶餘傳」)

「옛날 고리왕(高離王=高句麗王)의 하녀가 계란을 삼키더니 한 아이를 낳았다. 불상(不祥)의 아이라고 하여 돼지우리, 마굿간에 버리자 돼지나 말이 젖을 먹이고 숨결로 따뜻이 해주다. 그 아이는 이윽고 자라 동명(東明)이라 일컬어 말을 치는 목부(牧夫)가 되었다. 국왕이 이를 미워하며 몰아냈기 때문에, 동명은 남쪽으로 도망쳐 시엄수(施掩水) 강변까지 몸을 피했다. 활로 물을 치자 물고기와 거북이가 등을 나란히 하여 부교(浮橋)를 만들어 건너가게 해 주었다. 이리하여 동명은 부여의 왕이 되었다」(〈魏略〉)

이 동명(東明=東盟·東孟이라고도 한다)은 바로 한반도의 고구려나 삼한의 시조로 전승되기도 한다.

그런데 이 이야기에서 흥미있는 것은 소위 「예왕지인(濊王之印)」이다. 한나라의 무제가 운남(雲南)으로 원정군을 파견했을 때, 지금의 곤명(昆明) 부근에 있던 전인(滇人)이 협력해 주었기 때문에 「전왕지인(滇王之印)」을 주어 토민(土民)의 통치를 맡겼다고 한다(〈史記〉「西南夷列傳」). 그 보인(寶印)은 최근 운남성(雲南省) 진양현(晋陽縣) 유적(遺跡)에서 출토(出土)된 바 있다. 또한 一九五四년에는 신강성(新疆省) 위글 자치구의 신화현(新和縣)에서 「한귀의강장(漢歸義羌長)」의 동인(銅印)이 발견되었다. 서역(西域)의 강족(羌族=티베트族) 추장에게 준 것이었다. 그리고 一九七二년에는 청해성(青海省) 대통현(大通縣)에서 「한흉노귀의친한장(韓匈奴歸義親韓長)」의 동인이 발굴되었다.

또한 〈후한서(後漢書)〉에 의하면,

「왜(倭)의 노국(奴國), 공(貢)을 받들어 조하(朝賀)하다(西紀 五七년). 사인(使人) 스스로 대부(大夫)라 일컬으며, 왜국의 극남(極南)의 계(界)라고 하다. 광무제(光武帝) 인수(印綬)를 하사하다. 또한 왜국왕 수승(帥升) 등 생구(生口=奴隷) 一六〇명을 바치다.」(西紀 一〇七年)

라고 기록되어 있다. 그때 갖고 돌아온 금인(金印) 역시 「한왜노국왕(韓委〈倭〉奴國王)의 인(印)」이라 하여 지꾸젠(筑前)의 시가시마(志賀島) 마을에서 발견되고 있다.

이 「滇王之印」「濊王之印」「倭奴國王之印」이나 그밖의 인(印)을 놓고 보면, 동아시아의 중국 주변 여러 민족이 거의 중국의 시계(視界) 속에 들어온 것이 이 시대임을 알수 있다。 한나라는 그 각각에 금인(金印)·은인(銀印)·동인(銅印) 등을 주어 외교(外交)를 맺고 있었던 것이다。 이 방법을 「인수책봉(印綬冊封)」이라고 한다。 한나라 무제와 그 뒤 一백년은 바로 동아시아 전역이 한인(漢人)의 영향을 받으며、 민족형성을 시작한 중대한 시기였던 것이다。

그런데 이야기를 다시 부여(扶餘)와 조선(朝鮮)으로 돌려보자。 상고(上古)에 주나라가 은나라를 멸망시켰을 때、 은나라 왕족의 하나인 기자(箕子)가 일족을 거느리고 몸을 피하여 「기자조선(箕子朝鮮)」을 세웠다고는 하나 이는 전승(傳承)으로 다루어야 옳을 것이다。 그러나 앞서도 말했듯이 부여인은 은나라 달력을 사용하고 은나라 사람과 마찬가지로 흰옷(白衣)을 존숭했다고 소개되고 있다。 그런데 은나라의 개조(開祖)인 설(契)이란 인물은 간적(簡狄)이란 공주(公主)가 현조(玄鳥=제비)의 알을 삼켜 낳았다는 것이다(〈詩經〉「玄鳥」의 詩에서)。 또한 은나라에 복속(服屬)하고 있던 서(徐)나라의 수령、 서의 언왕(偃王)은 동방의 이인(夷人)을 이끌고 서주(西周)를 위협했던 대추장인데、 그것도 궁녀(宮女)가 새의 알을 배어 낳은 아이라고 전해진다。 이와 같은 은나라 사람의 「난생(卵生)」의 전승(傳承)이 부여로 전해졌다고 한다면 은나라 잔당(殘黨)이 북으로 이주하여 퉁구스계(系)、유목민 속에 들어가 혼혈(混血)될 가능성도 없는 것은 아니다。 기자조선(箕子朝鮮)의 이야기는 아마 거기서 생겨난 것이리라。

전국(戰國) 말기(末期)、 지금의 북경지구(北京地區)에 있던 연(燕)나라는 동북으로 세력을 뻗쳐 요동(遼東)—진번(眞番)—조선(朝鮮)의 패수(浿水=지금의 鴨綠江)에 이르는 요소(要所)에 새(塞)를 쌓고 있었다。 그 연나라가 진(秦)나라에게 멸망당하고、 한나라가 다시 진나라를 대신한다。 고조(高祖) 무렵、 연왕(燕王)으로 책봉된 노관(盧綰)이 반란을 일으켜 패하고 흉노(匈奴)로 도망쳤는데、 그 부장(部長)인 위만(衛滿)이 연나라의 망명자(亡命者)들을 이끌고 마침내 왕검성(王儉城=뒷날의 漢城이며 지금의 平壤)에 본거를 두고 독립했다。 이것이 이른바 「위만조선(衛滿朝鮮)」으로서 손(孫)인 위우거(衛右渠)에 이르기까지 三대、 一백여년에 걸쳐 조선반도의 북부를 지배하고 있었다。

한나라의 무제는 수륙(水陸) 양측에서 조선을 향해 원정군을 파견했었다。 누선장군(樓船將軍)인 양복(楊僕)은 제(齊=山東)로부터 수군(水軍) 五만을 거느리고 발해(渤海)를 건넜다。 지금의 요동반도 끝인 노철산(老鐵山) 정상에서 서쪽을 바라보면、 수많은 거센 파도의 저너편에 보일듯 말듯 이 육지의 그림자를 볼 수 있다。 산동

(山東)의 지부(芝罘=煙台) 근방이리라。그 사이에는 묘도열도(廟島列島)가 있기 때문에、섬을 따라 지금의 여대시(旅大市)로 건너간 뒤 해안을 따라 동쪽으로 나아가면 비교적 안전하게 대동강(大同江) 하구(河口)에 도달할 수 있다。 양복은 아마 이 수로(水路)를 경유한 것이리라。한편、육군은 말할 나위도 없이 요동군(遼東郡)을 거쳐 압록강의 하류를 건너 남하했던 것이다。

그런데 위우거(衞右渠)는 성을 굳게 지키며 항복하지 않는다。더구나 한나라의 수군과 육군이 서로 뜻이 맞지 않아、피차간에 의심하며 중상하는 그런 상태로 기원전 一〇八년에 가서야 겨우 왕검성은 함락되었다。

무제는 조선에 낙랑군(樂浪郡)을 위시한 四군(郡)을 두어 관리를 파견했다。그러나 수륙 양군의 장군은 모두가 그동안의 불화와 작전의 실패 등 책임을 지고 벌을 받았다는 것이다。사마천은、

「양군이 모두 욕됨이 있어 장수(將帥)에 후(侯)가 된 자 없다」

하며 탄식하고 있다。당초부터 난산(難産)이었던「낙랑군」은 한때 한인(漢人)의 최동단(最東端)의 식민지로서 번영을 누렸으나、결국은 그 말로 역시 비참하게 끝나고 말았다。식민지가 성가신 무거운 짐으로 되는 것은 옛날이나 근대나 마찬가지이다。「패권(覇權)」으로써 다른 민족에 군림한다는 잘못을 옛날부터의 기나긴 역사가 실지로 증명하여 경고하고 있다고 하겠다。

名言 104

먼 데를 우려하여 가까이에 화를 입다

한나라 무제에 이르러 지상 최대의 다민족(多民族) 통일국가가 단단히 그 기틀을 잡았다. 그것은 중국 자체가 새로운 「군주 관료제」를 확립했다는 증명이기도 했다. 구시대(舊時代)의 귀족·토호(土豪)가 낡은 신분차별을 빙자삼아 농노(農奴)를 사유(私有)하여 각지에 할거했던 시대에는 도저히 꿈조차 꿀 수 없었던 새로운 사태였다.

그러나 이 변혁은 결코 평탄한 길을 걸었던 것은 아니다. 일찌기 진(秦)의 상앙(商鞅)이 자작농(自作農)을 육성시켜 「법」 지배의 원형을 실험한 뒤로부터, 진의 시황제까지가 약 三七〇년, 진의 통일지배가 최초의 기반 구실을 한 뒤 한번 와해하여 한나라가 다시금 관료제를 실시, 무제까지가 약 一二〇년, 그 사이에는 몇번이고 통일을 파괴하여 분립할거(分立割據)로 되돌려 놓겠다는 반동파(反動派)의 방해가 있었다. 그때마다 얼핏 보면 「비정(非情)」하다고까지 여겨지는 「법가관료(法家官僚)」들의 필사적인 투쟁 덕분에 많은 곡절을 극복하여 무제(武帝)의 시대를 맞이했던 것이다.

역류(逆流)를 빚은 화근의 씨는 일찍부터 한나라의 고조 때에 뿌려졌다. 그는 공신(功臣)들의 공로에 보답하기 위해 하는 수 없이 그 가운데 주요한 자들을 왕후(王侯)로 책봉했는데, 그 즉시 한왕(韓王) 신(信=韓信)·연왕(燕王) 노관(盧綰)의 모반(謀反)에 직면하여, 후회의 입술을 깨물지 않을 수 없었다。그 뒤로는 역대의 황제도 조심에 조심을 거듭하여 행정・군사에 능숙한 자들을 다만 그一대에 한해 기용함을 원칙으로 삼아、지난날의 공신(功臣)의 자손들로부터 잇따라 소령(所領)을 거두어 들였다。이를테면 장군 주발(周勃)은 그 一대에 그치도록 했으며、장량(張良)은 二대、재상 진평(陳平)의 가문은 三대로 그 영지(領地)를 잃고 있다。

그러나 성가신 것은 유씨(劉氏) 일족을 봉(封)한 각 왕국이었다。왕국에도 재상이나 감찰역(監察役)의 이름 아래 관료가 중앙으로부터 파견되었는데、각 왕가는 제각기 지반을 굳혀 좀처럼 중앙의 명령에는 따르지 않는다。그 필두가 오왕(吳王) 비(濞)였다。

이 사나이는 고조(高祖) 형의 아들인데、고조와 여태후(呂太后)가 죽은 뒤로부터는 일족 가운데에서도 장로(長老)격으로 올라서 문제(文帝)・경제(景帝)도 그에게만은 함부로 굴지 못했다。당초、고조는 혈기왕성한 유비(劉濞)에 대해 「五〇년 뒤、동남에 반란이 일어난다——고 예언한 자가 있다。동성일가(同姓一家)가 되어 천하를 지키는 것이 중요하다。알겠느냐」하고 그의 등을 치며 간곡히 주의를 주었다는 것이다。

그로부터 一〇년、二〇년、장강(長江) 하류의 풍요한 땅을 차지한 오왕(吳王)의 나라는 은연(隱然)한 반독립(半獨立)의 모습을 드러내기에 이르렀던 것이다。

「오(吳)는 예장군(豫章郡=지금의 江西省과 安徽省의 南半)의 동산(銅山)을 가지며、천하의 망명자(亡命者)를 초치(招致)하여 전(錢)을 주조(鑄造)하고 바닷물로 소금을 만든다。그러므로 백성에게 부세(賦稅)가 없도다」(《史記》「吳王濞列傳」)

사천성(四川省) 등에서는 암염(岩鹽)이 산출되기 때문에 한대(漢代)에는 이미 염정(鹽井)을 파고 장작을 태워 제염(製鹽)을 하고 있었다。그러나 화중・화남에서는 오로지 동해(東海)의 소금(바닷물을 鹽田에 끌어들여 수분을 증발시켜 結晶시킨다)을 식용(食用)으로 삼았다。해마다 가을이면 각 왕이 장안에 나와 참하(參賀)하는 것이 연례(年例=「秋請」이라고 불렀다)였었는데、오왕은 거기에도 참가하지 않는다。온후한 문제는 문책 대신 노인이 짚는 지팡이를 보내어 「개과자신(改過自新)」을 기대했는데、오왕은 아랑곳도 않고 받아들이지 않는다。

그 무렵 서울(都)에서는 조착(鼂錯)이라는 수완가인 관료가 문제・경제의 신임을 받고 있었다。그는 원래 상앙(商鞅)의 설(說)을 배운 철저한 법가(法家)로서 뒷날 복생(伏生=伏滕)이라고 하는 노인으로부터 《서경(書經)》강독(講讀)을 받아 그 변설(辯舌)이 더욱 뛰어났다。조착은 호족(豪族)이며 고관(高官)을 단속하기 위해 법령

三〇장(章)을 개정、「몰인정한 사나이」로서 은근한 공포를 주어 왔었는데、그가 하루는 문제에게 진언했다。

「옛날、고조께서 천하를 평정하실 때、형제는 적고 여러 자제는 어리기 때문에 서자(庶子)·친족(親族)을 각지에 책봉하셨사옵니다。제왕(齊王)은 七〇여성、초왕(楚王)은 四〇여성、오왕은 五〇여성……그렇건만 이제 오왕은 병이라고 사칭하여 추청(秋請)에 응하지 않으며、그 소령(所領)을 삭제하면 반(反)하나이다。설사 삭제하지 않아도 반하나이다。빨리 조치하면 화근을 적게 할 수 있겠나이다」

이윽고 그는 각 왕들의 영토를 차례로 깎아내리기 시작했다。

그 소식을 듣고 조착의 아버지가 시골로부터 달려와 「그런 짓을 하면 남에게 미움만 살 뿐」이라고 간곡하게 아들을 말렸다。

아들 : 애초부터 각오한 바입니다。이렇게라도 하지 않으면 천자(天子)는 거룩할 수 없으며、종묘(宗廟)가 편안치를 못하옵니다

부친 : 그렇다면 유씨(劉氏)는 안태(安泰)를 누릴 수 있겠지만、우리 가문은 어찌 되겠나。네가 하는 짓을 보니 두려워 보고만 있을 수 없구나。나는 이제 너와 영 작별을 해야겠다

아버지는 독약을 마시고 자살(自殺)해 버렸다는 것이다。그로부터 열흘 후에 오초칠국(吳楚七國)의 반란(反亂)이 일어났다。

그것은 기원전 一五四년、경제(景帝) 초기 때의 일이었다。오왕은 격문을 띄워 왕족들을 선동했다。

「이제 주상(主上)은 유씨의 골육(骨肉)을 예우(禮遇)치 않고、선제(先帝)의 공신(功臣) 뒤를 끊으며、간인(姦人=鼂錯를 가리킨다)을 진임(進任)하여 천하에 난(亂)을 빚으려 하도다。속담에도 말하지 않던가――겨(糠)를 핥아(舐) 쌀에 이른다고。이를 방임해 두면 이윽고 각 왕국은 벌거숭이가 되리라。이제 군측(君側)의 간(姦)을 제거하고자 하도다。과인(寡人)의 금전(金錢)은 천하 곳곳에 있도다。공(功)이 있으면 상례(常例)에 배가 되는 상을 주리라」

한(漢)에서는 대군을 파견하여 우선 황하 중류의 곡창(穀倉)을 장악하고、회수(淮水)와 사수(泗水)의 요소를 봉쇄하여 화중으로 진격한 오왕 군대의 양도(糧道)를 끊어놓았다。그것을 보자 애초부터 손발이 맞지 않던 七국은 잇따라 투항하여、오왕은 二개월 뒤에 강남(江南)으로 몸을 피하고、마침내는 동월(東越)에까지 도망쳤으나 결국 월인(越人)에게 살해되고 말았다。

그러나 이 싸움이 한창일 때 조정에서는 이변(異變)이

일어났었다。 원앙(袁盎)이라는 자가 「조착(鼂錯)을 죽이면 반란은 가라앉을 것이옵니다」라고 은밀히 경제에게 진언했던 것이다。 동요하고 있던 경제는 마침내 조착을 궁중으로 불러들여、그 자리에서 형장(刑場)으로 보냈던 것이다。 그는 입궐하려고 몸에 걸쳤던 조복(朝服=禮裝)인 채로 참형(斬刑)을 당했다고 한다。

뒷날 등공(鄧公)이라는 장군이 전장(戰場)에서 돌아왔을 때、경제는 「조착이 죽어 반란은 가라앉았으리라」하고 물었다。 그러자 등장군은 하늘을 우러러 탄식하며 말했다。

「조착은 제후(諸侯)가 강대해지면 지배하기 어려워짐을 두려워했기 때문에 영지(領地)를 깎아 경사(京師=서울、中央政府)를 거룩하게 하려고 꾀한 것、만세(萬世)의 이(利)를 생각한 일이었소이다。 이 계획이 겨우 이루어지는 마당에 대형(大刑)을 받다니、이것이 충신의 입을 막는 일이 되다니 이 어찌 아니 두려우랴」

(〈史記〉「鼂錯列傳」)

이 말을 듣고 경제는 아무 말도 하지 못했다。

무제의 대업은 이러한 역대의 법가관료(法家官僚)들의 희생을 바탕으로 하여 구축되었다。 사마천은 「조착、나라를 위해 먼 데를 우려하건만、화(禍)는 오히려 가까이에 다가오다」(〈史記〉「吳王濞列傳」)하며 애도하고 있다。

名言 105
一貴一賤, 交情하니 곧 나타남

한(漢)의 무제(武帝) 무렵에 이르자, 드디어 본격적인 관료제도가 확립되었다. 그와 함께 주요한 세 가지 관료 타입이 생겨났다. 당시의 정치 사상에 도가(道家=老子 위에 黃帝를 두었기 때문에 「黃老」라고도 한다)—법가(法家)—유가(儒家)의 三자가 나란히 대응하여, 관료의 입장도 저절로 셋으로 갈라질 수밖에 없었던 것이다.

뒷날, 유가(儒家)가 주류파(主流派)가 되어, 유가(保守派)—법가(改革派)로 갈라지며 二천년에 걸친 정권 내부의 항쟁이 계속되는데, 무제 무렵에는 아직 이 三자(者)가 병립하여 그 비중에는 거의 차이가 없었다. 이를테면 태사공(太史公) 사마담(司馬談=司馬遷의 父)은 다음과 같이 이러한 사상을 평가한다.

「황로(黃老=道家)는 사람으로 하여금 정신전일(精神專一)케 하며, 동합(動合), 형(型)에 구애됨이 없도록 한다. 음양(陰陽)의 대순(大順=흐름)을 따라 유가·묵가(墨家)의 선(善)을 채택하며, 형명(刑名)·법가의 요(要)를 파악한다……약(約)하여 조(操)하기 쉬우며 일은 적고 공은 많다」(〈史記〉「太史公 自序」)

이에 대해 유가는 「번잡하며 공(功)은 적어」 말만의 논의(論議)에 빠져 버린다. 법가는 「친소(親疏)를 구별하지 않으며 귀천(貴賤)을 차별하지 않고, 오로지 법에 의해 처리한다」는 것이므로 「비정(非情)」에 흐르기 쉽다。 황노야말로 사소한 일에 구애되지 않고 성견(成見)을 버리고、 시세(時勢)의 흐름에 대처할 수 있는 뛰어난 발상법(發想法)이라고 하는 것이다。

그런데 무제의 무렵、 황노파의 대표는 급암(汲黯)、 법가의 전형은 장탕(張湯)、 유가의 기수(旗手)는 공손홍(公孫弘)과 동중서(董仲舒)였다。 여기서는 우선 급(汲)과 장(張) 두 사람을 소개하겠다。

「황로(黃老=道家)의 언(言)」을 배운 급암은 자잘구레한 일을 시종에게 맡겨 유협(遊俠=俠客)의 풍격을 갖추고 있었다。 무제가 만년에 이르러 유자(儒者)에게 마음이 끌리는 것을 보자、「폐하는 안으로는 다욕(多慾)하고 겉으로는 인의(仁義)를 베푸는 체하나、 가짜 성왕(聖王)인 체해도 곧 그 본성이 탄로되고 말 것이외다」하고 직언한다。 지난날에는 자기 밑에 있던 장탕(張湯)이 정위(廷尉=檢察官)→어사대부(法務長官)가 되고 공손홍(公孫弘)이 재상이 되는 것을 못마땅하게 여기며、「폐하께서 군신(群臣)을 기용하는 것을 보면 마치 장작을 쌓아올리는 것 같소이다。 나중에 온 자가 위에 올라타기 마련이니 말씀이외다」하며 비꼰다。 당대에 위세를 떨치는 대장군 위청(衛靑)이 입궐해도 무제는 평상복 그대로 개실(個室)에서 응대하는 수가 있었지만、 이 급암에 대해서만은 의관(衣冠)을 바로하여 면접했다는 것이다。

그는 유가재상(儒家宰相)인 공손홍을 평하여、「거짓을 품고 지혜를 겉꾸미며 인주(人主)에게 아첨하는 자」라고 하며、 법가의 장탕을 보고는 「도필(刀筆)의 이(吏)인 주제에 법령(法令)을 날카롭게 갈고 갈아 사람을 죄에 빠뜨리며 이기는 것을 공으로 여긴다」라고 매도(罵倒)했다는 것이다。 때마침、 흉노의 대군이 투항하여 장안으로 송환되어 왔다。 무제는 크게 기뻐하여 연도(沿道)의 제현(諸縣)으로 하여금 돌보게 했다。 그런 만큼 식량이며 숙소 등 각현마다 여간 큰일이 아니었다。 급암은 보다 못해、

「호인(胡人)을 노비(奴婢)로서 전몰자(戰沒者)의 유족에게 주는 것이 당연한 일、 양민(良民)을 괴롭혀 접대토록 함은 천부당 만부당한 일」

이라 하며 무제에게 간언했다。 그러나 되풀이되는 직언이 끝내는 화를 빚어、 마침내 그는 잡무(雜務)만이 많은 지방관으로 좌천되고 말았다。 한때는 강직(剛直)의 인사로서 인기의 대상이었으나、 그 만년은 서글프기 이루 말할 수 없는 것이었다。 사마천은 작공(翟公)이라는 법무관(法務官)이 실각한 뒤、「문외(門外)、 작라(雀羅)를 두다」일 정도의 적막한 생활이었다는 이야기를 인용하며、

「작공(翟公)、 대문 밖에 대서(大書)하여 가로되、 〈一귀一천(一貴一賤) 교정(交情)하니 곧 나타나다(即見)〉라고。 급암 또한 그러하다」〈史記〉「汲黯列傳」)

하고 말을 맺고 있다.

그에 비하면 법가(法家)인 장탕(張湯)은 훨씬 평이 나빴다. 그러나 실제로 한 일로 본다면 장탕이 훨씬 위인 것이다. 장탕은 장안의 순라장(巡羅長)으로부터 입신 출세를 하여, 실무(實務)의 재능을 높이 평가받아 정위(廷尉)가 된다. 진황후(陳皇后)가 질투심으로 궁중에서 주술(呪術)굿을 했던 사건을 수사하고, 여러 왕국의 모반(謀反)에 대한 정보를 사전에 파악, 왕족들을 문책하여 처벌토록 하는 동안, 어느 사이에 정부 고관들도 그를 꺼릴 만큼의 실력자로 올라섰던 것이다.

「치(治=審理)함에 있어 만약 호족이라면 법령을 조작하여 교묘하게 죄를 씌우며, 만약 하호(下戶=庶民)나 약한 자라면 때를 보아 구언(口言=辯護)하며 설사 법에 저촉된다 해도 가볍게 처벌하다」

라는 것으로 특히 상류계급의 원망을 사게 되었다.

그것뿐만이 아니다. 때마침 흉노와의 전쟁으로 출비(出費)가 많아지고, 더구나 함곡관(函谷關) 이동(以東)의 화중·화북에서는 가뭄과 수해가 계속되었다. 무제의 변경(邊境) 경영이 위기를 빚었던 것이다.

「빈민유사(貧民流徙)하며 모두 현관(縣官)에게 식(食)을 구(求)하다. 현관, 공허(空虛)하도다. 장탕, 무제에게 청하여 백금(白金=銀)과 五수전(五銖錢)을 만들다. 천하의 소금과 철을 농(籠=國家가 장악하다)하려 하다. 부상(富商)·대고(大賈=大商人)를 배(排)하며, 고민(告緡)의 영(令)을 내려 호강겸병(豪强兼併)의 집을 뿌리뽑으려 하다」(〈史記〉「酷吏列傳」)

「고민령(告緡令)」이란 부자가 소유하는 전택(田宅)·배·수레·가축·노비 등에 과세하는 특별세를 말한다. 「염철(鹽鐵)의 전매(專賣)」는 큰 문제가 되어 나중에까지 말썽거리가 되는데, 아뭏든 장탕은 일관하여 부호와 고관, 지방 호족들의 사적(私的) 세력을 「법」의 힘으로 억압하려고 했다. 그 방법이 내외(內外)의 부자들의 반대를 빚어냈음은 말할 나위도 없다. 마침내 장안의 유력자들로부터 중상을 받아 옥중에서 자살하고 말았다.

「탕(湯)이 죽을 때 가산은 五백금(百金)에 불과했다. 모두 하사받은 것으로 다른 업(業=財産)은 없도다」

그는 「공(公)」을 위해 「사(私)」를 억제한다는 법가(法家) 본연의 자세를 관철, 실천했던 준엄한 관리였다. 사마천은 그를 「혹리열전(酷吏列傳)」 속에 넣기는 했으나,

「자주 일(事)의 당부(當否)를 변(辯)하며, 국가는 그 편(便)에 의존하다. 장탕이 죽은 뒤는 관사(官事)가 차츰 모폐(耗廢)하여 구경록록(九卿碌碌)으로서 그 관(官)을 봉(奉)할 뿐」

이라하여, 이 「혹리(酷吏)」의 분투를 찬양하고 있다.

名言 106

陰陽은 炭이며 萬物은 銅이다

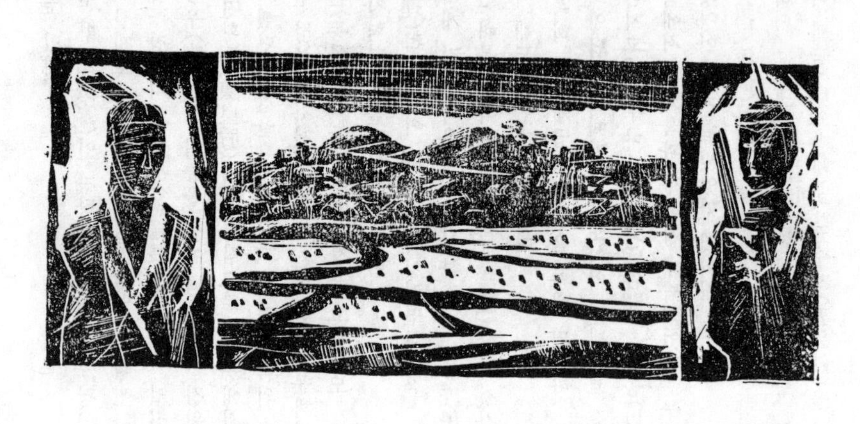

중국(自由中國 및 中共)이란 이상한 나라이다。 현대는 말할 것도 없거니와 그 먼 二천년 전에도 끈질긴 정치로선(政治路線)의「도리(道理)」가 깊이 뿌리를 박고 있었다。 어떠한 도리를 정치의 방침에 앉히느냐、 자기는 어떠한 도리를 선택하여 살 것이냐——에 따라 한(漢)나라 초기에「황노(黃老)」·「법가(法家)」·「유가(儒家)」의 세 관료 타입이 성립되었음은 앞서도 말한 그대로이다。

그런데 급암(汲黯)은「황노학」에 친숙하여「각박」하다는 평을 들을 만큼 준엄한 사나이였다。「황노학」은 한나라 고조(高祖)부터 무제(武帝)에 이르는 六대、一백여년 동안 정치 이데올로기의 중심이었다고 해도 과언은 아니다。 이를테면 한초(漢初)의 재상 진평(陳平)은「가빈(家貧)하건만 독서를 즐겨 황제(黃帝)·노자(老子)의 술(術)을 배우다」(〈漢書〉「陳平傳」)라고 전해진다。 한나라 초기의 원로격(元老格)인 조참(曹參)도「황노학」을 전하는 개공(蓋公)선생에게 사사(師事)했던 모양이며、 문제(文帝) 때의 두황후(竇皇后)도「황제·노자의 말(言)」을 즐겨、 그 탓도 있고 해서 문제의 주변에서는「황노의 서(書)」가 애독되었다고 한다。

그런데 지금 남아 있는〈노자(老子)〉는 상하 二권、八一장에 지나지 않는 짧은 것으로 어디를 보아도「황제(黃帝)」의 이름은 나오지 않는다。 도대체「황노학」이란 무엇인가. 사실은 최근까지 정체불명이었던 것이다.

그런데 호남성(湖南省)의 마왕퇴(馬王堆)、한나라 장사왕(長沙王)의 집사(執事)였던 대후(軑侯) 가문의 무덤에서 바로 그것에 해당하는 문서가 나왔다. 즉 장사시(長沙市) 동교(東郊)의 수전(水田) 한가운데、三〇미터쯤 되는 인공(人工)산에 이 세 무덤이 나란히 있는데、一호 무덤에서는 그 유명한 미이라의 여인이 얼굴 모습도 그대로 발굴되었던 것이며、나머지 二호 무덤(남편)과 三호 무덤(아들)이 최근 발굴、그 三호 무덤에서 진귀한 〈노자(老子)〉의 사본이 나왔던 것이다.

그것은 폭 四八센티의 흰 비단에 예서(隷書)로 복사되어 三〇여절(餘折)로 접어 옻칠된 상자에 들어 있었다. 기원전 一九四~一八〇년 경(惠帝·呂后時代)의 백서(帛書)가 이렇게 二천一백년이 지난 오늘까지 살아남았으니 신기한 일이라 하겠다.

이 〈노자〉에는 지금까지 세상에 알려져 있지 않았던 「경법(經法)」「십대경(十大經)」「칭(稱)」「도원(道原)」 등 四편이 수록되어 있다. 그 가운데 「도원」은 「길(道)의 본원(本源)은 파악할 길이 없는 태허(太虛)였다」라고 주장하는 것으로、표현은 다르지만 지금의 〈노자〉의 취지와 큰 차이가 없다. 그러나 「십대경」은 황제(黃帝)와 그 부하가 주고받은 문답 형식으로 논술(論述)되어 있으며、바로 「황제의 말씀(言)」이라고 하기에 적합하다. 유가(儒家)가 요·순(堯舜)이라고 하는 가공(架空)의 성왕(聖王)을 내세우고、묵가(墨家)가 우(禹)를 내세우는 데에 대항하여、이 일파는 「황제(黃帝)」라고 하는 더욱 그럴 듯할 가공의 인물을 시조(始祖)로 앉혔던 것이다.

더욱 재미난 것은 「경법」이라는 편으로서、이것은 바로 「법가」의 설(說)의 배경을 이루는 것이라고 하겠다.

「도(道)는 법(法)을 낳다. 법이란 득실(得失)을 끌어당겨 묶으며、곡직(曲直)을 분명히 하여 교(矯)하기 위한 것이니라」

「하늘(天)의 삶(生)으로 인(因)하여 (사람의) 삶(生)을 피함(養)을 문(文)이라 하며、하늘(天)의 죽음(殺)으로 인하여 베어(伐) 죽임(殺)을 무(武)라고 한다. 문무(文武) 병행하니 천하(天下)가 따르니라」

「정공무사(精公無私)하여 상벌신(賞罰信)이 천하를 다스리는(治) 연유(方法)이니라」

이것을 보면 한나라 초기의 「황노설」의 취지가 명백해질 것이다.

노자가 우주자연을 「길(道)」이라 이름짓고、자연법칙을 「법」이라고 부른 것을 이어받아 이 일파는 우선 인간사회의 법 역시 자연율(自然律)에 비유하여 「정공무사(精公無私)」이어야 한다고 생각한다. 다음으로는 자연의 작용에 사물(事物)을 살리는 때와 죽이는 경우가 있듯이、인간사회에서도 상(賞)으로써 살리며 형(刑)으로써 죽이는 것은 당연하다고 말하는 것이다。그렇기 때문에 법의 집행은 「공평무사(公平無私)」이어야만 하며、때로는 「비정(非情)」한 것으로 보이는 것도 당연하다는 것이 된다。급암(汲黯)이나 장탕(張湯)이 「공정(公正)」을 주장하여 「각박」하다는 평을 듣는 것도 당연하다고 하겠다。

한나라 초기에 재상인 소하(蕭何)가 「한율구장(漢律九章)」이라는 간단하고도 명료한 형법을 정했었다。그것을 조참(曹參)이 계승하여 충실히 실행하며、그 이외의 것에 대해서는 전혀 간섭도 않고 의견도 내놓지 않았다。

당시의 민요(〈漢書〉「曹參傳」)에

소하가 법을 만들어　　蕭何爲法
강을 하니 획일같네。　　講若劃一
조참이 이를 대신하여　　曹參代之
지키니 잃는 바가 없네。　　守而勿失
그 청청함을 실으니　　載其淸淸
이로써 백성들도 평안하고나。　　民以寧一

하고 불려지기까지 했다。

그러고 보니 이른바 법가의 철학이란、곧 노자(老子)식의 투명한 자연관(自然觀)이었음을 알 수 있다。그래서 법가의 시조(始祖)로 불리는 〈한비자(韓非子)〉 가운데에도 「유로(喩老)」「해로(解老)」라는 二편이 있어서 노자의 생각을 해설하고 있는 것이다。그들은 유물론(唯物論)을 취하기 때문에、인간 또한 자연이라는 조물자(造物者)가 낳은 하나의 사물(事物)로 밖에는 생각하지 않는다。거기에는 관념론에 사로잡힌 유가(儒家)의 인정주의나 「인의(仁義)」가 끼어들 여지는 없는 것이었다。

법가(法家)의 한 사람인 가의(賈誼)는 마왕퇴(馬王堆)의 무덤 주인공들이 살아 있을 무렵、장사왕(長沙王)의 보호역(保護役)으로서 장안(長安)으로부터 멀리 장사(長沙)로 낙향(落鄕)해 와 있었다。그는、

천지는 노(鑪=爐)이며 조화는 공(工=細工者)이다　　天地爲鑪兮 造化爲工
음양은 탄이며 만물은 동이다　　陰陽爲炭兮 萬物爲銅
합산소식이 어찌 상칙이 아니랴　　合散消息兮 安有常則
지인은 물을 잊어(遺) 홀로 길(道=自然)과 함께 있다。　　至人遺物兮 獨與道俱
(「鵩鳥賦」)

하고 노래불렀다。대자연이라는 용광로에서 용해되어 나온 하나의 물(物)에 불과하다고 달관(達觀)한다면 사람은 은수(恩讎)의 밖에 있을 수 있으며、죽어 대자연의 품으로 돌아가면 그만이라는 것이다。한대(漢代) 법가에는 이와 같은 비정한 인생관을 바탕으로 한 억센 데가 있었다。

名言 107

天 변하지 않으며, 人 또한 변하지 않다

중국에서는 함곡관(函谷關=또는 華山)을 경계로 하여 동쪽을 「산동(山東)」, 서쪽(지금의 陝西省)을 「산서(山西)」라고 불렀었다。 그래서 「산동에는 상(相=文人宰相)이 나오며, 산서에는 장(將=武將)이 나오다」(〈漢書〉「辛慶忌傳」)라는 속담이 있었다。

진나라나 한나라도 그 「무인(武人)의 땅」에 도읍(都邑)하여 동방 구제후(舊諸侯)의 땅, 즉 너무나 완숙하여 퇴폐(退廢) 풍조까지 있는 옛 문물(文物)의 영역을 노려보고 있었던 것이다。 지난날 노(魯)나라의 태산(泰山)기슭은 공자·맹자가 있던 곳이다。 이것을 성지(聖地)로 여기는 「산동의 유생(儒生)」들이 진·한(秦漢) 무렵에 냉대(冷待)를 받았던 것은 자연스러운 추세였다。

다만 한 가지 예외가 있었다。 그것은 한나라 고조(高祖) 때, 산동 유생의 우두머리 격인 숙손통(叔孫通)이 「유자(儒子)는 함께 진취(進取)하기 어렵건만, 함께 성(成=이루어진 體制)을 지켜야 한다」고 고조에게 진언하여 한초(漢初)의 궁정의식(宮廷儀式)을 정한 일이다。 그는 (「한가(漢家)의 유종(儒宗)」(〈史記〉「叔孫通列傳」)으로 불리기는 했으나, 부질없이 고대를 찬양하는 「부유(腐儒)」로서는 도저히 「진취」의 세상을 따라가지 못함을 잘 알고 있었으며, 그렇기 때문에 시대의 흐름에 맞추어 새로운 왕조(王朝)에 우선 급한 대로 겉치장을 꾸며놓았던 것이다. 그러나 숙손통 같은 분별이 없는 유생들은 제대로 직책하나 얻지 못한 채 지방의 호족이나 불평귀족에게 기식(寄食)하는 것이 상례였다. 예를 들면 고조의 손자 되는 회남왕(淮南王) 유안(劉安)은 유씨의 장로격이긴 했으나, 「독서·고금(鼓琴)」을 즐겨, 그 문하(門下)에도 그와 같은 사양(斜陽)의 인텔리를 모아 「무제가 죽은 뒤에는」 하며 은밀히 반란을 꾀하고 있었다. 문하의 식객들은 〈회남자(淮南子)〉 二〇권을 편찬했었다. 이 책은 여불위(呂不韋)의 〈여씨춘추(呂氏春秋)〉의 기획을 계승한 것인데, 시대의 흐름에서 소외당한 불평분자가 일으킨 하나의 저항의 발현 같은 것이었다. 기원전 一二二년, 그들의 모반(謀反)은 사전에 탄로가 나서 유안은 자살하고 말았다.

그런데 경제(景帝)·무제(武帝) 무렵에 동중서(董仲舒)라는 유가(儒家)의 우두머리격이 되는 인물이 나타났다. 그는 〈춘추(春秋)〉를 수학(修學)한 뒤 「박사(博士)」가 되어, 무제 초기에는 많은 문하생(門下生)을 거느렸었다.

「장막(帷)을 쳐 강송(講誦)하며 제자들은 이를 서로 전하며, 구차(久次=年功序列)로서 서로 수업(授業)하며, 후학(後學)에게는 스승의 얼굴조차 볼 수 없는 자가 있다」(〈漢書〉「董仲舒傳」)

제자 가운데 신입생에게는 얼굴조차 보이지 않았다——, 는 것이기 때문에 대단한 「권위자」라고 하겠다.

무제는 원래 유학에는 흥미가 없었다. 그런데 그 무렵에 천변지이(天變地異)가 잇따라 일어났다. 미신(迷信)이 한참 성행하던 당시의 일이기 때문에, 하늘이 지상(地上)에 「재이(災異)」을 내려 경고하는 것이 아니냐, 하여 모두들 숙덕거리며 무서워했다. 때마침 흉노며 남월(南越)을 평정하여 겨우 한숨 돌리던 참이었기 때문에 역사나 문물(文物)에 대해 약간이나마 관심을 가져야겠다는 기분도 있고 해서 작용했던 것이리라. 어느날, 무제는 동중서를 불러 그의 의견을 청했다. 그러자 그는 우선 「재이」의 유래부터 논하기 시작했다.

「신(臣), 〈춘추〉를 생각하고 전세(前世)의 일을 살피며, 천인상여(天人相與)의 때를 보건대 매우 두려운 바가 많소이다. 나라가 바야흐로 실도(失道)의 패(敗)를 드러내려하면 하늘이 우선 재해(災害)를 내려 이를 견(譴)하며, 그래도 자성(自省)함이 없으면 다시 괴이(怪異)를 내려 이를 경구(警懼)하옵니다」

하늘과 인간 사이에는 서로 상관관계(相關關係)가 있으며, 정치를 잘하고 못함이 곧 하늘에 반영되어 혹은 서조(瑞兆)를 내리고 혹은 재이을 내린다는 것이다. 이를테면,

「덕정(德政)을 폐(廢)하여 형벌에 맡기며, 그 형벌이 옳지 못하면 사기(邪氣)를 빚어낸다. 사기(邪氣)가 아래에 쌓이며 원오(怨惡)가 위에 쌓이다. 상하(上下)가 화(和)하지 못하면 음양(陰陽)이 얽혀 요재(妖災)가 생겨난다」

인덕(仁德)은 양성(陽性)이며, 형벌은 음성(陰性)의 것이다. 양이 주(主)이며 음이 종(從)이듯이, 덕을 중히 여기고 형(刑)을 가볍게 여기는 것이 정치의 본도(本道)이리라. 때문에 천자(天子)는 백성의 교화(敎化)에 힘쓰며 형벌로 단속함은 하늘의 반감(反感)을 사는 일이다――라고 그는 주장했다. 동중서는 「재이」에 대한 무제의 공포심을 이용하여 유가(儒家)의 입버릇인 은정주의(恩情主義)를 주입시켰던 것이다.

그로부터 일변(一變)하여 그는 서서히 법가(法家)를 공격하는 자세를 굳혔다.

「이를 보사이다. 주(周)의 말세에는 덕의(德義)가 손상되어 천하를 잃었나이다. 진나라는 그 뒤를 이어 먼저의 실패를 고쳐잡기는커녕 문학(文學=學問)을 금하며 서책을 갖지 못하게 하며, 선성(先聖)의 길(道)을 모조리 멸하여 구간(苟簡=適當主義)의 정치를 자행하려 하였나이다. 그러므로 一四년만에 무너지고 말았나이다. ……그 유독(遺毒)은 오늘에 이르기까지 남으며 습속(習俗)은 박악(薄惡)해지고 백성은 고집스러워졌나이다. 이제 법이 나와 간(姦)이 생기며 영(令)이 내려 사(詐)가 일어난다는 형편이나이다. 속담에도, 〈물가에서 물고기를 부러워함은 물러나 고기그물을 깁는 것만 못하다〉고 하나이다. 부질없이 평안(平安)을 기다리며 바라기보다 물러나 정치의 근본을 고쳐 잡아야 하나이다. 그 중에서도 인·의·예·지·신(仁義禮知信)의 「오상(五常)」의 길(道)은 왕자(王者)가 수칙(修勅)해야 할 근본(根本)이 옳시다. 이 오상(五常)의 길(道)을 닦으면 틀림없이 하늘의 도움(天祐)이 있겠나이다」

군신(君臣)·부자(父子)·부부(夫婦)의 관계를 「삼강(三綱)」이라 하며, 인·의·예·지·신을 「오상(五常)」이라고 한다. 동중서에 의하면 하늘과 땅은 군(君)과 신(臣)에 해당되며, 양(陽)과 음(陰)은 남편과 아내, 즉 부부에 해당되고 봄과 여름은 부모와 자식의 관계에 해당된다. 그러므로 「왕도(王道)의 삼강(三綱)은 하늘에서 구해야 한다」(春秋繁路)는 것이 된다.

「길(道)의 근원은 하늘에서 나오며, 하늘은 변함이 없으며 사람 또한 변하지 않는다」

「옛날의 천하는 또한 오늘의 천하. 오늘의 천하는 이 또한 옛날의 천하」(〈漢書〉「董仲舒傳」)

그렇기 때문에 「삼강오상(三綱五常)」이란 영구불변의 치세(治世) 원리라는 것이 된다. 유가(儒家)의 마음속 깊이 뿌리박은 관념론에서 말한다면 세상이나 인간의 길도 영구히 변하지 않는다——는 것이 된다. 이것은 바로 보수파(保守派)의 근성을 그대로 드러낸 주장이라고 하겠다. 눈을 감고 세상의 변화를 보지 않겠다는 자세인 것이다.

결국 동중서는 너무 신바람이 나서 떠들어대다 결국은 뜻하지도 않게 유가(儒家) 및 일반적인 관념론 속에 도사린 약점을 드러내는 결과가 되고 말았다. 그것은 「세상은 변하는 법」「시대의 흐름에 따라 사람이 살아가는 법이나 정치의 자세도 변하는 것이 당연하다」고 생각하는 법가(法家)의 유물론적인 세계관과 정면으로 대립되는 것이었다.

이 동중서의 도전(挑戰)을 계기로 하여 유가와 법가는 마침내 정책에 관해서는 말할 나위도 없거니와 세계관 그 자체를 에워싸고도 일대 논쟁(論爭)을 전개하기에 이르렀던 것이다.

名言 108

멀리 遊하도다, 終古토록

「천재(天災)가 일어나는 것은 정치가 나쁜 탓이다」라는 천인상여(天人相與=하늘과 人間世界 사이에 相關關係가 있다)를 주장하여, 동중서가 한무제(漢武帝)에게 영향을 미치려 했다는 것은 앞서 말한 대로이다.

그런데 사실은 〈논어(論語)〉에서도 이 생각의 바탕은 볼 수 있다. 이를테면 공자(孔子)가 송(宋)나라에서 자칫하면 체포될 위기에 놓였을 때, 그는 「하늘은 나로 하여금 덕을 낳게 하다. 환퇴(桓魋=宋의 長老) 나를 어찌하리」(〈論語〉「述而」) 하고 큰소리를 쳤다. 자기는 하늘로부터 덕을 받은 천재이다──는 자신(自信)을 과시했던 것이다. 또한 요(堯)가 순(舜)에게 천자(天子)의 자리를 물려 줄 때 「하늘의 역수(曆數), 그대의 몸에 있도다」(〈論語〉「堯曰」) 하고 말했다는 것이다. 이처럼 「하늘」은 비범한 천재나 천자가 되는 자에 대한 특별한 사명을 부여한다──라고 하는 신앙은 유가사상(儒家思想) 속에 오래전부터 있었던 것이다.

또한 〈춘추〉라고 하는 역사책에 관해서는 「좌씨전(左氏傳)」「곡량전(穀梁傳)」「공양전(公羊傳)」이라 하는 세 개의 전주(傳注)가 있었는데 그 가운데의 「공양전(公羊傳)」은 지진이나 일식(日食)의 기사(記事)가 나올 때마다 그것은 정변(政變)이나 내란(內亂)에 대한 하늘의 구짖음(戒)이라고 주장하고 있다. 동중서는 이 〈춘추〉를 배웠다는 것인데、특히 〈춘추 공양전〉에서 강한 영향을 받았던 모양이다。「춘추가 비방하는 바는 재해가 내리는 곳이다。춘추가 증오하는 바는 괴이(怪異)가 있는 곳이다」(〈漢書〉「董仲舒傳」)라고 그는 주장하고 있다。

이에 대해 순자(荀子)의 생각은 전혀 정반대이다。순자에게 있어서、「하늘」이란 자연계라는 의미에 불과하다。사람이 사는 세상의 치란(治亂)은 하늘과는 아무런 관계도 없다。인간의 불행은 그릇된 정치나 전란(戰亂)과 같은「인요(人祆=人災)」에서 일어나는 것이다。그러므로 천재지변 따위를 두려워할 것은 없다。

「하늘은 크다고 하여 이를 생각하기보다 물(物)을 저축하여 이를 제(制)하라。하늘을 따르며 이를 칭송하기보다 천명(天命)을 제(制)하여 이를 활용하라」(〈荀子〉「天論」)

라는 것이 그의 주장이었다。제(制=制御)란 콘트롤한다는 뜻이다。자연을 잘 제어하고 이용하는 것이 인간의 지혜로서、하늘을 공경하거나 두려워하는 것은 어리석은 일이다、라고 순자는 말하는 것이다。그 문하(門下)에서 법가(法家)의 한비자(韓非子)와 이사(李斯)가 나타났었다。때문에 순자는 법가 이데올로기의 바탕이 되는 유물론을 확립할 수 있었던 것이다。그에 대해 동중서는 원래부터 유가의 마음속에 은밀히 깃들어 있던「관념론」을 미신에 가까울 정도로 확대시킨 사나이라고 하겠다。

동중서는 무제의 질문에 대해 세 차례에 걸친 장문(長文)의「대책」을 상주(上奏)했다。그 가운데에서「진나라에 이르러서는 신상(申商=申不害와 商鞅、모두 法家의 政客)을 스승으로 하여 한비(韓非)의 설(說)을 지지하다……또한 즐겨 참혹(慘酷)의 이(吏)를 기용하며、부렴(賦斂=割當과 收納)이 끝이 없다」고 하여 법가의 정치를 공격했다。

그는 또한 각 군(郡)이나 지방의 왕국으로부터 해마다「현량(賢良)·방정(方正)의 인사(人士)」두 사람씩을 추천케 하여、그들을 중앙정부 요직에 기용할 것과 그리고 실무진(實務陣) 출신의 법가 스타일인「도필(刀筆)의 이(吏)」대신 이를 현량·방정(儒家 스타일의 知識人、茂才라고도 함)을 등용할 것을 진언한다。더욱 나아가서는 서울에「대학」을 세워 오로지 유가사상을 교육시키며、그 가운데에서 우수한 관료를 추려 양성하라고도 주장했다。

「대학은 현자(賢者)가 있어야 할 곳이다。교화(敎化)의 본원이다。대학을 일으켜 명사(明師=優秀한 敎授)를 둔다……현량·방정의 인사로 하여금 논의·고문(考問)케 하며、인의(仁義)의 양덕(良德)을 일으키고 제왕(帝王)의 법제(法制)를 뚜렷이 해야 한다」(「對策」)

뒷날 七세기(隋의 文帝 무렵)에 와서 과거(科擧=官吏

登用試驗)가 시행되는데, 그때까지는 「지방장관의 추천」 「중앙대학에서의 엘리트 양성」이라는 두 원칙 아래 관리의 병아리들이 양성되었다. 말하자면 동중서의 대책으로써 그 궤도(軌道)가 이루어졌던 것이다.

동중서는 이러한 주장이 받아들여진 것을 보자 드디어 마지막 도박을 시도하기에 이르렀다.

「六예과(藝科=詩書禮樂의 敎育), 공자(孔子)의 술(術)이 아닌 모든 학설은 모두 그의 전(傳)을 끊어야 한다고」 진언했던 것이다. 〈한서(漢書)〉에 「백가(百家)의 설(說)을 억제하여 학교의 관(官)을 세워, 주군(州郡)의 무제(茂才)·효렴(孝廉)의 인사를 총망라함은 모두 동중서에서 시작되다」라고 적힌 그대로였던 것이다.

이리하여 유학은 「나라의 가르침」이 되었다. 이후 二천년에 걸쳐 유학이라는 것이 사대부(士大夫)는 물론이려니와, 「삼강오상(三綱五常)」의 가르침을 통해 배움(學)에는 인연이 없는 백성에 이르기까지 어느 사이에 「예교(禮敎)」라는 그물 속에 얽어넣게 되었다. 그뿐만이 아니다. 백제나 신라의 「국학(國學)」이며 나아가서는 일본의 나라(奈良) 시대에 융성했던 「대학」도 모두 그것을 흉내내기에 이르렀으며, 동양의 윤리도덕의 바탕이 된 「삼강오륜(三綱五倫)」이 바로 이 유가예교(儒家禮敎)에서 출발된 것이다.

그러나 무제(武帝)가 계속 취해 왔던 법가(法家)의 노선은 끝내 동중서의 「관념론」의 횡행(橫行)을 용납하지 못했다. 어느 해의 일, 고조(高祖) 묘(廟)에서 불이 난 일이 있었다. 동중서는 「화재가 일어난 것은 관(官)의 정치가 법가(法家)에게 끌려 그들이 하자는 대로 한 재앙이다」라는 논설(論說)을 적었다. 그 초고(草稿)가 남의 손을 거쳐 무제가 보게 되었다. 무제의 외정(外征)이나 내정(內政)도 모두 법가의 노선을 바탕으로 진행시킨 것이기 때문에 과연 예상대로 무제는 그만 분통이 터지고 말았다. 무제는 동중서를 옥에 가두었다. 이윽고 풀려나긴 했으나, 그 뒤는 교서왕(膠西王)의 재상으로 좌천되었다. 그는 「사불우부(士不遇賦)」를 지어 「멀리 유(遊=헤매다)하도다. 종고(終古=永遠히)토록」 하며 자신의 불운을 탄식했던 것이다. 이처럼 변화하는 것이 세상의 모습이며 또한 하늘은 어디까지나 비정(非情)한 법이다. 동중서처럼 「하늘에는 마음이 있어 재이를 내리며」 그리고 「천도(天道)는 변함이 없으며 인도(人道) 역시 변하지 않는다」라는 것은 아무런 진보나 개혁도 있을 수 없으며, 그렇기 때문에 유가의 보수성은 끝내 법가 앞에 굴복한 꼴이 되었다고 하겠다.

名言 109

위가 붉으면 아래에 鐵이 있다

동중서(董仲舒)를 우두머리로 하는 유가(儒家)와 법가관료(法家官僚)가 치열한 정치 노선의 투쟁을 일으켰다함은 앞서 말한 바이거니와, 사실은 그 배경에 중대한 사회문제가 있었던 것이다. 그것은 「철기(鐵器)」의 생산이 보급되어 철에 대한 수요가 급히 신장(伸長)하고 있었다는 점이다. 철은 오늘날에도 「공업을 육성하는 쌀」로 평가되고 있다. 근세에 증기기관이 발명되어 산업혁명을 일으켰으며, 현대에 와서는 제철(製鐵)이 경제성장의 선도(先導) 구실을 해 왔다고 해도 지나친 말은 아니다. 그런데 그보다도 훨씬 중요한 변혁을 二천여년 전 중국의 「철」 산업이 유발(誘發)하고 있었던 것이다.

농(農)이라든가 누(耨) 같은 글자에 진(辰=쌍조개、蜃의 原字)이 포함되어 있다. 그것은 태고(太古)에 패각(貝殼)으로 땅을 갈았기 때문이다. 진(辰)은 옛부터 그림 B처럼 씌어졌으며, 쌍조개가 벌어져 부드러운 살을 드러내고 있는 형태를 그린 것이다. 그것은 화중(華中)의 강이나 늪에서 볼 수 있는 방(蚌=민물조개)이라는 대형의 조개이다. 먼 옛날에는 또한 그림 A와 같은 구부러진 나뭇가지로 흙을 팠었다. 그 모양을 극단적으로 그린다면 그림 C가 되며, 그것이 그림 D

A図 B図 C図 D図

=目(가래)、사(耜=가래) 등의 글자가 된다。이것은 고대인이 나뭇가지를 농구(農具)로 삼았음을 말한다。그러나 조개나 나뭇가지 같은 농구로는 상당히 많은 노예를 혹사해도 약간의 토지밖에는 경작할 수 없다。「심경이누(深耕易耨=깊이 갈고 평탄하게 가래질을 하다」(孟子의 말) 같은 작업은 도저히 불가능하다。

그런데 맹자(孟子) 무렵(紀元前 四세기、戰國時代 末期)에는 이미 철(鐵)로 만든 농구가 보급되고 있었다。철기 농구에 의해서 부모와 자식、남편과 아내 두 사람만으로도 몇몇 가정의 식량을 얻을 수 있고、새로이 황무지를 개간할 수도 있게 되었다。지난날의 농노(農奴) 가운데에서 재치 있는 농부가 「자작농(自作農)」으로서 자립할 수 있게 된다。「심경(深耕)」과 「개간(開墾)」으로써 농작업(農作業)의 규모는 비약적으로 발전하여 중소(中小)의 지주가 생겨났다。한편、철로 만든 칼이며 송곳(錐) 같은 것이 보급되어 기능공이 온갖 기구를 만들어내고 상인(商人)이 그 사이에서 이윤을 벌어들인다는 새로운 사회가 출현났다。진·한(秦漢)과 같은 대제국(大帝國)은 이러한 신흥 자작농과 상공업자의 사회를 바탕으로 하여 구축된 「지주(地主) 관료국가」였던 것이다。

초기에는 사철(砂鐵)을 모아 「해면철(海綿鐵)」의 덩어리를 만들고、그것을 불 속에 넣어 두들겨 철로 만든다는 방법이 취해졌었다。그런데 이와 같은 중국의 철기 사용은 대체로 이집트보다 一천 년이나 늦게 일어났다——고 생각되고 있었는데、一九七二년에 하북성(河北省) 고성(藁城)의 은대(殷代) 유적(遺跡)에서 동(銅)으로 된 자루에 쇠의 날을 끼운 낫이 발견되었다。철기는 빨리 녹슬기 때문에 유물로서 잔존(殘存)되기 어려웠던 것뿐이며、사실은 三천 수백년 전에 중국에서는 이미 철기가 사용되고 있었던 것이다。전국시대 중기·말기의 유적 가운데、지금은 요녕(遼寧)·하북(河北)·산동·산서·하남·호남·사천 등 거의 화북과 화중 전역에서 철기가 발견되고 있다。특히 하북성의 홍릉(興隆=戰國時代의 燕)에서는 위의 그림 모양을 한 괭이(鍬) 머리를 만든 철의 주형(鑄型)이 출토되었다。그 당시에 이미 철로 된 괭이며 가래 등이 널리 사용되고 있었던 모양이다。

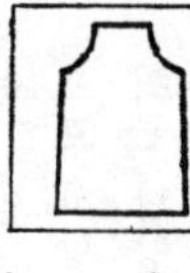

그 뒤로는 전한(前漢)의 유적 六○여개소와、후한(後漢)에 와서는 一백여개소에서 철의 농구와 무기·공구(工具) 등이 발견되었고、한대(漢代)에 와서는 질량(質量)에 있어 모두 비약적인 철기가 보급되었음을 말해 주고 있다。

전국시대 말기 이후로는 사철(砂鐵)이 아니라、철광석(鐵鑛石)을 사용하는 야금공법(冶金工法)이 나타났었다。〈관자(管子)〉라는 책은 제나라 환공(桓公)의 재상이었던 관자(管子＝管仲)의 이름을 빌어 씌어진 전국시대의 책인데, 거기에는 다음과 같이 적혀 있다.

「쇠(鐵)가 나오는 산은 三천 六백 九○군데……위가 붉으면 밑에 쇠가 있다……위에 자석(磁石)이 있으면 밑에 동금(銅金)이 있다」(「地數篇」)

또한 철산(鐵山)을 「금봉(禁封)」하여 일반인의 출입을 금지시켰으며, 야금(冶金)의 일을 관영(官營)으로 해야 한다고 제의하고 있다. 그 당시는 제철(製鐵)에 목탄(木炭)을 사용했었다. 상당히 진보된 단계에서도 철 一톤을 생산하려면 목탄 三톤이 필요했다는 것이다. 따라서 중국에 벌거숭이 산이 많은 것은 제철을 위해 산림을 난벌(亂伐)한 결과일 것이다. 자연의 복원력(復原力)에 앞서 난벌이 급속히 진행되었기 때문에 산동·산서·하남 등지에서는 불과 二, 三백년 사이에 산림이 자취를 감추고 말았던 것이다. 그 이후로 二천여년, 화북까지도 산은 헐벗어버린 채 다시는 나무가 잘 자라지를 않는다.

기원전 二九二년, 진나라의 시황제는 초나라의 제철기지(製鐵基地)인 원성(宛城)을 빼앗아 남양군(南陽郡)으로 개명하고 「철관(鐵官)」을 설치했다. 이후 남양은 한대(漢代)를 통해 화중에서도 가장 풍성한 성시(城市)가 되었다. 진나라는 또 조(趙)를 멸망시킨 뒤, 그 고장에서 많은 노예를 부리며 철을 만들고 있던 대부호 탁씨(卓氏)를 강제로 사천성의 임앙(臨邛)으로 이주시켜 이 신개지(新開地)에 새로운 제철의 기지를 만들게 했다. 〈관자〉가 주장했던 「철의 관영(官營)」이 차츰 실현되기 시작한 것이다. 한나라 무제 무렵부터는 목탄 대신 석탄을 사용하여 철광석을 녹이게 되었다. 처음에는 가죽주머니의 풀무로 공기를 보냈었는데, 이윽고 축력(畜力)으로 대형 풀무를 움직이게 되었으며, 후한(後漢) 초기에는 남양(南陽)의 태수(太守) 두시(杜詩)가 수력(水力) 펌프로 바람을 보낼 것을 생각해냈다.

최근 남양과 공현(鞏縣＝모두 河南省)에서 당시의 제철소 유적이 발굴되었는데, 연로(鍊爐)나 반사로(反射爐) 외에 쇄광소(碎鑛所)·배합소(配合所) 등이 나란히 있어서 일관 작업을 했던 흔적을 볼 수 있다는 것이다.

그런데 산업의 기간(基幹)이라고도 할 수 있는 제철과, 그리고 식생활에 빠질 수 없는 제염(製鹽)——이것을 대상인(大商人)이나 개인기업에 맡겨둘 것이냐, 관영으로 할 것이냐에 대해 의견이 구구했었다. 유가(儒家)는 「영업의 자유」를 주장하고, 법가(法家)는 「관영에 의한 통제」를 주장한다. 말하자면 「독점 금지법」이나 다름없는 문제를 에워싼 대논쟁이 전개되려 하는 것이다. 그리고 그 전주곡으로서 보수파측에서 도전을 시도한 사람이 바로 저 동중서(董仲舒)였던 것이다.

名言 110
民과 利를 다투다

한나라 무제가 사방으로 원정군을 출병시켰기 때문에, 군사비 지출이 막대해져 국고(國庫)는 위기에 놓이게 되었다.

「대사농(大司農=政府의 補給廠)이 진장(陳藏)하는 금전(金錢)、경용(經用=經常)의 부세(賦稅)는 바닥이 나서、전사(戰士)를 봉(奉)하기에도 부족되다」

라는 상황은 점점 심각해지기만 했다.

그러는 사이에도 황하(黃河)의 결궤(決潰)며 한발이 극심했었다. 이 위기를 극복하여 재정(財政)을 지탱시킬 수 있었던 것은 상홍양(桑弘羊) 등 상인(商人) 출신의 실무가(實務家)와 준엄한 법의 파수병들、이른바 「법가(法家)」의 사람들 덕택이었다.

한의 고조 이후로 전(錢)의 주조는 일반에게 허락되고 있었다. 금이나 은 같은 화폐도 없는 것은 아니었으나、널리 통용되는 것은 역시 동전(銅錢)이었다. 그것도 지금과 같은 명목의 화폐가 아니다. 동전의 무게가 가치를 결정하는 「실질화폐」인 것이다. 한의 초기 이후의 三수전(三銖錢)을 지방의 왕족·대상인·부호들이 모아서 무게를 줄여 개주(改鑄)하여 이윤을 남기는 것이다. 앞서 언급한 오왕(吳王)의 유비(劉濞)나 조나라의 탁씨(卓氏) 등은 그 전형이었다.

무제는 「五수전」의 형(型)을 정하여 민간의 주조를 엄금하려 했으나、몇만 몇십만의 위반자를 처분해도 도주(盜鑄)하는 자는 뒤를 이어 나왔다。 소금과 철(鐵로 農具를 만들기 위해 鐵의 需要가 急增하고 있었다)을 제조하여 파는 것은 그것에 못지 않는 좋은 돈벌이가 되어 있었다。 그래서 무제는 부호들의 기부를 요청하여、그대신 관작(官爵)을 주기로 했었는데 별로 효과는 없었던 모양이다。

「도주(盜鑄)、매염(賣鹽)하여 재(財) 혹은 만금(萬金)을 누(累)하건만 공가(公家)의 위급을 돕지는 못하다」

「전(錢)이 더욱 더 많아지고 가벼워지며、물(物)은 더욱 더 적어지고 귀해지다」(〈漢書〉「食貨志」)

라는 악성(惡性) 인플레가 진행되고 있는 중이었던 것이다。

무제의 원봉 원년(元封元年＝紀元前 一一〇年)、상홍양(桑弘羊)은 치속도위(治粟都尉)가 되어 「천하의 염철(鹽鐵)을 한 손에 쥐다」라는 말은 듣게 되었다。 그는 소금과 철을 국가의 전매(專賣)로 하여 사영(私營)을 엄금했다。 또한 「균수관(均輸官)을 두어 중요한 물자를 공영(公營)으로 수송하도록 했다。 특히 화중의 형양(滎陽)·오창(敖倉)·낙양(洛陽)의 식량을 관중(關中)으로 수송해 오는 일은 균수관(均輸官)의 중요한 업무가 되었다。

정부는 그것을 발판으로 하여 「귀하면 팔고、흔하면 사들인다。 이를 이름지어 평준(平準)이라 한다」(「食貨志」) 즉、「물가 통제」에 착수했던 것이다。 또한 부농(富農)이나 대상인에 대해 토지의 겸병(兼併)을 금하고 그 전답이며 가옥·배(舟)·마차(車)에는 특별세를 부과했다。

「감히 철기(鐵器)를 사주(私鑄)하며、소금을 사매(私賣)하는 자는 왼쪽 다리를 자른다」

라고 했듯이 그 단속은 참으로 강경한 것이었다。

「백성의 재물 얻기를(徵用하여 國庫에 넣기를) 억(億)을 헤아리며 몰수한 노비(奴婢)는 一천만、대현(大縣)에서 몰수한 전답이 수백경(頃)에 이르다……부자와 중산(中産) 이상인 자 거의 모두가 파산(破産)하다」

크고 작은 부자들은 결국 「파산」을 겪고 말았는데、그러나 이로써 국가는 겨우 재정의 파탄을 면할 수 있어 국고에도 약간의 여유가 생겨났다。

그러나 정평 있는 무제도 만년에 와서는 연금술(鍊金術)에 미치다시피 열중하고 바람을 타는 선인(仙人)을 꿈꾸는 등 부질없는 일에만 골몰했다。 지난날의 시황제와 마찬가지로 권세의 집착에서 벗어나지 못하여 「불로장생(不老長生)」을 원했던 것이리라。 그러나 결국 나이를 이기지는 못하여 기원전 八八년에 병사했다。 용장(勇將)

곽거병(霍去病)의 동생 곽광(霍光)은 三〇년이나 무제의 측근에 있었는데, 무제는 그를 병상(病床)으로 불러 간곡히 뒷일을 부탁했다.

무제에게는 원래 태자(太子=衛太子)가 있었는데, 그가 내분(內紛)에 말려들어 자살을 했기 때문에 첩의 소생인 일곱 살의 아들이 뒤를 이었다. 그가 소제(昭帝)이다. 그리하여 곽광이 섭정으로 등장, 상홍양은 어사대부(御史大夫=監察官)로 임명되었다. 곽광은 「자성단정(資性端正)」(〈漢書〉「霍光傳」)하다는 평판이 좋은 사나이라는 것인데, 실상은 음흉했다. 섭정이 되자 당장에 소제(昭帝)의 어머니를 독살하여 대항 세력의 싹을 잘라버리고, 「현량(賢良)」「방정(方正)」·「문학(文學)」 등으로 불리는 유자(儒者)들을 측근에 불러들여, 소제 재위 一四년 동안에 권력을 곽씨 일문에서 모조리 장악했다. 그리고 소제가 죽은 뒤로는 무제의 증손자를 민간에서 찾아내어 옹립했다.

「당친(黨親), 줄을 이어 조정에 뿌리 박으며……제사(諸事) 모두 곽광에게 관백(關白=품의 올리는 것)한 뒤 천자(天子)에게 주어(奏御)하다」(〈漢書〉「霍光傳」)라고 했듯이 그는 이른바 「관백(關白)」의 원조이며, 관로에서 출세하여 세도를 떨친 신귀족(新貴族)의 필두(筆頭)이기도 했다.

이와 같은 곽광 일파와 법가(法家)인 상홍양이 충돌하지 않을 리 없다. 소제의 시원(始元) 六년(紀元前 八一年), 곽광은 문하(門下)의 「문학(文學=儒者)」들을 동원하여 상홍양과 격론을 벌이게 했다. 그 전말(顚末)을 자세히 기록한 것이 후한(後漢)의 환담(桓譚)이 기술한 〈염철론(鹽鐵論)〉 六〇장(章)이다. 여기에 그 일부를 소개하겠다.

문학 : 염철·술의 전매(專賣), 균수관(均輸官)을 둔 공가(公家=政府)가 백성(民)과 이익(利)을 다투는 것. 이대로라면 백성은 순박함을 잃어 탐욕해지며 본(本)을 버리고 말(末)을 따르게 될 것이외다

대부 : 그렇지 않소이다. 전매와 균수의 책(策)은 안으로는 부고(府庫)의 궁핍함을 돕고, 밖으로는 국경의 병사를 굶주리지 않게 하니 용도(用度)를 충족케 함이 나라의 급무(急務)외다

문학 : 인덕(人德)을 행하면 천하에 적이 없다고 하더이다. 왕자(王者)는 덕을 귀히 여기며, 용병(用兵)을 천하게 여기는 법이외다

대부 : 그 말은 강폭탐욕(强暴貪慾)한 흉노(匈奴)에게는 통하지 않소이다. 또한 축적(蓄積)과 균수(均輸로써 각지의 재해를 구(救)함이 중요하며, 단순

히 전비(戰費)를 충당코자 함이 아니외다

이와 같은 토론이 그칠 줄 모르게 계속되어 결국「대부(大夫＝御史大夫인 桑弘羊)는 입을 다물어 말하지 않다」라는 一절로 끝나고 있다。 환담(桓譚)은 유가(儒家)를 편들어 일단 이 책의 결론을 맺었던 것이다。

그 이듬해、상홍양은 반역음모에 가담했다는 혐의로 체포되어 정적(政敵)인 곽광에게 살해되었다。 그러나 상홍양의 법가 노선(法家路線)이 영원히 자취를 감춘 것은 아니었다。

「상홍양……모반(謀反)하여 주멸(誅滅)당했건만 (그 정책은) 선(宣)・원(元)・성(成)・애(哀)・평(平)의 五세(世)에 걸쳐 변개(變改)되지 않다。 원제(元帝)때 한 번 염철(鹽鐵)의 관(官)을 폐지하였으나、三년만에 다시 이를 부활시키다」(〈漢書〉「食貨志」)

그러나 혁신적인 법가의 힘은 이 뒤로 차츰 쇠퇴했다。 그리하여 마침내 그 등불이 꺼지자、한나라 또한 멸망하고 말았다。 공익(公益)을 끝까지 지킬 힘이 쇠퇴하여 사적(私的) 세력의 횡포를 허용하게 되어서야 관료정치도 끝장인 것이다。 이 유법투쟁(儒法鬪爭＝革新勢力과 保守勢力、公과 私의 싸움)의 패턴은 뒷날 당대(唐代)나 북송(北宋)의 시대에와서까지 되풀이되었던 것이다。

名言 111
媚道를 挾하다

무제(武帝) 무렵, 내정(內政)과 외정(外征) 양면에 걸쳐 한왕조(漢王朝)는 눈부신 성과를 올렸다. 하지만 그것은 「무제」라고 하는 개인의 활약은 아니다. 수천년의 역사를 거쳐 중국 대륙에 자라온 농경(農耕)이나 직물(織物)의 생산기술이 전국적으로 보급되어 五천 九백만 명의 인구를 먹여 주고, 강력한 관료지배와 곤란한 외정(外征)에 견뎌낼 만한 저력을 배양하고 있었기 때문인 것이다. 당시의 중국 생활문화는 같은 동양의 여러 나라에 비하면 一천년이나 앞서 있었던 것이다.

그 한대(漢代) 문명의 상징이 되었던 무제도 궁정 안에서의 개인적인 행동은 매우 곤란한 바가 많았었다. 불로장생이니 하는 야릇한 꿈에 사로잡혀 방사(方士)들을 궁정(宮庭)에 모아 막대한 돈을 들인 끝에 결국은 속고 만다. 그 우매함을 사마천(司馬遷)은 참으로 싸늘한 눈으로 묘사하고 있다(「史記」「武帝本紀」).

윗자리에 있는 자가 미신을 믿고 거기에 빠져 버리면, 여성이 많은 후궁에서는 불에 기름을 붓듯 미신이 횡행(橫行)하게 된다. 후궁들 사이에서는 누가 황제의 총애를 받아 그의 아이를 잉태하느냐——에 따라 세력의 분포도가 달라진다. 때문에 고대나 근세에도 대체로 후궁이라는 특수사회는 음산한 그림자로 덮이기 마련인 것이다. 무제 만년에는 여자 무당이며 요술자(妖術者), 나아가서는 주살(呪殺) 따위를 일삼는 호인(胡人=西域人)까지 은밀히 후궁에 출입하기에 이르렀다. 그런 가운데에서 대표적인 것이 미도(媚道)와 무고(巫蠱)였다. 우선 「미도(媚道)」부터 설명하자.

한나라 무제(武帝)는 원래 여복(女福)이 많은 편은 아니었다.

처음의 비(妃)는 진황후(陳皇后)라고 했다. 한초(漢初)의 중신(重臣)들은 거의가 몇 대(代)로 가문(家門)이 화를 입었으나, 진영(陳嬰)의 자손만은 무척이나 오랫동안 「당읍후(堂邑侯)」라는 이름으로 귀족의 대우를 받아왔었다. 진영이란 옛날에 항우(項羽)와 협력하여 군사를 일으키고, 후에는 한의 고조를 따라 전전(轉戰)했던 사나이이다. 그 손자에 해당되는 진오(陳午)가 문제(文帝)의 딸을 맞아들여 여아(女兒)를 낳았다. 그러니까 무제와는 사촌누이가 된다. 그것이 거의 강제적인 형식으로 무제의 후궁으로 들어왔는데 一○여년이나 지나는 동안 아이가 태어나지 않았다.

이런 여성은 으레 질투심이 많기 마련이다. 질(疾)이란 급성 병, 석(石)이란 딱딱한 물건을 나타내기 때문에 그 글자에 계집녀변을 곁들인 「질(嫉)」이란, 여성이 마치 급성질환에 걸리기라도 한 것처럼 격렬하게 히스테리를 일으키는 것을 말한다. 또한 「투(妬)」란 여성의 증오가 돌처럼 굳어져 융해되지 않은 상태를 나타내고 있다.

그런데 무제에게는 이윽고 위부인(衛夫人=이름은 衛子夫)이라고 하는 애첩이 생겼다. 위부인은 어느 귀족 집안에 고용되어 있던 가희(歌姬)로서 원래부터 가문도 애매한 천민(賤民) 출신이다. 저 유명한 위청(衛青)장군은 그녀의 오빠로서 역시 그 집안에서 매어 살면서 말을 사육하는 노예였다.

그 무렵, 서울 장안(長安)에서는 三월의 삼진날(上巳)에 강변에 나아가 겨울 동안에 더럽혀진 몸을 닦아 내고, 봄의 옷으로 갈아입는 풍습이 있었다. 그것을 「발제(祓除)」라고 불렀다. 무제 역시 당시의 풍습을 따라 패수(霸水=長安의 東門 밖을 흐르는 강) 기슭에서 노닐어 봄날의 하루를 즐긴 뒤, 귀로에 어느 귀족 집에 들르게 되었다. 그런데 무제가 그 집에서 옷을 갈아입을 때 옆에서 시중을 들어준 여자가 보기드문 미인인 가희 즉 위자부(衛子夫)였다. 곧 후궁으로 불려들여 이윽고 세 아이가 그 몸에서 태어났다. 그 가운데 장남이 후에 태자(太子)가 된다. 위부인은 결국 황후(皇后) 자리에 오르게 되고, 오빠인 위청은 「대장군」으로서 위명(威名)을 떨치자, 위씨 문중의 일족들은 모두 영화를 누리게 되었다。

위씨가 원래 노예 출신이었음을 생각하면、한왕조(漢王朝)는 애초부터 귀족으로만 굳혀진 왕조가 아님을 알 수 있다。필부(匹夫=平民)에서 입신출세를 한 고조(高祖)이후의 전통이 계속되고 있으며、또한 실력본위로 출신의 상하(上下)를 따지지 않는 법가(法家)의 발상(發想)이 그 뒷받침이 되어 있었던 것이리라。그런데 그 위태자(衛太子)도 이윽고 무고(巫蠱)의 사건에 휘말려 자멸하며、그와 함께 위황후나 위씨 일족이 나락(奈落)의 밑바닥으로 전락하고 마는데 그 이야기는 다음에 하겠다。

이야기는 위부인이 그 미모로 말미암아 무제의 총애를 독차지했다는 데에서 시작된다。이런 형편이 되자、이미 아름다운 용모가 쇠하고 만 진황후(陳皇后)는 그야말로 질투의 화신(化身)이 되고 말았다。

위자부(衛子夫=衛夫人의 本名)가 궁에 들자 진황후는 거의 사색(死色)이 되다。또한 아이를 잉태했음을 듣자 더욱더 분노하다。마침내 진황후는 은밀히 여자 미도(媚道=무당)를 협(挾=부리다)하다。그 소문이 널리 번지도다。원광(元光) 五년(紀元前 一三〇年)、상(上=武帝)은 마침내 이를 궁치(窮治=엄밀히 추궁하여 조사함)하다。여자 초복(楚服) 등、진황후를 위해 무고(巫蠱)·저주(詛呪)하니 대역무도(大逆無道)에 연좌(連座)、주살(誅殺)당한 자 二백여명、초복(楚服)은 거리에 효수(梟首)되다。

(〈漢書〉「外戚傳」)

그런데「미도(媚道)」를 부리다——란 무엇일까。가늘고 매혹적인 눈썹을 미(眉)라고 하며、섬세하고 유혹적인 여성을 미(媚)라고 한다。글자 자체가「아양을 떨다」이기 때문에 교태를 부려 사람을 홀리게 함을 뜻한다。무(巫=무당)는 아주 추악하거나 또는 아주 기분이 섬찟할 정도로 미인이어야 한다。그것이 괴상한 신(神)을 받들고 주문(呪文)을 외우며 그리고 또 저주의 대상을 본뜬 인형따위를 만들어 못을 박는 등의 상처를 입힌다。여자 무당인 초복(楚服)은 아마 눈썹이 치켜올라간 절세의 미녀였으리라。옛날 해조(害鳥)가 모이는 것을 방지하기 위해 까마귀의 목을 고목(枯木)에 매달아 위협을 주었었다。그것을 효수(梟首)라고 부르는데、이 미모의 무녀(巫女) 목이 장터(市場)에 거꾸로 매달려 사람들의 호기심에 찬 눈을 끌었던 것임에 틀림없다。

이 사건을 계기로 하여 진황후는「폐후(廢后)」가 되었으며、진씨(陳氏) 가문도 멸문(滅門)의 화를 면치못했다。그러나 이것은 아직 시초에 불과했다。이때의 승부에 이겨 살아남은 위씨(衛氏)의 말로(末路)는 더욱 비참했기 때문이다。

言名 112

巫蠱의 獄

한대(漢代) 사람들은 겉으로는 당당하게 이론(理論)을 전개하나, 그 속셈에는 여전히 고대인(古代人)다운 미신(迷信)이 도사리고 있었다.

무제(武帝)의 재위는 五三년이나 되는데, 그 중간쯤의 三〇년 동안은 위부인(衛夫人)이 황후의 자리를 차지하고 위황후의 장남이 태자(太子)가 되어 한나라의 왕실은 확고한 듯이 보였다. 위황후의 오빠인 위청(衛靑)은 대장군(大將軍)으로 임명되어 서역(西域)에 그 위명(威名)을 떨친다. 그야말로 위씨 일족은 나는 새도 떨어뜨릴 위세였다. 그러나 바로 거기에 검은 마수(魔手)가 은밀히 뻗치고 있었던 것이다.

그 무렵, 한단(邯鄲)에 태어난 강충(江充)이라고 하는 뱃심좋은 사나이가 추천되어 도읍(都邑) 근교(近郊)의 치안을 맡는, 말하자면 치안 총책임자의 자리에 있었다. 태자와 위씨 일족의 횡행(橫行)을 냉철한 눈으로 지켜보던 강충이 하루는 태자(太子) 집안의 수레가 치도(馳道)=皇帝 專用의 車馬道) 위를 지나는 것을 보고 탄핵(彈劾)했다. 사소한 일이긴 했으나 「법의 파수군」으로 자처하고 있던 강충으로서는 도저히 참을 수 없었던 것이리라. 때마침 무제에게는 이부인(李夫人)이라는 애첩이 생겨 위황후는 두문분출의 형편이었다. 그러던 참에 무제가 갑작스러운 병으로 쓰러져 몸져 눕고 만 것이었다. 강충은,

「태자가 수상하오이다。황제가 죽기를 원하여 무고(巫蠱)의 술(術)을 써 은밀히 저주(詛呪)한 흔적이 보이나이다」하고 몸져 누운 무제에게 고해바쳤기 때문에 일은 크게 벌어지고 말았다。

〈한서(漢書)〉의 「무제기(武帝紀)」에는 그 당시의 형편을 담담하게 기록하고 있다。

「정화 원년(征和元年＝紀元前 九二年) 三월、무제는 (東海의 旅行에서) 환궁(還宮)하여 건장궁(建章宮)에 행행(行幸)하시다。……一一월、삼보(三輔＝長安近區)의 기사(騎士)를 발(發)하여 크게 상림원(上林苑)을 찾다(捜)。장안의 성문을 닫아 찾아 구하다(索)。一一일에 가서야 겨우 풀리다。무고(巫蠱)의 사건 일어나다。

二년 四월、태풍(太風)이 불어 집이 쓰러지며 나뭇가지가 꺾이다。윤월(閏月)에 제읍공주(諸邑公主)·양석공주(陽石公主＝모두 衛皇后의 딸) 모두 무고에 좌(座)하여 죽다……七월、안도후(按道侯) 한설(韓說)의 사자(使者)와 강충(江充) 등 고(蠱)를 태자의 궁에서 파내다。임오(壬午) 날、태자는 황후와 꾀하여 강충을 참(斬)하여 절(節＝勅命의 表徵)로써 군사를 일으키다。승상(丞相) 유굴리(劉屈氂)와 장안에서 크게 싸우다。죽은자 수만명。경인(庚寅) 날에 태자는 도망치고 왕후는 자살하다」

참으로 간단한 기사인데 무제 만년에 일어난 대소란의 형편이 행간(行間)마다 손에 잡히듯 훤하다。그런데 여기에 나오는 「무고의 사건」이니 「고를 파내다」니 하는 것은 도대체 무엇일까。

그것은 참으로 몸서리칠 지겨운 주술(呪術)인 것이다。도마뱀·딱정벌레·지네 따위의 보기에도 흉칙한 충류(虫類)를 모아 두껑을 덮은 접시 같은 것에 가두어 서로 잡아먹게 한다。며칠이 지나 두껑을 열어 봐 그중에서 살아남은 벌레는 그야말로 백충(百虫)의 독을 한몸에 빨아먹은 힘세고 단단한 놈이기 마련이다。그놈을 저주의 대상을 본뜬 나무 인형에 붙여 쪼아먹게 한다。그리고 그 벌레를 짓이겨 짜낸 즙(汁)을 상대방 음식에 슬쩍 곁들여 먹일 수 있다면 더욱 효과적이라는 것이다。저주받은 상대는 그 독기(毒氣)로써 병에 걸리거나 또는 음란에 빠져 몸을 망친다는 것이다。수많은 벌레(百蟲)를 접시(皿)에 넣는다 하여 「고(蠱)」라고 쓰며、무녀(巫女)가 그것에 주술(呪術)을 건다 하여 「무고(巫蠱)」라고 불렀다는 것이다。

그런데 이때、사실은 위태자(衛太子)의 궁중에 무당의 부하가 몰래 숨어들어 독기(毒氣)를 띤 벌레를 일부러 대궐 밑에 묻어 두었던 것이다。태자 자신은 전혀 알지 못하는 일이었던 모양이다。그러나 노망이 들어 의심만이 많아진 무제의 심리를 짐작한 태자는, 일이 이쯤되고 보면 이제 변명의 여지조차 없다고 생각했던 것이다. 급히 부하 군사를 모아 강충(江充)을 습격하여 살해하고는 추격대를 피하여 동쪽으로 도망치고, 일찌부터 손수 만든 신발을 헌상(獻上)해 주던 어느 노인의 집에 몸을 숨겼다. 그러나 결국은 추격대에게 발견되어 자살하기에 이른 것이다. 위황후 역시 황후의 인새(印璽)를 빼앗겨 스스로 목숨을 끊고 말았다. 태자는 「여태자(戾太子)=난폭한 자」의 이름으로 불리게 되어 그토록 위세를 떨치던 위씨의 영화는 하루아침에 사라지고 말았다.

그러나 이 위태자(衛太子)를 가엾이 여기는 사람도 적지 않았다. 상당군(上黨郡)의 세 노인이 황제에게 상서(上書)하여 말했다.

「아버지가 아버지답지 못하면, 그 자식 역시 자식답지 못한 법. 군(君)이 군답지 못하면 그 신(臣) 역시 신답지 못하다고 하더이다. ……지금 위태자는 한(漢)의 적사(適嗣=후계자)오이다. ……강충(江充)은 포의(布衣)의 사람 여염(閭閻)의 예신(隸臣)이오이다. 폐하, 이를 현(顯)하여 기용하셨오이다. 그는 지존(至尊)의 뜻을 품고 황태자에게 접근, 괴롭혔오이다……태자, 자칭하여 알현하지 못하고 물러나서는 난신(亂臣)에게 에워싸였오이다. 홀로 원결(冤結)하여 호소할 바가 없었오이다. 분분(忿忿)의 마음 참지 못하더니 드디어 일어나 강충을 죽여 공구(恐懼)하여 도망쳤오이다. 자식이 어버이의 병(兵)을 훔쳐 이로써 난(難)을 구하고, 스스로를 모면할 뿐, 은밀히 생각컨대 사심(邪心)이 없는 듯하여……」(〈漢書〉「武帝五子傳」)

이 기나긴 상주문을 읽고는 무제도 후회가 되지 않을 수 없었다. 다시금 예를 갖추어 여태자(戾太子)를 장례 지냈다고 한다. 태자의 자식들은 모두 이 사건의 여파로 살해되고 말았으나, 손자가 하나 남아서 근근히 장안(長安)의 상관리(尙冠里)라는 곳에 살았었다. 그가 뒷날 부름을 받아 선제(宣帝)가 된 사람이다.

그런데 위씨 타도의 진짜 흑막(黑幕)은 누구였을까. 아마 강충은 철저한 법가적(法家的) 관리로서 위씨의 전횡(專橫)을 보다못해 스스로 선두에 뛰쳐나와 온갖 악명(惡名)을 홀로 뒤집어 쓴 정도에 불과했으리라. 배후에서 조종했던 자는 아마 곽씨(霍氏)의 일문(一門)이었음에 틀림없다.

위청과 곽거병(霍去病)은 미천한 출신으로 출세하여 서역(西域) 원정으로 이름을 떨쳤는데, 그중에서도 후배인 곽거병 쪽이 더 운도 좋았고 또 궁정(宮庭)에서의 평도 좋았다. 위장군의 막하(幕下)에서 곽장군에게로 적(籍)을 옮기는 신진(新進) 장교들이 많았다는 것이다. 이 두 사람은 기묘한 인연으로 맺어진 인척관계이다. 위황후——그 오빠가 위청이며, 언니가 위소아(衛少兒)로서, 세 사람이 모두 무제의 누이인 양평공주(陽平公主) 집안에서의 노예였다. 그러던 참에 현(縣)의 소관리(小官吏)였던 곽거병의 아버지가 와 있더니 어느 사이에 위소아(衛少兒)와 깊은 관계가 되어 곽거병을 낳았던 것이다. 때문에 곽거병은 위청의 조카이며, 또한 위황후의 조카이기도 하다. 그러나 곽거병은 오랫동안 「사생아」로서 자라나 장군이 된 뒤에야 비로소 부친과 대면(對面)했다는 것이다. 이와 같은 야릇한 혈연관계, 좋을 때는 서로가 좋지만 일단 세력다툼이 벌어지면 타인보다 아무래도 더 치열해지고 음산해지는 법이다. 이윽고 위청도 곽거병도 죽어 장군으로서의 경합은 없어졌으나, 위씨와 곽씨의 두 가문 사이에는 어딘지 감정 대립의 그림자가 도사리고 있었다.

곽거병의 동생(배가 다른 동생)을 곽광(霍光)이라고 하며 그는 일찍부터 무제의 측근으로 기용되어 있었다.

「외출시에는 봉거(奉車=수레의 警護役)가 되며, 들어와서는 좌우에 시립(侍立)하여 금달(禁闥=宮中)에 출입하기를 三〇년, 소심근신(小心謹愼)하여 아직껏 과오가 없다……그 키는 불과 七척 三치(一六七센티)이며, 백석(白皙=흰 얼굴)에 미목(眉目)이 시원스럽다」(〈漢書〉「霍光傳」)

그런데 이러한 사나이가 사실은 무서운 법이다. 무제는 나이 三〇이 넘은 위태자(衛太子)를 자살로까지 몰아 넣음으로써 스스로가 분쟁의 씨앗을 뿌린 셈이 되었는데, 네번째 부인인 조첩여(趙倢伃)가 사내아이를 낳았었다. 그 아이는 무제가 숨졌을 때 아직 六세의 어린 나이였다. 곽광은 무제의 병상(病床)에서 간청을 받아 이 유제(幼帝)를 옹립하게 되었으며, 그가 곧 소제(昭帝)이다.

이후 소제—선제(宣帝)를 통하여 一八년 동안, 곽광이 섭정의 자리에 있자, 곽씨 일문이 왕실에 못지 않는 영화를 누리게 되는 것이었다. 이 경위를 조심스럽게 살펴보건대 위씨 일당을 몰아내기 위해 곽광이 획책하여 무고(巫蠱)의 옥(獄)을 일으켰다는 추측은 충분히 가능하다——고 하겠다. 곽광은 위황후와 위태자를 없앤 뒤 자기 자신이 어린 황제를 내세워 궁중을 호령하겠다——는 엄청난 구상을 병약한 무제의 측근에서 은밀히 짜고 있었던 것이다.

名言 113

傾國, 傾城

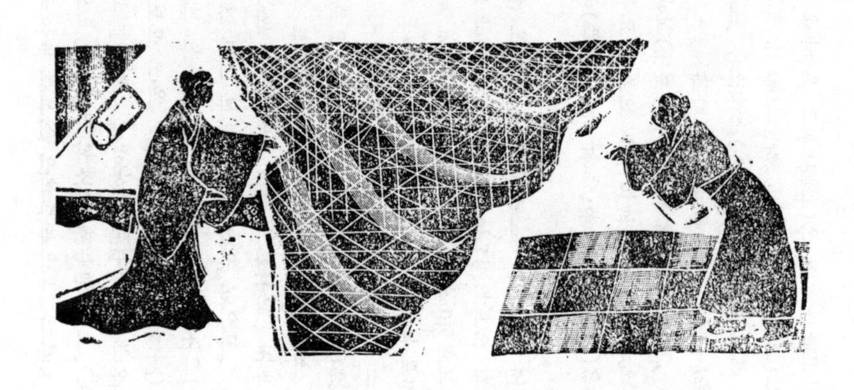

자살한 위황후(衛皇后)는 조그만 관(棺)에 입관되어 조용히 장안(長安)의 남교(南郊)에 묻혔다。 그로부터 불과 四、五년 후 무제(武帝) 역시 세상을 뜨고 말았다。

이보다 앞서、 이미 여자로서의 한창 나이가 지난 위황후를 대신하여 이부인(李夫人)、 조첩여(趙倢伃) 두 사람이 후궁으로 불려와 각각 사내아이 하나씩을 낳았다。 그러나 훌륭하게 성장한 위태자를 죽음으로 몰아넣었기 때문에、 이 어린 왕자로 하여금 어떻게 뒤를 잇게 하느냐로 무제는 고뇌하고 또한 초조하게 생각했던 모양이다。

위황후는 노비(奴婢) 출신이었는데、 이부인 역시 원래는 「가희(歌姬)」였으며、 조첩여는 무제가 하간(河間) 땅을 여행했을 때 민간에서 찾아낸 시골 처녀였다。 아무런 배경도 없이 다만 아름다운 용모만으로 고귀(高貴)의 자리를 획득한 기구한 성운(星運)을 타고난 여성들이었다。 특히 무제—이부인과의 「늙으막의 사랑」은 소설 같은 경위로 짜여져 있으며、 그리고 이부인이 일찍 병사(病死)했기 때문에 더욱 무제를 안타깝게 했다。 아뭏든 무제의 만년은 상심(傷心)의 연속이었던 듯하다。

원래 동양에서의 후궁이라면 으례 황족이나 귀족 출신이어야만 했다。 흉노(匈奴)와 같은 유목민족까지도 선우(單于=大酋長)의 부인은 특정 귀족에서 간택되기 마련이었다。 그런데 중국 왕조에서만은 반드시 그렇지도 않았던 모양이다. 가희(歌姬)라고 하면 듣기는 좋으나 결국은「기녀(妓女)」같은 것으로, 따지고 보면 지난날에는 서민 이하의 취급을 받는「차별」된 사람들이었던 것이다. 그런데 진(秦)의 시황제(始皇帝)가 한단(邯鄲)의 기녀 아들이며, 한나라의 무제가 세 사람씩이나 노비 출신의 부인을 맞아들인 것을 보면 중국에서의「기녀」란 일반적인 통념과는 다른 데가 있었는지 모른다. 다시 말해서 절대의 권력을 장악한 중국의 군주는 이미 부인의「신분」이나 배경 따위를 문제로 삼지 않았던 것으로 여겨진다. 아니 그보다 여성의 배후에 세력이 있으면 오히려 방해가 되는 것이었다.

그런데 무제는 원래부터 음악을 즐겨 궁중에 악부(樂府)라는 부서(部署)를 두어 악곡의 수집이며, 작곡·연주 등을 맡아보게 했었다. 그리고 그 악부에 이연년(李延年)이라는 뛰어난 악인(樂人)이 있었다.

「이연년(李延年), 성(性)·음(音)에 예민하여 가무(歌舞)에 능하다. 무제, 이를 아끼며 신성(新聲)·변곡(變曲)을 지으면 듣는 이가 모두 감동하다」(〈漢書〉「外戚傳」)

그 이연년(李延年)이가 하루는 미성(美聲)을 가다듬어 노래 불렀다.

「북방에 가인(佳人)이 있으니,
절세(絕世)하여 홀로 서다.
일고(一顧)하여 인성(人城)을 기울이게 하며(傾),
재고(再顧)하여 인국(人國)을 기울이게(傾) 하다
이 어찌 경성(傾城)과 경국(傾國)을 모르리.
가인(佳人), 다시는 얻기 어렵거늘」

무제가 그 노래를 듣고「사실인가, 그와 같은 미인이 있다는 것은」하고 묻자 옆에 있던 양평공주(陽平公主)가「그것은 이연년의 누이동생올시다」라고 했다. 불러들이니 아닌게 아니라 과연 절세의 미녀였다. 무제는 그녀의 큰오빠인 이광리(李廣利)를 이사장군(貳師將軍)으로 발탁하여 서역(西域)의 진정(鎭定)을 맡게 하고, 둘째 오빠인 이연년을「협률도위(協律都尉)」로 임명하여 궁중의 음악을 주관(主管)케 했다.

그런데 이 가무에 뛰어난 미녀는 사내아이를 낳았으나 곧 죽었다. 그 병문안을 온 무제는「다시 한번 그대의 얼굴을 보도록 해 달라」고 애타게 간청했으나, 이 부인은 등을 돌린 채 흐느껴 울 뿐, 끝내 야위고 지친 자신의 얼굴을 보이지 않았다.

「나는 아름다운 용모로써 미천(微賤)으로부터 입신하여 애행(愛幸=총애) 받다. 색(色)으로써 일(事)을 이룬 자는 그 색이 쇠하면 사랑도 식는 법(愛弛). …… 지금 만약 나의 몹시 상한 얼굴 모습을 보신다면 반드시 미워하며 나를 버리시리라」〈漢書〉「外戚傳」)
하고 그녀는 뒤에 오빠나 동생들에게 말했다고 한다。

무제는 이부인의 얼굴을 잊지 못하여 화가로 하여금 그 그림을 그리게 하여 그것을 감천전(甘泉殿)에 걸었다。이부인이 갈파한 대로 야위고 지쳐 볼품이 없게 된 병든 몸을 보임으로써 지난날의 아름다운 용모에 환멸(幻滅)의 쓰라림을 안겨 주지 않았기 때문에 바로 이부인의 매력이 나중에까지 주효(奏效)했던 것이리라。

이부인이 죽자、늘 그러했듯이 제(齊)의 방사(方士) 소옹(少翁)이란 자가 나타나 「다시 한번 이부인이 현신하도록 그 모습을 불러 보겠나이다」하고 아뢰었다。그는 밤중에 이부인이 거처했던 방에 장막을 치고 희미하게 등불을 밝힌다。또 거기서 약간 떨어진 다른 자리에는 장막을 치고 거기에 무제를 앉힌다。그리고는 생전의 이부인과 얼굴이며 모습이 흡사한 여성을 데리고 와서 장막을 내린 침대 주위를 조용히 걷게 한다。「가까이 다가가시면 아니되옵니다。곧 모습을 감추고 말 것입니다」라는 말을 듣고는 무제의 노안(老顔)에는、그리움의 눈물이 흐르며、그 희끄무레한 모습을 응시하는데 너무나 안타깝고 슬픈 나머지 시를 지어 말한다。

시(是)냐、비(非)냐 서서 이를 바라노라。
그 어찌 나긋나긋(姍姍)하며 이토록 늦게 오는고。

뒷날、一〇세기에 당(唐)나라 백낙천(白樂天)은 장시(長詩) 이부인(李夫人)을 지어 불렀다。

부인이 병들었을 때도 — 夫人病時不肯別
이별을 즐기지 않았것만
죽은 뒤에 겨우 얻었노라。
생전의 은혜、 — 死後留得生前恩
그대 은혜 끝이 없고、 — 君恩不盡念未已
생각 또한 고칠 줄 몰라。
감천전 뒤에 초상화를 걸다。 — 甘泉殿裏令寫眞
단청이 그려내는 것도 마침내 — 丹靑畫出竟何益
무슨 도움이 되리。
말하지도 웃지도 않으니、 — 不言不笑愁殺人
사람을 죽게 하는구나。
또한 방사로 하여금 영약 — 又令方士合靈藥
을 짓게 하니、
옥돌의 가마솥으로 끓이고 달여 — 玉釜練煎金爐焚
금로에 불지피도다。
구화의 장막 안에 밤은 쓸쓸하고、 — 九華帳中夜悄悄
반혼 향기 부인의 넋에 — 返魂香降夫人魂
내리니、
……………
떠날 때는 어찌 이리 빠르며

올 때는 어찌 이리 더딘가。
시(是)냐 비(非)냐、
양쪽 다 모르겠도다。
아름다운 눈썹 평생의 모습같도다。
닮지 않은 소양에서
몸져 누울 때、
넋이 오지 않는다면
님의 마음 괴로우며、
넋이 오고 보면、
님은 또한 슬프도다。
등불 뒤 장막 사이에
말이 없구나。
하는 수 없도다
잠시 왔건만 다시 사라지다니。
상심은 한무제 홀로만이 아니며、
옛부터 오늘에 이르기까지
모두 다 이와 같구나。
님은 보지 못했는가、 진나라 목왕이
사흘 동안 곡했음을、
중벽대 앞에서
성비가 애처로와함을、
또한 **보지** 못했는가、

去何速兮來何遲
是邪非邪兩不知
翠蛾髣髴平生貌
不似昭陽寢疾時
魂之不來君心苦
魂之來兮君亦悲
背灯隔帳不得語
安用暫來還見違
傷心不獨漢武帝
自古至今皆若斯
君不見秦穆王三日哭
重璧台前傷盛妃

태릉 한줌의 눈물을、
마괴의 길 위에서
양비(楊妃) 생각함을、
설사 꽃다운 모습이 변하여
흙이 된다 해도、
이 한은 오래도록 머물러
사라질 기약 없어라。
삶도 현혹시키며
죽음 또한 현혹시키는구나。
더우기나 물욕은 사람을 현혹시켜
잊지를 못하도다。
사람은 목석이 아니며
모두 정이 있는 법、
그렇건만 경성의 용색을 만나지 않고
는 모르리。

又不見泰陵一掬淚
馬嵬路上念楊妃
縱令妍姿艷質化爲土
此恨長在無銷期
生亦惑 死亦惑
尤物惑人忘不得
人非木石皆有情
不如不遇傾城色

名言 114

昭・宣의 王業, 衰하도다

사마천의 〈사기〉는 한(漢)의 무제 태초연간(太初年間)으로 끝나고 있다。한왕조(漢王朝)는 그뒤 약 백년을 계속했으며、왕망(王莽)에게 그 왕좌를 빼앗겼다。왕망이 세운「신(新)」이라는 왕조는 말하자면 한왕조(漢王朝＝西韓이라고도 한다)의 관료기구가 자멸하는 과정에서 생겨난 것으로 불과 一〇여년으로 멸망했으며、유씨의 일족이라고 자칭하는 유수(劉秀＝後漢의 光武帝)가 이를 대신하여 후한(後漢＝東漢이라고도 한다)의 왕조를 세웠다。전한・후한을 통한 약 四백년은 아시아 국제지도(國際地圖)의 대국(大局)이 정해졌다는 점에서 더할 수 없이 중요한 시대이다。

그렇다면 사마천의 뒤를 이어 전한(前漢) 일대(一代)의 전사(全史)를 써낸 사람은 누구였을까。그것은 후한의 반표(班彪)—반고(班固＝兄)와 반소(班昭＝妹)라고 하는 반씨(班氏) 부자(父子) 세 사람이었다。당(唐)나라 위징(魏徵)은 말한다。

「사마천이 졸(卒＝죽음)한 뒤 저술하는 자는 천비(淺卑)하여 뒤를 잇지 못하다。반표(班彪)에 이르러 〈후전(後傳)〉수십편을 철(綴)하다。표가 몰(沒)한 뒤 후한의 명제(明帝)、그 아들 반고(班固)에게 명하여、그 〈지(志)〉를 속성(續成)케 하다……고조(高祖)부터 평제(平帝)・왕망(王莽)의 주(誅)로 끝나기까지를 끊어(斷)、

〈一二제기(帝紀)〉〈八년표(年表)〉〈십지(十志)〉八六九전(傳)〉을 만들다。 二〇여년만에 비로소 〈표(表)〉및 〈기전(紀前)〉을 주(奏)하다。 그 〈십지(十志)〉는 아직도 이루어지지 못하다。 반고가 죽은 뒤、(章帝) 조대가(曹大家=班昭를 말하며、曹世叔에게 出嫁하다)에게 명하여 이를 속성(續成)케 하다」

〈한서(漢書)〉는 모두 합쳐 二三九년의 역사이다。 무제 이전의 전반부(前半部)는 〈사기〉에 손질을 한 것으로 체재(體裁)는 그런 대로 갖추어져 있으나、그 필세(筆勢)는 〈사기〉에 미치지 못한다。 그러나 한왕조가 자괴작용(自壞作用)을 일으키는 한말(漢末)의 상황에 대해서는 반고의 붓은 제법 투철한 데가 있다。

사마천이 이른바 「황노(黃老)」의 사상에 입각하여 비교적 자유롭게 논술(論述)했음에 대해、반고는 유가적(儒家的)인 견해에 사로잡히는 편이었는데、그런데도 과연 전체의 전망은 정확했었다。 무제가 죽은 뒤、소제(昭帝) 선제(宣帝)―원제(元帝)로 전해지는데、그 五〇년 동안은 여전히 무제시대의 여세가 유지되어 왕조의 기반은 흔들리지 않았다。 쇠퇴로의 전기(轉機)가 된 것은 원제 무렵부터이다。 원제는 유가(儒家)를 중용하고 유가적인 도리(道理)에 사로잡혀 국정(國政)의 운용(運用)을 그릇쳤었다。 일찌기 법가(法家)의 주장을 대표하고 있던 상홍양(桑弘羊)이나 장탕(張湯)이 소제(昭帝) 시대에 유가들의 집중적인 포위공격을 받아 실각한다。 그 뒤는 「현량(賢良)」「방정(方正)」「문학(文學)」 등으로 불리던 유가(儒家)들이 관료의 주류를 차지하게 됨으로써 법가는 자취를 감추게 되었다。 반고는 말한다。

「원제(元帝)、유가를 징용하여 이에 정(政)을 위(委)하다。 공우(貢禹)·설광덕(薛廣德)·위현(韋賢)·광형(匡衡) 등 잇따라 재상이 되다。 더구나 상(上=皇帝)은 문의(文義=儒家의 文句나 道理)에 견제되어、우유(優遊=빈둥거림)하여 결(決=決斷)을 하지 못하다)하지 않다。 소제(昭帝)·선제(宣帝)의 업(業)、이에 쇠퇴하다」(〈漢書〉「元帝紀」)

이러한 유가 관료는 지방의 유력자 출신이다。 그것이 지방관(地方官)과 결부하여、그 추천으로 중앙(서울)으로 나와 중앙관료의 실력자 문하(門下)에 몰려들어、그 실력자의 천거로 주요한 관직(官職)에 앉는다。 원래가 출세욕이 강한 엘리트들이므로 국가의 대사(大事)보다는 사적(私的)인 세력 확충에 열중한다。 이에 반하여 이른바、법가(法家)들은 징세(徵稅)·호구조사(戶口調査)·출납계(出納係) 등 「도필(刀筆)의 이(吏)」부터 단련을 받아온 실무파(實務派)이기 때문에 민정(民政)에 열심이며、논의(論議)만을 일삼는 엘리트에 대해서는 원래부터 반감(反感)을 품고 있었다. 특히 법의 집행을 방해하는 호족(豪族)이나 명문(名門)에게는 특히 준엄한 태도로 입했으며, 법의 공정을 지키려 했던 것이다.

무제는 유가의 최고 실력자인 동중서(董仲舒)를 등용하긴 했으나 그에게 정치의 실권만은 주지 않았다. 동중서가 제창한 「왕권천수(王權天授)」의 논(論)을 이용하고, 「인의충효(仁義忠孝)」를 교학(敎學)의 슬로우건으로서 이용했을 뿐이다. 유교를 「국학(國學)」으로 채용한 것은 「삼강오상(三綱五常)」의 가르침이 국가 통치의 도움이 될 것임에 틀림없다고 보았으며, 말하자면 하나의 문교정책(文敎政策)이었던 것이다. 그런데 무제의 증손자 되는 원제는 이미 그 주지(主旨)를 잊고 있었다. 자기 자신이 「유가의 문의(文義)에 견제받는」 그런 형편이라면 이미 끝장이라고 하겠다. 과연 반고는 그 점을 정확하게 꿰뚫어보고 있었던 것이다.

〈한서(漢書)〉 가운데에서 특히 광채가 있는 것은 왕조(王朝)가 자괴작용(自壞作用)을 일으키는 대목이라고 하겠다. 왕망이라는 사나이는 입만 벌리면 「공자(孔子)」, 그리고 「주공(周公)」을 외워 철저하게 유가(儒家)의 글귀를 이용하며 자신의 권력을 키웠었다. 「인후(仁厚)의 장자(長者)」처럼 행동하면서, 그 속셈에는 아욕(我慾)과 미신(迷信)으로 굳어져 있었는데, 그것을 폭로하고 저지할 만한 법가관료(法家官僚)는 이미 존재하지 않았다. 그 주위의 사정을 반고는 훌륭하게 묘사하고 있다. 그것은 후에 장(章)을 새로이 하여 소개하겠다. 여기서는 이른바 「소제(昭帝)·선제(宣帝)의 왕업」에 대한 실세(實勢)를 말하는 한말(漢末)의 인구(人口)에 대해 알아보기로 한다.

반고의 누이동생 반소(班昭)가 정리했다고 하는 〈십지(十志)〉 가운데 「예문지(藝文誌)」(漢代의 書籍目錄), 「식화지(食貨誌)」(經濟政策), 「지리지(地理誌)」이 셋은 이용 가치가 크다. 이와 같은 정성스러운 작업은 오히려 여성만의 장기(長技)일는지 모른다.

특히 「지리지」에는 평제(平帝)의 원시(元始) 二년의 인구통계를 들고 있다. 이 해는 바로 서기 二년에 해당되며 한나라의 인구가 가장 충실(充實)했던 무렵이었다. 전인구는 五천 九백 五九만 四천 九백 七八명(호수는 一천 二二三만 三천 六二호)이었다. 대체로 一호에 五명의 비율이다. 또한 진(秦)의 三六군(郡)에 대해 당시는 군(郡)·국(國)을 합쳐 一○三으로 갈라져 있었다.

군 가운데 인구가 많은 곳부터 열거하면,

1 여남군(汝南郡) 二백 五九만 六천명(四捨五入)

2 영천군(潁川郡) 二二一만 一천명

3 패 군(沛 郡) 二백 三만명
4 남양군(南陽郡) 一백 九四만 二천명
5 동 군(東 郡) 一백 六五만 九천명
6 하내군(河內郡) 一백 六一만명
7 동해군(東海郡) 一백 五五만 九천명
8 진류군(陳留郡) 一백 五〇만 九천명
9 임회군(臨淮郡) 一백 二三만 八천명
(이하 생략)

이렇게 된다。 지금의 하남성과 호북성의 북쪽、 강소성(江蘇省)의 북쪽、 산동성 남쪽에 인구가 집중하고 있다。 지금의 사천성 중부도 상당히 발전한 듯한데、 중심지인 장안(長安 근교(近郊)은 비교적 인구가 적다。 경조(京兆=長安近在)는 六八만 二천명、 그 양옆에 해당되는 좌풍익(左馮翊)은 九一만 七천명、 우부풍(右扶風)은 八三만 六천명이다。 관중(關中) 땅은 이무렵까지도 여전히 서북에 편중(偏重)한 후진지구로서 화중(華中)의 번화함을 따르기에는 어림도 없었음을 알 수 있다。

그렇다면 당시의 조선반도(朝鮮半島)는 어떠했을까。

낙랑군(樂浪郡) 四〇만 七천명(帶方、 不而=東部都尉所在、 昭明=南部都尉所在 등 二五縣을 포함)
현토군(玄菟郡) 二三만 二천명 (高句麗 以下 三縣을 포함)

거기에 접하는 요동군(遼東郡=즉 舊南滿州 땅)은 인구 二七만 二천명(遼陽·襄平 등 一八縣)이었기 때문에 낙랑군은 요동군보다 번성했다고 하겠다。

또한 남쪽의 교지군(交趾郡)은 인구 七四만 六천명이기 때문에 오늘날의 북베트남 통킹 델타지역은 이미 한대(漢代)에 무척이나 많은 인구가 있었음이 분명하다。

또한 오늘날의 중국 인구는 약 八억이기 때문에 서력기원 무렵의 약 六천만명에 비해 二천년 동안에 一三배로 늘어나고 있는 셈이다。 그러나 오늘날의 폭발적인 각국의 인구 증가에 비한다면 중국의 인구 증가는 오히려 완만하다고 말할 수 있다。 그것은 북중국의 혹독한 자연조건에 제약을 받았기 때문인지도 모른다。

名言 115

符命, 天命을 두려워하라

소제(昭帝)—선제(宣帝)를 통해 一八년 동안이나 곽광(霍光)이 섭정의 자리에 있어 곽씨 일문(一門)이 영화를 누렸음은 이미 말한 바 있다. 그로부터 약 二五년 뒤, 이번에는 외척(外戚)인 왕씨(王氏) 일문이 권력을 장악했다. 그중에서도 왕망(王莽)은 성제(成帝)→애제(哀帝)→평제(平帝)의 三대, 거의 二〇년에 걸쳐 실권(實權)을 독점했으며, 서기 원년에 한(漢)의 안한공(安漢公)이 되더니 마침내는 서기 八년에 한나라를 멸하여 「신(新)」이라는 나라를 세웠다. 그러나 신은 불과 一五년밖에 목숨을 부지하지 못했으며, 「적미(赤眉)」 「녹림(綠林)」 등으로 자칭하는 농민반란이 봉기하는 가운데에서 와해(瓦解)했다.

〈한서(漢書)〉에 의하면 왕망(王莽)은 약간 살이 찐 사나이로 입이 크고 턱이 짧으며 툭 튀어나온 눈에 붉은 빛이 감돌며, 묘하게 목쉰 큰 음성을 가졌다고 한다. 어떤 측근이,

「이른바 치목호문(鴟目虎吻)의 얼굴(貌), 이리(狼)의 목소리란 이를 두고 한 말이로다」

하고 속삭인 것이 탄로되어 살해되었다. 그때까지는 높은 관(冠)을 쓰고 빳빳한 장식 날개깃을 옷에 달았었는데, 그 뒤로는 운모(雲母)로 만든 부채로 얼굴을 가렸다는 것이다.

왕망은 원제(元帝)의 왕황후(王皇后), 즉 한말(漢末)의 三대에 걸쳐 「황태후·태황태후(太皇太后)」로 불린 사람의 조카이다. 이 여성은 명문 출신이 아니다. 왕금(王禁)이라고 하는 정위(廷尉=法務官) 서기(書記)의 차녀(次女)인데, 一八세 때 후궁으로 들어가 왕실의 시녀(侍女)로 있었다. 그 당시의 황태자(뒷날의 元帝)가 애인이 죽어 슬픔에 잠겨 있음을, 모후(母后)가 근심하여 밤을 위로케 하려고 선택된 다섯 여성 가운데 이 왕씨의 딸이 있었다. 그녀가 사내아이를 낳았기 때문에 원제(元帝)가 즉위하자 황후(皇后) 자리에 올랐으며, 그 아들이 뒷날의 성제(成帝)가 된다——는 기구한 운명을 타고났던 것이다.

기원전 三三년 원제가 죽자, 성제는 아직 어리다고 하여 황태후가 후견(後見)을 맡아보게 되었다. 그래서 왕씨 가문의 출신이었던 황태후는 수많은 형제(兄弟=王禁에게는 四男八女나 있었다)들을 잇따라 요직에 앉혀 측근을 굳히고 그들에게 정치를 맡겼다. 같은 날에 다섯 명이나 되는 왕씨 일족이 「후(侯)」라는 벼슬을 받았다고 하여 사람들은 그들을 「五후(侯)」라고 부르며 놀렸다는 것이다. 그 가운데 왕망의 아버지만은 일찍 죽었기 때문에 왕망은 좀처럼 기용되지 않았으나, 이윽고 황태후의 조언(助言)으로 발탁되어 마침내 대사마(大司馬)가 되었다.

기원전 六년, 성제가 죽자 애제(哀帝)가 즉위했다.

「애제, 일찍부터 왕씨의 교성(驕盛)함을 들어 마음으로 언짢게 여겨오다. 그렇건만 처음의 일인 만큼 왕씨를 우우(優遇)하다」

라는 것으로 왕씨 일족은 계속하여 영화를 누렸다. 이를 보다못한 어떤 자가 탄핵(彈劾)하여,

「왕근(王根=王莽의 叔父), 크게 실저(室邸)를 치(治)하여 저중(邸中)에 토산(土山)을 만들어 장터(市場)들이 여기에 서다……백성을 징발하여 길을 닦게 하니 백성들은 그 부역에 시달리다」(〈漢書〉「元后傳」)

이라고 왕씨를 비난하고, 애제 역시 한때는 왕근 일족을 멀리했으나, 나이 七〇이나 된 황태후가 눈물을 흘리며 왕씨 일족의 몰락을 슬퍼하므로 단호한 조치를 내리지 못한다. 그러는 사이에 그만 애제(哀帝) 자신이 병사하고 말았다.

황태후는 왕망과 상의하여 어린 평제(平帝)를 옹립했다. 드디어 왕망이 전권(專權)을 떨칠 때가 온 것이다. 그는 겉보기로는 겸허한 듯이 거동하며, 군신(群臣)들을 은근히 교사, 자기 딸을 황후자리에 앉혔다. 그리고 봄이면 목욕재계(祓)라 하여 황태후를 패수(覇水) 기슭으로 안내한다. 또 가을이면 서교(西郊)의 황산궁(黃山宮)에서 경치를 관상(觀賞)한다고 하여 황태후를 모셔 주연

을 베푸는 등, 그 환심을 사기에 온갖 정성을 다했다.

그러는 사이에 기회를 보아 왕망은 은밀히 평제(平帝)를 암살했다. 물론 후계자는 없다. 그래서 왕망은 유영(劉嬰)이라는 나이 겨우 二세밖에 안된 유아(宣帝의 玄孫)를 추대하여 억지로 제위(帝位)에 앉혔다. 일찌기 주공(周公)이 「섭정(攝政)」이라고 하여 어린 주(周)의 성왕(成王)을 도운 고사(故事)에 따라 마침내 권력을 독점할 기회를 잡았던 것이다.

기원전 六년, 어떤 자가 우물물을 퍼내다가 돌을 발견했다. 그 돌에는 단주(丹朱)로써 「告安漢公王莽、爲皇帝」라고 씌어 있다고 신고했다. 물론 왕망이 은밀히 만들게 한 것이다. 천제(天帝)가 이상한 징조(徵兆)를 내려 왕조(王朝) 교대를 예언하는 것을 「부명(符命)」이라고 한다. 왕망이 그 「부명」을 이용하여 왕위에 오를 구실을 만들려는 속셈을 알아차린 애장(哀章)이라는 학자가 한 꾀를 냈다. 동(銅)으로 만든 상자에 二매의 패(札)를 간수하여 천제(天帝)의 행새금궤(行璽金匱)의 도(圖)」「적제(赤帝)의 행새(行璽) 모(某=高祖를 말한다), 황제(黃帝=王莽을 말한다)에게 금책(金策)을 전예(傳豫)하는 서(書)」라고 어려운 전서(篆書) 같은 글자를 써넣었다. 애장(哀章)은 해가 저물자 황의(黃衣)를 걸치고 고조묘(高祖廟)의 문앞에 나타났다. 사자(使者)의 연락을 받고 왕망이 달려와 공손히 그 동상자를 받들어 받았다는 것이다.

왕망은 이와 같은 「부명의 표징(表徵)」이 있었음을 들어, 「공자(孔子)도 천명(天命)을 두려워 한다」고 하더이다. 내가 제위(帝位)에 오름은 천명이외다」고 태후에게 말했다. 옛날 한의 고조가 함양(咸陽)에 입성했을 때, 진(秦)의 자영(子嬰)이 패수(覇水) 기슭으로 마중을 나아가, 시황제 전래(傳來)의 인새(印璽)를 바쳤다. 고조는 즉위한 뒤, 그 돌을 깎아 「한(漢)、전국(傳國)의 새(璽)」라고 새겨 대대로 그것을 전했다. 왕망은 동생 왕순(王舜)을 사자로 보내어, 그 인새를 달라고 끈질기게 태후에게 요구했다. 태후는 창백하게 얼굴이 굳어지면서 말했다.

「그대를 부자종족(父子宗族), 한가(漢家)의 힘을 은혜입어 대를 거치며 부귀를 누리도다. ……이와 같은 사람은 비록 구저(狗猪=개나 돼지)라 해도 그 나머지를 먹지 않도다. 하물며 천하에 어찌 그대들 형제 같은 자들이 있을소냐. 또한 그대는 스스로 부명(符命)으로써 새 황제가 되어 정삭(正朔)·복제(服制)를 변경하도다. 그렇다면 스스로가 새(璽)를 만들어 이를 만세(萬世)에 전함이 옳을 것을, 어찌하여 이 망국불상(亡國不祥)의 새를 얻으려 하는가」(〈漢書〉「元后紀」)

그리고는 「이제 늙어 쓸모가 없게 된 나는 한나라의 인

새를 품고 무덤에 들어가고 싶다」고 통곡하는 것이었다.
왕순(王舜)은、
「더 이상 드릴 말씀이 없나이다. 하오나 왕망은 기필코 전국(傳國)의 인새를 얻고 말 것이옵니다. 언제까지나 주시지 않고는 견디지 못하실 것을」
하고 은근히 협박했다. 이쯤되자 황태후도 체념(諦念)하지 않을 수 없었던 모양이다. 인새를 꺼내어 힘껏 바닥에 내동댕이를 쳤다. 그뒤 왕망은 태후의 호칭을 「신실(新室)의 문모태황태후(文母太皇太后)」라고 고쳤다. 그리고는 원제(元帝)의 묘(廟)에 합장(合葬)하겠다는 약속을 바꾸어 한(漢)과는 인연을 끊기 위해 원제묘(元帝廟)의 별전(別殿)을 개장(改裝)하여 「문모(文母)의 장수궁(長壽宮)」을 지었다. 그녀는 이 장수궁으로 가는 도중 원제묘 본당(本堂)의 파괴된 모습을 보며 하염없이 눈물을 흘렸다.
「이곳은 한실(漢室)의 종묘(宗廟)로서 신령(神靈)이 계신 곳、왕망 녀석이 무슨 속셈으로 종묘를 부시는고. 만약 귀신(鬼神=魂魄)에 지(知) 없다면 묘당에 손댈 것도 없으리. 만약 귀신에 지(知) 있다면 나는 한실(漢室)의 비(妃)인 자. 선제(先帝)의 묘당을 욕보여 어찌 주식(酒食)을 차리리(陳)」
그녀는 八四세로 죽자、결국 위릉(渭陵) 원제묘(元帝廟)에 합장(合葬)되었다.
반고(班固)는 말한다.
「한(漢)이 일어난(興) 뒤、후비(后妃) 가문의 여(呂)·곽(霍)·상관(上官) 등 나라를 위태롭게 하기를 여러 차례. 왕망이 흥하자、효원황후(孝元皇后)에 유(由)하다. 원후(元后)는 四세(世)에 걸쳐 천하의 국모(國母)가 되어、나라를 누리기(享) 六〇여세、대대로 군제(群弟)가 권(權)을 전횡(專橫)하며 모두가 나라를 차지하다. 五장(將)、十후(侯)、마침내 신도(新都)를 이루다. 위호(位號) 이미 천하에 옮겼건만 원후(元后)、권권(卷卷)하여 여전히 일새(一璽)를 쥐어、망(莽)에게 주지 않으려 하다. 부인(婦人)의 인(仁)、슬프고나」
그러나 사실은 「부인(婦人)의 인(仁)」이 문제가 아닌 것이다. 군주 관료제 가운데에서는 「공(公)」을 지켜 「사(私)」를 물리치는 법가관료(法家官僚)가 체제(體制)를 뒷받침하고 있는 것이다. 그 법가가 자취를 감추고、특정의 일문(一門)이 권력을 빼앗아 차지하기 시작하면 왕조(王朝)는 사물(私物)이 되고 만다. 외척(外戚)은 그 사적 세력의 모체(母體)이며 그것을 에워싸고 조장(助長)하는 것은 타락한 학자(腐儒라고 한다)와 내정(內庭)의 환관(宦官)들인 것이다.

名言 116

禮樂을 定하여 天下 다스려지다

서기 八년、왕망은 유제(幼帝) 유영(劉嬰)을 폐하여 스스로 「신(新)의 황제」로 자칭、연호(年號)를 건국(建國=初始) 원년(元年)이라 정했다。중국의 고전 〈서경(書經)〉은 대부분이 주대(周代) 각 왕의 포고문(布告文)으로 메워져 있다。그 격식이 대단한 문장을 「전고(典誥)의 문(文)」이라고 한다。왕망은 유가(儒家)의 장로(長老) 유흠(劉歆)을 국사(國師)의 자리에 앉혀 모든 의식(儀式)에 대해 전고(典誥)의 문(文)을 흉내낸 조칙(詔勅)을 만들게 했다。이를테면 유자(孺子) 유영에게 고한 것은 다음과 같은 호들갑스러운 책명(策命=詔勅)이었다。

「오오、그대 영(嬰)이여、황천(皇天)、그대 태조(太祖=漢高祖를 말한다)를 도와(佑)、세상(世)을 지나기(歷)를 一二세(世)、나라 누리기(享)를 二백 一一세(歲)。역수(歷數)、내 몸에 있도다。시(詩=經)에 이르기를 평후(平侯)、주(周)에 복(服)하여 천명(天常)、여일(如一)하라고。그대를 봉(封)하여 안정공(安定公)으로 하며 오래도록 신실(新室)의 빈(賓=客)으로 삼겠도다」(〈漢書〉「王莽傳中」)

그런데 주대(周代)의 관제(官制)를 기록했다는 유가(儒家)의 고전(古典)이 「주례(周禮)」이다。그것은 어쩌면 유흠(劉歆)이 은밀히 왕망에게 영합하기 위해 지혜를 짜내어 만들어 낸 위서(僞書)일는지 모른다。왕망은 이

〈주례〉를 바탕으로 하여, 관제(官制)며 행정구분(行政區分)을 모두 개명(改名)했다. 〈주례〉에 있듯이 중앙에 三공(公) 외에 대사마(大司馬)·대사도(大司徒)·대사공(大司空) 등의 九경(卿)을 두고, 그 경 아래에 대부(大夫) 세 사람 이하를 둔다. 장안(長安)의 이름을 「상안(常安)」이라고 바꾸며, 군현(郡縣)의 이름도 모두 갈았다. 참으로 번거로운 일이었다. 또한 중국 전설에 의거하여 왕씨(王氏)는 황제(黃帝)→제곡(帝嚳)→제순(帝舜)……제(齊)의 전씨(田氏)→왕씨(王氏)로 이어진 것이며, 또한 한나라 유씨는 전욱(顓頊)→제요(帝堯)……유씨(劉氏)와 같은 계열로 이어진 것이라고 하여 황제(黃帝)를 섬겨 천재(天帝)로 배(配)했다. 그는 「이제 한제적세(漢帝赤世)의 계(計) 다하니 힘쓸 바가 없도다. 바야흐로 황덕(黃德) 일어나도다. 하늘(天)이 대명(大命)을 강현(降顯)하여 내게 속(屬)하기를 천하(天下)로써 하다」라고 하여 적(赤)을 상징으로 하던 한(漢)이 멸망하고, 황(黃)을 상징으로 하는 왕망의 신(新)이 일어남은 「천명(天命)」이라고 강조했다.

호들갑스러운 미신(迷信)은 따지고 보면 유가(儒家)의 「천명(天命)을 두려워하다」(〈論語〉)라는 발상(發想)을 강조하여 확장시킨 것이다. 그러나 그러는 동안에 왕망 자신이 이 「하늘의 부명(符名)」을 믿는 어리석은 미신의 포로로 되고 말았다. 그리고 〈주례(周禮)〉를 이용하여 정치면에까지 고루한 고대의 제도를 내세우려 했다. 그 하나는 「정전제(井田制)」를 실시하려 했다는 것이다.

정전(井田)의 이야기는 〈맹자(孟子)〉에도 주(周)의 고법(古法)으로서 소개되고 있으며, 〈주례〉〈예기(禮記)〉 등에서도 볼 수 있다. 그것은 논밭을 가로세로 아홉 개의 정방형(正方形)의 선으로 구획지워 여덟 집에 그 하나하나(百畝)가 주어지며, 중앙의 하나는 공동으로 경작하여 부세(賦稅)에 충당한다는 것이다. 왕망의 조령(詔令)을 보면 그 취지는 이러하다.

「한(漢)은 三〇분의 一을 세(稅)로 받는다고 하면서도 부역(賦役)이 거듭되고 호농(豪農)이 민전(民田)을 좀먹어 들어오기(侵食) 때문에, 실제는 一〇분의 五라는 부세(賦稅)를 부과하는 결과가 되었다. 이제 천하의 논밭을 〈왕전(王田)〉이라 이름짓고 노비(奴婢)를 〈사속(私屬)〉이라 개칭하며, 전답이나 노비도 그 매매를 금한다」

라는 것이다. 얼핏보면 과연 공정한 방법인 듯하다. 사실은 농민을 一백묘(畝)의 논밭으로 묶어두어 꼼짝 못하는 농노(農奴)로 삼으려는 것이다. 진(秦) 이후로 이미 자작농(自作農)이 주력이 되고 개간(開墾)은 말할 것도 없거니와, 그 논밭이 가옥의 매매가 한창 성행되고 있는 무렵이건만, 그것을 五백년이나 옛날의 농노제(農奴制)의 상태로 역행시키려는 것이기 때문에 결국 실현은 불가능했다. 그와 동시에 널리 통용되고 있던 한의 「五수전(銖錢)」을 폐지하고, 가볍고 작은 「왕망전(王莽錢)」으로 바꾸려 했으나 이것 역시 완전히 실패되고 말았다. 그리하여 결국은,

「농상(農商) 실업(失業)하여 식화(食貨)를 모두 폐(廢)하다. 민인(民人), 시도(市道)에 유체(流涕)하기에 이르다. 또한 전택노비(田宅奴婢)를 팔거나 또한 주전(鑄錢)에 연좌(連座)되어 죄를 문책받는 자, 그 수를 헤아릴 수 없다」(〈漢書〉「王莽傳中」)

라는 형편이었다.

중앙이 이 모양이기 때문에 변경(邊境)에 위령(威令)이 미칠 리 없다. 왕망은 북쪽 국경에 둔전병(屯田兵)을 두려 했으나 구체적인 정책도 없이 명령을 내려도 사람들이 모이지 않는다. 「제장(諸將) 변(邊)에서 대중(大衆)이 모이기를 기다리건만 이사(吏士) 방종(放縱)하여 내부에서 징발(徵發)을 우려하다. 백성은 성곽을 버리고 유망(流亡)하여 도적이 되다. 병주(幷州)·평주(平州=지금의 山西省 北部)가 가장 극심하다」는 혼란상태를 빚었다.

또한 그는 장안에서 철수하여 낙양으로 도읍을 옮기자고 하였다. 장안의 거민(居民)이 동요하여 폐옥(廢屋)이 두드러지기 시작했으며, 거리도 황폐해지기만 했다.

요컨대 현실에 등을 돌린 복고취미(復古趣味)나 고대서적의 지식에 말려들어 탁상공론만을 일삼는 유가(儒家)의 단점(短點)이 왕망이라는 사나이를 통해 한꺼번에 노출되고 말았던 것이다. 그런데 반고(班固)는 과연 사학자(史學者)이다. 그 점을 착안하여 다음과 같이 갈파하고 있다.

「망(莽)은 의중(意心=中)에 생각하기를 제(制=制度)가정해지면, 천하는 스스로 평정(平定)된다고 여기다. 그러므로 지리(地里=土地分割)를 골똘히 생각하고, 예(禮)를 제(制)하며, 악(樂)을 만들고, 六경(經=儒家의 經書)의 설(說)을 강합(講合)하다. 공경(公卿), 새벽(旦)에 들어가 저물어(暮) 나와 의논(議論)하기를 연년(連年)이건만 결(決)하지 못하다. 옥소(獄訴)는 원결(寃結)하며 백성의 급무(急務)를 돌볼 겨를이 없도다. 현재(縣宰=縣長)가 없는 곳에서는 그 아래에 있는 자가 수년(數年)동안 겸(兼守)하여 두드러지게(一切) 탐욕하기를 날로 극심하며……군현(郡縣)의 부렴(賦斂)에 대해서는 서로가 뇌물을 구하여 백흑(白黑)이 분연(紛然)하도다……온갖 보물이며 명탕(名帑)·장전(藏錢)·곡관(穀官)은 모두 이를 환자(宦者)가 맡다(領). 이민(吏民), 봉사(封事)의 서(書=上申書)를 바치면

환관이 좌우(左右=멋대로)하여 개봉(開封)하며 상서(尙書)는 이를 알지 못하도다」

「예악(禮樂)을 정하여 천하가 다스려(治)지다」라고 함은 유가(儒家)의 입버릇인데, 이 얼마나 어리석은 공상이겠는가。왕망 일당이 「예악제도(禮樂制度)」를 만지작거리며 공론(空論)을 일삼고 실무(實務)를 게을리하고 있는 동안에 환관(宦官)이 서무(庶務)를 멋대로 처리하여 책임있는 관리는 한구석으로 밀려난다。왕망은 무엇이건 자기가 직접 결재하지 않고는 견디지 못하는 성미이기 때문에 등불을 밝혀 이튿날 아침까지 서류를 뒤적거리는데도 처리되지 않는 매일이 계속되는 것이었다。

그러는 사이에 반란은 우선 산서성 북부의 대군(代郡)과 오원(五原) 땅에서 일어났다。거기에는 二〇만의 수비병이 三년 이상이나 교대하지 못한 채 주둔하고 있었으며, 가난한 근현(近縣)에서는 병량(兵糧)조차 제대로 징수되지 않는다。그 고장의 백성들이 시달리다 못해 수천명의 무리(隊)를 이루어 먹을 것을 찾아 밀어닥쳤다。또한 서기 一七년에는 장강(長江) 중류(中流=荊州)로부터 「녹림(綠林)의 군란(軍亂)」이 일어나고, 이듬해에는 산동성의 동부(琅琊)에서 「적미(赤眉)」의 병사가 봉기했다。번숭(樊崇) 등이 기민(飢民)을 이끌어 궐기, 눈썹을 빨갛게 칠하여 표시로 삼았기 때문에 「적미(赤眉)」라고 불렸던 것이다。때마침 한단(邯鄲)이북 즉, 지금의 하북성(河北省)은 폭우(暴雨)에, 관동(關東)의 각지는 한발이 극심했을 뿐만 아니라, 화중(華中)에서는 대지진까지 일어나 사람들은 더욱더 불안에 떨게 되었다。이리하여 마침내 「천하대동란(天下大動亂)」의 징후가 보이기 시작했던 것이다。

名言 117
綠林好漢

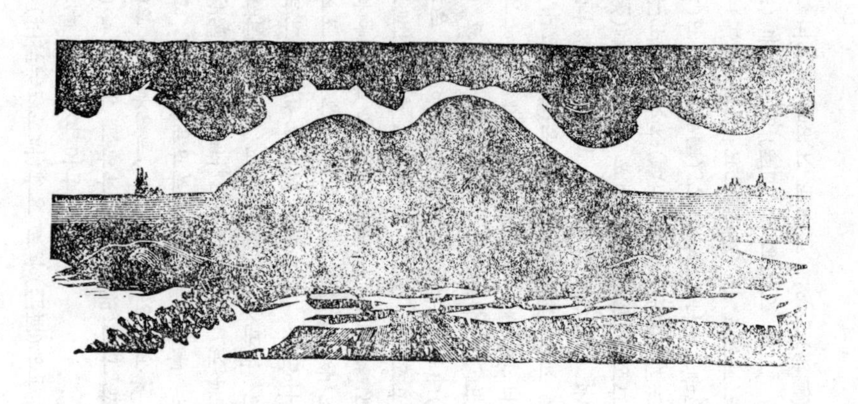

진(秦)나라 말기에 진승(陳勝)·오광(吳廣) 등이 징용된 백성들을 이끌어 반란을 일으켜, 그것이 결국 진나라를 멸망시키는 원동력이 되었음은 앞서도 몇 번 말한 바가 있다. 그와 마찬가지로 전한(前漢) 말기(末期)에는 동·북·남, 이렇게 세 군데에서 대규모의 농민반란이 일어나 그것이 왕망(王莽)의 「신(新)」을 쓰러뜨리는 계기가 되었다.

서기 一七년, 신시(新市=지금의 湖北省 京山縣)에서 왕광(王匡)·왕풍(王鳳) 등이 녹림산(綠林山)을 본거지로 하여, 부근의 호족(豪族)이나 부호들을 습격해서는 먹을 것을 나누어 가져 순식간에 七、八천명의 군중을 모았다. 「녹림호한(綠林好漢)」이란 이 뒤 산새(山塞)를 근거지로 하여 도당을 이룬 무리들을 부르는 대명사가 된다. 왕망은 몇 해 뒤, 형주(荊州=湖北) 장관에게 명하여 녹림산을 포위케 했다. 그래서 반란의 군중은 둘로 갈라져, 그중 일파는 장강 중류의 강릉(江陵)으로, 다른 일파는 화중에서 특히 번성했던 남양(南陽) 거리를 점거했다. 그 무렵, 전한(前漢) 유씨(劉氏)의 먼 친척이 되는 유수(劉秀=뒷날 後漢의 光武帝)가 「망(莽)을 타도하여 한(漢)을 되살리리(莽倒漢復)」라는 깃발을 내걸고, 지금의 호북성에서 군사를 일으켰다. 그는 토착 호족(土着豪族)의 사병(私兵)만으로는 도저히 왕망의 정규군과 대적할 수 없음을 알고 있었기 때문에 당분간은 「녹림호한들」과 손을 맞잡고 왕망의 관병(官兵)들과 맞서기도 했다。

그와 전후하여 서기 一八년에 산동(山東)에서 적미(赤眉=눈썹을 빨갛게 칠하여 표시로 삼았다)라고 불리는 반란이 일어나 태산(泰山)을 본거지로 삼았다。 그들은 청주(青州=山東省)의 경비를 맡고 있던 관병을 무찌르고는 크게 기세를 올려 근방의 많은 반란군과 합류, 한때는 一〇만명까지 불어났었다。

그러나 이와 같은 사태에도 불구하고 왕망은 목수들을 끌어모아 아홉 개의 묘(廟)를 짓기 시작했다。 지붕은 중층(重層)으로 하고 추녀를 금은(金銀)으로 장식하며、「그 공비(工費)、수백거만(數百巨萬)、죽은 도졸(徒卒)들은 만(萬)을 헤아리다」라고 할 정도의 대공사였다。 그런데 왕망의 신변에서는 잇따라 흉사(凶事)와 분규가 일어났다。 우선 왕망의 처가 죽고、이어 태자인 왕림(王臨)이 왕망의 애첩과 정을 통한 것이 탄로되어 자살했다。 그 무렵의 반란 실정(實情)을 〈한서(漢書)〉에서는 다음과 같이 분석하고 있다。

「처음에 四만의 백성、모두 기한궁수(飢寒窮愁)로 말미암아 궐기하여 도적이 되더니 차츰 군취(群聚)하다。 그러나 항상 생각하기를 때가 오면 고향에 돌아갈 수 있으리라고 여겼다。 그 수、만(萬)으로써 헤아린다 해도 서로가 거인(巨人)·종사(從事)·삼로(三老)·좨주(祭酒) 등으로 칭할 뿐、감히 성읍(城邑)을 약유(略有)하지 않다。 ……모든 장리(長吏)·목수(牧守=地方長官들) 스스로가 난투(亂鬪)하여 병(兵)에 부딪쳐 죽을 뿐、적(賊)은 구태여 이를 죽이지는 않다」(〈漢書〉「王莽傳下」)

관병(官兵)이 갈팡질팡하여 적·아군을 가리지 못하고 서로 살상(殺傷)했던 것이 실정인 듯하다。 반란이 지속적인 정권을 세워 「혁명」을 하려고 한 것은、그로부터 훨씬 내려와 一八세기의 「태평천국군(太平天國軍)」(廣西省에서 北上하여 南京에 政權을 세웠다)이 최초일 것이다。 한말(漢末)의 반란은 삼로(三老)──→종사(從事)──→이졸(吏卒) 등으로 불리는 지휘자를 천거하여 서로가 「거인(巨人)」이라 호칭하며、저절로 생겨난 편성에 따라 행동했던 것임에 불과하다。 반란의 군중(軍中)에서는 정기(旌旗)·호령(號令)·대열(隊列)도 정해져 있지 않다는 말을 듣자、「그것이 사실이냐」하고 의아하게 여겼다는 것이다。

왕망은 서기 二二년과 二三년에 대군을 동원하여 반란을 진압케 했다。 동방의 백성은 관군의 군기(軍紀)가 엉망인 데에 여간 애를 먹은 것이 아니었다。「차라리 적미

(赤眉)를 만날지언정 대사(大師)의 군(軍)을 만나지 말라」라고 하여 관군만 보면 도망쳤다는 것이다. 그 해 겨울, 찬바람이 몰아치는 황하 평원의 성창(成昌=지금의 山東省 東平縣)에서 관군을 대기하고 있던 적미군이 괭이를 휘두르며 사방에서 기습, 철저하게 관중을 무찔러 부장(部長) 二〇명을 포로로 했다. 「성창, 대승리」의 소문은 호북(湖北)과 하남(河南)에까지 전해져 녹림군(綠林軍)의 사기는 크게 올랐으며, 그 이듬해, 마침내 완(宛=지금의 河南省 南陽)에서 독자적인 정권을 수립했다. 이곳은 낙양과 장안으로 육박하는 요충지이다. 왕망은 떨지 않을 수 없었다. 그런데 이 반란의 힘에 편승하여 스스로 「황제」라고 칭한 자는 엉뚱하게도 한(漢)의 왕실 계통을 이어받은 유현(劉玄)이며, 이를 도왔던 자가 유수(劉秀=뒷날의 光武帝)였다. 유현과 유수는 곧 연호(年號)를 「경시(更始)」라고 개정했다. 농민이 피와 땀을 흘려 빼앗은 권력을 호족(豪族)이 옆에서 가로챈 결과가 되었던 것이다.

그러나 형세는 아직도 혼돈(混沌)했다. 왕망은 최후의 수단으로서, 사도(司徒) 왕심(王尋)·대사공(大司空) 왕읍(王邑) 등의 심복들로 하여금 四〇만의 대군을 모으게 하여 녹림군이 사수하는 곤양(昆陽=지금의 河南城葉縣)을 포위케 했다. 관군은 지하도를 파 누거(樓車=高架사다리로 된 戰車)을 전선(前線)으로 밀어내어 마치 빗발처럼 화살을 쏘았다. 그러나 성중(城中)에 있는 九천의 녹림군은 끝까지 사수, 항복하지 않는다. 그때, 유수 등 一三기(騎)가 야음(夜陰)을 틈타 성 밖으로 탈출, 이웃의 농민을 끌어모아 원군(援軍)을 편성하여 내외 서로 호응하여 관군을 협공했다. 「곤양 싸움」에서 농민반란군은 두번째의 대승리를 거두었다. 이 해 녹림군은 그 기세를 몰아 마침내 장안 교외까지 쳐들어왔다. 약간 뒤늦게 적미군(赤眉軍)도 번숭(樊崇)의 지휘로 낙양에 들어와 장안으로 진격했다. 그러나 그 무렵부터 농민군과 유현·유수 사이에는 차츰 균열이 생겨나기 시작했다. 서기 二六년, 한때는 장안을 점거하고 있던 적미군이 식량의 궁핍으로 말미암아 동쪽으로 철수하기 시작했다. 일찍부터 하북 땅에서 군사를 양성하고 있던 유수는 이 기회를 놓치지 않고 철수해 오는 농민군을 도중에서 습격, 그 주력을 궤멸시키고 말았다.

여기서 이야기를 잠시 돌려 왕망의 최후를 대강 소개해 보겠다. 함곡관(函谷關) 이동(以東)이 대란(大亂)의 소용돌이에 말려들자, 서울 근방에서는 물자가 궁핍해지며 「굶어 죽은 자(열에 七, 八명」이라는 비참한 실정으로 화해 버렸다. 이쯤 되자 얼이 빠진 왕망은 두릉(杜陵)의 사씨(史氏) 딸을 화후로 맞아 〈주례(周禮)〉의 고

식(古式)에 따라 「화인(和人)」三명、빈인(嬪人) 九명、미인(美人) 二七명、어인(御人) 八一명」을 택하여 후궁에 넣었다。 측근의 인물이나 국사(國師)인 유흠(劉歆)도 이러한 처사에는 어처구니가 없었던지 은밀히 역모를 꾀했으나、사전에 계획이 탄로되어 살해되고 말았다。 유흠이라는 사나이는 〈상서(尙書)〉〈시경(詩經)〉〈주역(周易)〉〈좌전(左傳)〉〈주례(周禮)〉와 같은 고전(古典)의 지식을 총동원하여 까다로운 조칙(詔勅)을 쓰고 고식(古式)의 제도를 만들어 왕망의 비위를 맞추었는데、어용학자(御用學者)에 알맞는 보상을 받았다고 하겠다。

서기 二三년 가을에는 장안 근교의 토호(土豪)들도 멋대로 「한(漢)의 장군」이라고 자칭하여 군사를 일으켜、농서(隴西)의 숙장(宿將) 외효(隗囂)가 쳐들어 온다는 소문이 번졌다。 어떤 사나이가 「주례·좌전에는 〈나라에 대재(大災)가 있으면 곡(哭)을 하여 이를 가라앉힌다〉라고 하였읍니다」하고 진언했다。 왕망은 곧 군신(群臣)을 이끌고 장안의 남교(南郊)로 가서、

「황천(皇天)이 이미 신(臣) 망(莽)에게 명(命)을 내리신 만큼 어찌 중적(衆賊)을 멸하지 않으리요。 만약 신 망에게 비(非)가 있다면、벼락(雷霆)을 내리셔 주(誅)하소서」

하고 자신의 옆구리를 치고 숨을 그치며 통곡했다는 것이다。

그런데 궁중에는 그 당시 아직도 막대한 금품이 남아 있었다。 왕망은 그것을 九명의 장군(九虎라고 불렀다)에게 나누어 주어 도읍을 지키게 했었는데、그중 네명은 아예 도망쳐 버리고 나머지 다섯명은 맥없이 패배하고 말았다。 난전(亂戰) 가운데에서도 왕망은 여전히 「하늘(天)、덕을 나(予)에게 주시다。 한병(漢兵)이 나를 어찌하리」(〈論語〉에 나오는 말에 依함)라고 중얼거렸는데、一〇월 三일의 이른 아침、은밀히 백호문(白虎門)을 나와 서교(西郊)의 이궁(離宮)으로 자취를 감추고 말았다。 여관(女官) 하나가 왕망의 소재(所在)를 알렸기 때문에 병사들이 저마다 앞을 다투어 이궁으로 난입、결국 상인(商人)인 두오(杜吳)라는 자가 왕망을 찾아내어 죽였다는 것이다。

名言 118

하늘에 선 單于

(卷末圖版⑳參照)

기원전 六세기경, 지금의 흑해(黑海) 북쪽, 드네프르 강 기슭을 중심으로 하여 스키타이라고 불리는 내륙(內陸) 기마민족이 살았었다。 그들은 말을 하거나 혹은 말로 하여금 수레를 끌게 하여 양이나 말을 몰면서 넓은 초원을 옮겨다녔다。 일찍부터 유목민족에게 필요한 도검(刀劍) 금속대(金屬帶), 마구(馬具), 수레의 쇠붙이 등을 만드는 기술을 알고 있었다。 그 문화는 멀리 몽고초원에까지 미쳤으며, 그 당에 있던 흉노(匈奴) 역시 스키타이인(人)과 흡사한 생활을 영위하고 있었다。 동과 서의 수천 킬로나 되는 이 유라시아 내륙의 생활양식을 「스키토시베리아·몽골의 고대문화」라고 부르는 것이다。

진(秦)과 한(漢)이 바뀔 무렵, 흉노에는 모돈선우(冒頓單于)라는 대추장이 나타나, 동방에 있던 동호(東胡)를 눌러 서방(西方)의 월지(月氏)를 세워, 만리장성(萬里長城)을 경계로 하여 중국과 싸우게 되었다。 선우(單于)는 「하늘의 아들(天子)」이라고 자칭하여, 아침에는 영(營=幕舍)을 나와 아침해를 배례(拜禮)하며, 저녁에는 달을 배례한다。 그 부인을 연씨(閼氏)라고 부르며 특정된 호족(豪族)에게서 맞아들이는 것으로 되어 있었다。 병이 들면 무의(巫醫=무당)가 토혈(土穴)을 파 구운 돌로 환자를 따뜻하게 해 주거나 엎드리게 하여 밟는 등으로 치료한다。 선우가 죽으면 「관곽(棺槨)에 금은의부(金

銀衣裘)를 넣기는 해도 봉수(封樹)·상복(喪服)을 정한바는 없다. 근행(近幸)의 신첩(臣妾)、종사(從死)하는 자 수천백명에 이르다」(〈史記〉「匈奴列傳」)라는 형편이었다.

그들은 기원전 二〇一년、한의 고조를 지금의 산서성 북부에 포위하여、그 뒤 침략을 자제(自制)하는 대상(代償)으로서 「한(漢)의 종실(宗室) 공주(公主=王女)를 봉(奉)하여 선우의 연씨(閼氏=夫人)로 하며、해마다 서증(絮繒=솜과 비단)·주미(酒米)·음식(飮食) 등 각각 소정의 양을 한으로부터 흉노에게 보내며、약(約)하여 곤제(昆弟)가 되다」라는 것으로 화친의 약속을 맺었다. 흉노는 지금의 음산(陰山)에서 황하 북쪽 기슭 사이를 본거지로 하여 이를 「선우정(單于庭)」이라 칭하고、우익(右翼)에서 오손(烏孫=준가리아 盆地에 있었다)까지를 우현왕(右賢王)으로 하여금 지배케 하고、그 좌익(左翼)에서 동호(東胡=興安嶺 근방에 있었다)까지를 좌현왕(左賢王)이 통치하도록 했다. 그리고 그들의 복장을 「호복(胡服)」이라고 불렀다. 아래에는 바지 비슷한 옷을 입고 각대(脚帶)를 두르고、가죽 신발을 신었다. 상의를 좌임(左衽=오른쪽 섶을 왼쪽 섶위로 여민다)하고、소매자락을 달았으며、말 위에서 활을 쏘았다. 그리고 선우는 스스로가 「텡그리코토 tengr(天) koto(子·孫)」로 자칭하고 있었다.

「흉노 선우국」은 한의 문제(文帝) 무렵에 최성기(最盛期)를 맞았었다. 선우가 문제에게 보낸 서신을 보면、「하늘이 서는 곳(天立)의 선우、경문(敬問)하거니와 한(漢)의 황제는 별고(別故) 없으신가……이제 월지(月氏)를 이멸(夷滅)하여 누란(樓蘭)·오손(烏孫)·호갈(呼揭=위글族) 및 그 방(旁)의 二六국을 정하여 모두 흉노로 하다. 모든 인궁(引弓)의 백성(騎馬民族)、아울러 일가(一家)가 되다」(〈史記〉「匈奴傳」)라노 말한 것은 결코 과장이 아니다. 당시의 흉노국은 총인구가 一백 五〇만(騎馬兵 三〇만)은 되었으리라는 것이다.

무제(武帝)는 국가의 총력을 기울여 기마민족의 힘을 꺾고、한이라고 하는 농업국의 평안을 지키려 했다. 기원전 一二七년、一二四년、一一九년、이렇게 쉴 틈도 없이 대군을 출병시켜 위청(衛青)·곽거병(霍去病)·이광(李廣) 등의 분전(奮戰)으로써、흉노의 병마(兵馬)를 살상(殺傷)하고、차츰 그들을 음산(陰山)의 북쪽、고비사막의 북변(北邊)으로 밀어내기에 성공했다. 동시에 흉노와 서역(西域)、흉노와 서강(西羌=祁連山脈、黃河河源에 있던 티베트人)과의 연락을 끊기 위해 서방에도 원정군을 내보냈다. 지금의 난주(蘭州)에서 서쪽으로 둔전병(屯田兵)의 주둔지를 확장시키면 금성(金城)——→무위(武

威)──→장액(張掖)──→주천(酒泉)──→돈황(敦煌)의 각 군(郡)을 설치해 나아갔다. 기원전 一二〇년에는 누란(樓蘭)과 차사(車師)를 치고, 기원전 一〇一년에는 멀리 대완국(大完國)까지 원정하여, 겨우 서역에서 흉노 기마병의 자취를 없애는 데에 성공했다.

그러나 한나라 역시 크나큰 손해를 입었다. 이를테면 원수(元狩) 四년(紀元前 一一九년)에 위청·곽거병이 몇 차례의 원정에 지쳐 돌아왔으나,

「한(漢)의 군마(軍馬) 죽기를 一〇여 만 필, ……이때 재(財) 궁핍하여 전사(戰士)가 녹(祿)을 받지 못하다」

「이 무렵 산동(山東=關東), 하재(河災)를 입어 몇해에 걸쳐 수확을 못하니 사람들이 서로 잡아먹기를 사방 三천리」, (〈史記〉「平準書」)

타는 비참한 형편이었다. 그 고난을 극복하여 재정(財政)을 그런 대로 끌고 나온 것은, 앞서도 말했듯이 법가 관료(法家官僚)이다.

기원전 一二四년에는 부호가 돈을 내고 작위(爵位)를 사며(買爵令), 벌금을 냄으로써 면죄(免罪)를 받는(贖罪令) 따위는 편법(便法)으로 국고(國庫)의 위급을 모면했었다. 또한 기원전 一二一년에는 관동사람들을 서쪽으로 수송하기 위해 정당시(鄭當時)의 지휘하에 분하거(汾河渠)와 위수거(渭水渠)라는 대운하(大運河)를 만들었다.

상홍양(桑弘羊)·공근(孔僅)·정당시(鄭當時) 등은 원래 하급관리이거나 상인(商人) 출신이거나 하여 현장(現場)을 잘 알며, 실무(實務) 같은 데에 밝다. 그들이 소금·쇠(鐵)의 사영(私營)을 금하고, 주요한 고장에 염관(鹽官)·철관(鐵官)을 두어 관영 전매(官營專賣)를 강행했던 것인데, 위반자에 대한 단속 또한 매우 준엄했었다. 더구나 민전령(緡錢令=告緡令)을 공포하여, 부호의 지나친 전택(田宅) 소유나 주거(舟車)에까지 세금을 부과, 위반했을 경우에는 재산과 고용인까지 몰수하여 「관(官)」에 바치도록 했던 것이다.

사마천은 이와 같은 정책이 관리의 품격을 손상시키고, 백성의 소박한 생업에의 열의를 잃게 했다고 탄식하는데 그 반면에서는,

「상고중가(商賈中家) 이상은 대체로 파산하여, 백성은 훔치고(偷) 감식호의(甘食好衣)하여 축장(畜蔵) 산업(產業)을 일로 삼지 않다. 그렇건만 현관(縣官)에게는 염철(鹽鐵)·민전(緡錢)이 있으니, 용(用=費用)은 더욱 더 요(饒=豊富)해지도다」(〈史記〉「平準書」)하여 그들의 공적을 인정하고 있다.

그런데 기원전 一二一년, 흉노의 우익을 지탱하고 있

던 혼야왕(渾邪王)이 한나라에 투항한 것을 하나의 계기로 하여 흉노는 차츰 쇠퇴하기 시작했다. 특히 중앙 아시아의 오손(烏孫)·월지(月氏)·대완(大宛) 등에서 수탈했던 물자며 교역세(交易稅)가 한나라의 진출로서 끊기고 말았다. 또한 음산산맥(陰山山脈)의 남쪽 기슭은, 그 당시 아직 삼림(森林)이 있고 골짜기며 강이 있어 흉노에게는 중요한 생활의 터전이었는데, 한나라의 기세에 밀려 음산(陰山)을 버리고 북으로 후퇴했기 때문에, 해마다 추위나 한발에 시달려 곡식을 구경할 수 없는 지경에 이르고 말았다.

무제가 죽은 뒤, 한나라 역시 쇠운(衰運)을 맞게 되는데 흉노 또한 지난날의 활력을 잃었던 것이다. 그대로의 타성(惰性)이 줄곧 몇십년을 두고 계속되었는데, 이윽고 한나라에 복속(服屬)하여 의식(衣食)의 보급을 받으려는, 제一四대 호한야(呼韓邪) 선우(單于)와 키르기즈 초원(草原)에서 자립하려던 형 질지(郅支) 선우가 대립하여 기원전 三六년, 마침내 호한야(呼韓邪)가 한과 손을 잡고 형을 멸망시키고 말았다.

서기 四八년, 일수왕비(日逐王比)가 고비사막 이남의 흉노를 이끌고 후한의 광무제에게 항복했다. 흉노는 여기서 남북의 둘로 갈라졌다. 북흉노는 이윽고 알타이 산맥에 본거지를 옮겼는데, 그것도 서기 九一년, 한나라 원정군의 공격을 받아 멀리 이리강(江) 방면으로 도망쳤다. 그 일부는 四세기에 남러시아에 나타나 볼가 훈넨으로 불리며 五세기에 유럽을 석권, 고오트족(族)이나 게르만족을 놀라게 하는 유럽의 「민족 대이동」을 빚어냈다. 흉노는 그야말로 유라시아 내륙이 잉태한 돌풍(突風)이나 회오리바람 같은 존재였다.

또한 일찌기 「동호(東胡)」로 불렸던 흉노국 동단(東端)의 여러 부족은 후한시대에는 「오환(烏桓)」·「선비(鮮卑)」 등으로 불렸으며, 특히 선비인(鮮卑人)은 지난날의 흉노의 옛땅을 차지하는 거대한 유목민족으로 자라났다. 그리고 동호(東胡)의 가장 동북단에 있는 사람들이 지난날의 만주(滿洲=지금의 東北) 땅에 부여국(扶餘國)을 세운다.

부여는 고구려나 백제의 모태(母胎)이며, 나아가서는 일본의 이른바 천손족(天孫族)의 먼 원류(源流)이기도 했던 것이다.

名言 119
高句麗를 下句麗로 하다

흉노의 지배하에 있던 기마민족 가운데에서 동쪽 끝에 있던 사람들을, 중국측에서는 속된 말로 「동호(東胡)」라고 불렀다。 동호는 「오환인(烏桓人)」 「선비인(鮮卑人)」과 「부여인(扶餘人)」으로 갈라진다。 중국 동북(舊滿洲) 지방인 송화강(松花江) 부근의 평원과 산림(山林)에 살며, 반농반렵(半農半獵)의 생활을 영위하고 있던 종족이 부여인임은 이미 말한 바 있다。

그런데 이 부여인에서 갈라져 요하(遼河) 상류로부터 동으로 향해 지금의 혼하(渾河) 상류와 압록강(鴨綠江) 상류로 이주해 온 족속이 「고구려」이다。 시대는 그보다 내려오지만 〈삼국지(三國志=陳壽著, 후에 宋의 裴松之가 교정하여 西紀 四二九년에 오늘의 것으로 完成시켰다)〉 가운데 포함되는 〈위서(魏書)〉의 「고구려전(高句麗傳)」에 의해 그 대강을 살펴보자。

「부여족(扶餘族)은 五부(部)로 나뉘며, 그 가운데 계루부(桂婁部)에서 왕이 추대된다(그것은 匈奴의 單于가 選出되는 형태와 비슷하다)。 왕 아래에는 대가(大家=戰士) 一만이 있으며, 그 아래에 하호(下戶)와 노비(奴婢)가 종속(從屬)되어 있다。 고구려는 부여에서 갈라진 일파로서 압록강 기슭의 산림(山林)에 살며 성격은 엄격하고 용감하다。 一〇월이면 「동맹(東盟)」이라고 불리는 대제(大祭)를 거행하며, 주몽(朱蒙=東明이라고도 하며、扶餘의 開祖이다)을 개국(開國)의 조(祖)로 한다。고구려의 동북(지금의 沿海州)에는 읍루(挹婁)가 있으며、그 모습은 부여 사람과 흡사하나 특히 미개(未開)하다。그 남쪽(즉 朝鮮半島 北部)에는 예(濊)와 맥(貊=貉이라고도 쓴다)이 있으며、언어·풍속이 모두 고구려와 같다。 조선반도의 동북부(東海를 마주한 地區)에는 동옥저(東沃沮)가 있는데、이 또한 풍속이 고구려와 같다。이들 소수 민족은 모두 고구려에 종속하며、바다(東海)에서 잡히는 해산물(海產物)을 내륙으로 수송하여 고구려에 바친다」

「고구려도 또한 五부(五部)로 갈라져(扶餘와 같다) 대호(大戶)·대가(大加)라고 칭하는 귀족이 전사(戰士)의 집단을 이끌며、그 아래에 노비를 부리고 있다。왕 아래에 대가(大加)와 고추가(古雛加=貴族을 말한다。옛날 百濟의 貴族 稱號가 된 吉師 및 日本의 大和王朝에서 쓰인 吉士의 稱號는 모두 여기에서 나온 말)가 있으며、그 밑에 대로(對盧)·패자(沛者=이것이 官)、그리고 그 밑에는 주부(主簿)·우대승(優台丞)·사자(使者)·조의선인(皂衣先人=이들이 吏) 등이 있다」

「그들은 현토군(玄菟郡)의 한인(漢人) 관리들에게서 조복(朝服)이나 의책(衣幘=옷과 모자)을 받아 한인(漢人)으로써 명적(名籍)을 맡아보게 하고 있다。

이것을 보면 아시아의 동단(東端)에 위치한 여러 민족 가운데에서 일찍부터 중국인에게 알려지고、또한 「주부」니 「사자」니 하는 한어식(漢語式)의 관리를 두며、한인으로 하여금 호적을 만들게 하는 등、특히 한문화(漢文化)의 영향을 강하게 받고 있던 것이 고구려라고 하겠다。

한나라 시대에 오늘날의 동북(舊滿洲)과 조선반도에 한인의 세력이 어느 정도 들어와 있었는가를 대강 알아보자。이 지방에는 무제(武帝) 이후로 四개의 군(郡)이 설치되어 있었다。〈한서(漢書)〉의 「지리지」에 의하면、

낙랑군(樂浪郡)：지금의 평양 부근 대동강 남쪽 기슭인 토성리(土城里)에 군치(郡治)가 있었다。인구 약 四〇만 七천명。소명(昭明=南部都尉)、불이(不而=東部都尉)、대방(帶方) 등 二五현을 포함한다。

현토군(玄菟郡)：인구 약 二二만 一천명、고구려 이하 三현을 포함한다。

요서군(遼西郡)：차려(且慮=지금의 河北省 盧龍縣)에 군치가 있었다。인구 약 三五만 二천명、一四현을 포함한다。

요동군(遼東郡)：양평(襄平=지금의 遼寧省 遼陽 付近)에 군치가 있었다。인구 약 二七만 三천명、一八현을 포함한다。

이 가운데 인구로 보아 가장 번성했던 곳은 낙랑군이다. 뒷날 四세기에 낙랑군치(樂浪郡治)가 고구려에게 정복된 뒤부터는, 지난날의 현(縣)이었던 대방(帶方)이 군(郡)으로 승격하여(지금의 서울 부근) 왜국(日本)과 위(魏 및 南朝宋) 사이의 중요한 교량 구실을 하게 되었다.

그런데 여기서 나오는 이른바 현토군이야말로 고구려의 본거지였다. 때문에 이 군치(郡治)에 정말로 한인(漢人)의 세력이 미치고 있었는가에 대해서는 의심의 여지가 있다. 어쩌면 명목적인 지배였는지도 모른다. 그러나 최근, 길림성(吉林省)의 류림맹(盟) 나이만기(旗), 선보영자(善寶營子)의 옛 성터에서 진나라 시황제가 제정했던 도기(陶器)의 말(升) 二개가 발견되었다. 이곳은 요서군(遼西郡)의 현치(縣治)가 있었던 곳이라고 한다. 그렇다면 요서 군치는 장성(長城)의 안쪽에 있건만, 그 관할범위는 매우 넓으며 구만주(舊滿洲)의 중심부에 미치고, 더구나 그것은 명목적 지배가 아니라 실제로 중앙의 관료지배라는 조직 속에 들어 있었음을 알 수 있다. 또한 요동군은 한인의 세력이 쇠퇴한 시대에도 일관하여 존속되었으며, 거의 구만주를 지배하고 있었던 것이다.

그런데 왕망(王莽)의 「신(新)」의 시건국(始建國) 四년(西紀 一二年)의 일인데, 一二명의 장군에게 명하여 동에서 서로 이르는 장성 국경을 넘어 일제히 새(塞) 밖으로 출격케 했다. 그러나 실제로는 병량(兵糧) 수송이 때를 맞추지 못하고, 인부(人夫)의 징발에 날을 헛되이 보낼 뿐, 천하를 소란케 하는 것만으로 끝나고 말았는데, 그때 토예장군(討濊將軍) 엄우(嚴尤)가 어양군(漁陽郡=지금의 北京 北方에 있는 密雲縣)에서 요하(遼河)의 상류를 향해 진격했었다.

그때 왕망은 현토군의 고구려를 마치 옛부터 거닐고 있는 부민(部民)처럼 생각하여 출격을 명하고, 엄우의 군(軍)과 합류시키려 했었다. 그러나 고구려는 까닭없는 싸움에 말려들고 싶지 않다고 하며 군(郡)의 한인 관리(漢人官吏)의 말을 듣지 않았으며, 징용되었던 병사는 멋대로 도망치는 등 반항했었다. 요서군(遼西郡)의 대윤(大尹=太守, 長官) 전담(田譚)이 그 뒤를 추격했으나, 오히려 고구려왕인 추(騶)에게 사로잡혀 살해되고 말았다. 그곳 사정에 밝았던 엄우는,

「맥(貉=貊) 사람이 말을 듣지 않는 것은 어제오늘의 일이 아니옵니다. 설사 고구려왕에게 딴 속셈이 있다 해도 지금은 그곳 주군(州郡)에게 명하여 회유함이 옳을 것이옵니다. 함부러 죄명을 씌워 토벌하면 정말로 반란을 일으킬지 모를 일이며, 그렇게 되면 이웃 부여족(扶餘族)에서도 동조하는 자가 나올 것입니다. 지금 우리는 흉노만으로도 손이 부족되는 형편. 여기에 하

물며 부여·예(濊)·맥(貊)까지 반란을 하면 대우(大憂)가 되오리다」(〈漢書〉「王莽傳中」)

이라고 진언했다。그러나 왕망은 말을 듣지 않는다。무리하게 엄윤에게 토벌을 명했으나、이자 역시 필요없는 피해는 입고 싶지 않았다。그래서 거짓으로 속여 고구려왕인 추(騶)를 막하(幕下)로 불러 틈을 엿보아 칼로 베어죽였다。그 목을 장안(長安)으로 보내자、왕망은 크게 기뻐하여 늘 그랬듯이 조칙(詔勅)을 선시(宣示)했다。

「앞서 명하여 맹장(猛將)을 보내어 함께 하늘의 벌을 행하다……금년(壬申年)、형(刑)은 동방에 있도다……노추(虜騶)를 사로잡아 참(斬)하여 동역(東域)을 평정(平定)하다。여(余)는 이를 매우 가상히 여기도다。고구려의 이름을 갈아 하구려(下句麗)로 하라」(「同前」)

이러한 사나이는 거의가 「명칭」에 구애되는 법이다。하구려(下句麗)라고 개칭하여 상대방을 압도한 줄로 여겼던 모양인데、실제는 이 기만에 찬 탄압이 오래도록 후세에 고질로서 남게 되었던 것이다。

신(新)이 멸망하여 후한(後漢)의 광무제(光武帝)가 즉위하고、얼마 후인 서기 三二년에 고구려는 후한에 사신을 보내어 조공(朝貢)했다。그러나 현토군은 어느 사이에 고구려의 지배하에 들어가고 말았던 것이다。후한 말기에는 고구려는 한걸음 더 나아가 낙랑군을 습격、태수(太守)의 처자를 납치했으며、그 때문에 한인(漢人) 식민지의 중심은 차츰 남쪽의 「대방(帶方)」으로 옮기지 않을 수 없게 되었다。후한이 멸망하여 위(魏)의 시대가 되자、고구려는 자주 요동군을 공격、위의 장군 관구검(毌丘儉)이 고전(苦戰)을 거듭한 끝에、겨우 고구려왕 위궁(位宮)의 군(軍)을 무찔러 그 세력의 침투를 가로막았다(西紀 二四四년)。고구려는 마침내 서기 三一三년에 낙랑의 군치(郡治)를 공격、점령하기에 이르렀다。한(漢) 이후 五백년이나 계속된 이 군치는 여기서 막을 내렸다。낙랑 군치의 옛터에서는 「불이(不而=不耐) 교위(校尉)」라고 쓴 봉니(封泥=편지 封印)나 한나라 여성이 사용한 듯한 화장품 상자、비교적 검소한 도기며 동기 등이 출토되고 있다。옛 식민지의 한인은 차츰 토착 사람들 사이에 섞여 혼혈되고 두드러지지 않는 존재가 되었으리라。

四세기경、고구려는 부족(部族) 연합체의 형태에서 벗어나 고대 왕권국가의 형태를 갖추기 시작했으며、광개토대왕(廣開土大王)·장수왕(長壽王)의 二대(四세기말에서 五세기 초)에 가장 강대해져 동만주로부터 조선 북반부를 지배하기에 이르렀다。그것은 당시、서방(西方)에서 선비인(鮮卑人)인 모용씨(慕容氏)가 내(内)몽골을 넘어 동진(東進)해 왔기 때문에、그 예봉(銳鋒)을 피하여 힘을 조선반도로 기울였기 때문에 얻은 성과였던 것이다。

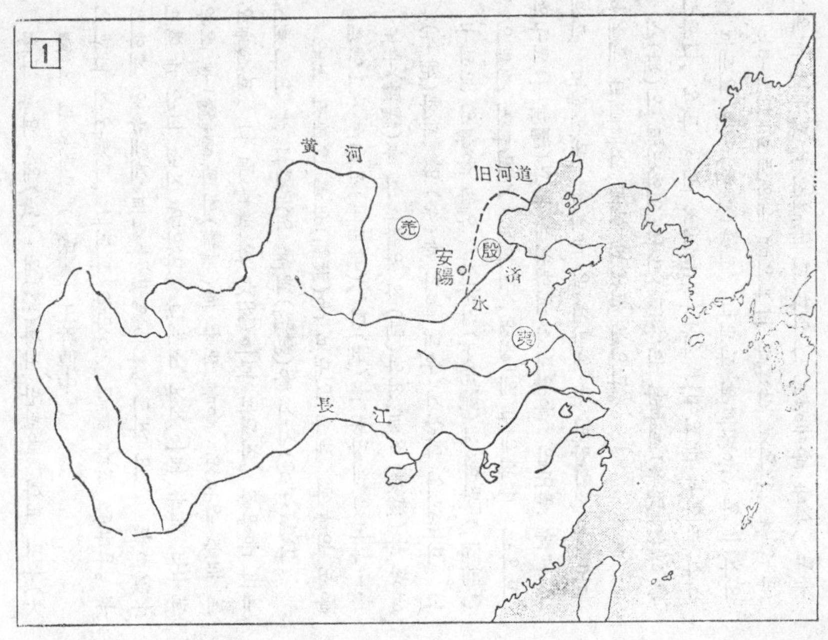
1
黄河
旧河道
尭
殷
安陽
済水
夷
長江

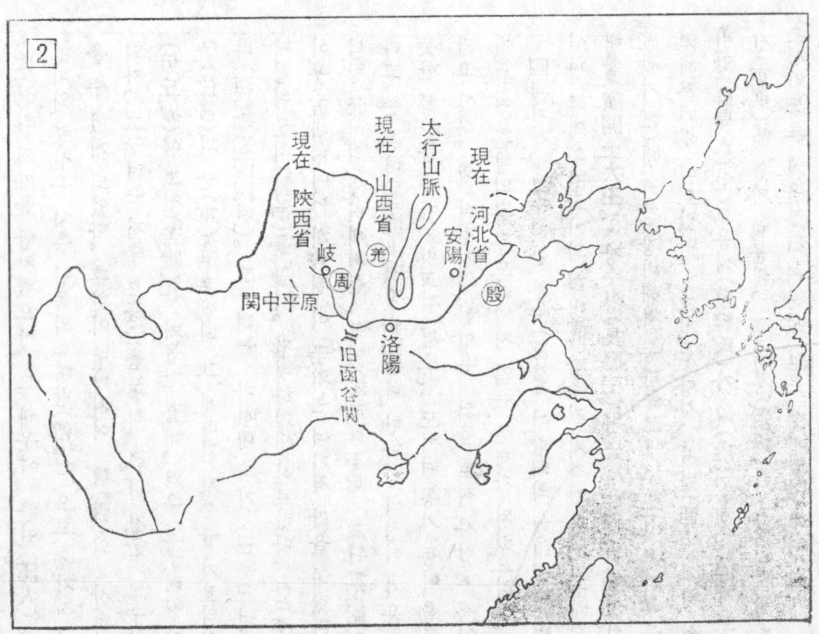
2
現在陝西省
現在山西省
太行山脈
現在河北省
安陽
尭
岐
周
殷
関中平原
洛陽
旧函谷関

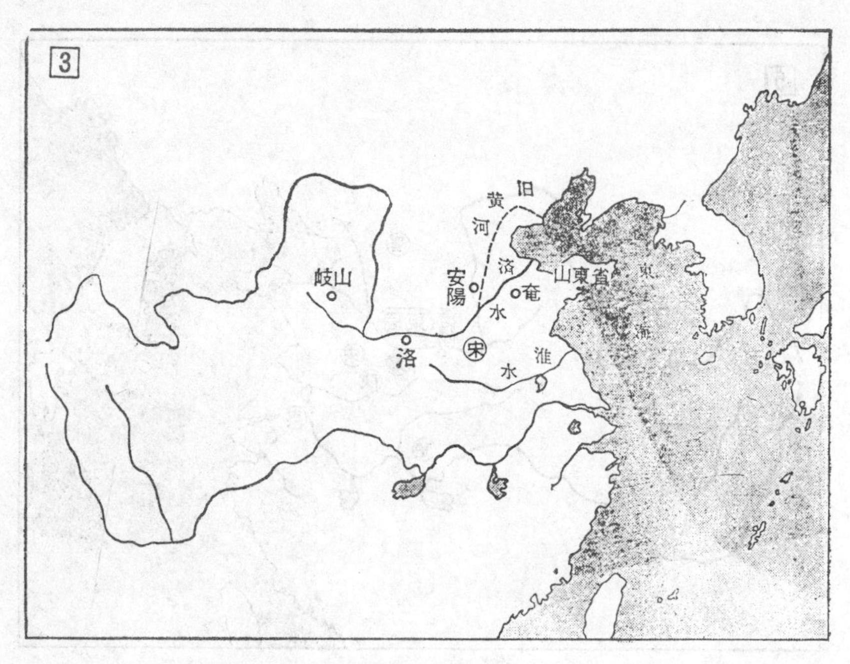
3
旧
黄
河
済
水
安
陽
奄
山東省
東
海
岐山
洛
宋
淮
水

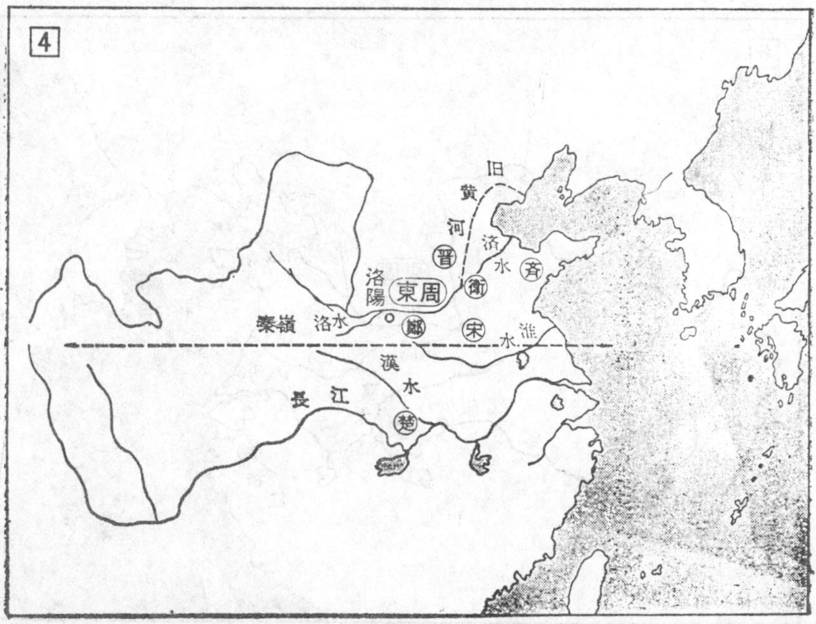
4
旧
黄
河
済
水
晋
斉
洛
陽
東周
衛
秦嶺
洛水
鄭
宋
淮
水
漢
水
長
江
楚

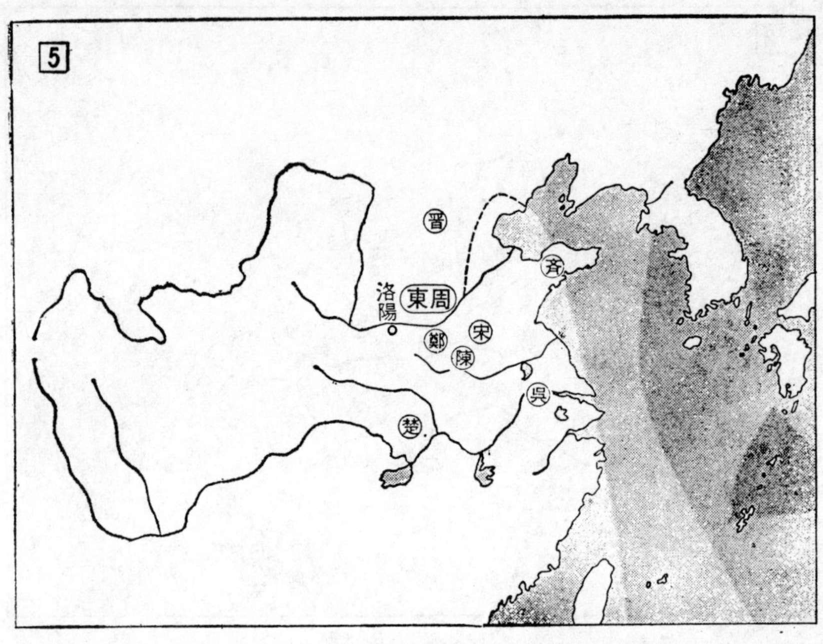
5
晋
洛陽
東周
斉
鄭
宋
陳
呉
楚

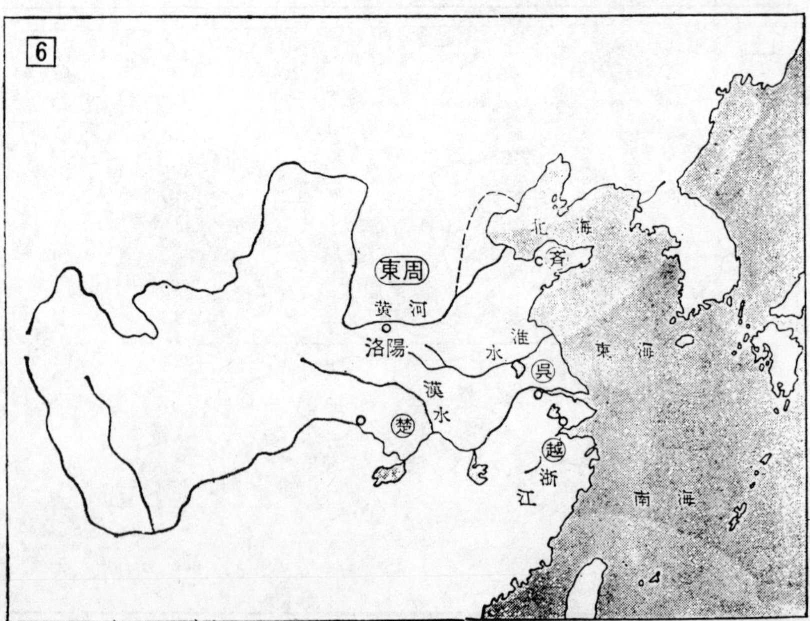
6
北海
斉
東周
黄河
洛陽
淮水
呉
東海
漢水
楚
越
浙江
南海

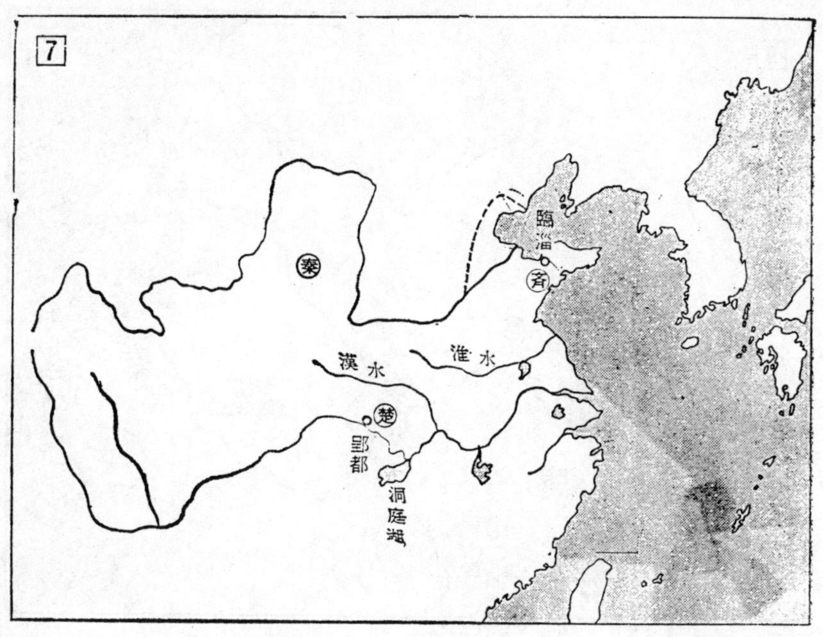
7
秦
臨淄
斉
漢水
淮水
楚
郢都
洞庭湖

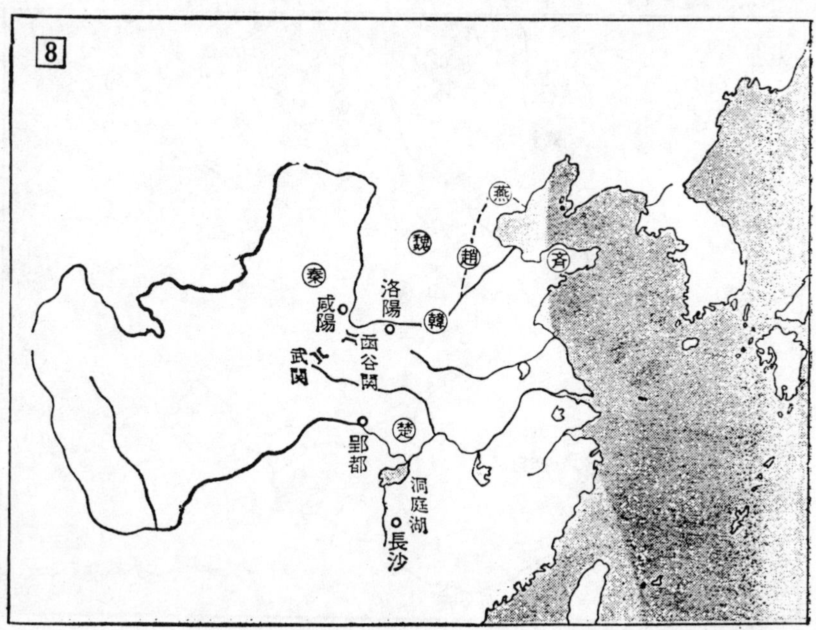
8
燕
魏
趙
斉
秦
咸陽
洛陽
韓
函谷関
武関
楚
郢都
洞庭湖
長沙

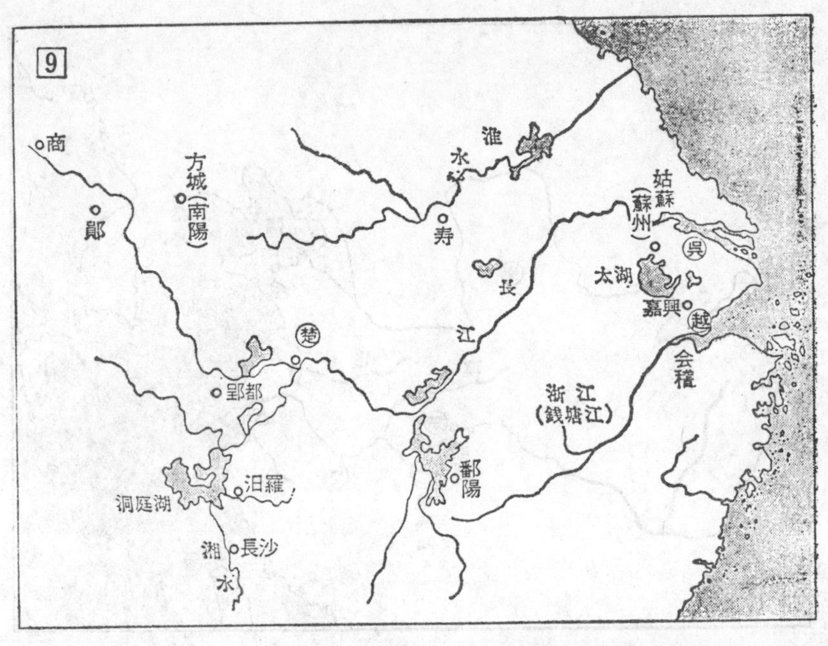
9
商
方城
(南陽)
淮
水
寿
姑蘇
(蘇州)
呉
太湖
嘉興
越
会稽
長
江
楚
郢都
浙江
(銭塘江)
鄱陽
汨羅
洞庭湖
湘
水
長沙

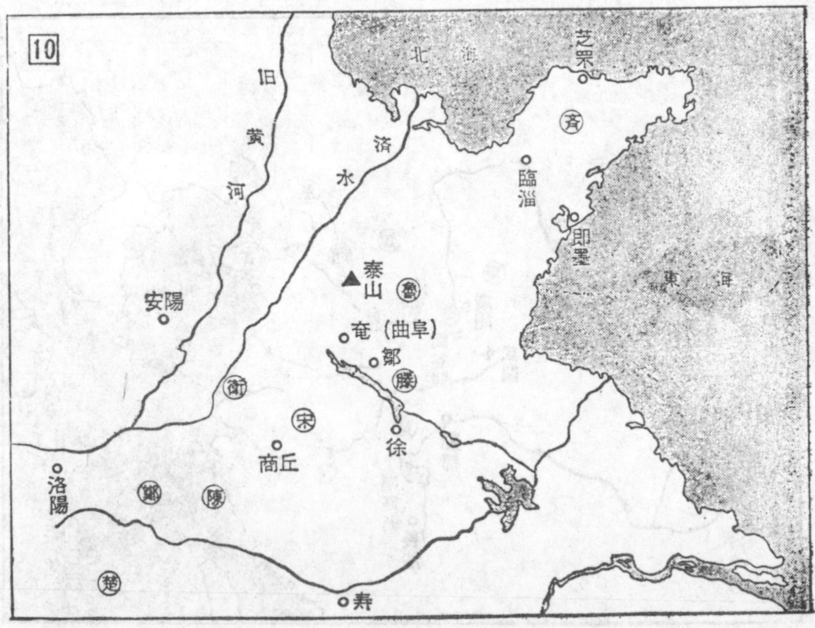
10
北海
芝罘
斉
旧
黄
河
済
水
臨淄
即墨
泰山
魯
東海
安陽
奄(曲阜)
鄒
滕
衛
宋
徐
商丘
洛陽
鄭
陳
楚
寿

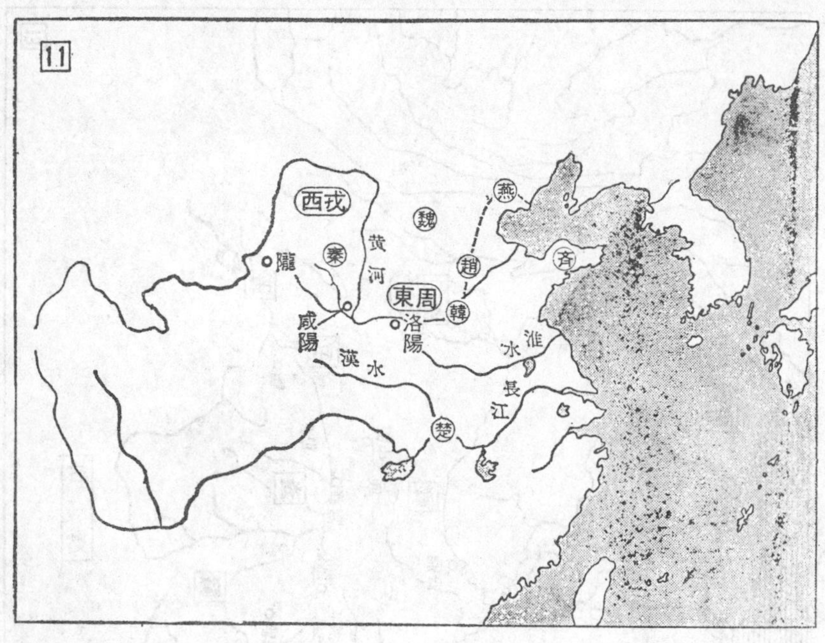
11
西戎
魏
燕
秦
黄
河
隴
趙
斉
東周
韓
咸
陽
洛
陽
淮
水
漢
水
長
江
楚

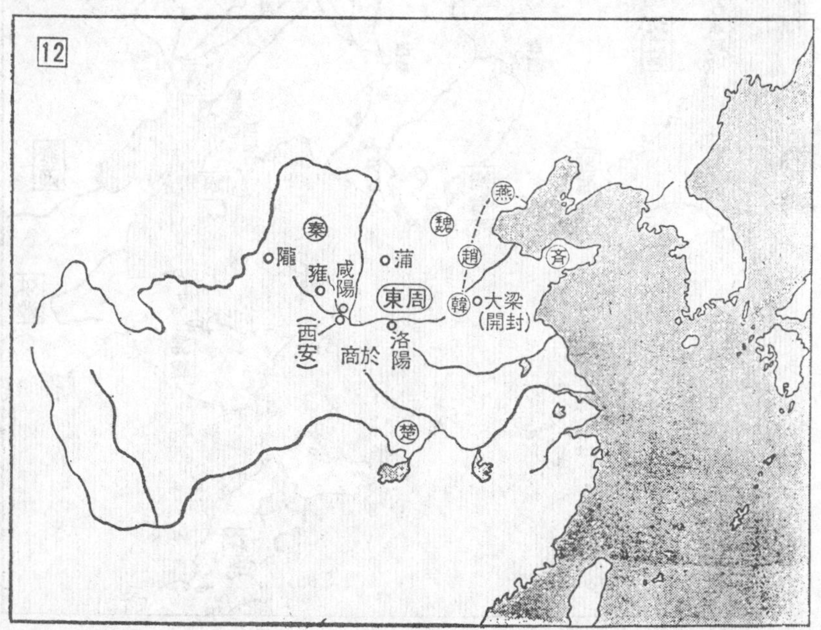
12
燕
魏
秦
隴
蒲
趙
斉
雍
咸
陽
東周
韓
大梁
(開封)
(西
安)
商於
洛
陽
楚

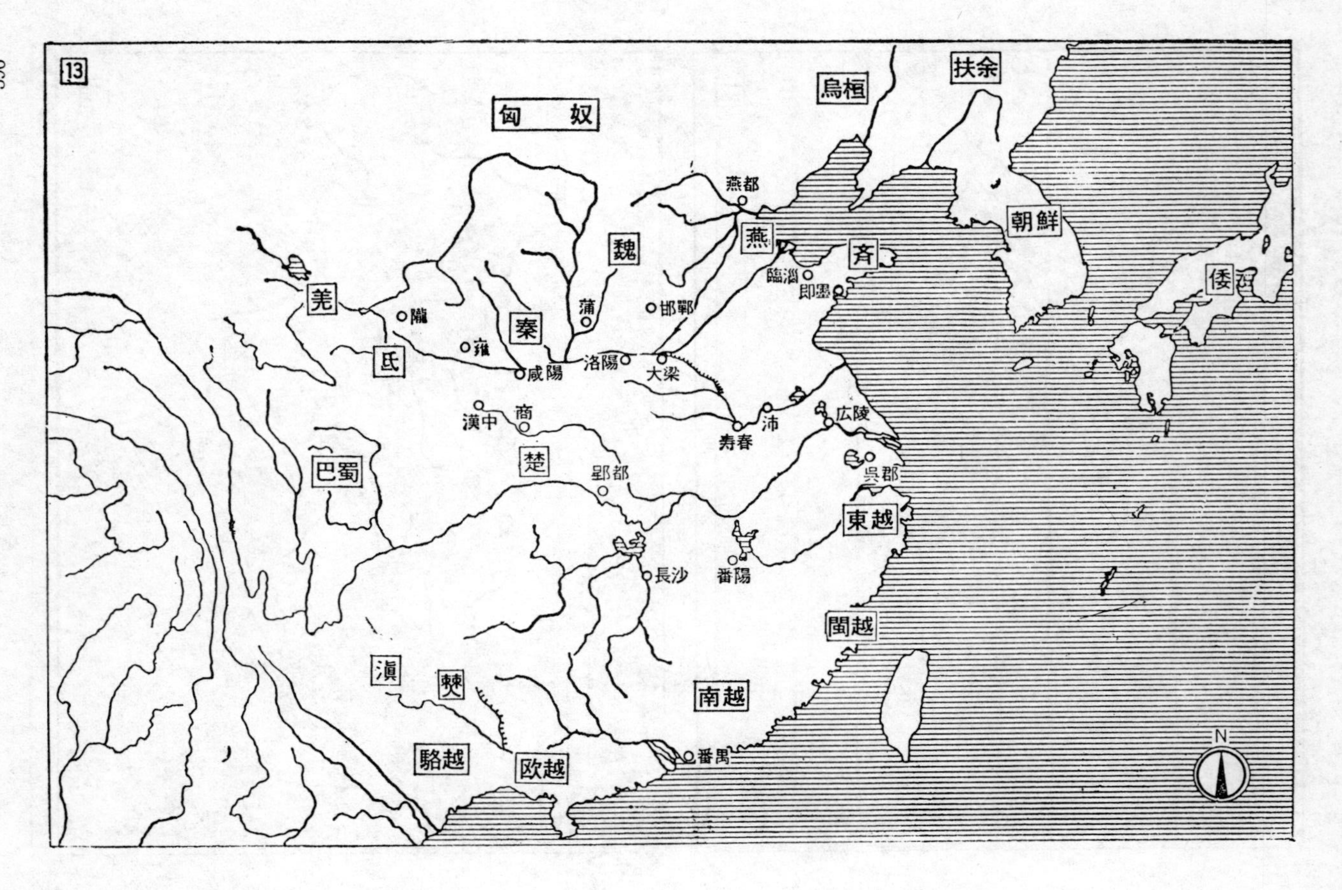
13
匈奴
烏桓
扶余
朝鮮
倭
燕都
燕
斉
臨淄
即墨
魏
邯鄲
蒲
秦
咸陽
洛陽
大梁
羌
隴
雍
氐
漢中
商
楚
巴蜀
郢都
寿春
沛
広陵
呉郡
東越
長沙
番陽
閩越
滇
南越
駱越
欧越
番禺
N

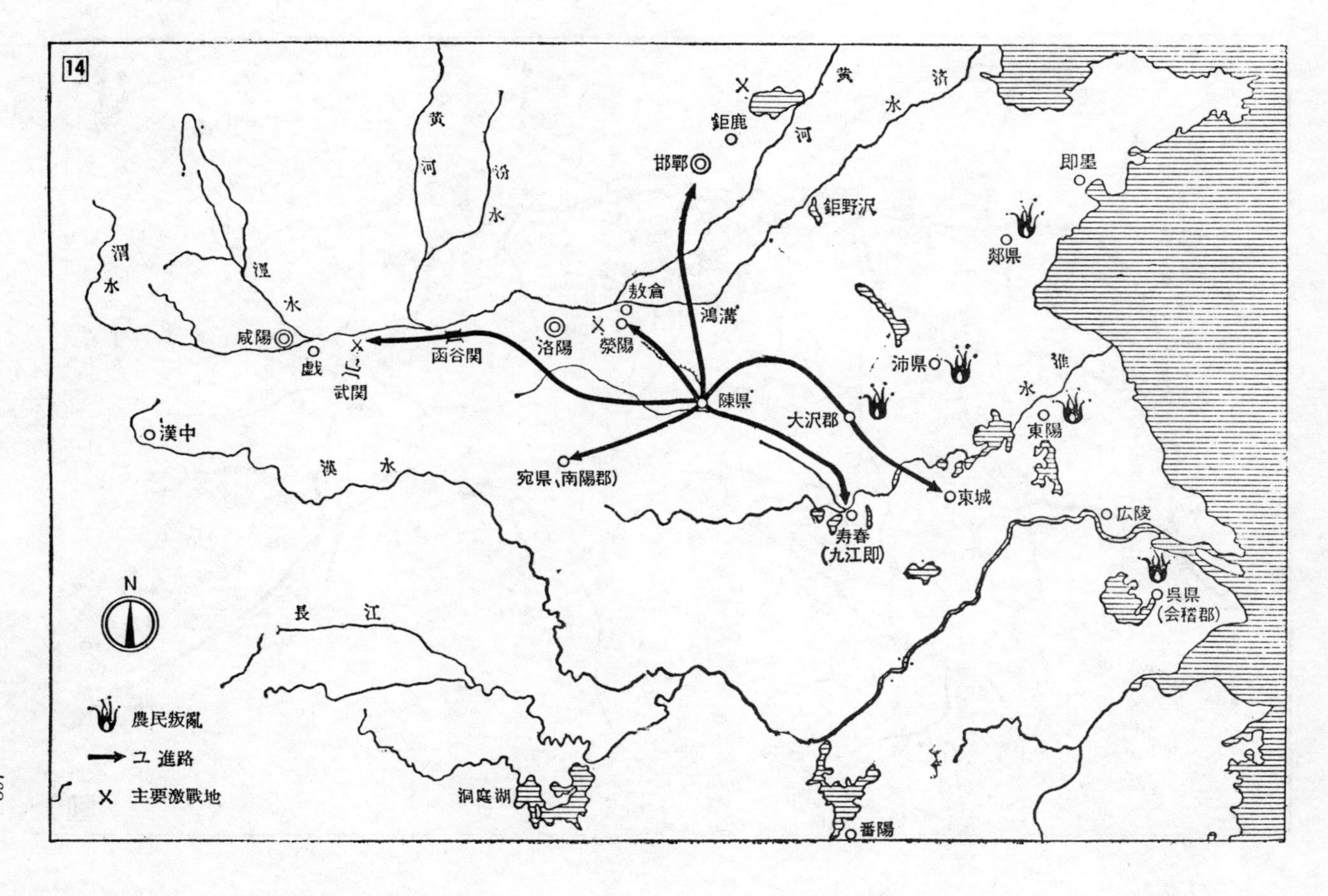
14
黄河
汾水
涇水
渭水
咸陽
戲
武関
函谷関
洛陽
滎陽
敖倉
鴻溝
邯鄲
鉅鹿
鉅野沢
黄河
済水
即墨
郯県
沛県
陳県
大沢郡
淮水
東陽
東城
寿春
(九江郡)
広陵
呉県
(会稽郡)
漢中
漢水
宛県(南陽郡)
長江
洞庭湖
番陽
N
農民叛亂
ユ 進路
主要激戦地

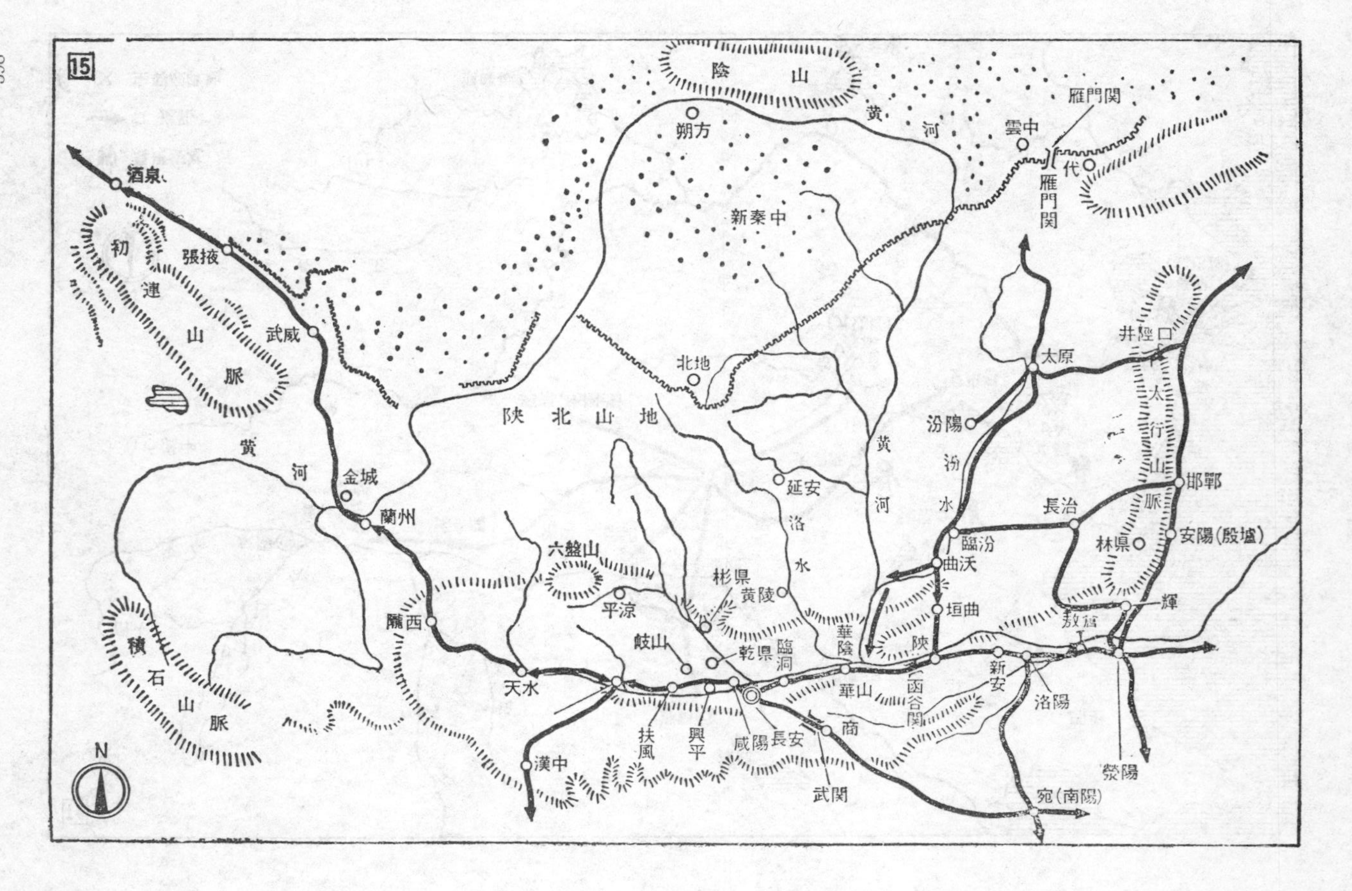
15
陰山
朔方
新秦中
黄河
雲中
雁門関
代
酒泉
張掖
祁連山脈
武威
陝北山地
北地
太原
井陘口
太行山脈
汾陽
汾水
黄河
金城
蘭州
延安
洛水
邯鄲
長治
臨汾
林県
安陽(殷墟)
六盤山
彬県
黄陵
曲沃
平涼
垣曲
隴西
華陰
敖倉
輝
岐山
乾県
臨潼
陝
積石山脈
天水
新安
華山
函谷関
洛陽
扶風
興平
咸陽
長安
商
漢中
滎陽
武関
宛(南陽)
N

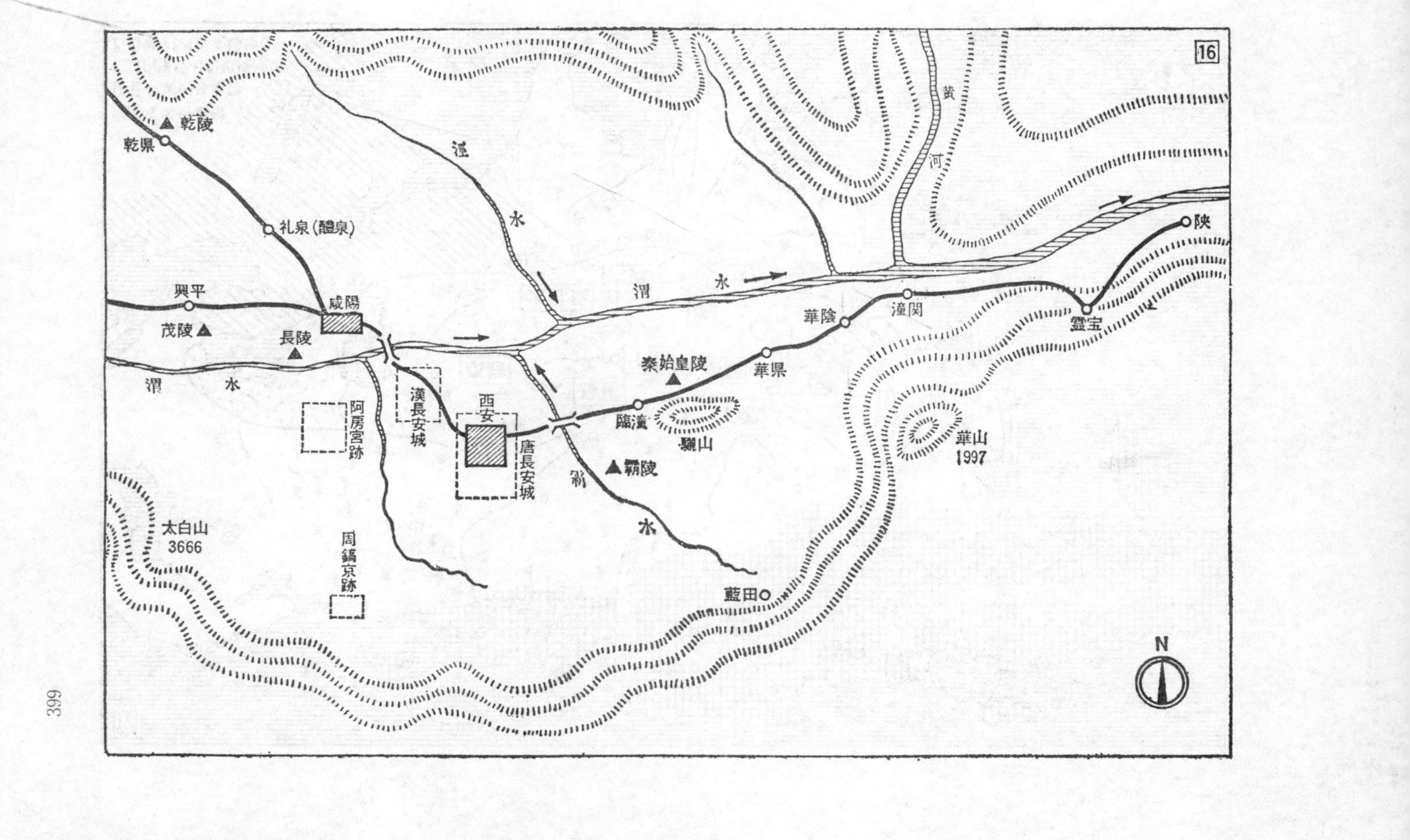
16
乾陵
乾県
涇
水
礼泉（醴泉）
黄
河
陝
興平
咸陽
渭
水
茂陵
長陵
華陰
潼関
霊宝
渭
水
秦始皇陵
華県
阿房宮跡
漢長安城
西安
唐長安城
臨潼
驪山
華山
1997
覇陵
灞
水
太白山
3666
周鎬京跡
藍田
N

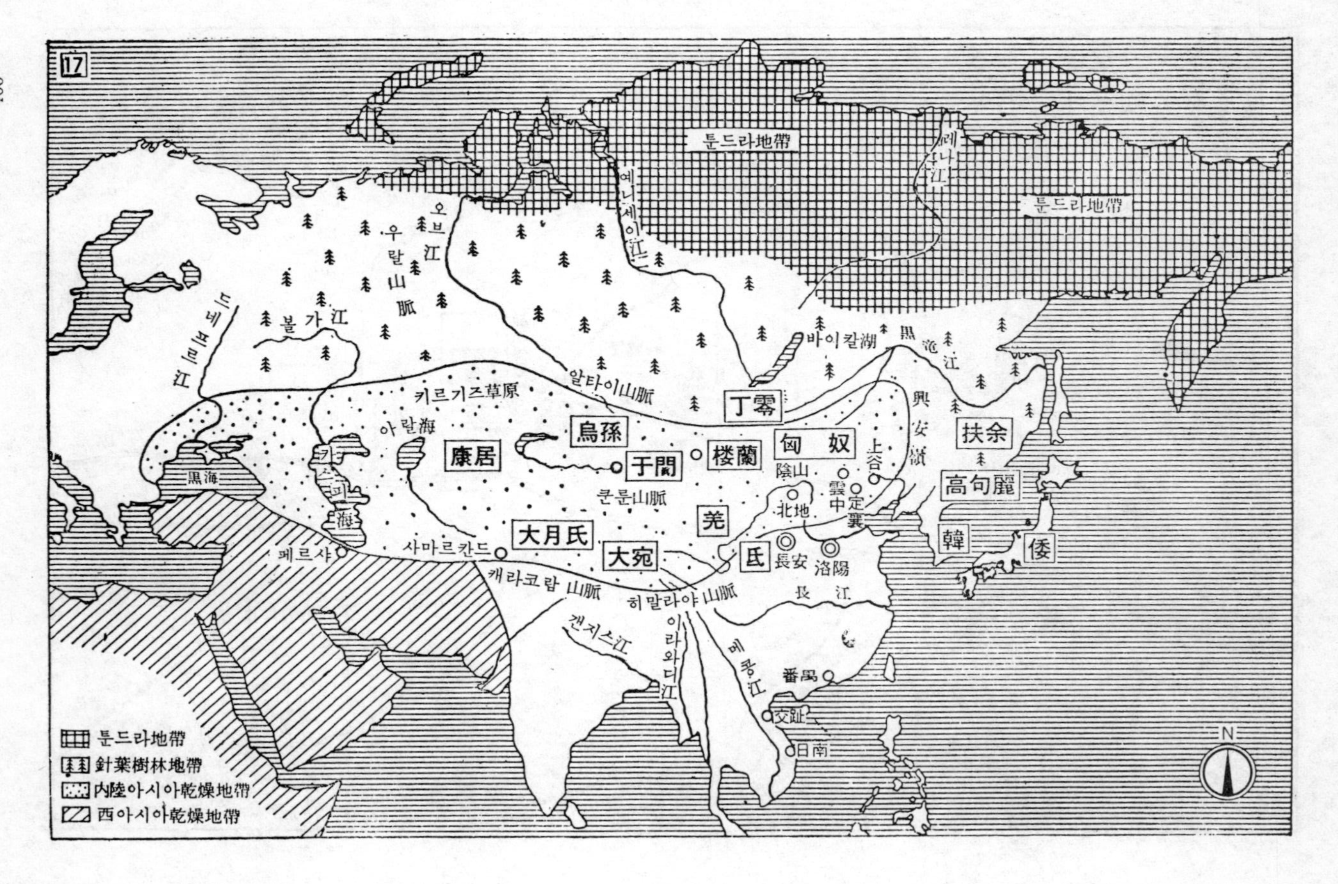
17
툰드라地帶
툰드라地帶
예니세이江
레나江
오브江
우랄山脈
볼가江
드네프르江
바이칼湖
黑龍江
알타이山脈
키르기즈草原
아랄海
카스피海
黑海
丁零
烏孫
康居
于闐
樓蘭
匈奴
上谷
陰山
雲中
定襄
北地
興安嶺
扶余
高句麗
韓
倭
큰룬山脈
羌
大月氏
大宛
氐
長安
洛陽
長江
사마르칸드
페르샤
캐라코람 山脈
히말라야山脈
갠지스江
이라와디江
메콩江
番禺
交趾
日南
N
툰드라地帶
針葉樹林地帶
內陸아시아乾燥地帶
西아시아乾燥地帶

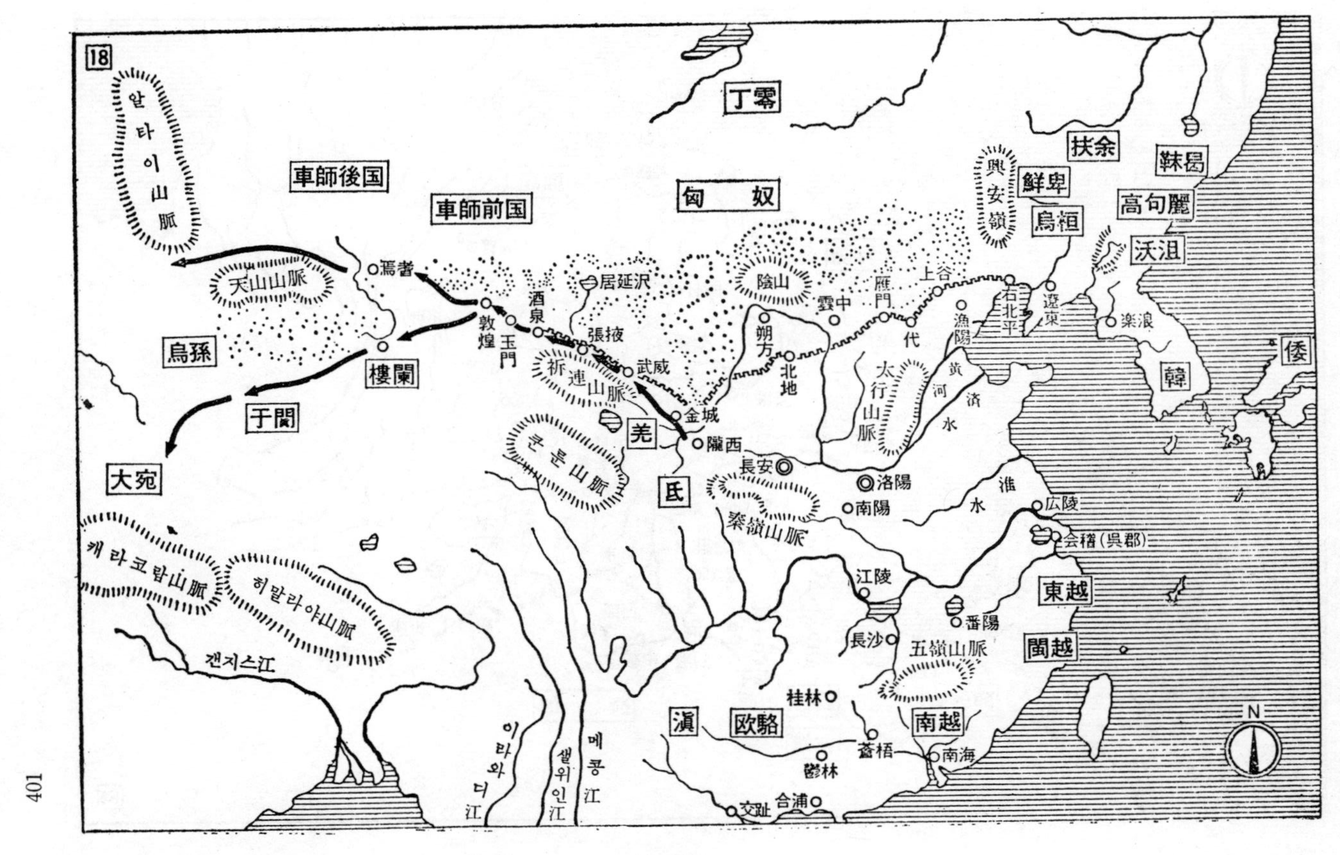
18
알타이山脈
車師後国
車師前国
匈奴
丁零
扶余
鮮卑
烏桓
興安嶺
濊貊
高句麗
沃沮
天山山脈
焉耆
烏孫
樓蘭
于闐
大宛
敦煌
玉門
酒泉
居延沢
張掖
祁連山脈
武威
金城
隴西
羌
氐
곤륜山脈
陰山
朔方
北地
雲中
雁門
代
上谷
漁陽
右北平
遼東
楽浪
倭
韓
太行山脈
黄河
済水
淮水
長安
洛陽
南陽
秦嶺山脈
広陵
会稽(呉郡)
東越
閩越
江陵
番陽
長沙
五嶺山脈
桂林
南越
南海
蒼梧
鬱林
合浦
交趾
滇
欧駱
캐라코람山脈
히말라야山脈
갠지스江
이라와디江
샐위인江
메콩江
N

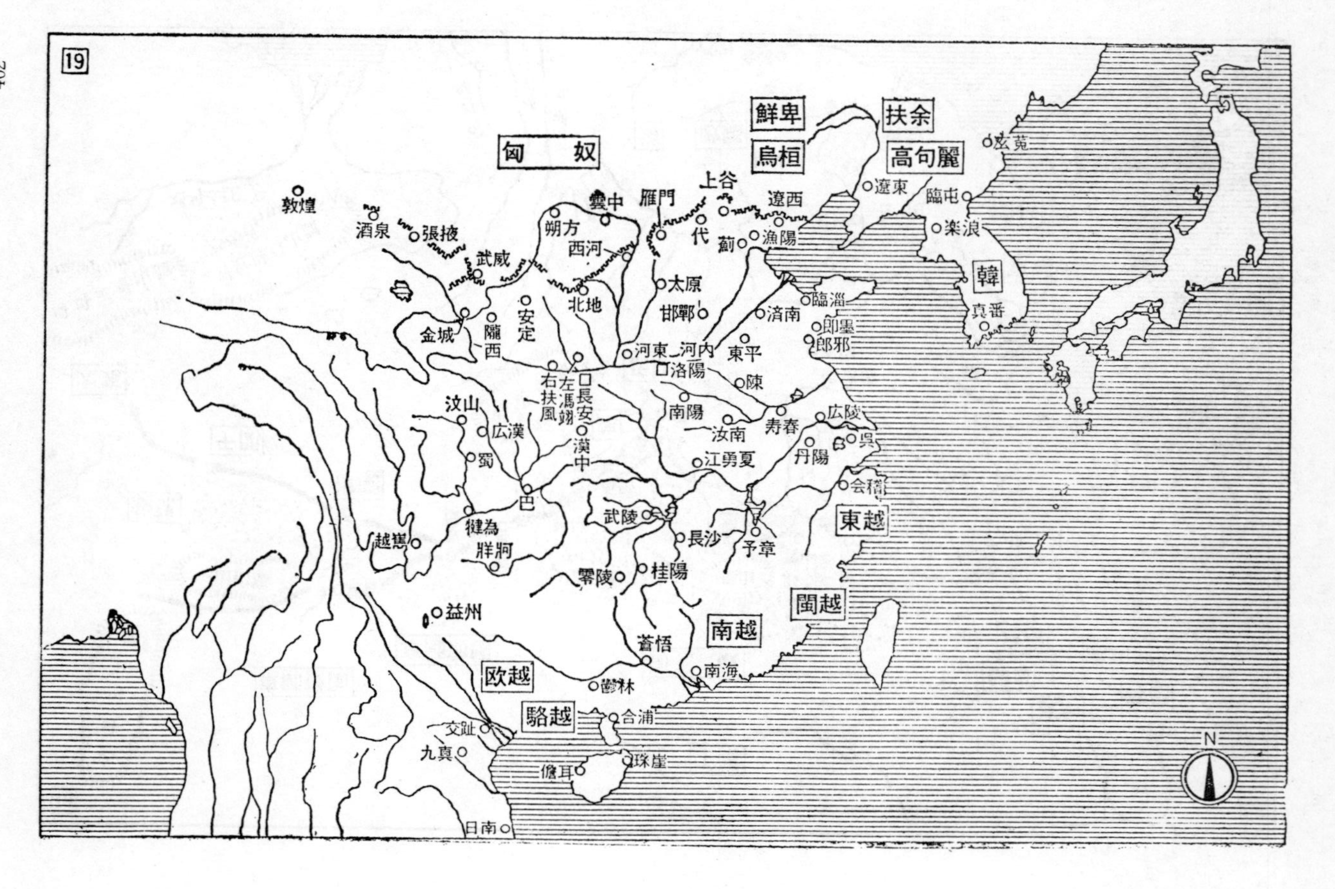
19
匈奴
鮮卑
烏桓
扶余
高句麗
韓
敦煌
酒泉
張掖
武威
金城
隴西
安定
朔方
西河
北地
雲中
雁門
代
上谷
太原
薊
漁陽
遼西
遼東
臨屯
楽浪
玄菟
真番
邯鄲
河東
河内
洛陽
東平
済南
臨淄
即墨
郎邪
陳
汝南
南陽
寿春
広陵
呉
丹陽
会稽
江夏
予章
長沙
桂陽
武陵
零陵
蒼梧
鬱林
合浦
南海
珠崖
儋耳
日南
九真
交趾
益州
越嶲
犍為
牂牁
汶山
蜀
広漢
巴
漢中
右扶風
左馮翊
長安
欧越
駱越
南越
閩越
東越
N

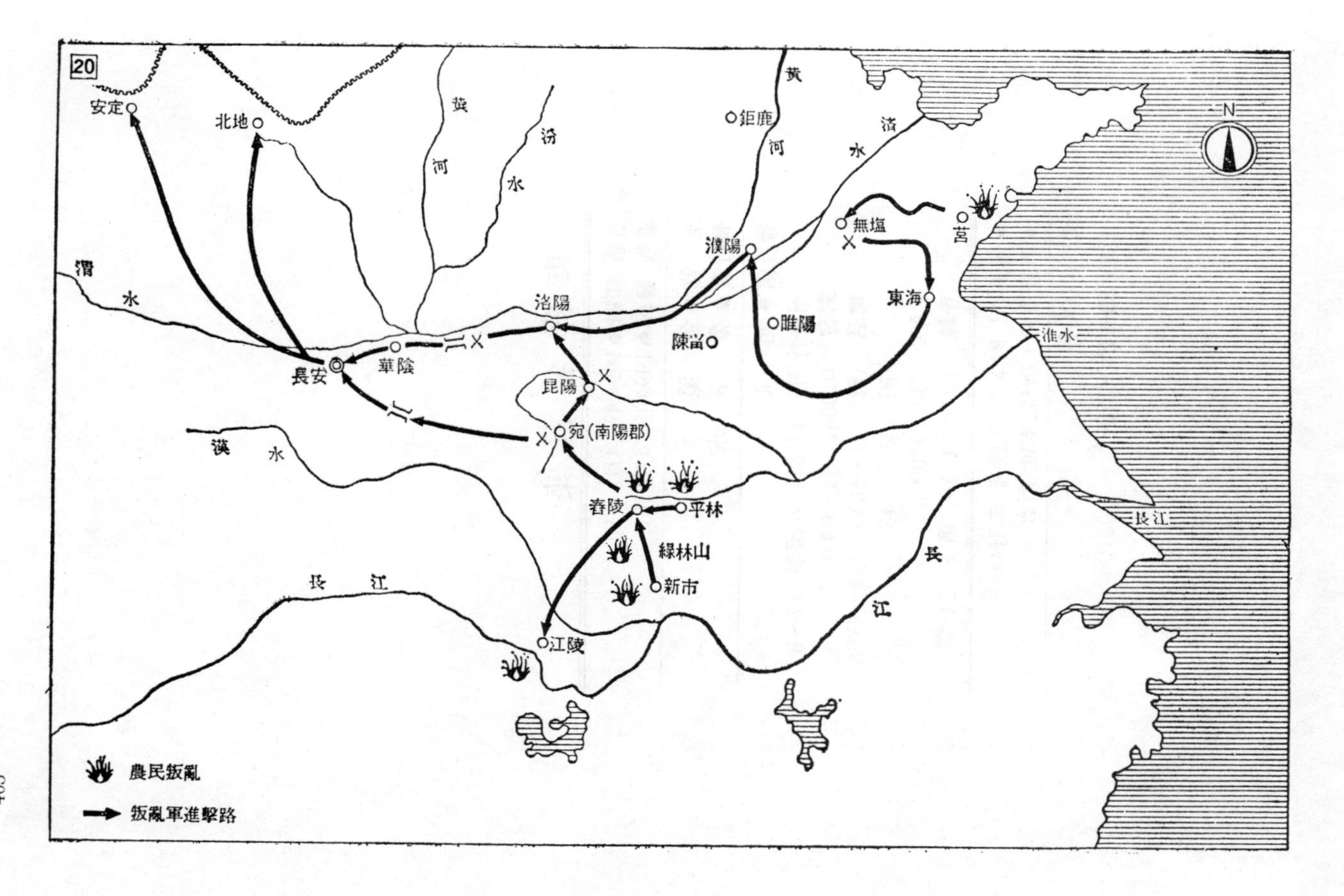
20
安定
北地
長安
華陰
洛陽
昆陽
宛（南陽郡）
春陵
平林
緑林山
新市
江陵
濮陽
陳留
睢陽
鉅鹿
無塩
東海
莒
渭水
漢水
長江
淮水
黄河
済水
汾水
N
農民叛亂
叛亂軍進撃路

東洋名言集

重版 印刷 ● 1994年 4月 5日
重版 發行 ● 1994年 4月 10日

監 修 ● 金 星 元
發行者 ● 金 東 求

發行處 ● 明 文 堂
서울特別市 鍾路區 安國洞 17～8
對替 010041－31－0516013
電話 (營) 733－3039, 734－4798
(編) 733－4748
FAX 734－9209
登録 1977. 11. 19. 第 1～148號

값 6,000원
ISBN 89-7270-370-2 03100